た。それらが実際に果たしている役割の重要性を考慮してのこと

特色は、本書を貫く理論的な枠組みとして、機能的な権力分立論ていることである。「協働執政」を論ずる章がその典型である他にも、例えば立法・行政に対する司法的統制に関する記述や国の関係に関する記述などの基礎にも、機能的な役割分担の思考が

同様、本書を執筆するに際しても、10数回の編集会議を行い、お稿を念入りに検討し合ってきた。私たちは理論的に相当程度に共に立っているものの、主な研究領域は異なり、研究者として育っ境にも違いがある。それだけに継続的に会議を行うことによっの新たな知見を得ることができた。そうした共同作業を積み重ねして、本書は実質的な意味でも共著というにふさわしいものとなロスリファレンスがかなり充実していることは、その一つの証で

共通することだが、本書が完成するまでには、執筆者が勤務する法学部・法科大学院などの学生との授業内外での対話から、多くの刺激を受けている。また日本評論社第一編集部の室橋真利子さんか大変丁寧なサポートを受けた。室橋さんの根気強い編集作業がなけ本書の正確性はかなり劣ったものになっただろう。心より、御礼申い。

2020年８月

著 者 一 同

憲法Ⅱ

総論・統治

渡辺康行・宍戸常寿・松本和彦・工藤達朗 著

日本評論社

はしがき

本書の姉妹編『憲法Ⅰ　基本権』を公刊したのは
った。それから４年半、今こうして本書を公表でき
とって大きな喜びである。この４年半を遅いと思う
公刊に至るまで７年かかったことからすると、予想
者もいるだろう。いずれにせよ、私たちは読者に、
る最新で、確実かつ詳細な情報や知見を提供しよう
果が本書である。体系書・概説書ではあるものの、
ではなく、意外に面白く読める著作となっているは

本書の第１の特色は、前著に引き続いて、判例を
る。第２部の統治の各章、とりわけ、選挙、司法権
治などに関しては、判例をかなり詳しく扱っている
法総論はもちろん、統治の章の中でも裁判になりに
ような分野では、政治や行政の実例をできる限り取
そのような方針をとることにより、抽象論ではな
釈、運用されているかを具体的に示そうとしている

第２の特色は、憲法典だけではなく、「憲法附属
制定法についても詳しく解説していることである。
職選挙法、国会法、内閣法、裁判所法、財政法、
日本では1990年代から2000年代初頭にかけて、そ
模に改正され、「政治改革」「統治制度改革」と呼
生じた。さらに2000年代以降には、憲法改正国民
制の重大な変更も行われた。本書はこれらを、憲
説明しようとしている。さらに本書は、類書に例
会、内閣等の憲法典上で規定された機関だけでは
局、最高裁判所事務総局・調査官室などの附属的

目　次

凡　例

▽判例集

民（刑）集＝最高裁判所民事（刑事）判例集
高民（刑）集＝高等裁判所民事（刑事）判例集
行集＝行政事件裁判例集
下民（刑）集＝下級裁判所民事（刑事）判例集
判時＝判例時報
判タ＝判例タイムズ
判例自治＝判例地方自治
労判＝労働判例
訟月＝訴訟月報
家月＝家庭裁判月報
裁判集民（刑）＝最高裁判所判例集民事（刑事）
裁時＝裁判所時報
高検速報＝高等裁判所刑事裁判速報集
裁判所ウェブサイト＝裁判所ウェブサイト 裁判例情報
LEX/DB ＝ TKC 情報データベース

▽法　令

・条数のみは日本国憲法を指す。
・大日本帝国憲法は「明治憲法（明憲）」としている。
・その他、法令は適宜、略語としている。例えば、以下のとおりである：
　会検法（会計検査院法）、議院証言法（議院における証人の宣誓及び証言等に関する法律）、区画審設置法（衆議院議員選挙区画定審議会設置法）、憲法改正国民投票法〔憲法改正〕（日本国憲法の改正手続に関する法律）、公選法（公職選挙法）、国公法（国家公務員法）、地公法（地方公務員法）、地財法（地方財政法）、地自法（地方自治法）、地税法（地方税法）、典範（皇室典範）、典範特例法（天皇の退位等に関する皇室典範特例法）、独禁法（独占禁止法）、法務大臣権限法（国の利害に関係のある訴訟についての法務大臣の権限等に関する法律）など。

▽その他

・引用においては、学習上の便宜を図るため、旧字を新字にし、漢数字をアラビア数字にし、促音便は現代仮名遣いで表記している。また、カタカナ表記の引用においては、句読点を付したものもある。
・引用中に著者の注記を入れる場合は、〔　〕を付している。

執筆者紹介

渡 辺 康 行（わたなべ・やすゆき）
大阪経済法科大学教授
第７章、第11章、第12章

宍 戸 常 寿（ししど・じょうじ）
東京大学教授
第２章、第４章、第５章、第14章

松 本 和 彦（まつもと・かずひこ）
大阪大学教授
第８章〜第10章

工 藤 達 朗（くどう・たつろう）
中央大学教授
第１章、第３章、第６章、第13章

第1部

総　論

第１章　憲法の意味と役割

第1節　総　説

1　「日本国」「憲法」

「日本国憲法」は「日本国」の「憲法」である。「日本国」とは、日本国憲法がそのあり方を定めた「国」ないし「国家」をいう。「日本国」という言葉は、題名のほか、１条（天皇は「日本国の象徴」である）や98条２項（「日本国が締結した条約」の誠実遵守）にみられる。単に「国」と述べている場合（20条３項・83条・88条・90条・91条・98条１項）も「日本国」を意味する。

前文は、「日本国」（自国）のほか、他国を含む「国家」についても言及する（第３段の「いづれの国家も」、第４段の「国家の名誉」）。日本国憲法を含む「憲法」の意味については次節以降で詳しく取り扱うので、ここではまず、日本国を含む「国」ないし「国家」についてみることにする。

2　イェリネクの国家理論

とはいえ、広く一致した「国家」の定義や理論が存在するわけではない。国家は多面的な存在で、哲学的にみるか、政治学的にみるか、経済学的にみるか等々で、国家の理論は変わってくる。法学的な国家理論に限っても、さまざまな理論が提唱されてきたが、その中で最も有名なのが、イェリネク（G. Jellinek）の国家理論である。イェリネクによれば、国家を社会学的にみると、一定の地域に定住している多数の人間を、始源的な支配権によって一つにまとめあげた団体である。したがって、国家は、領土（一定の地域）、国民（多数の人間）、国家権力（始源的な支配権）という３要素によって構成されている。そこで、この理論は「国家３要素説」と呼ばれる。また、この団体を法学的にみれば、権利主体である社団（法人）だとされるので、「国家法人説」とも呼ばれる。美濃部達吉の天皇機関説（→第２章第２節3 (2)）は、この日本版である。

3　国家と社会の区別

国家の３要素のうち、領土と国民はそれぞれ国家権力の及ぶ空間的範囲と人的範囲を意味するから（→本章第４節**1**・**2**）、３要素を結びつけているのは国家権力である。どんな団体もメンバーを一つにまとめる力が必要であるように、国家という団体も、国家権力が領土内に居住する国民の行為・活動を一つに組織することによって初めて成立するのである。しかし、国家権力によって国民の全活動領域が組織されるのではなく、組織されていない、あるいは組織することが禁じられた活動領域が国民には残る。国家の組織化から自由な領域、それが「社会」である。現在の立憲主義国家においては、この社会の領域は、基本権によって憲法上保障されている。個人が市民（国民）として民主的に国政に参加する公的領域が国家であるのに対して、社会は、個人が私人として自由に自己の生活を形成していくことができる私的領域である。したがって、国家と社会の区別から公私の区別が生じる。この私的領域をいわば前国家的な領域として国家の介入から保護するのが立憲的意味の憲法の役割である（→本章第２節**2** (2)）。そして、このような国家（公）と社会（私）の区別は、法の分類における公法と私法の区別に対応している。つまり、現行の法秩序は、国家と社会の区別を前提としているのである。

4　ロックの社会契約＋信託論

しかし、日本国憲法にはもう一つの国家観も隠れている。前文によれば、国民は「政府」の行為をコントロールするためにこの憲法を制定した。続けて、「そもそも国政は、国民の厳粛な信託によるもの」だとする。この「信託」による政府の設立は、ロック（J. Locke）の理論そのものである（→憲法Ⅰ第１章第１節7 (1)）。ロックによれば、人々は社会契約を結ぶことによって市民社会＝政治社会を設立し、この社会を維持運営していくために信託によって「政府」をつくる。社会契約によって設立される市民社会＝政治社会は国家と同一であるから、これは国家と社会が区別される以前の、公的領域と私的領域を包括した全体社会である。政府はこの社会の道具であって、信託の目的に反する行為を政府が行う場合には、人々は政府を廃止して新しい政府をつくる権利（革命権）を有するのである。

５　統治の正当性と憲法の役割

現在の日本の憲法学では国家法人説はさまざまに批判されているが、それでも暗黙の裡に承認された「潜在意識的通説」だと評されている（赤坂正浩）。これに対して、ロックの社会契約＋信託論こそ日本国憲法の採用した理論だという学説もある（渋谷秀樹）。国家と社会の区別も、前者では「国家からの自由」を保障する前提であるのに対して、後者では、ドイツの立憲君主制に対応した理論で、イギリスなどの民主国家においては成り立たない、と批判されることになろう。

ここでは、この対立に深入りすることはしない。むしろ共通点に注目すると、もともと私法上、法人と信託はどちらも団体をつくるための法技術であった。そして、法人の場合、定款その他の基本約款で定められた目的の範囲内でなければ、権利義務の主体たりえないし（民法34条参照）、信託の場合にも、受託者は一定の目的に従って財産を管理または処分し、目的達成に必要な行為を行わなければならない（信託法２条参照）。どちらの理論でも、国家権力の行使ないし政府の統治活動には目的による拘束が課されているのである。この目的による拘束が、統治の正当性を基礎づける。

国家権力ないし政府による国民の支配（＝統治）はどうして正当化されるのか。統治（国家権力の行使や政府の活動）が決定されるまで（インプットの側面）と、統治によって達成された成果（アウトプットの側面）の２側面から考えることができる。前者は統治の手段であり、後者は統治の目的である。現代立憲主義の憲法からみると、前者は国民の意思に基づいて権力が行使されるという民主主義の問題であり、後者が国民の自由と人間らしい生活の保障という基本権の問題である。現代の立憲主義憲法では、この２側面を達成することによって、統治の正当性が確保される仕組みになっているのである。立憲主義の憲法とは、正当な国家統治・政府統治の仕組みを定める法、正しい国家・政府のあり方を定める法であるということができる。

6　立憲主義の憲法としての日本国憲法

ただし、統治のインプット（民主主義）とアウトプット（基本権）の２側面が適正に機能するためには、国民主権と基本権保障だけでは不十分で、権力分立と法の支配（法治国家）、憲法の最高法規性と違憲審査制などが立憲主義憲法の基本的な原理・制度として挙げられる。立憲主義の概念は一義的とはいえないが、これらの原理・制度を取り入れた日本国憲法が立憲主義の憲法であることは疑いがない（日本の立憲主義の歴史について→第２章）。

＊　立憲主義の国々の政治制度は極めて多様である。例えば、早くから立憲主義の国とされてきた、イギリス、アメリカ、フランスの３カ国をみるだけでも、不文憲法の国もあれば成文憲法の国もあり、君主国もあれば共和国もあり、単一国家もあれば連邦国家もある。政治制度をみても、議院内閣制もあれば大統領制もあるし、裁判所が違憲立法審査権を行使する国もあれば、そうでない国もある。立憲主義は唯一の制度しか認めない固い原理ではなく、多様な具体化を許容する柔軟な原理だといえよう。

第２節　「憲法」の概念

1　「憲法」という日本語

(1)　聖徳太子「十七条の憲法」

「憲法」という言葉は、今日ではありふれた日本語である。大日本帝国「憲法」であれ、日本国「憲法」であれ、他の国々の憲法であれ、「憲法」という言葉で、ある国の基本的なあり方を定める法を思い浮かべるのが普通だろう。民法や刑法などさまざまな法がある中で、憲法は、一種特別なものと考えられている。けれども、「憲法」という言葉がもとからこのような意味をもっていたわけではない。たしかに、この言葉自体は聖徳太子（厩戸王《うまやとおう》〔574～622年〕）の昔からあった。「十七条の憲法」は、聖徳太子が604年に制定したとされるが、その１条は「和をもって貴しとなし、さからうこと無きを宗となす」というもので、「憲法」とは官吏（役人）が守るべき掟というほどの意味であった。統治に携わる人々を拘束する点で現在の「憲法」と似ている面もあるが、今日使われているような特別の性質を備えた法という意味をもつものではなく、広く制定法一般を指す言葉だったのである。

(2)　翻訳語としての憲法

現在の「憲法」という言葉は、古い日本語の意味とは異なる意味で用いられている。というのは、外国（ヨーロッパ）語の翻訳語として新しい意味が付与されたからである。江戸末期から明治にかけて、ヨーロッパの法律学が日本に紹介されるようになった。それらの書物には Constitution（英仏）や Verfassung（独）の語が盛んに登場する。これらを日本語に置き換えようとしても、それに相応する言葉が日本語には存在しなかった。訳語として使うことのできる言葉が存在しなかったのは、それに対応する観念（ものの考え方）自体が存在しなかったからである。そのため、ヨーロッパの法律学の紹介者たちは、それまでの日本に存在しない考え方を表現する言葉を全く新しく作り出さなければならなかった。

当初、明治政府は「国憲」の語を用いた。1875（明治８）年「漸次立憲政体樹立の詔」を発して「漸次ニ国家立憲ノ政体ヲ立テ」ることを約束し、翌1876（明治９）年には元老院に憲法の起草を命じる勅語が発せられた。そこでは、「朕、爰ニ我建国ノ体《たい》ニ基キ、広ク海外各国ノ成法《せいほう》ヲ斟酌シ、以テ国憲ヲ定メントス。汝等ソレ宜シク之カ草按《そうあん》ヲ起創《きそう》シ、以テ聞《ぶん》セヨ。朕将《まさ》ニ撰ハントス」、「国憲創定ハ国家ノ重典、千載ノ偉業タリ。汝等、欣精事《こと》ニ従ヒ、速ニ竣功《しゅんこう》ヲ奏セヨ」（句読点を付した。以下同じ）と、「国憲」の語が用いられている。そうして、1880（明治13）年、元老院が起草した憲法草案も「国憲」と名付けられていた（この草案は、立憲主義的で国情に合わないと批判され、採用されずに終わった→第２章第２節１(2)）。

その頃の日本は、国会開設運動が盛り上がり、政府の側で何らかの対応が必要になっていた。1881（明治14）年には、急進派の大隈重信を罷免し、10月12日「国会開設の勅諭」を発して「将《まさ》ニ明治二十三年ヲ期シ、議員ヲ召シ国会ヲ開」くことを宣言した（「明治十四年の政変」→第２章第２節 **1** **(2)**）ため、どうしてもその前に憲法を制定する必要があったのである。そこで、翌1882（明治15）年、憲法取調べのため伊藤博文をヨーロッパに派遣することになった。そのときの勅語は、「朕、明治十四年十月十二日ノ詔旨ヲ履《ふ》ミ、立憲ノ政体ヲ大成スルノ規模ハ、固《もと》ヨリ一定スル所アリト雖《いえど》モ、其経営措画ニ至テハ、各国ノ政治ヲ斟酌シテ、以テ采択《さいたく》ニ備ルノ要用ナルカ為ニ、今爾《なんじ》ヲシテ欧州立憲ノ各国ニ至リ、其政府又ハ碩学ノ士ト相接シ、其組織及ヒ実際ノ情形ニ至ルマテ観察シテ、余蘊《ようん》無カラシメントス。茲ニ爾ヲ以テ特派理事ノ任ニ当ラシメ、爾カ萬里ノ行ヲ労トセスシテ、此重任ヲ負担シ、帰朝スルヲ期ス」というものであった。この勅書とともに、調査項目を列挙した訓条が伊藤に与えられた。31条からなるこの訓条の最初の項目にはこうある。

「欧州各立憲君治国ノ憲法ニ就キ、其淵源ヲ尋ネ、其沿革ヲ考ヘ、其現行ノ実況ヲ視、利害得失ノ在ル所ヲスベキ事」

ここで「憲法」の語が用いられている。なぜそれまでの「国憲」を捨てて「憲法」を採用したのか明らかではないが、そうして制定されたのが1889（明治22）年の「大日本帝国憲法」（以下「明治憲法」という）である（→第２章第２節 **1** **(3)**）。それ以降、「憲法」がConstitutionやVerfassungに対応する日本語であると理解されるようになったのである。

＊ 「憲法」の語を現在の意味で用いた最初の人は、穂積陳重によれば、箕《み》作《つくり》麟祥《りんしょう》（1846～1897年）である。明治新政府が直面した最初の課題が国内法体制の整備であった。不平等条約を改正するためにも欧米流の近代的な法典を制定しなければならない。当時最も法制度の整備された国として模範とされたのが、ナポレオン法典を有するフランスであった。箕作は、1869年から政府のさまざまな部局でフランス六法の翻訳を行った。その過程でConstitutionに「憲法」の語を当てたのである。『仏蘭西法律書憲法』が出版されたのは1873年である。しかし当時は、憲法の語は法律一般を指すのだから箕作博士の訳語は当たらない、といわれていたという。政府も当初「国憲」の語を用いていたことは既にみた。

2　「憲法」の意味

今日の「憲法」の語が、もともとはConstitutionやVerfassungの訳語であることはわかった。けれども、原語の意味を調べればすぐに意味が明らかになるというわけにはいかない。これらの言葉は、それらの国々でもさまざまな意味で用いられてきたからである。

ConstitutionやVerfassungは、もともと組織や構造を意味する言葉だから、どんな人や物もConstitutionやVerfassungをもつことができる。けれども憲法学が問題にするのは、国家のConstitutionであり、Verfassungである。憲法学において重要な「憲法」の概念は、①固有の意味の憲法、②近代的（立憲的）意味の憲法、③形式的意味の憲法の三つである（①と②は実質的意味の憲法とも呼ばれる）。

＊　「固有の意味」「近代的（立憲的）意味」「形式的意味」の憲法の３分類、特に、「実質的意味の憲法」の下位概念として「固有の意味の憲法」と「近代的意味の憲法」を並列させる分類は、芦部信喜によって一般化したものである。伝統的には「固有の意味の憲法」と「実質的意味の憲法」を同義に用いて、「実質的」と「形式的」の２分類による学説がむしろ普通であった。近代的意味の憲法は、実質的（＝固有の）意味の憲法の一種であって、固有の意味の憲法から独立の概念ではないとされた。このような２分論は現在も有力である（赤坂正浩）が、本書では、憲法の概念と憲法規範の特質（→本章第３節**1**）とを対応させることができる３分説によった。

(1)　固有の意味の憲法

国家の統治組織、統治作用、国家と国民の関係の基本を定める法が「固有の意味の憲法」である。何に固有かといえば、国家に固有なのである。というのは、この意味の憲法が存在しなければ、国家そのものが存在しない。国家は、観念的な存在で、目で観ることも手で触ることもできない。実際に国家の意思を決定し、国家として行為するのは生身の人間である。これらの人間の行為を国家の行為とみなすルールがあって初めて国家が存在しうるのである。だから、国家があるところ必ず固有の意味の憲法がある。固有の意味の憲法は、国家を形づくる法であるから、国家と憲法は同時に存在するということができる。

＊ EU（欧州連合）は、現時点では加盟国が主権を有しているので、連邦国家ではないが、2004年には欧州憲法条約を締結した。しかし、フランスとオランダの国民投票で否決されたため、発効することはなかった。憲法条約が国家を思わせる要素（旗、歌、記念日など）を取り入れたため、加盟国国民には、欧州連邦国家が成立し、加盟国が主権を喪失すると感じられたことが否決された理由の一つであったとされる。今後 EU が憲法を制定することになれば、EU が国家になったか、国家でなくとも憲法をもちうるかのいずれかである。

(2) 近代的意味の憲法

固有の意味の憲法が存在すれば国家も存在する。しかし、国家による統治がどのような内容のものになるか、固有の意味の憲法からはわからない。ここで、国家権力の濫用を防止し国民の自由を守らなければならないと考えるなら、固有の意味の憲法とは別の憲法概念が必要になる。国家の権力を制限しコントロールすることによって、国民の自由を守る法が「近代的意味の憲法」である。「立憲的意味の憲法」ともいう。この憲法が「近代的」と呼ばれるのは、この意味の憲法の観念は、近代になって初めて登場したからである。有名なのは、1789年のフランス人権宣言16条である。そこにはこうある。「権利の保障が確保されず、権力の分立が定められていない社会は、憲法を有しない」。どんな国家にも固有の意味の憲法はあるはずだから、ここでいう「憲法」は違う意味であることがわかる。ここで「権利の保障」と「権力の分立」はともに、国家の権力を制限し濫用を防止することで国民の自由を守るための制度である。この自由は、人間が生まれながらに有する権利であって、その権利を保障するのが国家の任務だ、という考え方が背景にある（→憲法Ｉ第１章第１節**7**）。この考え方が「立憲主義」であり、それに基づく憲法が近代的（または立憲的）意味の憲法なのである。

＊ ただし、近代以前の中世にも立憲主義と呼ぶことのできるものはあった。ヨーロッパ中世の法観念は「古き良き法」という言葉で表現される。古い法とは、誰か（人や国家）が制定したものではなく、不文の慣習法である。しかも、中世では、神があらゆる権力や権威の源泉だったから、法も神に由来するものとされた。したがって、法の内容は常に正しく、君主も法に

拘束される。君主は法の下にある。人々は、あらゆる人に対抗して、君主の権力に対抗してさえ、法を守る権限と義務をもつ。したがって、君主が法を守らないときは、実力を行使して抵抗する権利を有するのである。

このように、君主の権力を法によって拘束し、人々の権利を守るという意味での立憲主義は、中世にも存在した。これを「中世立憲主義」と呼ぶことができる。中世では、国王にすべての権力が集中していたわけではなく、人々がさまざまな身分に属し、荘園と同業組合、都市などの中間団体が政治権力を分有していた。だからこそ、人々の実力行使によって法と権利を守ることができたのである（自力救済）。中世立憲主義は、このような権力の分散状況に対応していたのである。

その後、君主が分散していた政治権力を自己に集中し、身分制度を廃止して人々を一元的に支配する体制が登場する。近代主権国家である。近代国家は、それまで政治権力を分有していた封建的な共同体を破壊して政治権力を国家に集中した。それと同時に、自由・平等・独立の個人によって構成される市民社会が生み出されたのである。フランス人権宣言の正式名称「人と市民の権利宣言」が示すように、具体的な人間は、国家の一員である公的な市民と、社会の一員である私人とに分裂したものと捉えられ、この私人が単なる「人」、本来の人間として人権の主体とされるのである（→憲法Ｉ第１章第１節 **3 (2)**）。だからこそ、近代立憲主義は、公的な国家権力の介入から個人の私的領域を確保するのが憲法の役割だと考える。古代や中世では、国家や社会の公的領域で活動すること、政治生活に参加することが評価されたのに対して、私的な領域に対する積極的評価こそが近代に特有の考え方なのである。個人はこの私的領域において人権の主体として主権国家に対抗する。しかし、個人は（中世とは異なり）国家に対抗する実力をもたない。どのようにしたら、国家の権力を制限して自由を守れるのか、近代立憲主義の課題となるのである。

＊＊　フランス人権宣言16条の「社会」は、ロックの理論と同じく（→本章第１節）、国家と社会が区別される以前の全体社会である。しかし、他方では、人の権利と市民の権利が区別される。ここで人とは社会を構成する私人であり、市民とは国家の意思形成に参加する国民（公民）であるから、国家と社会の区別に対応している。人権宣言のどちらを重視するか、学説には理解の相違がある。

＊＊＊　立憲主義に基づいて組織された国家が「立憲国家」である。フランス人権宣言16条は立憲国家の条件として権利保障と権力分立を挙げたが、国民主権は除かれている。国民代表によって構成された議会を設置すること、議会の代表者を通じて国民が国政に参加することは、権力分立の、したがって近代立憲主義の最低限度の要求である。けれども、立憲主義の前提である公私の区別からみると、基本権や権力分立が（権力を制限して）公

の外の私の領域を確保するものであるのに対して、国民主権は公権力を構成し、正当化する原理である。逆にいえば、国民主権（民主主義）と立憲主義は対立する側面を有するのである。

(3) 形式的意味の憲法

固有の意味の憲法も、近代的意味の憲法も、憲法がどのような形で存在しているかを問わない。文字に書かれ、法典にまとめられていることもあれば、慣習法にとどまる場合もある。憲法の存在の仕方（存在形式）を問わないため、これらは「実質的意味の憲法」と呼ばれる。これに対して、憲法の存在の仕方を問題にするのが「形式的意味の憲法」である。

形式的意味の憲法の要件は二つある。第１は、憲法という名称の法典が存在することであり、第２は、その法典の改正には厳重な手続が必要とされることである。第１の要件を満たすものが「成文憲法」である。これに対して、憲法典が存在せず、実質的な意味の憲法の内容（主要部分）が慣習や判例の形で存在している場合、「不文憲法」という。次に、第２の要件を満たすものが「硬性憲法」である。ここで厳重な手続とは、法律の制定・改廃と比較して厳重であることを意味する。したがって、不文憲法はもちろん、憲法典が存在していても、特別の憲法改正手続を定めず、法律と同じ手続で改正できるのなら、それは「軟性憲法」であり、形式的意味の憲法は存在しない。

ただし、憲法の硬性と軟性は、実際に憲法の変更が困難か容易かとイコールではない。イギリスには、現在も憲法典は存在せず、実質的な意味の憲法の内容は、慣習や、議会の制定する法律で定められている。議会は実質的意味の憲法を法律の制定・改廃と同じ手続で変更することができるのである。それゆえ、不文憲法であると同時に軟性憲法である。けれども、イギリスの憲法は長い歴史の中でさまざまな慣行の積み重ねの中から徐々に形成されてきたものであって、簡単に変更できるものではない。逆に厳重な憲法改正手続をもつ憲法が頻繁に改正されている例もあり、憲法の安定性は硬性憲法・軟性憲法の区別と直接の関係はないのである。

日本国憲法は、①「憲法」の題名をもつ法典で、②憲法改正手続（96条）は法律の制定・改廃の手続（59条）よりもはるかに困難だから（→第

6章第2節**2**)、形式的意味の憲法の2要件を満たしていることは明らかである。

なお、不文憲法の国においても、実質的意味の憲法を定める成文法が一切存在しないわけではなく、成文憲法の国においても、実質的意味の憲法が成文憲法で規定し尽くされているわけではない。その意味では、成文憲法と不文憲法の区別も相対的である。したがって、日本国憲法を考察するにあたっても、憲法典に対象を限定することなく、憲法附属法（→本章第3節**2**(2)＊）のような基本的法制度に加え、憲法慣習や憲法判例にも目を向けなければならないのである（→本章第3節**3**)。

＊　ドイツの憲法の題名は「ドイツ連邦共和国基本法」である。「憲法」という名称が付けられていない。この憲法が制定されたのは、第二次世界大戦後、東西二つのドイツが存在していた時で、この状態を「過渡期」として、統一までの暫定的な憲法であることを明らかにするために、「憲法」を避けて「基本法」の語を用いたのである。基本法の制定作業にあたったのも、憲法制定会議ではなく、議会内の評議会（Parlamentarischer Rat）であった。ただし、1990年の再統一後もこの基本法が効力を持ち続けている（同法146条参照)。「憲法」という名称の法典という要件は、それに準ずる名称も含むことになる。

＊＊　憲法と憲法典：　学説の中には、憲法と憲法典の混同を戒め、国家や憲法は憲法典に優越した価値をもつとするものがある（小嶋和司)。その場合の憲法は、本章の用語法によれば、国家と同時に存在する固有の意味の憲法であるのに対して、憲法典は近代的（立憲的）意味の憲法を実定化したものと考えられているようである。この学説は、国家緊急権を不文の憲法法理によって肯定する考え方とつながる（→第6章第3節**3**(3))。

第3節　憲法規範

1　憲法規範の特質

憲法規範の特質も、憲法の三つの意味から考えることができる。

まず、固有の意味の憲法は、国家権力を行使する組織（国家機関）を定め、それぞれの組織に行うべき作用・権限を授ける。そのため、憲法規範は「授権規範」である。次に、近代的（立憲的）意味の憲法は、国民の自由を守るために国家の権力を制限し濫用を防止する。したがって、憲法規範は「制限規範」である。そして最後に、形式的意味の憲法は、憲法改正に法律の改正手続よりも厳重な手続を要求する。通常の立法手続では憲法を改正できないのだから、憲法は他のすべての規範より上位にある規範である。つまり、憲法規範は「最高規範」である。このように、憲法の三つの意味に対応する形で、授権規範、制限規範、最高規範の三つが憲法規範の特質として挙げられるのである。

(1)　授権規範

憲法は、国家の組織・機関を定め、それらに一定の権限を付与（授権）する規範である。このような性質の規範を「授権規範」という。授権される機関自体を創設する点では「組織規範」でもある。このような規範がなければ国家は存在しえない。国家が存在するところ必ず固有の意味の憲法があるように、憲法は必ず授権規範としての性質を有するのである。

例えば、「国会は……国の唯一の立法機関である」と定める憲法41条は、国会という国家機関を設置し、立法する権限を付与している。もちろん、国会がどのような構成の組織で、どのような手続で立法するのかは、他の条文を見なければわからない。それらも、国会の組織と権限に関する規範である。「行政権は、内閣に属する」と定める憲法65条についても、同じように考えることができる。これらの規定は、国家機関を創設し、授権する規範なのである。

＊　国家目標規定：　授権規範は、国家の組織に権限を付与するが、権限行使の内容を指示するものではない。権限行使の限界を定めるのが次の制限規範であるとすれば、逆に国家が権限を行使して積極的に達成すべき目標を定めるのが、国家目標規定である。自然的生活基盤と動物の保護義務を定めるドイツ基本法20a条がその一例である。この規定は、達成すべき目標を設定するだけで、達成手段は国家の裁量に任せている。国家に作為（立法による具体化）を義務づける点で抽象的権利と共通するが、客観的法規範にとどまり、国民に権利を与えるものではない点で異なる。抽象的権利は、立法による具体化にあたって、国家の義務を定めるだけでは不十分で、国民の具体的権利を定めることを要請するからである（→憲法Ⅰ第15章第２節３(2)）。

(2)　制限規範

近代的意味の憲法は、国家権力を制限し、国民の自由を確保する法である。憲法は、国家に権限を付与するのではなく、権限の限界を定める規範でなければならない。このような規範は、「制限規範」と呼ぶことができる。授権規範が、国家がしてよいこと（許容)、しなければならないこと（要請・義務）を定める規範だとすると、制限規範は、国家がしてはならないこと（禁止）を定める規範である。憲法の自由権規定は、すべてこの制限規範である。

ただし、授権された権限は、その権限の範囲内においてのみ行使できるのであり、その枠を超えた権限行使はすべて無効である。そうであれば、授権規範には制限規範も含まれているといえる。例えば、(1)でみた憲法41条は、立法権以外の権限を行使することを国会に授権するものではない。国会が行政権や司法権を行使することは、憲法41条の授権の範囲を超え、65条や76条に違反するもので許されない。つまり、付与された権限にはその限界があるから、授権と制限は裏表の関係にある。そのため、制限規範を授権規範から独立の性質として扱う必要はないとする学説も有力である。

けれども、授権の限界は必ずしも明確ではない。アメリカ合衆国憲法は、1787年に成立した当時、権利規定が存在しなかった。国家の権限を定めておきさえすれば、それを超えた権限行使はすべて無効であるから、権限濫用の心配はないと考えられたのも、その一因であった。けれども、1791年には10カ条の権利規定が修正条項として付け加えられた。国家の権限の限界を明らかにする必要があったからである。また、固有の意味の憲法と近代的意味の憲法を区別する観点からすれば、制限規範を独自の特質と考えた方がわかりやすい。そこで、ここでは、制限規範と授権規範を区別しておくことにした。

＊　授権規範と制限規範のどちらを重視するか、学説の理解は分かれるが、これは国家と憲法の関係の理解の相違に由来する。例えば、現在の代表的学説（芦部信喜）は、近代憲法は自由の基礎法であり、国家権力を制限する規範（制限規範）である点に本質が存するのであって、国家の機関を定め、

それぞれの機関に国家作用を授権すること（組織規範・授権規範）は、憲法の中核をなすものではない、とする。この学説は、何よりも自由の保障を憲法の目的とするが、万能の国家が憲法以前に存在していることを前提にするからこそ、憲法によって権力を（事後的に）制限することに議論が集中するのである。これに対して、制限規範は授権規範に含まれているので独立の性質として論じる必要はない、として授権規範を憲法の中核に据える学説（菅野喜八郎）の方が――国家は憲法によって授権された権限しか行使しえないのであるから――本来的に限定された国家権力を前提としている。この学説では憲法以前に国家は存在しない。

(3)　最高規範（最高法規）

形式的意味の憲法は、硬性憲法である。通常の法律よりも厳格な手続を経なければ改正することができない。通常の法律で憲法を改正するのは不可能である。ということは、憲法は法律よりも上位の規範であることになる。法律よりも上位の規範であるとは、国内において最も上位の規範、最高規範であることを意味する。憲法98条１項は、「この憲法」（＝日本国憲法）を「国の最高法規」と呼び、「その条規に反する法律、命令、詔勅及び国務に関するその他の行為の全部又は一部は、その効力を有しない」とする（→第６章第３節**１**）。

2　成文法源

(1)　国法秩序

一国の法秩序は、全体として矛盾のない統一性をもった体系をなしているものと考えられる。この法体系は、最高法規である憲法を頂点としたピラミッド状の段階構造として理解できる。そうすると、異なる法形式の間に矛盾抵触があるときは、上位の規範に矛盾する下位の規範は無効であるとすることで、矛盾は解消される。法の解釈もこのような矛盾のない規範体系を前提としているから、法秩序に矛盾が生じないように、下位の規範は上位の規範に適合するように解釈されなければならない（→第12章第６節**３**・**４**）。また、同一の法形式の矛盾は、「新法は旧法を廃す」「特別法は一般法に優先する」などの解釈原則によって解消されることになる。

＊　法段階説：　オーストリアの憲法学者ケルゼン（H. Kelsen）の学説である。それによれば、一国内の法秩序は、憲法のほか、法律、命令、規則など、さまざまな法形式によって構成されているが、これらは全体として統一した体系をなしている。なぜなら、これらの法形式は、憲法を頂点とした授権の関係にあるからである。Ａという法規範は、その効力根拠を自分自身に求めることはできず、他の規範から受け取らなければならない。Ａ規範が効力を有するのは、その制定主体と制定手続を定めるＢ規範が存在するからである。ＢはＡの授権規範である。Ｂ規範もＣ規範の授権を受けて効力を有するとすると、最終的に国内のすべての法形式は憲法の授権を受けて効力を有するから、憲法を頂点とした授権の体系が存在するのである。憲法は授権の最始規範である。

すべての国法の効力は憲法に遡る。そうすると、憲法自体はその効力をどこから手に入れているのか、という疑問が生じる。そこで、ケルゼンは、すべての実定法の根拠として、根本規範（Grundnorm）を措定した。根本規範は実定法ではなく、思惟の上で前提とされた仮設的な規範だとされる。日本の有力な学説（清宮四郎、芦部信喜）は、ケルゼンとともに根本規範の語を用いるが、ケルゼンの根本規範が無内容な仮設であるのに対して、日本の学説の根本規範は、人権保障や国民主権などの特定の内容をもち、かつそれが実定化された超実定法であると説明されるところから、実質的には自然法論だと考えられる。この学説に対しては、正義の名によって現在の秩序を正当化する保守的イデオロギーだという批判もある（山下威士）。

(2)　国法形式

重要な国法形式としては、次のものがある。

①　法　律

「法律」という言葉も多義的で、広く法一般を指す場合もあるが（法律学、法律家など）、ここで「法律」とは、国会が憲法の定める手続で制定する法規範を意味する（59条）。憲法は、国会が国の唯一の立法機関であると定める（41条）。国民の権利・義務に関わる事柄や、憲法が法律で定めると指定している場合は、必ず法律で定めなければならない（→第８章第４節**2**、第９章第２節**3**・第４節**2**）。

②　命　令

行政機関が単独で制定する法規範を総称して「命令」（81条）という。制定主体と名称が憲法上確定しているのは、内閣の制定する「政令」である（７条１号・73条６号・74条）。そのほかにも、内閣府令（内閣府設置法７

条３項)、省令（国家行政組織法12条)、規則（同法13条）などの命令が法定されている。

命令は、国民の権利・義務に関わる内容を有する「法規命令」と、行政機関内部でのみ拘束力を有する「行政規則」に大別される。国家行政組織法14条は、行政規則の種類として「告示」「訓令」「通達」を定める。

日本国憲法上、法規命令は「委任命令」と「執行命令」の２種類に限られる。前者は、法律自体が一定の事項を命令で定めると規定しているものであり、後者は法律を実施するための細目を定めるものである。法律の存在を前提としない命令、例えば、明治憲法８条の緊急命令、９条の独立命令（「公共ノ安寧秩序ヲ保持シ及臣民ノ幸福ヲ増進スル為ニ必要ナル命令」）は認められない（→第８章第４節**３**、第10章第３節**２**(7))。

③　規　則

規則という名称の付された法規範はさまざま存在するが、憲法上規則という名称を与えられているのは、「議院規則」(58条２項）と「最高裁判所規則」(77条）である。どちらも、その所管事項が法律と競合するのか、内容が法律と矛盾した場合に法律と規則のどちらが優位するのか、問題とされる。通説はいずれも競合所管で法律優位とするが、疑問とする有力説もある（→第９章第５節**２**(4)、第11章第４節**３**(2))。

④　条　例

地方公共団体の制定する自主法が「条例」である。条例は「法律の範囲内で」(94条)、「法令に違反しない限りにおいて」（地自法14条１項）制定することができる。条例が法令に違反しているか否かをどのように判定するか問題となるが、最近では条例制定権の範囲が従来よりも広く認められるようになってきている（→第14章第４節**２**)。

⑤　条　約

「条約」は、国と国との文書による合意を意味する。憲法98条２項の「条約」は、条約という名称が付されているか否かにかかわらず、一切の条約を広く含むが、憲法73条３号の「条約」は、国会の承認を必要とするため、それだけの重要性を有するものに限られ、基本的な条約を実施するための技術的・細目的な行政協定などは含まないとされている（条約の締結手続→第９章第４節**3**）。憲法と条約のどちらの効力が優位するのか議論のあるところであるが、通説は憲法優位説であり、かつ、条約が違憲審査の対象になることを認めている（→第６章第３節**1**、第12章第３節**2**）。

⑥　予　算

「予算」とは、一会計年度における国の財政行為の準則であり、歳入歳出についての単なる見積表ではなく、政府の行為を拘束する法規範である。予算を法律の形式で議決すべきであるという少数説（予算法律説）もあるが、通説は、制定手続が法律と異なる（60条・73条５号・86条）などの理由で、予算は「予算」という独自の法規範であると解している（予算法形式説）（→第８章第４節**4**、第13章第６節**1**）。

＊　これらの国法形式の定めた内容のすべてが実質的意味の憲法の内容をなすわけではない。日本国憲法は「この憲法を施行するために必要な法律」は憲法施行日よりも前に制定することができると定める（100条２項）。憲法施行以前に制定され、憲法制定とともに施行された法律を憲法附属法律と呼ぶ。皇室典範、国会法、参議院議員選挙法、裁判所法、内閣法、行政官庁法、地方自治法、財政法、教育基本法、労働基準法などがある（このうち、参議院議員選挙法は公職選挙法に統合されて廃止〔昭和25年〕、行政官庁法は国家行政組織法の施行〔昭和24年〕により失効した）。実質的意味の憲法を含む議会制定法を「憲法附属法」と呼んで重視する学説もある（大石眞）。それによれば、憲法典が変更されなくても、憲法附属法が変更されれば、憲法秩序が変動することになる（→第２章第２節**1**(3)・第４節**1**(1)）。

3　不文法源

成文法とは文字で書かれたところがそのまま法源（裁判の基準）となるものをいい、不文法はそうでないものをいう。不文の憲法としては、憲法慣習と憲法判例が重要である。判例は文字で書き表され、判例集として公刊されているが、文字で書かれたところがそのまま法源となるのではなく、そこから引き出された準則が法源であるから、判例は不文法とされるのである。

＊　憲法以外の法領域では「条理」が法源の一つとして挙げられることが多

い。明治８年太政官布告第103号裁判事務心得３条は、「民事ノ裁判ニ成文ノ法律ナキモノハ習慣ニ依リ習慣ナキモノハ条理ヲ推考シテ裁判スヘシ」としていた。憲法でも条理を法源とする学説もあるが、これとは別に「不文の憲法法理」が語られる場合がある（→第６章第３節**3 (3)**）。用語法は論者によって異なるが、憲法慣習・憲法判例は、憲法典の制定後にその運用の中から憲法典の外に生成するものであるのに対して、不文の憲法法理は、憲法典の制定時から既に憲法典に内在しているものを指すようである。これを「条理」とする学説もある（大石眞）。

(1)　憲法慣習

(ア)　慣習法とその効力

人々が社会生活において繰り返し従うことによって、それに従うことが慣行となった社会規範（ルール）が慣習（事実たる慣習）であり、その慣習に必ず従うべきであるとの法的確信が生成すると慣習法が成立する。慣習法または慣習が裁判の基準となりうるのか、日本には、次の一般的規定がある。

法の適用に関する通則法３条「公の秩序又は善良の風俗に反しない慣習は、法令の規定により認められたもの又は法令に規定されていない事項に関するものに限り、法律と同一の効力を有する」。

民法92条「法令中の公の秩序に関しない規定と異なる慣習がある場合において、法律行為の当事者がその慣習による意思を有しているものと認められるときは、その慣習に従う」。

商法１条２項「商事に関し、この法律に定めがない事項については商慣習に従い、商慣習がないときは、民法……の定めるところによる」。

これらの規定からは、慣習法は、制定法の隙間を埋めるか、せいぜい任意法規に替わりうるにすぎず、強行法規を改変する力をもたないようにみえる。しかし、これに対しては、法の効力根拠が国民の法的確信であるのは制定法も同様であるから、本質的には慣習法と制定法に効力の優劣があるわけではなく、制定法が制定法優位を規定してもこの本質を動かすことはできないとの学説がある（団藤重光）。これによれば、強行法規に反する慣習にも法的効力を認めることができる余地があることになる。

(イ)　憲法慣習の成立

イギリスのような不文憲法の国では、実質的意味の憲法の主要部分が憲法慣習によって形成されていることは当然であるが、日本のような成文憲法の国でも、憲法慣習の存在を否定することはできない。国会や内閣という最上級の国家機関が行った憲法解釈は、それが最高裁判所によって否定されない限り、憲法の意味として通用する（現実に効力を有する）。その憲法解釈が国民によっても憲法として認められると、憲法慣習が成立する。

憲法慣習と区別されるのが憲法習律である。憲法慣習が成文憲法と並ぶ不文憲法であり、すべての国家機関を拘束するのに対して、憲法習律は国会や内閣を政治的に拘束するにとどまり、裁判所を拘束しない。法規範以前の事実たる慣習ということもできる。したがって、憲法慣習に違反することは違法・違憲であるが、憲法習律に違反しても違法とはいえない。イギリスには憲法典が存在しないため、憲法習律は実際の政治のあり方を形づくるものとして重要な役割を果たしてきた。

＊　明治憲法下では、美濃部達吉が、衆議院の多数党が内閣を組織すること、新内閣の組織について元老に諮詢することなどを「憲法的習俗律」の例としていた（後者について→第２章第２節**3(1)**）。日本国憲法上も、国会開会式における天皇の「おことば」（→第３章第３節**5(2)**⑤）や、内閣総理大臣が衆議院議員であること（→第10章第４節**1**）を憲法上の習律と説明する学説があるが、いずれも多数説とはいえない。また、衆議院解散権の実際の運用が憲法慣習化したとみる学説（芦部信喜）がある反面、解散の限界に関する習律の成立が論じられることもある（→第８章第３節**2(4)**）。

(ウ)　憲法慣習の類型と形式的効力

①憲法に明文規定がない事項に関して、その隙間を埋める憲法慣習が成立しうることは広く認められている。この憲法慣習の効力は憲法典と同レベルか、それとも下位の効力なのか、言い換えれば、憲法慣習を変更するためには憲法改正が必要なのか、それとも法律によって変更可能なのか、問題とされる。憲法典の隙間を埋める憲法慣習の場合には、法律上の慣習と同じく、法律で変更できるとする学説もある（高橋和之）。けれども、このような法律で変更できる憲法慣習は、むしろ法源性を有しない憲法習

律と考えるべきではないかと思われる。

②問題になるのは、憲法の明文規定に反する憲法慣習が存在しうるかである。この存在を認めると、憲法慣習に反する明文の憲法規定は、憲法慣習によって改廃されて効力を失い、憲法慣習がそれにとって替わることになる。これが憲法変遷である（→第６章第２節**４**）。

この場合、憲法典も、それを改廃する憲法慣習も、その効力はともに国民の法的確信に基づくのであるから、この憲法慣習の形式的効力は憲法典と同等であって、その変更には憲法改正が必要である。ただし、憲法慣習が成立する前に、内容的に対立する憲法典の規定が効力を失っており、そこに生じた欠缺部分に憲法慣習が生じたと考えることもできる。この場合には①と同じことになろう。

どこに憲法の隙間をみるかによって、①と②の区別は相対的である。②で憲法の明文規定の効力範囲を厳格に狭く解すれば、明文規定に反するとされていたものが、隙間を埋める①の場合になるからである。

(2)　憲法判例

㈠「判例」とその法源性

判例とは、裁判所が具体的事件を解決するために行った法的判断をいう。裁判所が判決等の裁判で述べたところがすべて判例なのではない。裁判の結論（主文）を下すために必要不可欠な理由中判断が「判決理由（ratio decidendi)」であり、「判例」と呼ばれるのはこの部分である。主文には裁判所の判断の結論が、理由には認定した事実に法を解釈適用して結論に至る過程が示されているが、判決の結論を導き出す上でどうしても必要な法解釈が、ここでいう判例なのである。理由中で示された法解釈であっても結論と直接関係のないものは「傍論（obiter dictum)」であり、「判決理由」とは区別される。

裁判所は目の前の具体的事件を解決するために、そこに含まれる法問題に一定の答えを出していくが、その法解釈がその事件を極めて適切に解決するものだということになると、その後に同様な事件が起こったときには、他の裁判所も前の裁判所の例にならって同様の判決を下すようになる。先例が最高裁判所の判決であれば、それと異なる解釈をしても上級裁判所で破棄されるに違いないから、特別の理由のない限り先例に従うことになる。その結果、事件を解決する上でどうしても必要な限りで行った法的判断（法解釈）が、後の裁判を拘束しているかのような現象を生じさせるのである。この現象をいかに説明するか、言い換えれば、判例の法源性を認めるか、学説は分かれる。

従来、日本のような成文法主義の国においては、裁判の基準となるのは成文法だけであるのが原則で、判例が法として裁判の基準となることはない、と考えられてきた。現在でも多数説（否定説）は、このような拘束は事実上のものにすぎず、法的なものではないとする。これに対して、肯定説は、同種の事件に対して同じ解決が与えられるべきことは平等の要請するところであるから、判例の法源性（＝法的拘束力）を正面から認めるべきであると主張し、有力になりつつある（佐藤幸治ほか）。けれども、判例の法的拘束力を認めると最高裁判所による下級裁判所の管理統制機能が強くなりすぎて妥当ではない、という多数説からの反論もある（樋口陽一）。

＊　最高裁判例の下級裁判所に対する拘束力を認めた裁判例がある。昭和49年春闘日教組スト事件第１審判決（東京地判昭和55・３・14判時967号17頁）は、「審級制をとる訴訟制度のもとにおいては、最高裁判所の判例がもつべき判例統一の機能やこれによって法的安定をはかるべき必要性を軽視することはできない。とくに、最高裁大法廷による判断、しかもその度重なる同旨の判断内容は、実務上最も尊重され、下級審に対し、強い事実上の拘束力を認められなければならないと考えられる。このことは審級制度から必然的に導かれる要請であ」るとする。しかし、上級審の裁判所の裁判における判断が下級審の裁判所を拘束するのは、その事件に限られる（裁判所法４条）。ただし、民事訴訟法では、原判決に最高裁判例と相反する判断があることが上告受理の要件とされている（民訴法318条１項）。

(イ)　憲法判例の特殊性

憲法裁判所の判決では、法律その他の国家行為に関する合憲違憲の結論が主文で、そこに至る憲法解釈は理由中で示されるので、通常の判例と同様であるが、付随的審査制における憲法判例の場合には、憲法判断の結論もそこに至る憲法解釈も理由中判断であるため、判断の結論と憲法解釈を論理的に区別する必要がある。判断の結論は判決の効力の問題（→第12章

第８節１）であり、そこに至る憲法解釈が後の裁判を拘束するか否かが判例の拘束力の問題である。以下、最高裁の憲法判例を念頭に検討する。

＊　違憲判決の効力と憲法判例の拘束力は、判決の既判力と区別されなければならない。既判力は、当事者が同じ事件を蒸し返すのを防止し、事件を終局的に解決するためのものである。既判力の範囲は判決の主文に包含するものに限り（民訴法114条）、効力が及ぶ人的範囲は原則として当事者に限られる（同法115条）。これに対して、違憲判決の効力は、理由中判断における憲法判断の結論がどのような効力を有するかの問題であり、憲法判例の拘束力は、裁判所が類似した別の事件を判断する際に以前の憲法解釈に従わなければならないかの問題である。

㈦　憲法判例の形式的効力

憲法判例が他の判例と異なるのは、国会が法律で変更することができない点である。法律についての判例であれば、国会がその法律を改廃することによって変更することができるのに対して、憲法判例は、裁判所自身が判例を変更しない限り、憲法改正手続を踏まなければ変更できない。憲法判例が気に入らないからといって、国会がいくら法律を制定しても、裁判所によって違憲無効とされるだけで、憲法判例を否定することはできないのである。憲法判例を変更するには、裁判所自身が変更する場合を除けば、憲法改正の手続を踏まなければならないのであるから、憲法判例は憲法に準じる形式的効力を有する。

例えば、裁判所が憲法の解釈により何らかの準則を憲法から引き出したとする。その準則を基準として法律の合憲性を判断するのであるから、その準則は法律よりも上位の規範であることは明らかである。この準則に反する法律は違憲無効である。したがって、この準則、すなわち憲法判例は、憲法と同等の形式的効力を有すると考えなければならない。より一般化していえば、上位の法と下位の法の一致・不一致が問題となったとき、裁判所の創り出す準則は、審査基準となる上位の法と同等の形式的効力を有するのである。それゆえ、「判例の形式的効力は、何についての判例であるかによって定まる」（小嶋和司）。したがって、憲法判例は憲法典と同等の形式的効力を有するのである。

㈱ 憲法判例の変更

最高裁判所の憲法判例は、下級裁判所に対してばかりではなく、最高裁判所自身をも拘束する。けれども、その拘束力は絶対的なものではなく、裁判所による判例変更は可能である。最高裁が判例を変更する場合には、必ず大法廷を開かなければならない（裁判所法10条3号）。それでは、どのような場合に判例変更をすべきなのか。全農林警職法事件（最大判昭和48・4・25刑集27巻4号547頁）における5裁判官の意見は、憲法判例の変更は慎重であるべき理由をこう述べた。

「最高裁判所が最終審としてさきに示した憲法解釈と異なる見解をとり、右の先例を変更して新しい解釈を示すにあたっては、その必要性および相当性について特段の吟味、検討と配慮が施されなければならない。けだし、憲法解釈の変更は、実質的には憲法自体の改正にも匹敵するものであるばかりでなく、最高裁判所の示す憲法解釈は、その性質上、その理由づけ自体がもつ説得力を通じて他の国家機関や国民一般の支持と承認を獲得することにより、はじめて権威ある判断としての拘束力と実効性をもちうるものであり、このような権威を保持し、憲法秩序の安定をはかるためには、憲法判例の変更は軽々にこれを行なうべきものではなく、その時機および方法について慎重を期し、その内容において真に説得力ある理由と根拠とを示す用意を必要とするからである」。

これに対して学説では、憲法判例は一般の判例よりも柔軟に変更されるべきだ、という意見が有力である（伊藤正己、田中英夫）。一般の判例は国会が立法によって変更できるのに、憲法判例は、憲法改正手続によるか、最高裁自身が変更することによってしか変更できないからである。憲法を頻繁に改正するよりも、解釈の柔軟な変更によって憲法を時代に適合させていくべきだということであろう。いずれにせよ、判例変更の当否の問題は、新しい判例の内容に対する賛否と密接に関連しているため、議論が錯綜しがちである。

従来の最高裁判例を信頼して、適法であると信じて行動した者に対して、新判例を適用して有罪とすることに問題はないか。旧判例を信頼して行動した者を保護すべきであるが、だからといって問題のある旧判例を変更しないわけにはいかない。その場合には、新判例は判決以前の行為には適用しないという「判例の不遡及的変更」の手法をとるべきだという学説が有力である。しかし、最高裁は、行為当時の最高裁判例の示す法解釈に従えば無罪となるべき行為であっても、これを処罰することは憲法39条に違反しないとして、判例の不遡及的変更を行わなかった（最判平成８・11・18刑集50巻10号745頁）。

＊　これは、1974（昭和49）年、岩手教組中央執行委員長である被告人が、傘下の公立小中学校教職員に対し同盟罷業（ストライキ）の遂行をあおることを企てたため、地方公務員法によって処罰された事件である。公務員の争議行為を禁止する法律の解釈について、最高裁判例は大きく変動した（→憲法Ｉ第17章第２節**７⑵**）。地方公務員法は、職員の争議行為を禁止するとともに（同法37条１項）、そのあおり行為等をした者を処罰することにしている（同法61条４号）が、①東京都教組事件判決（最大判昭和44・４・２刑集23巻５号305頁）は、いわゆる「二重のしぼり」論により、処罰されるのは争議行為とあおり行為のどちらも違法性の強いものに限られ、争議行為に通常随伴する行為は処罰の対象とならないとした。しかし、②全農林警職法事件判決（最大判昭和48・４・25刑集27巻４号547頁）は、国家公務員法についてこのような限定解釈を否定し、一律に処罰しても憲法に違反しないとした。同判決に基づいて都教組事件判決の解釈が明示的に変更されたのは、③岩手県教組学テ事件判決（最大判昭和51・５・21刑集30巻５号1178頁）によってである。したがって、本件の行為が行われたのは、②の後であるが③の前である。そこで、被告人は、地方公務員法については①が判例であり、その法解釈によれば無罪となるべき行為に対して、③の新判例を遡及的に適用して有罪とすることは許されないと主張した。これに対して最高裁多数意見は本文のように答えたが、河合伸一裁判官の補足意見は、「判例を信頼し、それゆえに自己の行為が適法であると信じたことに相当な理由のある者については、犯罪を行う意思、すなわち、故意を欠くと解する余地がある」と述べた。判例に対する信頼を保護することは重要であるが、本件被告人のように、判例変更が予想されるのにあえて犯行に及んだ者まで保護する必要はないということだと思われる。

第４節　憲法の通用範囲

１　空間的・地域的範囲——領土

(1)　領　土

一国の憲法の効力が及ぶ空間的・地域的範囲が領土である。領土に滞在している限り、その国の国民であるか否かにかかわらず、すべての人に対して（外国人に対しても）憲法の効力が及ぶ（原則。例外として、外国の元首、外交使節などには治外法権があり、日本に滞在していても日本の裁判権は及ばない）。日本国憲法には領土に関する規定が存在しない。この点は明治憲法も同様であった。領土の範囲は一国の意思によって最終的に決定できるわけではなく、国際的な承認を得ることが不可欠だから、あえて憲法典には規定しなかったのである。

(2)　日本国との平和条約

明治憲法制定後、日本は日清戦争（下関条約〔1895年〕）で台湾・澎湖諸島の割譲を受け、1910年には韓国併合を行うなど、新たな領土を獲得したため、領土の範囲は大きく変動した。けれども、1945年８月、日本はポツダム宣言を受諾して降伏した（→第２章第３節１(1)）。同宣言８項は、「『カイロ』宣言ノ条項ハ履行セラルベク又日本国ノ主権ハ本州、北海道、九州及四国並ニ吾等ノ決定スル諸小島ニ局限セラルベシ」と定めていた。1952年、「日本国との平和条約」（サンフランシスコ平和条約。以下「平和条約」という）の発効により、連合国と日本の戦争状態は終了し、日本は主権を回復した（同条約１条）。平和条約２章「領域」２条は、こう定めていた。

(a)　日本国は、朝鮮の独立を承認して、済洲島、巨文島及び鬱陵島を含む朝鮮に対するすべての権利、権原及び請求権を放棄する。

(b)　日本国は、台湾及び澎湖諸島に対するすべての権利、権原及び請求権を放棄する。

(c)　日本国は、千島列島並びに日本国が千九百五年九月五日のポーツマス条約の結果として主権を獲得した樺太の一部及びこれに近接する諸島に対するすべての権利、権原及び請求権を放棄する。

これにより、日本は、1889年の明治憲法制定後、日清戦争、日露戦争および第一次世界大戦に至る期間に新たに獲得した領土を喪失し、日本の領土は現在ある範囲に確定した。

なお、平和条約３条は、沖縄その他の地域について、アメリカを施政権者とする信託統治制度を定めた。これらの地域は後に個別の条約で施政権を回復した。沖縄の返還は1972年である（→第２章第４節**2**(2)）。

＊　明治憲法制定後に獲得した新しい領土に対して、明治憲法の効力が当然に及ぶのかという問題があった。1895年の下関条約によって、清国は日本に対して台湾を割譲し、台湾は日本の領土となった。この台湾を統治するため、台湾総督に法律の効力を有する命令を制定する権限を付与した。明治憲法は台湾には原則として適用されず、台湾は本土（内地）とは異なる法領域を形成していた（内地と外地につき→第２章第２節**3**(1)(イ)＊）。当時違憲論も有力であったが、美濃部達吉は合憲論を主張した。新領土に日本の統治権は及ぶが、社会の状態が異なるのであるから、領土の一部に憲法を行い、他の一部に行わなくとも、憲法の性質に反するものではない、としたのである。日本国憲法は、そもそも軍事力による新領土の獲得を想定していないが、何らかの原因による平和的な領土拡大が禁止されているわけではないので、新領土がそれまで他国の領土であり、その国の法秩序が効力を有していた場合でも、日本の領土となったと同時にその法秩序が否定され、日本国の法秩序が妥当するのか、問題となる余地は残っている。

(3)　北方領土

平和条約では解決せず、現在も問題になっているのが「北方領土」である。ポツダム宣言８項は「『カイロ』宣言ノ条項ハ履行セラルベク」と定めていたが、「カイロ宣言」とは、1943年、米英中の３カ国が発した声明である。それは、日本がそれまでの戦争によって獲得した領土を日本から剥奪することを宣言するものであった。ポツダム宣言はその再確認である。もちろん、日本からすれば、平和条約２条(a)項の朝鮮等は日韓併合条約（1910年）により、(b)項の台湾等は下関条約（1895年）により、(c)項の樺太の一部はポーツマス条約（1905年）により獲得した領土であるが、これらとは異なり、(c)項のうち千島列島は樺太千島交換条約（1875年）で平和裡に取得した領土であって、剥奪の対象とはいえないはずである。

しかし、ヤルタ協定での密約が存在した。ヤルタ協定（1945年）は、米英ソ三国の間でソ連が日本に対する戦争に参加する条件を定めた秘密協定である。そこにはこうある。

> 二　千九百四年の日本の背信的攻撃により侵害されたロシア国の旧権利は、次のように回復される。
> ㈠　樺太の南部及びこれに隣接するすべての島を、ソヴィエト連邦に返還する。
> ……
> 三　千島列島は、ソヴィエト連邦に引渡す。

日本は、ヤルタ協定は３カ国だけの秘密の合意で、日本に対して何の効力もないし、そもそも歯舞《はぼまい》諸島、色丹《しこたん》島、国後《くなしり》島および択捉《えとろふ》島は千島列島ではない、と主張する。ソ連は「日本国との平和条約」に署名していないから、日本とソ連の戦争状態は1956年の日ソ共同宣言でようやく終わった。同宣言には、両国間の平和条約締結後、ソ連が歯舞群島および色丹島を日本に引き渡すことに同意することが規定されている。けれども、その後の交渉は難航したまま、これらの北方領土はロシアが領有したままになっている（→第２章第４節**1 (2)**）。

2　人的範囲——国民

国民も、領土と並んで、国家の不可欠の構成要素である。国民は、自国の領土内にいるか否かにかかわらず、自国の統治権（対人高権）に服する。

国民としての資格が国籍である（→憲法Ｉ第２章第１節**2 (1)**。その得喪は国籍法が定める。国籍離脱の自由〔22条２項〕→憲法Ｉ第12章第３節**3**）。

平和条約は、直接には日本が主権を放棄すべき領土を確定したにとどまるが、それに伴って、住民の国籍の変動（喪失）が生じた。朝鮮や台湾など日本の領土から切り離された地域に居住している住民は、日本の国籍を離れるからである。それでは、日本の新たな（縮小した）領土内に居住している朝鮮人や台湾人の国籍はどうなるのか。その指針を示したのが、昭和27・４・19民事甲438号法務府民事局長通達「平和条約に伴う朝鮮人、台湾人等に関する国籍及び戸籍事務の処理について」である。

第一、朝鮮及び台湾関係

㈠　朝鮮及び台湾は、条約の発効の日から日本国の領土から分離することとなるので、これに伴い、朝鮮人及び台湾人は、内地に在住している者を含めてすべて日本の国籍を喪失する。

㈡　もと朝鮮人又は台湾人であった者でも、条約の発効前に内地人との婚姻、縁組等の身分行為により内地の戸籍に入籍すべき事由の生じたものは、内地人であって、条約発効後も何らの手続を要することなく、引き続き日本の国籍を保有する。

㈢　もと内地人であった者でも、条約の発効前に朝鮮人又は台湾人との婚姻、養子縁組等の身分行為により内地の戸籍から除籍せらるべき事由の生じたものは、朝鮮人又は台湾人であって、条約発効とともに日本の国籍を喪失する。

この通達による解釈は、平和条約の合理的解釈として、学説でも広く支持され、最高裁でも認められた（最大判昭和36・４・５民集15巻４号657頁）。

こうして、朝鮮人、台湾人等は日本国籍を失い、外国人となった。これらの人々の日本における法的地位を安定させるために制定されたのが、「日本国との平和条約に基づき日本の国籍を離脱した者等の出入国管理に関する特例法」（平成３年法律71号）である。同法は、「平和条約国籍離脱者」（同法２条１項）とその子孫（同条２項）に対して、「特別永住者」として日本に永住できることを定めるとともに、退去強制の特例を定めた。「外国人の人権」で扱われる「定住外国人」の大きな部分はこれらの人々である（→憲法Ｉ第２章第１節**3**）。

＊　戦争中、日本軍の軍人軍属として戦地に赴き死傷した台湾住民は、平和条約の発効とともに日本国籍を喪失し外国人となったため、戦後に戦傷病者戦没者遺族等援護法の年金や恩給法の恩給が国民に支給されても、外国人として受給資格が認められなかった。最高裁は憲法14条１項に違反しないとした（最判平成４・４・28判時1422号91頁→憲法Ｉ第６章第４節**2**⑵＊＊）。旧日本軍の軍人軍属であった在日韓国人に対しても同趣旨の判決が下されている（最判平成16・11・29判時1879号58頁）。

3　時間的範囲

日本国憲法は、1947年５月３日に施行された。しかし、それまでは明治憲法が全面的に効力を有していたわけでもない。1945年８月、日本はポツダム宣言を受諾して降伏し、９月２日には降伏文書に署名している。その中に、「天皇及日本国政府ノ国家統治ノ権限ハ本降伏条項ヲ実施スル為適当ト認ムル措置ヲ執ル聯合国最高司令官ノ制限ノ下ニ置カルルモノトス」の一文があった。これによって日本は被占領下に置かれ、国家主権を喪失した。明治憲法は最高法規ではなく、連合国最高司令官の命令は明治憲法の上位にあったのである。

しかし、連合国最高司令官が憲法に優位したのは日本国憲法施行後も同様であって、「連合国最高司令官は、降伏条項を実施するためには、日本国憲法にかかわりなく法律上全く自由に自ら適当と認める措置をとり、日本官庁の職員に対し指令を発してこれを遵守実施せしめることを得た」のである（最大判昭和28・７・22刑集７巻７号1562頁）。1952年、平和条約の発効によって占領が解除され、日本国が主権を回復して初めて、日本国憲法は最高法規になったのである（上記昭和28年判決は、占領下に発せられたポツダム政令を違憲無効とした→第６章第３節**1** **(1)**(エ)）。

時間的適用範囲が特に問題になるのは国家賠償法の場合である。戦後補償裁判について→第２章第３節**1** **(5)**。

〈参考文献〉

赤坂正浩「憲法の概念について」同『世紀転換期の憲法論』（信山社、2015年）299頁以下
芦部信喜『憲法学Ⅰ 憲法総論』（有斐閣、1992年）
清宮四郎『憲法Ⅰ（第３版）』（有斐閣、1979年）
工藤達朗「国家の地位と任務」同『憲法の勉強』（尚学社、1999年）３頁以下
工藤達朗「日本国憲法の通用範囲に関する一考察」法学新報123巻５・６号（2016年）253頁以下
工藤達朗「最高法規と憲法判例」赤坂正浩ほか『ファーストステップ憲法』（有斐閣、2005年）295頁以下
栗城壽夫「国家」岩波講座『基本法学２——団体』（岩波書店、1983年）205頁以下
小嶋和司「憲法と憲法典について」「憲法典」同『憲法学講話』（有斐閣、1982年）１頁以下
佐藤幸治『立憲主義について』（左右社、2015年）
山下威士「憲法と憲法典」同『憲法学と憲法』（南窓社、1987年）192頁以下

第2章　日本憲法史

第1節　総　説

日本憲法史を論じるときにその始期をどの時点に設定するかは、論じようとする「憲法」の概念、そしてどのような視角から日本憲法史を構成しようとするか、に関わる。

例えば、現在私たちが「日本」と観念する一定の地理的空間において、現在私たちが歴史的資料により確認できる範囲で政治的権力が発生して以降、人々が政治をどのように観念し行動してきたのか、その連続と断絶を「日本憲法史」として語ろうとするならば、少なくとも聖徳太子の「十七条の憲法」（→第1章第2節**1**(1)）やその前提となる畿内政権の構造から説き起こすべきだろう。

これに対して本書は、現在の憲法学が一般に採用するスタイルと同じく、立憲主義、すなわち国家権力を法により構成すると同時にそれを制限するという特定の政治のあり方を前提として、日本憲法史を捉える。それは、現在妥当している日本国憲法は立憲主義に基づくものであることから、日本における立憲主義の成立と展開という視角から日本憲法史を構成することが、日本国憲法の内容や運用、課題を理解する上で有益であるとともに、イギリス・フランス・ドイツ・アメリカのような他の立憲主義諸国の憲法との比較を可能とするからである。

立憲主義の概念もまた多義的であるが（→第1章第1節**6**）、本章では立憲君主制と立憲民主制を含む近代立憲主義の意味で捉えることにする。そうすると、形式的意味の憲法としては、大日本帝国憲法（本書において「明治憲法」という）と日本国憲法の二つが日本憲法史の対象となる。また、近代立憲主義は近代的な国家のあり方、そして主権国家からなる国際社会のあり方と密接に関わる。そこで本章では、時間的には江戸幕府期の開国により日本社会が国際社会に本格的に組み込まれ、近代国家の形成を始めた時点に遡り、立憲主義の成立と展開という観点から、日本憲法史を略説することにする。それと同時に、日本憲法史を理解するためには、国内の政治や社会のあり方と外交関係や国際社会との相互作用に、注意しなければならない。

第２節　明治憲法

1　明治憲法の成立

(1)　開国と明治維新

明治憲法は、日本で初めての成文憲法であるだけでなく、非欧米社会で初めて実効的に機能した近代立憲主義に基づく憲法である。この点で明治憲法の制定（1889年）は世界の立憲主義史においても一つの画期をなすものである。日本政治史の観点からは、明治政府は大政奉還（1867年）以降、近代的な主権国家形成のための試行錯誤を繰り返しており、そうした流れの頂点に憲法制定は位置づけられる。

世界史的にみれば、19世紀後半には、既に欧米では主権国家からなる国際社会が形成され、国家の基本法である憲法のあり方も国際関係にも大きく左右されるようになっていた。この事実に幕藩体制下の日本が直面したのは、西洋列強の東アジア進出の本格化、とりわけアメリカ東インド艦隊の日本来航（1853年）であった。圧倒的な軍事力・技術力の違いから、江戸幕府は日米和親条約（1854年）、次いで列強５カ国との修好通商条約（1858年）を締結したが、後者の内容は日本の関税自主権を否定し、外国人が被告人である刑事事件は、その国の領事裁判所が裁判する制度（治外法権）を認めた。このような不平等条約に対する不満は「尊皇攘夷」を求めるという形で、幕藩体制の動揺と崩壊を招いた。そして後の明治政府にとっては、富国強兵とともに、不平等条約の改正が重大な課題となった。

明治維新は、国政についての最高の決定権を幕府（将軍）から明治政府

（天皇）へと移行させるとともに、政治社会の基礎を変更する「革命」であった。公議政体論（諸侯による列藩会議）による幕藩体制の立て直しを図っていた幕府は1867年、政権を朝廷に奉還し、広く天下の公議を尽くし、聖断を仰ぐと上奏した（大政奉還）。しかし朝廷側は王政復古の大号令を宣言し、薩摩・長州藩を中心とした軍事力により各地の戦闘で幕府側に勝利する（1868～1869年）。

明治天皇は1868年、「五箇条の誓文」で「広く会議を興し万機公論に決す」ことを宣言した。さらに２カ月後に頒布された「政体書」は、「天下の権力総てこれを太政官に帰す……太政官の権力を分って立法行法司法の三権とす」「各府各藩各県皆貢士を出し議員とす　議事の制を立つるは輿論公議を執る所以なり」等と定めており、公議政体論と権力分立論の影響がみられる。

しかし、現実の明治新政府の運営は、幕府との対決を主導した岩倉具視等の公家、木戸孝允・西郷隆盛・大久保利通ら薩長等の有力者が主導した。版籍奉還（1869年）、廃藩置県（1871年）により、それまでの分権的な統治体制から、統一的な国家権力が国民を直接に統治する、近代的な主権国家の形成が進められた。

他方、岩倉を長とする遣外使節団派遣（1871～1873年）等を通じて、日本の政治・法や文化が「文明国」の水準に達していない状況では、日本が不平等条約の改正を求めても、列強諸国が真剣に対応する状態ではないことが、明治政府の当局者たちに明らかとなった。この結果、「条約改正を実現するために国内の法令整備と立憲主義の導入をはかるという思考」がその後の明治政府の政策の基調となる（大石眞）。

(2)　明治十四年の政変と伊藤博文の憲法調査

明治新政府はいわゆる征韓論争をめぐって西郷隆盛等が辞職するなどして分裂の危機を迎えたものの（1873年）、西南戦争（1877年）等の士族の反乱を鎮圧することに成功した。この間、板垣退助等による民撰議院設立建白書が提出され（1874年）、政府は1875年、時間をかけて立憲政体を樹立するという「漸次立憲政体樹立の詔」を発した（→第１章第２節１(2)）。憲法起草勅語（1876年）を受けて、元老院が上奏した第三次「国憲」案

（1880年）は、当時の欧州各国での立憲君主制のあり方を相当程度取り入れた内容であった。またこの時期には、民間で国会開設運動・自由民権運動や私擬憲法の起草が盛んとなった。

このような朝野の動きを受けて政府高官内部で憲法に関する意見集約が試みられたが、1881年、大隈重信は同年中に憲法を制定してイギリス流の議院内閣制を採用し、２年後には国会を開設するという急進的な意見書を秘密裏に天皇に提出しようとした。このため、政府内部で不信を招いた大隈は開拓使官有物払下げ事件に関連して参議を罷免され（明治14年の政変）、伊藤博文を中心とする政権運営が確立した。同時に政府は９年後の1890年に国会を開設するとした「国会開設の勅諭」を発した（→第１章第２節１(2)）。

この間、井上毅《いのうえこわし》が起草して岩倉が天皇に提出した憲法に関する意見書は後に「憲法の大綱は全く此の時に於て確定したるものと視ることを得べし」（穂積八束）といわれるもので、「欽定憲法之体裁」を用いること、各国憲法を参酌して「人民の権利」について定めること、帝位継承法は憲法とは別に定めることを含んでいた。さらに内閣は天皇の選任によること、議院内閣制を退けること、予算前年度施行制を採用すること等、君主制原理に基づくプロイセン憲法をモデルに、漸進的に立憲主義を導入する方針をとっていた。

＊　君主制原理とは、君主が主権を有するとともに、自ら定めた憲法により、その主権を自己制限するという考え方であり、フランス1814年憲章で採用され、ドイツの各王国で導入された考え方である。

＊＊　井上毅（1844〜1895年）はヨーロッパに留学して法学を学び、大久保・岩倉のブレーンとして活躍し、プロイセン憲法を参考にした憲法構想に大きな役割を果たした。伊藤の下で、伊東巳代治《いとうみよじ》（1857〜1934年）・金子堅太郎（1853〜1942年）らとともに、明治憲法の起草過程で重要な役割を果たし、教育勅語の起草にも関わった。

(3)　明治憲法の成立

伊藤は憲法調査のためヨーロッパを訪問し、オーストリアの国法学者シュタイン（L. v. Stein）の講義を聴く等して、立憲君主制の運用について理解を深めて帰国した（1882～1883年）。伊藤は、1885年に定められた内閣制度の下で初代の内閣総理大臣に就任するとともに、お雇い外国人であるロエスレル（H. Roesler）やモッセ（A. Mosse）の助力を得ながら、先の岩倉意見書の方向で憲法起草作業を進めた。なお、1886年に伊藤が井上・伊東・金子に示した方針には、「憲法は日本の国体及歴史に基き起草する事」が含まれていることが注目される。

1888年５月には天皇の「至高顧問の府」として枢密院が設置され、政府高官たちが枢密顧問官に任命され、伊藤が枢密院議長に就任した。枢密院は、伊藤たちの起草した帝国憲法草案を、皇室典範・貴族院令・議院法・衆議院議員選挙法・会計法といった「憲法附属法」とあわせて審議し、1889年２月５日の本会議で確定した。２月11日、明治天皇が皇室典範と明治憲法の制定を皇祖皇霊に上申する告文を宮中賢所で読み上げた後、宮中で憲法発布式典が挙行された。

＊　枢密院官制（1888年）は、「憲法及び憲法に附属する法律の解釈に関し及予算其他会計上の疑義に関する争議」「憲法の改正又は憲法に附属する法律の改正に関する草案」を枢密院の権限と定めていた。現在でも、国会法・内閣法・裁判所法等の、実質的意味の憲法に相当する内容を定める法律を、「憲法附属法」と呼ぶことがある（→本章第４節 **1** (1)、第１章第３節 **2** (2)）。

枢密院の審議の過程で伊藤が、「臣民権利義務」を「臣民の分際」と修正することを求めた森有礼《もりありのり》文部大臣に対して、次のように反論したことは、明治憲法が立憲主義に立脚することを示すものとして、知られている。

抑憲法を創設するの精神は、第一君権を制限し、第二臣民の権利を保護するにあり。故に若し憲法に於て臣民の権利を列記せず、只責任のみを記載せば、憲法を設くるの必要なし……君主権を制限し、又臣民は如何なる義務を有し如何なる権利を有すと憲法に列記して始て憲法の骨子備はるものなり……憲法より権利義務を除くときには憲法は人民の保護者たること能はざるなり。

なお枢密院審議のために井上が中心となって準備した説明資料は、穂積陳重、末岡精一らの法学者も加えた検討の上で、伊藤の私著の形で公刊された。これが明治憲法の半官的注釈書である『憲法義解』である。

明治憲法は1890年11月29日に施行された。また、同日には帝国議会が開会され、憲法の運用が開始された。

2　明治憲法の内容

(1)　概　説

明治憲法は７章76条からなり、近代立憲主義を実現する側面（立憲的要素）と、天皇主権を強調する側面（神権的要素）とを同時に内包するものだった。「法律規則命令又ハ何等ノ名称ヲ用ヰタルニ拘ラス此ノ憲法ニ矛盾セサル現行ノ法令ハ総テ遵由ノ効力ヲ有ス」（明憲76条１項）とされ、明治憲法は日本国法秩序における最高法規であったことは確かだが、それと同時に皇位継承や皇族の範囲、皇族の権利義務等は皇室の家憲である皇室典範の定める事項であり、「皇室典範ノ改正ハ帝国議会ノ議ヲ経ルヲ要セス」（明憲74条１項）とされていたために、実際には憲法以下の政務法の体系と宮務法の体系が両立することになった（典憲二元体制）。以下では、日本国憲法との異同に注意しつつ、明治憲法の内容を簡単にみておくことにする。

(2)　神勅主権と国体

明治憲法は天皇が定めた憲法（欽定憲法）であり、天皇主権に基づく。そのことは「大日本帝国ハ万世一系ノ天皇之ヲ統治ス」（明憲１条）、「天皇ハ神聖ニシテ侵スヘカラス」（明憲３条）、「天皇ハ国ノ元首ニシテ統治権ヲ総攬シ此ノ憲法ノ条規ニ依リ之ヲ行フ」（明憲４条）という各規定に現れている。これらの規定それ自体は、「凡テ法律勅令其ノ他国務ニ関ル詔勅ハ国務大臣ノ副署ヲ要ス」（明憲55条２項）という大臣助言制の仕組み（→第８章第３節**2** (2)）とも結びついており、その点では当時の西欧立憲君主制の憲法にも共通した、君主制原理（ないし総攬者定式）や君主無答責の原則を宣言するにすぎないようにもみえる。

＊　市民革命を経て、国民主権原理に基づき制定された憲法こそが立憲主義

の憲法だという理解に立てば、君主制原理の下で制定された憲法は君主の自己制限を定めるにすぎず、真の立憲主義に基づくものではないことになる。このような意味で、プロイセン憲法や明治憲法を「外見的立憲主義」の憲法と呼ぶことがある。

しかし明治憲法の場合には、天皇の地位が「天《てん》壌《じょう》無《む》窮《きゅう》」の神勅を根拠とし、さらに天皇自身が現人神であるとされたため、国家と宗教の分離と政治権力の世俗化を前提とした近代君主制とは異なる、「神権主義的な君主制の色彩」（芦部信喜）を強く帯びることになった。

＊　「天壌無窮」の神勅とは日本書紀に記されている、皇祖天照大神が皇孫瓊《に》瓊《に》杵尊《ぎのみこと》を高天原から葦原中国に降臨させるときに、天と地に終わりがないように天皇の統治も永続するだろうと述べたことを指している（→第３章第３節**2**(1)）。告文および憲法発布勅語はこの天壌無窮の神勅に言及して天皇の主権の正統性を基礎づけ、明治憲法の前文および１条の「万世一系」もこの天孫降臨の神話と結びつけて理解されるものであった。

明治憲法が、このような神話の論理を憲法に持ち込んだのは、江戸時代後期の神道の展開と、明治維新以降に天皇を中心として国家・臣民統合を図ってきた流れに棹さすものではあるが、そのことが明治憲法の解釈・運用、ひいては明治立憲制の命運に与えた影響は甚大なものであった。

そのような困難を象徴するのが「国体」という観念の多義性である（→第３章第３節**2**(2)）。非法学的には「国体」は国柄程度の漠然とした意味合いで使われるが、明治憲法下の学説では「国体」を法学的概念として用いるべきかどうかについて激しい争いがあった。例えば穂積八束は国体（Staatsform）と政体（Regierungsform）を峻別し、前者では統治権の主体による国家体制の分類、後者では統治権の行使のあり方による国家体制の分類を論じた。これに対して美濃部達吉はこのような国体と政体の区別を否定して、君主政体と共和政体とを区別した。

しかし教育勅語（1890年）は、「我が臣民克く忠に克く孝に億兆心を一にして世《よ》世《よ》厥《そ》の美を濟《な》せるは此れ我が国体の精華」と宣言している。これは、天皇が国民の精神を指導し、立憲主義が前提とする個人の尊重や国家からの自由とは異なる忠孝という道徳を公教育の基礎に据えたこととも結びついて、「国体」という観念が憲法の規律する政治空間に混入することを可能にした。現に、明治憲法体制が崩壊するプロセスでは、天皇中心の統治体制を絶対視し同時にそれを自然の国民性と決めつけるような「国体」の用法が、政治空間や法的言説の中で、多様性を排除する方向で、しかも言論ではなく感情や暴力に訴えるように用いられた。後述する、天皇機関説事件や政府の国体明徴宣言は、その代表例である。

(3)　帝国議会と政府

他方で、枢密院審議における伊藤博文の発言にみられるとおり、明治憲法が当時の西欧の立憲君主制憲法から多くを学び、立憲主義の導入を図ったことも確かである。そのことは、「天皇ハ……此ノ憲法ノ条規ニ依リ之ヲ行フ」（明憲４条）とする規定をはじめ、立法・行政・司法の権力分立を採用したことにも現れている。

立憲君主制憲法の要諦は、国民を代表する議会を設置し、国政の重要部分への参加を認め、その限度で君主の統治権を制限することにあり（二元主義）、明治初期からの民撰議院設立・国会開設運動の目標もそこにあった。この点で明治憲法は、法律の裁可権を天皇に留保する一方、「天皇ハ帝国議会ノ協賛ヲ以テ立法権ヲ行フ」（明憲５条）と定め、帝国議会の立法権への関与を認める。ただし天皇は、帝国議会の関与なく、緊急勅令（明憲８条）および独立命令（明憲９条）を発することができたので、立法に関する帝国議会の権限は限定されたものであった。

財政については租税法律主義が採用され（明憲62条１項）、毎年度歳出歳入予算について帝国議会の協賛を経ることとされた（明憲64条）。しかし、「帝国議会ニ於テ予算ヲ議定セス又ハ予算成立ニ至ラサルトキハ政府ハ前年度ノ予算ヲ施行スヘシ」（明憲71条、前年度予算施行制）のほか、政府の同意なくして帝国議会は既定費・法律費・義務費を削除することができない（明憲67条）とされる等、やはり帝国議会による財政統制権限は限定されていた。

内閣制度は、憲法ではなく内閣官制によるものであり、憲法は「国務各大臣ハ天皇ヲ輔弼シ其ノ責ニ任ス」（明憲55条１項）と定めるのみで、内閣が連帯して議会に対して責任を負うという議院内閣制の仕組みを取り入れなかった。このため、内閣総理大臣は「同輩中の首席」にすぎず、内閣および行政の統一は内閣総理大臣個人の政治的力量に大きく依存することになった。他方、天皇は衆議院の解散を命ずる権限を有していた（明憲７条）。

＊　内閣制度の創設時には、「内閣職権」（1885年）により、内閣総理大臣に他の大臣と比べて強い地位が認められていた。これに対して明治憲法の下での「内閣官制」は内閣総理大臣の地位を弱め、「各大臣ノ首班トシテ機務ヲ奏宣シ旨ヲ承ケテ行政各部ノ統一ヲ保持ス」（同２条）にすぎないものとされた。

(4)　統帥権の独立

既に述べたとおり、天皇は統治権の総攬者とされ、既に触れた法律の裁可・公布権（明憲６条）、勅令・命令制定権（明憲８条・９条）のほかに、議会の組織・開閉権（明憲７条）、官制大権（明憲10条）、統帥権（明憲11条）、編成大権（明憲12条）、宣戦講和および条約を締結する権限（明憲13条）、戒厳を宣告する権限（明憲14条）、栄典授与権（明憲15条）、恩赦権（明憲16条）を有していた。議会の関与が明示された立法作用を除けば、このような幅広い天皇大権に属する事項について、政府の責任を帝国議会が追及することは、憲法の運用上、困難であった。

大権事項の中で、とりわけ明治憲法体制の崩壊プロセスで重大な役割を演じたのが、統帥権である。「統帥」とは作戦用兵の意味で、明治憲法以前から、プロイセンにおける軍令権の独立に倣い、一般の政務とは区別されていた。明治憲法においても国務（一般政務）と統帥事務は区別され、一般政務については内閣総理大臣が天皇に奏宣するのに対して、統帥事務については陸軍参謀総長・海軍軍令部長が天皇に直接に奏上するという慣行（帷《い》幄《あく》上奏）が成立した。この結果、軍に対する内閣や議会のコントロールは、著しく弱められることになった。

(5)　臣民の権利義務

明治憲法は「臣民権利義務」として、居住移転の自由（明憲22条）、法律によらずに逮捕・処罰等をされない自由（明憲23条）、裁判を受ける権利（明憲24条）、住居の不可侵（明憲25条）、信書の秘密（明憲26条）、所有権の不可侵（明憲27条）、信教の自由（明憲28条）言論・出版・集会・結社の自由（明憲29条）、請願権（明憲30条）を保障していた。これらの規定は、伊藤の枢密院での発言のとおり、また、明治憲法前文においても「朕ハ我カ臣民ノ権利及財産ノ安全ヲ貴重シ及之ヲ保護シ此ノ憲法及法律ノ範囲内ニ於テ其ノ享有ヲ完全ナラシムヘキコトヲ宣言ス」と明示されたとおり、国民の権利自由を保障し国家権力を制限するという立憲主義の現れである。しかし、これらの権利は自然権思想や個人の尊重に由来する固有・不可侵・普遍的なものではなく、天皇が恩恵として臣民に与えたものであった。また、これらの権利は「法律の留保」の範囲内で保障されるにすぎないとされた上、戒厳や非常大権（明憲31条）による制限も可能であった。また、法律の留保が定められていない信教の自由については、政府は「神社は宗教にあらず」との理由づけで、皇室祭祀と神道が結びついた国家神道に国教的な地位が与えられていた（→憲法Ⅰ第８章第１節）。

(6)　裁判所

明治憲法は「司法権ハ天皇ノ名ニ於テ法律ニ依リ裁判所之ヲ行フ」（明憲57条１項）と定めたが、これは民事・刑事の裁判権に限られ、行政裁判は行政裁判所が取り扱うこととされた（明憲61条）。行政裁判所は行政裁判法により、東京にただ一つ、第１審かつ終審裁判所として置かれ、「損害要償の訴訟」を除く「法律勅令に依り……出訴を許したる事件」を審判することとされたが、現実には出訴事項は租税滞納処分・営業免許拒否など限定的に列挙された。また裁判所の法令審査権は憲法の明文上明らかではなく、判例は命令の法律適合性の審査権を認めたものの、法律の憲法適合性については否定していた。

(7)　憲法保障

憲法改正の発議権は天皇に専属し、両議院議員の３分の２以上を定足数として、同じく３分の２以上の賛成により議決することとされており（明憲73条）、憲法改正の手続は法律の制定改廃よりも要件を加重した硬性憲法であった。現実には明治憲法は「不磨ノ大典」（憲法発布勅語）とされ、日本国憲法の制定まで、改正されることはなかった。

「憲法の番人」として位置づけられていた枢密院は、藩閥出身者、後には官僚等の牙城となり、金融恐慌に対応するための緊急勅令案を否決したり（1927年）、ロンドン海軍軍縮条約の批准に抵抗したりする等（1930年）、反議会・政党的な役割を担っていった。

3　明治憲法の運用

(1)　超然主義から明治憲法の立憲的運用へ

立憲君主制憲法の課題は、既に述べたとおり、議会による君主の権力の制限にあった。そこで、政府と議会・政党の関係に着目すれば、明治憲法の運用の歴史は①対立（1890～1894年）、②提携（1895～1924年）、③融合（1924～1932年）、④危機（1932～1945年）の四つの時代に区分できる（大石眞）。ここでは①～③までを略述し、④は(3)で扱う。

㋐　政府と政党の対立

明治憲法施行当初の政府は、伊藤、黒田清隆、山縣有朋ら薩長出身者が中心であり、議会や政党の制約を受けないとの方針（超然主義）を採用していた。しかし自由党・改進党をはじめとする民党は、議会が憲法上有する予算議決権を梃子にして政府に抵抗し、政府も帝国議会の解散や選挙介入を行った。

㋑　政府と政党の提携

しかし、日清戦争（1894～1895年）をきっかけに成立した第2次伊藤内閣と自由党の提携を端緒に、藩閥政府の指導者と政党の間での協力による政権運営が行われるようになる。1898年には板垣退助率いる自由党と、大隈重信率いる進歩党が合同して憲政党が成立し、一時的ではあるが初の政党内閣（第1次大隈内閣、隈板内閣）を組織した。さらに1900年には伊藤博文が旧自由党系の政治家とともに立憲政友会を結成し、内閣を組織した（第4次伊藤内閣）。

日露戦争（1904～1905年）を経て、山縣の後継者として政府の中心となった桂太郎と、政友会総裁である西園寺公望が交代で内閣を組織する等する間に（桂園時代）、政党の勢力が伸長した。第2次西園寺内閣が、陸軍の要求する二個師団増設問題の取扱いに失敗して総辞職し、第3次桂内閣が成立すると、尾崎行雄（立憲政友会)、犬養毅（立憲国民党）を中心とした第1次憲政擁護運動が盛り上がり、桂は退陣した（1913年)。1918年には政友会総裁であった原敬を首班とする政党内閣を組織した。

またこの時期には、日本が憲法に基づく近代国家としての形を整えたことを受けて、懸案であった不平等条約の改正も進められた。まず、イギリスとの通商航海条約の署名（1894年）以降、各国との間で領事裁判権の廃止が進んだ。そして明治期の終わりには、日米通商航海条約（1911年）等により、関税自主権も回復された。

＊　大日本帝国、そして明治憲法の歴史は、対外的な戦争およびそれに伴う国民の動員、さらに植民地の獲得・運営と分かち難く結びついている。大日本帝国は下関条約（1895年）により台湾・澎湖諸島の割譲を受け、ポーツマス条約（1905年）で樺太・関東州が帰属し、さらに1910年には韓国を併合した。台湾・関東州・樺太・南洋諸島・朝鮮は「外地」として、憲法制定時に日本の領土であった「内地」と区別され、内地とは異なる法体系が実施された（→第1章第4節1(2))。

(ウ)　政府と政党の融合

政友会・憲政会・革新倶楽部の護憲3派が率いる第2次憲政擁護運動（1924年）を受けて、憲政会総裁の加藤高明が元老西園寺の推薦により内閣総理大臣に任命されて以降、犬養毅内閣（1931～1932年）の間は、いわゆる政党内閣が続いた。これは、第1党の党首が首相として内閣を組織すること、内閣に問題があって総辞職する場合には元老が第2党の党首を首相候補として天皇に推薦する形で政権交代が行われるという形をとった。これは当時、「憲政の常道」と呼ばれた。

1925年には、普通選挙制（ただし、成年の男性に限られる）と同時に、治安維持法が成立した。1928年に実施された初めての普通選挙では、革新党や労働農民党等の革新政党（無産政党）が議席を得た。

この間、日本は1920年に成立した国際連盟の常任理事国になる等、欧米列強と並ぶ大国の地位を占めるようになり、ワシントン軍縮条約（1922年署名）を中心とする国際体制の一員でもあった。

＊　元老とは、天皇を補弼して重要国務の諮問に答える重臣を指し、内閣が退陣した際には、元老が諮詢を受けて首相候補を天皇に推薦する慣例となっていた。その範囲は明確に確定していなかったものの、伊藤博文、黒田清隆、山縣有朋、松方正義、井上馨、西郷従道、大山巌、西園寺公望が元老として扱われていたとされている（伊藤之雄）。元老は、内閣総理大臣の地位が弱く権力が分散する明治憲法の統治構造にあって、天皇に代わって各国家機関・勢力の統合を果たす役割を担っており、憲法上の明文はないものの、憲法慣習ないし憲法習律上認められた存在だったともいえよう（→第１章第３節**3**(1)）。しかし最後の元老であった西園寺の老衰とともに、このような憲法の運用も行き詰まり、次第に内大臣が重臣の意見も参考にしながら天皇に首相を推薦する方式が形成されていく。

(2)　明治憲法下の憲法学説

既に述べたとおり、明治憲法は立憲的要素と神権的要素を含んでおり、そのどちらを重視して憲法を解釈すべきかという点で、学説は鋭く対立した。

穂積八束（1860～1912年）や上杉慎吉（1878～1929年）ら「神権学派」は、国体と政体の区別を前提に、天皇が統治権の主体であることを強調した。これに対して、一木喜徳郎（1867～1944年）や美濃部達吉（1873～1948年）等の「立憲学派」は、天皇は統治権の主体ではなく国家法人の機関であるにすぎないと捉えた（天皇機関説）。後者は、イェリネク（G. Jellinek）に代表される国家法人説、すなわち国家は権利義務の主体であって機関を通じて活動する、君主に主権が存在するということは君主が国家の最高機関であるということを意味するという立場を採用し（→第１章第１節**2**）、明治憲法にあっては天皇が最高機関であるとした。とりわけ美濃部は、明治憲法は国民代表議会が国政に参与する立憲君主政体を採用しているとして、明治憲法の立憲的要素を重視する解釈を示した。また、佐々木惣一（1878～1965年→第３章第３節**2**(2)）も、国体と政体の区別を採用する点では美濃部と異なるものの、立憲政体とは国民の自由の保全を目的とし、手段として権力分立を定め、統治権の発動に国民を参加させるものであり、このような立憲政体を明治憲法も採用したものであるとした。

神権学派と立憲学派の対立は、上杉の『国民教育　帝国憲法講義』（1911

年）と美濃部の『憲法講話』（1912年）の刊行をきっかけに、天皇機関説論争と呼ばれる論争に展開した。この論争では、穂積・上杉の立場を「変装的専制政治の主張」と厳しく批判した美濃部が支持を集め、天皇機関説が学説上支配的となったが、普通・中等教育の現場ではなお神権学派の主張する国体と政体の区別が維持された。このような、普通・中等教育では天皇主権、統治エリートの間は天皇機関説という憲法理解の乖離は、顕教と密教になぞらえて説明されることもある。

(3)　明治憲法体制の変質

(1)(イ)・(ウ)の時期、元号でいえば大正から昭和のはじめにかけては、天皇機関説の支持も得て「大正デモクラシー」と呼ばれる政党政治が展開されたが、そのような明治憲法の立憲的運用は長くは続かなかった。

例えば、立憲民政党の浜口雄幸内閣がロンドン海軍軍縮条約を調印したところ、野党政友会は海軍の同意なく天皇に批准を求めることは「統帥権の独立」を侵すという批判を行う等（統帥権干犯問題〔1930年〕）、政党自身が立憲主義の基礎を掘り崩すような政争を繰り広げた。満州事変（1931年）以降の軍部の勢力伸長、国際連盟の脱退（1933年）等の国際関係の危機、5・15事件（1932年）、2・26事件（1936年）といったテロによる重臣の襲撃・暗殺が続き、政党政治は終焉を迎える。

この間に生じた天皇機関説事件（1935年）は、明治憲法体制の変質を決定づけたものとして重要である。これは、学界における通説であった機関説に対して、軍部関係者や民間右翼が国体に反する異説として激しい攻撃を加え、政友会も荷担する形で大きな政治的問題となったものである。その結果、美濃部の著作が発禁処分を受けるだけでなく、政府は2度にわたる国体明徴声明により、天皇機関説を排除する立場を明らかにして、大学で機関説を講義することが禁止された。また、美濃部の師であった一木喜徳郎が枢密院議長を、同じく天皇機関説をとっていた金森徳次郎（1886～1959年）も法制局長官を、それぞれ辞任するといった事態に発展した。

1936年には軍部大臣現役武官制が復活した結果、それまで以上に陸海軍の意向によって内閣の進退が左右されるようになった。日中戦争の拡大を受けて1938年に制定された国家総動員法は、政府が「戦時に際し国家総動員上必要あると認めるとき」は勅令により人的・物的資源を統制できるとすることを内容にしており、立法権を政府に白紙委任するに等しいものであった。このような軍国主義の高まりの中で、帝国議会も実質的に機能を停止したまま、日本は真珠湾攻撃（1941年）により太平洋戦争を開始し、やがて敗戦を迎えることになる。

第３節　日本国憲法の成立

1　日本国憲法の成立過程

(1)　ポツダム宣言の受諾

1945年７月、アメリカ・イギリス・中華民国は共同でポツダム宣言を発した。これは日本に対する無条件降伏の勧告であり、連合国による日本占領（７項)、軍隊の武装解除（９項）のほか、次の条項を含んでいた。

八、「カイロ」宣言ノ条項ハ履行セラルベク又日本国ノ主権ハ本州、北海道、九州及四国並ニ吾等ノ決定スル諸小島ニ局限セラルベシ
十、吾等ハ日本人ヲ民族トシテ奴隷化セントシ又ハ国民トシテ滅亡セシメントスルノ意図ヲ有スルモノニ非ザルモ吾等ノ俘虜ヲ虐待セル者ヲ含ム一切ノ戦争犯罪人ニ対シテハ厳重ナル処罰加ヘラルベシ日本国政府ハ日本国国民ノ間ニ於ケル民主主義的傾向ノ復活強化ニ対スル一切ノ障礙ヲ除去スベシ言論、宗教及思想ノ自由並ニ基本的人権ノ尊重ハ確立セラルベシ
十二、前記諸目的ガ達成セラレ且日本国国民ノ自由ニ表明セル意思ニ従ヒ平和的傾向ヲ有シ且責任アル政府ガ樹立セラルルニ於テハ聯合国ノ占領軍ハ直ニ日本国ヨリ撤収セラルベシ

日本政府は８月10日、ソ連の参戦、アメリカによる広島・長崎への原爆投下といった事態の悪化を受けて、「天皇の国家統治の大権を変更するの要求を包含し居らざることの了解の下に」ポツダム宣言を受諾することを申し入れたが、連合国はこの点に対して明示的な解答を与えなかった。しかし日本政府は昭和天皇の親臨する御前会議でポツダム宣言の受諾を決定し、８月14日に連合国に受諾を伝えた。同日に公布され、翌15日に天皇の

ラジオ放送で読み上げられた終戦の詔勅では「朕は茲に国体を護持し得て」との表現があり、「民主主義的傾向の復活強化」「日本国国民の自由に表明せる意思」に言及するポツダム宣言10項・12項とのズレがみられる。

9月2日、日本政府はアメリカ海軍の戦艦ミズーリ号で降伏文書に署名し、日本は連合国に占領され、政府の権限はマッカーサー連合国最高司令官の制限の下に置かれた（間接統治）。

＊　政府は9月20日、明治憲法8条に基づき、勅令「『ポツダム』宣言ノ受諾ニ伴ヒ発スル命令ニ関スル件」（昭和20年勅令542号）を公布・施行した。この勅令に基づき、最高司令官の要求事項を実現するために、罰則付きの勅令や命令が数多く発せられた（ポツダム命令）。占領法規の効力については第6章第3節**1**(1)(エ)参照。

(2)　政府の検討

敗戦と占領を受けた憲法改正の検討が本格的に始まったのは、1945年10月である。近衛文麿元首相はマッカーサーから示唆を受け、内大臣府御用掛として憲法改正調査を始め、11月には近衛の依頼を受けた佐々木惣一が「帝国憲法改正ノ必要」という文書をまとめたものの、内大臣府の憲法調査はそれ以上進展しなかった。

他方で幣原喜重郎首相は、10月のマッカーサーとの会談で「憲法の自由主義化」について言及があったことを受けて、松本烝治国務大臣を委員長とし、美濃部や宮沢俊義も加わった憲法問題調査委員会（いわゆる松本委員会）を設置した。松本は12月、帝国議会の審議において、①天皇が統治権を総攬するという原則は変更しない、②議会の議決事項を拡充し天皇の大権事項を削減する、③国務大臣の議会に対する責任を拡大する、④人民の自由・権利の保護を強化するという方針（松本4原則）を示し、これに基づき1946年2月には憲法改正要綱（松本案）が作成された。これは国体護持、すなわち天皇が統治権の主体であることを維持したまま、明治憲法を部分的に修正する内容にとどまるものであった。

＊　この間の1946年1月1日、これまで現人神とされた天皇は、詔書において、自らの神性を否定した。「朕ハ爾等《なんじら》国民ト共ニ在リ、常ニ利害ヲ同ジウ

シ休戚ヲ分タント欲ス。朕ト爾等国民トノ間ノ紐帯ハ、終始相互ノ信頼ト敬愛トニ依リテ結バレ、単ナル神話ト伝説トニ依リテ生ゼルモノニ非ズ。天皇ヲ以テ現御神《あきつみかみ》トシ、且日本国民ヲ以テ他ノ民族ニ優越セル民族ニシテ、延テ世界ヲ支配スベキ運命ヲ有ストノ架空ナル観念ニ基クモノニモ非ズ。」

この一節は、天皇の「人間宣言」と呼ばれるもので、国体観念、ひいては憲法原理の転換に大きな影響を与えた（→第３章第３節**2**(3)）。

(3)　総司令部案

連合国最高司令官総司令部（GHQ）は、松本案が提出される前に、毎日新聞のスクープ（1946年２月１日）を通じてその内容を承知していた。他方、２月26日からは、連合国の設置する極東委員会がマッカーサーの権限を制約することになっており、同委員会では天皇制廃止論が強いことから、GHQ は保守的な松本案がもたらす占領政策への影響を懸念した。そこで GHQ はアメリカの国務・陸・海軍３省調整委員会（SWNCC）による文書「日本の統治体制の改革」（SWNCC-228）を参考に、独自の憲法草案を作成することとした。マッカーサーは２月３日、次の原則を草案に入れるよう指示した（マッカーサー３原則）。

①　天皇は、国の元首の地位にある。皇位の継承は、世襲である。天皇の職務および権能は、憲法に基づき行使され、憲法の定めるところにより、国民の基本的意思に対して責任を負う。
②　国家の主権的権利としての戦争を廃棄する。日本は、紛争解決のための手段としての戦争、および自己の安全を保持するための手段としての戦争をも、放棄する。日本はその防衛と保護を、今や世界を動かしつつある崇高な理想に委ねる。いかなる日本の陸海空軍も決して許されないし、いかなる交戦権も日本軍には決して与えられない。
③　日本の封建制度は、廃止される。皇族を除いて貴族の権利は、現在生存する者一代以上に及ばない。華族の授与は、今後どのような国民的または公民的な政治的権力を含むものではない。予算の型は、イギリスの制度に倣うこと。

２月13日、GHQ は全11章92条からなる総司令部案を日本政府に手渡した。これは明治憲法とは異なる国民主権原理に基づき、戦争放棄・戦力不保持、基本的人権の保障、議院内閣制、違憲審査制等を定めるもので、国体護持に拘っていた日本側を激しく驚かせた。しかし、日本政府が総司令部案のような憲法改正案を提示することが天皇の保持に必要であり、これなくして天皇の身体（the person of the Emperor）の保障はできないとGHQ側から言われたことを受けて、日本政府もこの総司令部案を受け入れて憲法改正作業を進めることになった。

＊　総司令部案はGHQの内部で短期間で作成されたものだが、その基礎となったのはSWNCC-228であり、同文書は「いわば日本国憲法の第一次草案」とも評価できる（大石眞）。また民間の憲法草案、特に高野岩三郎、鈴木安蔵らの憲法研究会「憲法草案要綱」（1945年12月発表）をGHQスタッフが参考にしたことも知られている。

(4)　帝国憲法改正案

日本政府は３月２日、総司令部案を翻訳し修正した全９章109条の草案を作成し（３月２日案）、４日夕方から５日午後にかけて日本とGHQの担当者の間で折衝が行われた後（徹宵交渉）、５日の閣議で確定案が決定された（３月５日案）。翌６日は要綱の形を取った全95条からなる「憲法改正草案要綱」（３月６日案）が国民に公表された。要綱の基本的内容は総司令部案を維持しており、大きな変更点は国会の構成が一院制から両院制になったくらいである。

４月17日、要綱を口語で文章化した「憲法改正草案」（内閣草案）は枢密院に諮詢され、６月８日議決された。６月20日、天皇の勅書によって、全11章100条からなる憲法改正草案は帝国議会に提出された。この帝国議会は、1945年12月に成立した改正衆議院議員選挙法によって、初めて女性参政権を認めた普通選挙制の下で実施された総選挙（４月10日施行）を受けて、構成されたものである。

(5)　帝国憲法の審議と公布・施行

憲法改正草案はまず衆議院で、憲法改正特別委員会における審査に付され、さらに同小委員会において作成された修正案が、委員会（８月21日）および本会議（８月24日）で可決された。修正された憲法改正案は貴族院でも特別委員会小委員会による修正がなされ、これが委員会（10月３日）、本会議（10月６日）に可決されたので、回付を受けた衆議院は10月７日に貴族院の修正に同意する議決を行い、全11章103条の条文が確定した。

帝国議会による修正は、４カ条を新設し１カ条を削除する等多岐にわたるが、その中にはGHQ側の要請を受けたもの、日本側の修正によるものが含まれる。特に、衆議院憲法改正特別委員会小委員会により９条１項に「日本国民は、正義と秩序を基調とする国際平和を誠実に希求し」を加え、２項に「前項の目的を達するため」を加えた修正は、委員長の芦田均の名を取って「芦田修正」と呼ばれる（→第５章第２節**1**(2)）。これを受けて極東委員会の要求により、文民条項が日本国憲法66条に追加されたこととあわせて有名な修正である。

帝国議会の修正を受けた憲法改正案が改めて枢密院に諮詢され、10月29日にそのとおりに可決され、天皇の裁可を経て、11月３日、日本国憲法は公布された。

1947年５月３日、日本国憲法は施行された。極東委員会は、憲法施行１年後２年以内に改正の要否について検討する機会を日本政府に与えたが、日本政府は改正の必要はないと判断した。

＊　帝国議会での憲法審議にあたって、政府側の答弁の中心となったのは６月19日に国務大臣に任命された金森徳次郎であった。国体は変更されたかが争われた際に、天皇を憧れの中心として国民が統合されているという意味での国体は変わっていないと答弁したことが特に有名である。

＊＊　日本国憲法の施行により、明治憲法下の法令が効力を失うかどうかという問題が生じるが、この点については第６章第３節**1**(1)(ウ)参照。また、裁判例は、憲法施行前の損害に対して国に遡及的に賠償責任を負わせるかどうかを立法裁量に委ねているとして、第二次世界大戦中の日本軍の行為による被害の賠償請求を棄却している（東京高判平成12・12・６判時1744号48頁等）。また、憲法施行後、国家賠償法が施行されるまでの間の約半年間、国の権力的作用に基づく損害については、民法の適用ないし類推適用によって国の責任を認めることができるとの裁判例がある（東京高判昭和32・10・26高民集10巻12号671頁）。

2　日本国憲法成立の法理

(1)　憲法の自律性

1でみたような日本国憲法の成立過程においては、連合国とりわけGHQの強い関与があったことは否定できない。それゆえに、改憲論の中ではしばしば、日本国憲法が「押しつけ憲法」であり全面改正すべき、あるいは「自主憲法」を制定すべきという主張がみられる。

この問題は法学的には、憲法の自律性原則との関係で議論されてきた。憲法の自律性とは、一国の憲法はその国の国民の自由意思に基づいて制定されなければならないという国際法上の原則であるとされる。

通説は、GHQからの強要的な要素はあったとしても、憲法自律性の原則は損なわれていなかったと解する。その理由としては、①ポツダム宣言は国民主権の採用、基本的人権の確立などの要求を含むものであり、それを日本が受諾した以上、連合国はその遵守を日本に求める国際法上の権利を有する、②当時の有識者に対する意識調査等からみて総司令部案の基本的内容を国民も支持していたのではないかと推測される、③日本政府自身が遅くとも帝国議会の審議の段階では総司令部案の基本的内容を支持していた、④普通選挙制の下で有権者から直接選挙された衆議院が憲法改正案を自由に審議した等の理由が挙げられる（芦部信喜）。

そもそも、国民主権や基本的人権の保障といった立憲主義の基本原理が共有される現代国際社会にあっては、各国が憲法制定に際して上記の基本原理の採用を求められることは憲法自律性の原則に反しないとの見方もある（高見勝利）。さらに、仮に憲法の自律性原則違反を理由に日本国憲法を無効と解するのであれば、天皇による国民への「押しつけ憲法」である明治憲法が復活することになり、「押しつけ憲法」論は一貫しないとの批判もある（長谷部恭男）。

これに対して、日本国憲法の成立過程では主権が回復しておらず、憲法の自律性は損なわれていたが、その法的瑕疵は「日本国との平和条約」（サンフランシスコ平和条約）の発効（1952年４月）により治癒された（法定追認）との立場もある（大石眞）。いずれにしても、現時点における日本国憲法の有効性は、現在の法学的議論における前提といえよう。

＊　日本国憲法の成立過程は、他国を占領した者は占領地の現行法律を尊重すべきと定める1907年のハーグ陸戦条約に違反するとの主張もある。しかしこれに対しては、同条約は交戦中の占領に適用されるものであり、そもそも交戦後の占領下で成立した日本国憲法に適用がないこと、日本がポツダム宣言を受諾し休戦協定が成立しておりそれが優先的に適用されることから、この主張を退ける見方が支配的である。

(2)　八月革命説

日本国憲法成立の法理として議論されるのは、日本国憲法の制定が明治憲法の改正という形式でなされたことをどのように理解すべきか、という論点である。憲法の上諭によれば、天皇が明治憲法73条の手続により明治憲法の改正を裁可し公布したものとされている一方、憲法前文および1条は国民主権の原理を謳っている。すなわち、上諭による限り日本国憲法は明治憲法と同じく天皇の制定した欽定憲法と理解されるが、前文および1条によれば、日本国憲法は国民主権に基づく民定憲法である（→第3章第1節3）。しかし、多数説が立脚する憲法改正限界説においては、憲法制定権力ないし主権の所在の変更は、憲法改正の限界に当たると考えられている（→第6章第2節3）。そこで、天皇主権に立脚する明治憲法の改正手続によって国民主権を採用することは、憲法改正の限界を超えて許されないのではないか、という問題が生じるのである。

この問題を説明する有力な見解が、宮沢俊義の八月革命説である。それによると、1945年8月に昭和天皇がポツダム宣言を受諾した段階で、明治憲法の天皇主権原理は否定され、国民主権が日本の政治体制の根本建前となった。このような法的にみれば「革命」の結果として、憲法改正条項を含めて、ポツダム宣言の趣旨と矛盾する限りで明治憲法は重要な変革を被った。日本国憲法は、実質的には明治憲法の「改正」ではなく、国民主権原理に基づく新憲法の「制定」である。明治憲法73条の改正手続を用いて、新旧憲法の間に法的連続性があるかのような外観をとったのは、混乱を防止するための便法だった、と理解するのである。

(3)　八月革命説に対する批判

八月革命説は、明治憲法から日本国憲法への移行を巧みに説明する立場として広く支持されてきた反面（芦部信喜等）、ポツダム宣言受諾後も天皇主権体制は存続していたとみるべきではないかという批判も強い。そのような批判は、①ポツダム宣言が国民主権の要求を含むかどうか当時は疑義の余地があったこと、②仮にそうだとしても、宣言受諾により直ちに天皇から国民への主権の変動が起こるとみるのであれば、ラディカルな国際法優位の一元説を前提とせざるをえないこと（菅野喜八郎）等を論拠とする。

このような批判的立場から日本国憲法成立の法理を説明するならば、ポツダム宣言の受諾は国内法上の主権の所在の変動（いわば物権的効果）をもたらすものではなく、国際法上の義務（いわば債務）を負うにとどまることになる。そして、昭和天皇が宣言を履行する趣旨から明治憲法73条により憲法改正案を帝国議会に提出したところ、その審議の過程で日本国憲法を制定するという国民の意思が議会を通じて顕現し、制定の方法として政治的配慮から明治憲法改正の手続を借用したのだ、ということになる（佐藤幸治）。

他方、このような立場に立つ場合には、1946年１月の天皇の人間宣言をはじめとする、ポツダム宣言受諾から日本国憲法施行までの国家実務を説明できないのではないかという批判もなされている（高見勝利）。

＊　なお、第３次横浜事件再審開始決定（横浜地決平成15・４・15判時1820号45頁）は、ポツダム宣言の受諾と同時に天皇が発した終戦の詔書に、少なくとも勅令に準じる効力が認められる結果として、1945年８月14日の時点でポツダム宣言に国内法的な効力が発生したと解する立場をとっており、注目される。

3　日本国憲法の概説

(1)　立憲的意味の憲法としての日本国憲法

いわゆる神権的要素が強く立憲主義の採用が不十分であった明治憲法とは異なり、日本国憲法では立憲主義の普遍的な基本原理がすべて導入されている。すなわち、憲法の最高法規性（→第６章第３節１(1)）を宣言し、個人の尊重（13条）を規定して基本的人権を保障し国家権力を制限するとともに（→憲法Ⅰ）、国民主権（→第３章）、権力分立と法の支配（→第４

章）により正当な国家統治・政府統治の仕組みを定め、さらに違憲審査制（→第12章）を採用している。各基本原理の内容とその日本国憲法における現れは、『憲法Ｉ』および本書の関連する章に譲る。

(2)　明治憲法との対比

日本国憲法は、このような普遍的な憲法原理の採用や具体化にとどまらず、明治憲法体制の反省に立って同じ轍を踏まないようという趣旨から置かれた規定・制度等を含んでいる。それは、①天皇を統治権の総攬者ではなく日本国および日本国民統合の象徴とする等の象徴天皇制の仕組み、②戦争放棄・戦力の不保持を定め、あわせて統帥権の所在をめぐる問題を解消したこと、③家庭生活における両性の本質的平等と個人の尊厳の強調、④社会国家原理に立った基本的人権の保障、⑤刑事手続の保障、⑥国会の地位を国権の最高機関に高めたこと、⑦議院内閣制、⑧裁判所の地位を高め、違憲審査権を認めたこと、⑨地方自治の保障、⑩財政民主主義、⑪独立命令・緊急命令の否定、等に現れている。

(3)　日本国憲法の特色

日本国憲法の前文では、以上のような憲法の特色が次のように表現されている。まず第１段の前段では、「日本国民は、正当に選挙された国会における代表者を通じて行動し、われらとわれらの子孫のために、諸国民との協和による成果と、わが国全土にわたって自由のもたらす恵沢を確保し、政府の行為によって再び戦争の惨禍が起ることのないやうにすることを決意し、ここに主権が国民に存することを宣言し、この憲法を確定する。」として、日本国憲法が国民主権原理に基づき制定された民定憲法であることを述べ、基本的人権の尊重と平和主義（→第５章）を掲げる。

第１段後段では、「そもそも国政は、国民の厳粛な信託によるものであって、その権威は国民に由来し、その権力は国民の代表者がこれを行使し、その福利は国民がこれを享受する。」として代表民主制（→第７章）に言及し、これらの原理が「人類普遍の原理」であって憲法改正の限界に当たることを宣言する。

前文の第２段は平和主義と国際協調主義、「平和のうちに生存する権利」に言及し、第３段は政治道徳の法則の普遍性を確認し、第４段において憲法の「崇高な理想と目的」の達成を誓約している。

このように、憲法前文における、国民主権、基本的人権の尊重そして平和主義は、いわゆる「憲法の三大原理」として、初等中等教育等における憲法教育の場で強調されてきた。しかしここまで述べたことからわかるように、日本国憲法は普遍的な立憲主義の思想を、明治憲法の反省を踏まえつつ具体化したものであり、いわゆる「三大原理」はその特色を標語的にまとめたにすぎないものであること、したがって「三大原理」も個人の尊重、権力分立や法の支配と一連のものとして理解すべきことが、重要である。憲法前文の法源性については第3章第1節**2**参照。

第4節　日本国憲法の定着と運用

1　日本国憲法の定着

(1)　憲法附属法の整備

帝国議会での憲法改正案審議と並行して、政府では臨時法制調査会を設置して、憲法施行に必要な法令の制定や民法等の既存の基本法制の改正について検討を開始し、1946年10月26日には答申がなされている。この答申に基づき、日本国憲法の公布から施行までの間、皇室典範、皇室経済法、内閣法、財政法、裁判所法、地方自治法、会計検査院法、国会法が帝国議会で成立し、憲法施行に先立ちまたはそれと同時に施行された。他方、民法、民事訴訟法、刑事訴訟法は、憲法の趣旨に反しないよう応急的措置法により手当てがなされた上で、憲法施行後に本格的な改正が行われた。日本国憲法以前の法令の効力については第6章第3節**1** (1)(ウ)参照。また、この間には農地改革も実施され、多くの自作農が創出された（→憲法Ⅰ第14章第3節**3**）。

(2)　占領体制の終了と国際社会への復帰

憲法が1947年5月3日に施行された後も、連合国による日本の間接統治は1952年4月27日まで継続した。この間、例えば平野力三に対する公職追放処分の効力を停止する東京地裁の仮処分がGHQの指示を受けて取り消される（1948年2月）、憲法施行後初めての衆議院解散（1948年12月）が

GHQ の指示に基づき衆議院の内閣不信任決議を経た上で行われる（「馴れ合い解散」）等、憲法の運用について日本側は GHQ との協議が必要であった。占領法規の効力については第６章第３節 **1** (1)(エ)参照。

東西ドイツの分断や中華人民共和国の成立（1949年10月）等、東西冷戦が深刻化すると、アメリカの占領政策は、日本の復興を加速させ自由主義陣営の一員とする方向へと転換した。GHQ の指示を受けて共産党員を政府や教育現場、企業から排除するレッドパージが行われる等の政策が行われたが、これらは戦前への回帰傾向（逆コース）として批判された。さらに朝鮮戦争の直後には、GHQ の指示により警察予備隊が創設され（1950年８月。警察予備隊違憲訴訟判決：最大判昭和27・10・８民集６巻９号783頁参照）、日本の再軍備が始まり、戦力不保持を定める憲法９条が憲法論議の焦点となる状況が形成された（→第５章）。

1951年９月８日、サンフランシスコ平和条約が日本とアメリカほか自由主義諸国の間で調印され、翌年４月28日に発効した。これにより GHQ による占領が終わり、日本は主権を回復し、名実ともに憲法は最高法規となった。平和条約に伴う領土・国民の範囲をめぐる問題は、第１章第４節 **1**・**2** 参照。また、平和条約締結と同時に、日本は日米安全保障条約（旧条約）を締結し、米国軍がそのまま日本国内に駐留することになった（→第５章第３節 **1** (1)。砂川事件判決：最大判昭和34・12・16刑集13巻13号3225頁参照）。

その後、日ソ共同宣言を経て、日本は国際連合に加盟し（1956年12月）、国際社会に復帰した。しかしソ連およびその地位を継承したロシアとの平和条約は今なお成立しておらず、北方領土をめぐる問題も解決されていない。

2　55年体制とその終焉

(1)　55年体制の成立と憲法改正論

占領の終了、主権回復とともに「押しつけ憲法」論が高まり、憲法改正の是非が戦後政治の対立軸を形成するようになる。1955年には左右に分裂していた日本社会党が再統一し、それを受けて自由党と民主党が合同して自由民主党が結成され、憲法改正（改憲）を党是とする自民党とそれに反対する（護憲）社会党の二大政党が衆参両院の議席の多数を占める「55年体制」が定着していく。

1956年に憲法調査会法により内閣に憲法調査会（会長は英米法学者であった高柳賢三）が設置された。自民党政権による憲法改正の道具となることが懸念されたために、社会党からは委員が出されず、またこのような動きに反対する研究者・知識人が組織した憲法問題研究会が護憲活動の中心となった。他方、憲法調査会は７年間に及ぶ慎重な調査審議の後、1964年に憲法改正の要否について統一見解を示さない最終報告書を提出して、翌年に廃止された。

(2)　安保闘争と高度成長

警察予備隊は1952年には保安隊として強化拡充され、さらに1954年には自衛隊法が成立して、再軍備過程が進行するが、それは戦力不保持を定める憲法９条の明文改正によるのではなく、国際法上の個別的自衛権を根拠に自衛のための必要最小限度の実力の保持が憲法に違反しないという政府見解の確立・精緻化によるものであって、「解釈改憲」とも呼ばれた。

また1960年１月に署名された日米安全保障条約（新条約）は、駐留米軍の日本防衛義務が明記されていなかった旧条約の片務性を解消し、相互防衛条約に近づいたものであるが、強い反対運動を招き（安保闘争）、国会を30万人（主催者発表）のデモが取り囲む中、参議院の議決がないまま国会の承認が成立した（同年６月）。

その後、自民党政権は所得倍増計画などの経済成長を重視する政策に転換し、1968年には国民総生産（GNP）が世界２位になったことにみられるような高度経済成長を日本は享受する。他方、都市部への人口移動や公害問題などの新しい社会問題が発生し、労働運動・住民運動が高まる等して、新しい人権や公務員の労働基本権、一票の較差等、憲法の解釈・運用に大きな影響を与えたのもこの時期である。

1972年には沖縄が日本に復帰したが、駐留米軍基地の多くが今なお沖縄に集中しており、現在に至るまで基地問題は解決されていない。

(3)　55年体制の終焉

日本国憲法の安定的な運用を枠づけてきた国際環境は、東西冷戦の終結(1989年)と湾岸戦争(1991年)により大きく変化し、自衛隊の国際派遣を認めるPKO法が成立して(1992年)、日本の安全保障政策、ひいては憲法論議は新しい局面を迎えた。その後も、日米安全保障共同宣言(1996年)を受けて、周辺事態法や有事法制の整備が進められた。さらにアメリカに対するイスラム過激派のテロ(2001年3月11日)に端を発する「テロとの戦い」の過程で、インド洋・イラクに自衛隊が派遣される等したため(→第5章第3節**2**)、憲法9条と現実の安全保障政策の乖離がますます広がっていると指摘され、憲法改正を求める声も高まるようになった。

国内政治の分野では、多党化が進むとともに、ロッキード事件・リクルート事件等の相次ぐ政治腐敗に対して、派閥政治・金権政治の原因となっている衆議院中選挙区制を小選挙区制中心に改め、選挙による政権交代を実現すべきだという政治改革論議が政界やメディアで高まった。そうした流れの中、1993年には自民党が分裂し、解散総選挙を経て38年ぶりに自民党が政権から下野し、非自民連立政権が成立した。そして1994年には衆議院小選挙区比例代表並立制を導入する公職選挙法改正が政党助成法などとともに成立した(→第7章第3節**3**)。自民党が社会党・さきがけとの連立により政権復帰した後は、二大政党制をめぐる政治の動きをどう評価するかが、憲法学においても大きな論点となっていく。

3　統治機構改革と憲法の現在

(1)　統治機構改革

1990年代後半以降、人口減少・少子高齢化や社会保障費の増加、財政事情の悪化等をふまえて、統治機構改革が進められた。1996年に内閣が設置した行政改革会議には、有力な憲法・行政法研究者も参加して「この国のかたち」という観点から行政のあり方を再検討して、内閣機能の強化を提言した。これを受けて中央省庁等改革基本法が制定され(1998年)、2001年には中央省庁再編が実施されたが、特に内閣府に置かれた経済財政諮問会議は、小泉純一郎首相の時代に、予算編成プロセスの改革や郵政民営化を進めるエンジンとなった。その後も行政改革は続けられているほか、地方分権推進法（1995年）を経て地方自治法の大改正（1999年）により、機関委任事務の廃止等を含む大幅な地方分権改革も進められた。また、1999年に設置された司法制度改革審議会は、法の支配を日本社会に活かすべく、裁判員制度の導入、法科大学院の設置等の司法試験制度改革、知財高裁の設置等、司法について大規模な制度変更をもたらした。

他方、国会審議活性化法（1999年）の制定による党首討論の導入等の動きはあったものの、参議院や政党のあり方等について議論は深まっておらず、国会改革・政治改革は十分とはいえない。

一連の統治機構改革は、日本国憲法（憲法典）の改正によらず内閣法・裁判所法等の改正により実現したものであり、憲法附属法による「憲法改革」（大石眞）と位置づけられる。

(2)　憲法改正国民投票法の成立

1999年に衆参両院に設置された憲法調査会において、憲法改正手続の整備を進めるべきだとの意見が強かったことを受けて、2005年には衆議院で憲法調査特別委員会が設置されて、与野党の話し合いが進められた。しかし成案がまとまらないまま、第１次安倍政権が法案の成立を急いだ結果、野党が反対する中で憲法改正国民投票法が成立した（2007年公布、2010年施行→第６章第２節**２**）。

憲法施行から60年を経てようやく憲法改正手続が整備されたことになるものの、①選挙権年齢および民法の成年年齢の引下げ、②公務員の政治的行為の制限、③国民投票制度についての検討が附則において明記された（３つの宿題）。2011年には衆参両院に設置された憲法審査会において、これらの点が検討され、2014年の憲法改正国民投票改正により、2018年以降に実施される国民投票については投票権年齢が20歳から18歳に引き下げられたほか、公職選挙法により選挙運動が制限されている公務員についても、一部の憲法改正国民投票運動が認められることになった。なお2015年には、選挙権年齢を18歳に引き下げる公職選挙法改正が成立し、2016年の参議院選挙から実施されている（→憲法Ｉ第18章第２節**１(2)**）。また民法の成年年齢を引き下げる法改正も2018年に成立している（2022年施行予定）。

(3) 2009年総選挙と政権交代

1989年参議院選挙以降、衆議院の多数派と参議院の多数派が異なる、いわゆる「ねじれ国会」がしばしば現出していたが、2007年参議院選挙では民主党が参議院第１党となって自民党政権と対決姿勢をとった結果、予算関連法案や両院同意人事が参議院で否決されたり、約半世紀ぶりに衆議院による再議決が行われたりする等の「憲法争議」が生じた。2009年総選挙では民主党が勝利し、選挙による政権交代が実現した。しかし民主党政権は党内対立が激化するとともに官僚機構をうまく活用できない、いわゆる執政不能の状況に陥り、2011年の東日本大震災を経て、2012年総選挙では自民党が政権に復帰した。

官邸主導の政治を進める第２次安倍政権は、2014年には集団的自衛権の行使を一部容認する閣議決定を行い、2015年には安全保障関連法を成立させたが、こうした姿勢には、立憲主義に違反するとの有識者の批判や、これまでの護憲運動を担ってきた世代よりも新しい世代による反対運動が見られた。また、2017年には、内閣は野党の臨時会召集要請に長期間応じず、臨時会の召集直後に衆議院を解散した。このような政府の行動に対しても強い批判があり、臨時会召集のあり方や解散権の制限といった、これまで議論が手薄だった統治機構論の分野でも、憲法解釈論の課題が提示されることになった。

憲法施行70年に当たる2017年の憲法記念日には安倍首相が憲法改正への強い意欲を表明し、自民党は野党時代に作成した復古的色彩の強い「日本国憲法改正草案」(2012年) とは別に、①自衛隊の憲法明記、②緊急事態条項の創設、③参議院の合区解消、④高等教育を含む教育無償化を中心とする憲法改正の方向性を2018年にまとめたものの、憲法改正をめぐる議論は政治の場でも進んでいない状況にある。

4　違憲審査制の運用と学説

日本国憲法81条は法令の合憲性を最終的に判断する権限を最高裁判所に認めている。しかし実際には、憲法81条が付随的違憲審査制として理解・運用されてきたこと、司法権の理解や実定訴訟制度が公法分野において裁判所の機能を限定するようなものであったこと、上告審裁判所でもある最高裁判所の負担過重もあって、最高裁判所による違憲審査権の行使は消極的であり、憲法保障・人権保障の役割を十分に果たしていない（司法消極主義）と批判されてきた（→第12章第10節）。

特に公務員の労働基本権の制限（→憲法Ⅰ第17章第２節**7**）について、争議行為の禁止・処罰を限定する判例（東京都教組事件判決：最大判昭和44・4・2刑集23巻５号305頁）が、最高裁判事の構成の変化により短期間で覆されたこと（全農林警職法事件判決：最大判昭和48・4・25刑集27巻４号547頁）が、自民党政権の最高裁への影響力を示す例としてしばしば言及される。これに対して憲法学説は、違憲審査制の母国であるアメリカ合衆国最高裁判所の判例法理の研究を踏まえて、憲法訴訟論および違憲審査基準論を発展させてきた。

ただし、このような司法消極主義の背景に、内閣法制局の存在があったことは無視できない。内閣法制局は日本国憲法や憲法附属法の制定に関わってきたことはもちろん、その後も行政における憲法解釈および法制的整合性を担い、それが議院内閣制の仕組みにおいて国会の場で「政府見解」として表明され審議されることを通じて、憲法判例とは別の有権的な憲法解釈として機能してきた。

＊　内閣法制局の事務には、意見事務と審査事務がある。意見事務とは、法律問題に関し内閣並びに内閣総理大臣および各省大臣に対し意見を述べるものであり、審査事務とは、閣議に付される法律案、政令案および条約案を審査するという事務である。

しかし、もともと内閣法制局は内閣の補助機関にすぎず、近時は法制局の審査を経た法律の条項に対しても最高裁の違憲判断がみられる。また、第２次安倍政権において、異例の長官人事がなされたことを経て、集団的自衛権の行使の禁止という法制局が長年固守してきた憲法９条解釈の根幹が変更されたこと等により、内閣法制局の事実上の「憲法保障機能」への期待も揺らいでいるのが現状である（→第５章第４節**1(2)**）。

他方、司法制度改革の前後から、最高裁による違憲審査の「活性化」がみられるとの指摘もある。憲法施行70年の間に下された最高裁の法令違憲判決は10を数えるが、そのうちの五つ（郵便法違憲判決：最大判平成14・９・11民集56巻７号1439頁、在外日本人選挙権判決：最大判平成17・９・14民集59巻７号2087頁、国籍法違憲判決：最大判平成20・６・４民集62巻６号1367頁、婚外子法定相続分平成25年決定：最大決平成25・９・４民集67巻６号1320頁、再婚禁止期間違憲判決：最大判平成27・12・16民集69巻８号2427頁）は21世紀に入ってからのものである。さらに衆参両院の一票の較差について、2011年以降に違憲状態判決等を通じて国会を較差是正へ誘導したり（→第７章第４節**5**）、その他の人権保障の分野でも事案の区別や事実上の判例変更を通じて人権保障を強化したりする等、違憲審査の運用の深化がみられる。学説でも、ドイツの憲法判例等も参考にしつつ違憲審査基準論とは異なる観点から、このような判例の展開を内在的に理解しようという傾向もみられるようになっている。

〈参考文献〉

芦部信喜『憲法制定権力』（東京大学出版会、1983年）
伊藤博文（宮沢俊義校注）『憲法義解』（岩波文庫、2019年）
稲田正次『明治憲法成立史（上・下）』（有斐閣、1960・1962年）
大石眞『日本憲法史』（講談社学術文庫、2020年）
大石眞『統治機構の憲法構想』（法律文化社、2016年）
菅野喜八郎『続・国権の限界問題』（木鐸社、1988年）
佐藤達夫『日本国憲法成立史　第１巻〜第４巻』（有斐閣、1962〜1994年）
高見勝利『政治の混迷と憲法』（岩波書店、2012年）
高柳賢三＝大友一郎＝田中英夫編著『日本国憲法制定の過程：連合国総司令部側の記録による』（有斐閣、1972年）
長谷部恭男解説『日本国憲法』（岩波文庫、2019年）
美濃部達吉（高見勝利解説）『憲法講話』（岩波文庫、2018年）
宮沢俊義「日本国憲法誕生の法理」同『憲法の原理』（岩波書店、1967年）
『憲法調査会報告書』（大蔵省印刷局、1964年）
国立国会図書館ホームページ「日本国憲法の誕生」（http://www.ndl.go.jp/constitution/）
「特集／憲法のあの瞬間」論究ジュリスト16号（2016年）

第3章　国民主権と天皇制

第1節　総　説

1　上諭と前文

六法全書を開くと、「日本国憲法」の題名の前後にそれぞれ文章がある。題名の前の文章を「上諭」、題名の後、第1章が始まる前の文章を「前文」という。「上諭」は、日本国憲法の一部ではなく、公布文としての性格を有するにすぎない。これに対して、「前文」の法的性格をめぐっては争いがある。

＊　明治憲法下には法令公布の方式等を定めた「公式令」（明治40年勅令6号）という勅令があり、その3条1項は「帝国憲法ノ改正ハ上諭ヲ附シテ之ヲ公布ス」と定めていたので、それに従ったのである。公式令では、憲法以外にも、皇室典範、法律、勅令、条約など、天皇が制定・改正したとされるものには上諭が付けられることになっていた。なお、明治憲法には、「大日本帝国憲法」の題名の前に「告文」「憲法発布勅語」「上諭」が付されていたが、その上諭は明治憲法の制定目的や基本性格を述べるもので、日本国憲法の前文と同様の性格を有するものであった。明治憲法の半官的注釈書である伊藤博文の『憲法義解』（→第2章第2節 **1 (3)**）にそれらの注釈は載っていないが、美濃部達吉は、上諭は憲法本文と同様の効力を有するとした。

＊＊　六法では、上諭の後に「御名御璽」と記載されている。「御名」とはそこに天皇の署名（日本国憲法では裕仁）があることを意味し、「御璽」とは天皇御璽の印が押されていることを意味する。原本に「御名御璽」とあるわけではない。明治憲法時代からの表記方法を踏襲した結果であるが、それが日本国憲法下の天皇制にふさわしかったのかという問題はある。

憲法以外で前文が付いているのは、教育基本法をはじめとする各種の基本法に多いが、ほかにも、国立国会図書館法、日本学術会議法（1948年）から、最近の本邦外出身者に対する不当な差別的言動の解消に向けた取組の推進に関する法律（2016年）などに前文が置かれている。法令の趣旨、目的、基本原則を厳粛に宣言するのが通例である。

外国憲法の前文も、制定の歴史的事実を述べるにとどまるものから、憲法制定の趣旨、目的、基本原理を宣言するものまでさまざまである。日本国憲法は後者に属する。日本国憲法の前文は４段落からなり、この憲法を制定する目的を宣言するとともに、憲法の基本原理（→第２章第３節**3**）を強調し、これらの理想と目的を達成する決意をもって結んでいる。このように、憲法の基本原理を詳しく述べているからこそ、憲法前文の法的性格が問題となるのである。

2　前文の法的性格

前文が日本国憲法の一部であり、憲法規範としての効力を有することは争いがない。前文が憲法の一部であるとは、憲法１条以下の個々の条項と同じく、96条の憲法改正手続によらなければ変更することができないことを意味する。しかも、前文が憲法の基本原理を謳っているため、憲法改正手続によっても変更できない改正の限界（→第６章第２節**3**）をなすのではないか、各条項以上に問題とされることになる。

前文の憲法規範性が認められると、続いて、前文に裁判規範性が認められるか、問題になる。学説は分かれるが、否定説が多数である。前文は憲法の基本原理を述べるものであるがゆえに抽象的で、裁判規範としての具体性に欠けるからである。これに対して肯定説は、本文の条項の中にも抽象的な規定は存在するのだから、規定内容が抽象的か具体的かは相対的な問題にすぎず、それを理由に前文の裁判規範性を否定することはできないとする。

この点、否定説も、前文が本文各条項の解釈基準になることは承認する。肯定説も、前文と本文各条項の内容が重なっている場合、より具体的な本文の条項を優先的に適用するだろう。そうすると、両者の対立は、本文のいずれの条項にも規定されていないものについて前文を直接適用できるか否かに限られる。この場合、前文の内容が裁判で適用可能なほどに具体的であれば、前文の直接適用を否定する理由はない。そこで、本文各条項には存在しない前文に特有の規定内容は存在するか、問題となる。

従来から議論されてきたのが「平和的生存権」である。前文は「全世界の国民」の「平和のうちに生存する権利」について述べている。しかし、日本の領土内で効力を有するにすぎない日本国憲法（→第１章第４節**1**）が、「全世界の国民」に権利を保障できるはずはない。にもかかわらず前文で言及されているのは、日本国憲法の制定目的と関わる。すなわち、それまでの日本は軍国主義化して他国民の平和的生存権を侵害していたが、これからは平和国家に生まれ変わり、他国を攻撃して他国民の平和的生存権を侵害するようなことはしない、という決意を意味するのである。そしてこう解すると、この「全世界の国民」に日本国民は含まれないことになり、平和的生存権の享有主体ではなくなってしまう。こうしてみると、平和的生存権は、世界平和の理想を述べたものであって、９条等の解釈基準として機能するにとどまり、裁判で直接適用されることはないと解すべきであろう（長沼訴訟第１審判決〔札幌地判昭和48・９・７〕は、平和的生存権の侵害のおそれを理由に訴えの利益を認めたが、控訴審判決〔札幌高判昭和51・８・５〕で、平和的生存権の裁判規範性も原告の訴えの利益も否定され、最高裁は、憲法論に触れることなく訴えの利益を否定して上告を棄却した〔最判昭和57・９・９民集36巻９号1679頁〕→第５章第１節**1**(4)・第２節**3**(2)）。

3　上諭と前文の矛盾？

「上諭」では、日本国憲法は、明治憲法73条による改正憲法であるとされている。つまり、主権者たる天皇が明治憲法を改正した結果として、国民主権の日本国憲法が制定されたことになっているのである。これに対して「前文」では、日本国民がその主権に基づいて日本国憲法を制定したとされている。前者では、日本国憲法の制定によって主権が天皇から国民に移行したと解されるのに対して、後者では憲法制定以前に国民主権が成立していることになる。この矛盾をどのように説明するか、日本に国民主権が成立したのはいつなのか、学説の争いがあることは既にみた（→第２章

第３節**2**）。そもそも国民主権とは何か。次にその内容について考えることにしよう。

第２節　国民主権

日本国憲法には、「主権が国民に存する」（前文第１文）や「主権の存する日本国民」（１条）といった言及がある。「主権は国民に存する」（主権在民）、あるいは「国民が主権をもつ」。これが国民主権である。しかし、「主権」とは何で、「国民」とは何か。また、主権が国民に「存する（在る）」、国民が主権を「もつ」といっても、主権はモノ（有体物）ではないから、どこかに置いたり、手に持ったりすることはできない。では、国民主権とは何を意味するのか。

1　「主権」の意味

「主権」の語は多義的であるが、その意味は三つに大別される。

第１に、主権は、国家権力の属性としての最高独立性を意味する。16世紀フランスでは、絶対君主が自己に権力を集中して中央集権的な国家を形成しようとしていた。そのためには、対外的には、ローマ・カトリック教会と神聖ローマ帝国から独立し、対内的には、封建諸侯の支配権に対する優越性を確立しなければならない。そうすることで、国内の封建的な多元的支配を克服して一元的支配を打ち建てることができるのである。このような変革を正当化したのが、ボダン（J. Bodin）の「主権」理論であった。国家権力は、自己の上位にいかなる権力も認めない「絶対的かつ永続的な」権力であり、対内的には最高で、対外的には独立である。主権は、国家権力のこの性格（最高独立性）を表現する概念なのである。日本国憲法前文第３段が「自国の主権を維持し」と述べているのは、この意味である。

第２に、主権は、国家権力それ自体を意味する。国家だけが「主権」的権力を有するため、この権力自体を指して「主権」という言葉が使われるようになったのである。ポツダム宣言第８項（→第１章第４節**1**(2)、第２

章第3節1(1))の「……日本国ノ主権ハ本州、北海道、九州及四国……・・ニ局限セラルベシ」はこの例である。

＊　国権・統治権・主権：　国家権力を表す概念として用いられてきたものに、「国権」「統治権」「主権」がある。「統治権」は明治憲法4条で、「国権」は日本国憲法9条および41条で、「主権」は日本国憲法前文および1条で用いられている。これらの概念の意味内容は、論者によって異なる。

①穂積八束においては、これらの概念は同一の権力の異なる側面を指すものとして使われている。すなわち、「其ノ作用ヨリ視テハ統治権ト謂ヒ、其ノ国家ノ要素タル所由ヨリ視テハ之ヲ国権ト謂フ、用語異ナレトモ固ヨリ皆同一ノ権力ヲ指称スルモノナリ」とし、この権力の性質は、唯一・不可分・最高・独立・無制限であるとする。②これに対して、美濃部達吉は、当初こそイェリネク（G. Jellinek）に従って、国権と統治権は単一不可分の同一の権力であるとしていたが、後には、単一不可分の国家意思たる「国権（Staatsgewalt)」と、国家意思の内容をなす複数可分の権利の集合たる「統治権（Herrschaftsrechte)」を区別するようになった。③しかし、美濃部の「国権」概念は前憲法的な意思主体としての国家の実在を前提としているため、宮沢俊義は、「理論的に正確でない」として国権の観念を否定し、複数可分の統治権だけを承認した。その後は、宮沢説に従う学説（芦部信喜）と、国家の要素として国権（橋本公亘）または統治権（伊藤正己）を挙げ、単一不可分の権力であるとする学説に分かれるが、特に議論があるわけではない。

君主主権の場合には、君主という実在する1人の人間がすべての国家権力を自ら行使する事態も観念することは可能である。そして、それこそが君主主権であると考えると、そこでの主権は国家権力それ自体を意味することになる。しかし、現実には君主が単独ですべての国家的事務の決定を行うことはできない。そこで、君主はすべての国家権力の源泉ではあるが、自ら国家権力を行使するのは例外的な場合に限られ、日常的に国家権力を行使するのはさまざまな国家機関なのだと考えることになる。国民主権の場合、主権の主体である国民は、実在する一個人のように意思することができるわけではないから、すべての国家権力の源泉であっても、すべての国家権力を常時行使するのはそもそも不可能である。主権の主体（国家権力の源泉）と行使者は区別されざるをえない。そこで、主権の第3の意味が登場することになる。

第３に、主権は、国の政治のあり方を最終的に決める力ないし権威を意味する。国民主権、君主主権といわれる場合の主権は、通常この意味である。ただし、この「力または権威」を憲法超越的な「憲法をつくる力」と考えるか、憲法内在的な「憲法によってつくられた力」と考えるか、学説の対立がある。

Ａ説は、この「力ないし権威」（主権）を、実定憲法を超越する「憲法をつくる力」と捉える。この学説では、主権とは「憲法制定権力」を意味する。この憲法制定権力を国民が有する場合が国民主権であり、君主が有する場合が君主主権である。憲法典における主権の所在の規定は、創設的なものではなく、主権者による憲法制定の事実を確認的に宣言したものにすぎない。主権者が憲法を制定したのであるから、Ａ説では、主権の主体（主権者）も憲法超越的に捉えられる。すべての国家権力は憲法に従って組織されるのだから、国民が憲法制定権力を握ってさえいれば、あらゆる国家権力の活動は「究極的には」国民の意思に基づいているといえる。それゆえ、国民が国の政治のあり方を決定したことになるのである。ドイツ基本法前文は「ドイツ国民は……その憲法制定権力に基づき、この基本法を制定した」と憲法制定権力の観念を明文で取り入れている。日本国憲法前文が「日本国民は……主権が国民に存することを宣言し、この憲法を確定する」と述べるのも、同様の意味を有するといえよう。

＊　憲法制定権力の観念は、フランス革命直前に、シィエス（E-J. Sieyès）の『第三身分とは何か』によって明確に定式化された。彼は、「憲法をつくる力」と「憲法によってつくられた力」を峻別する。政府は、「憲法によってつくられた力」を行使するにすぎないから、憲法に拘束され、憲法を変更できない。これに対して、国民の有する「憲法をつくる力」は、憲法に優位し、いかなる実定法にも拘束されない万能の力であって、憲法をいつでも好きなように変更できる、というのである。同書が出版されて間もなく、フランス革命が起こった。フランス革命は、アンシャン・レジームを転覆し、新しい実定法秩序を構築した。この理論はフランス革命を法学的に正当化するものであった。しかし、一旦自己の望む憲法体制が成立してしまうと、この理論の中心にある実定法破壊的概念は、危険なものとなる。革命後の1791年憲法は、「憲法制定国民議会は、国民がその憲法を変更する時効にかからない権利を有することを宣言する」（７編１条１文）と述べなが

> ら、極めて複雑な改正手続を定めた。これは、憲法制定権力を事実上２度と発動しないものとして法の世界から追放したことを意味する。憲法制定権力は、成立した憲法の正当性原理の所在を示す概念となったのである。その後の学説も、「憲法制定権」と「憲法改正権」を区別し、実定法上は「憲法改正権」だけが認められるようになる。
>
> 20世紀になって、この観念は、ワイマール憲法下、シュミット（C. Schmitt）によって復活した。シュミットによれば、憲法制定権力とは、政治的統一体のあり方に関して具体的かつ全体的な決定を下すことのできる力または権威をもった政治的意思である。憲法は、その内容が正しいから妥当するのではない。実存する意思主体の政治的決断のゆえに妥当するのである。この意思主体の決断内容が本来の「憲法」であり、これを具体化する「憲法律（憲法上の法律）」と質的に区別される。ここから、憲法制定権力＞憲法＞憲法律という段階構造が導き出される。憲法制定権力は、憲法に先行する力だから、内容的にも手続的にも、憲法に拘束されない。また、憲法制定権力は、一つの憲法の制定によって、憲法に吸収され、使い果たされてしまうものではない。憲法制定権力は、制定された憲法と並んで、その上に、恒常的に存在し続ける、憲法の妥当根拠なのである。

これに対して、Ｂ説は、憲法を超越する「力ないし権威」の存在を否定し、主権を実定憲法内在的な「憲法によってつくられた力」と捉える。国の政治は、立法・行政・司法の三権によって行われるが、憲法はそれらのさらに上位の権力として憲法改正権を定めている。この学説にとって、憲法改正権が主権である。また、この学説では、主権だけでなく、主権の主体たる国民も憲法によってつくられた国家機関である。そうすると、国民主権とは、憲法によってつくられた機関である有権者団に憲法改正権を帰属させる原理だとされる（B_1説）。

なお、主権を憲法によってつくられた力と捉える点では共通でも、憲法改正権に限らず、立法・行政・司法のすべての国家権力＝統治権（第２の意味の主権）を意味するという学説もある。国民主権の場合にも、国民は君主と同様にすべての国家権力を現実に行使することができると考えるわけである。この学説は、主権の主体たる国民は社会契約の参加者である市民の総体であるとする。結果的には市民の範囲は有権者の総体と重なるが、B_1説とは理論構成や帰結が異なる（B_2説）。

2　「国民」の意味

「国民」が主権者（主権の主体）である。国籍はその国のメンバーたる資格であり、国籍をもっている人を国民という（→憲法Ⅰ第２章第１節**2**）。国民という言葉は、①１人１人の国民を指すこともあれば、②現在国籍を有するすべての人（全国民）を一体として指すことも、③政治に参加する資格を有する成年者の全体（有権者総体）を指すこともある。また、有権者総体を社会契約参加者である市民の総体と捉える学説もある。①は、基本権の主体として主権と対立する国民で、国民主権における国民ではない。これまで主権の主体たる国民をめぐって、学説は②全国民主体説と③有権者主体説の間で争われていた。②と③のどちらを主権の主体と考えるかは、主権を憲法超越的なものと捉えるか、憲法内在的なものと捉えるかに対応している。すなわち、主権を憲法超越的な「憲法をつくる力」と捉えると、主権主体である国民も憲法超越的存在である全国民、主権を「憲法によってつくられた力」であると捉えると、主権主体である国民も憲法上の機関である有権者総体と捉えられるのである。

全国民と有権者総体は、量的に（人的な範囲が）異なるだけでなく、質的に異なる。一般的な理解では、全国民は抽象的・観念的存在であるが、有権者総体は具体的実在だとされる。国籍保持者の総体である全国民には生まれたばかりの赤ん坊まで含まれるから、自然的な意思主体でありえないのは当然だが、これに対して、選挙権を有する市民（有権者）の総体を「国民」と考えれば、市民全員が意思決定能力を有するから、それによって構成される「国民」も当然に自然的意思主体であるというのである。しかし、有権者１人１人が意思主体であるということと、有権者全体が１個の意思を有することとは別問題である。バラバラな意思の寄せ集めから１個の意思が自動的に生まれることはありえない。有権者全体が意思主体であるのは、自然の事実なのではなく、法的な制度によって組織されているからである。言い換えれば、全国民は法によって組織されない超憲法的な国民、有権者総体は法によって組織された国民なのである。したがって、全国民と有権者総体が質的に異なるのは、後者が実在する意思主体だからではなく、法的に組織された存在だからである。

＊　最近、国籍の有無にかかわらず、その国の領域に定住する人をすべて主権者たる国民（市民）とする見解（市民主権説）が注目されている。この学説では、定住外国人も主権者となる。同説は、①定住外国人の選挙権保障を要請するとともに、②在外国民の選挙権保障とも結びつくという。しかし、①は、国内に居住していれば日本国籍を有するか否かにかかわらず選挙権を保障するのに対して、②は、日本国籍を有する者には国内に居住するか否かにかかわらず選挙権を保障する。この２つの要請は両立しないだろう。在外日本人選挙権判決（最大判平成17・９・14民集59巻７号2087頁）は在外国民にも選挙権が保障されるとしたが、これは、日本国内に住んでいるか否かにかかわらず、日本国籍を有するすべての成年者に選挙権を与えることを意味する。国籍が国家のメンバーである資格である。これに対して、国籍の如何にかかわらず日本国内に居住するすべての人に選挙権を与えることは、国家のメンバーの資格を領土内の定住という事実に求めるもので、在外国民はメンバーから排除される。したがって、最高裁判決とは異なり、在外国民の選挙権は少なくとも憲法上の要請ではなくなるだろう。

３　「国民に主権がある」「国民が主権をもつ」の意味

(1)　国民主権の正当性の契機

Ａ説では憲法制定権力は憲法を超越した力であるから、それを保持する国民（全国民）も憲法を超越した存在である。この全国民が憲法制定権力によって憲法を制定することが国民主権の意味である。そうすることで、全国民が国の政治のあり方を決めるのである。しかし、現実には、全国民には統一した意思も行為能力もない。全国民に憲法制定権力があるというのも、全国民が統一した意思主体として実際に憲法を制定するのではなく、憲法の正当性の究極の根拠は国民にあること、したがって、すべての国家権力は国民から発するという理念または建前を意味するにとどまる。つまり、国民主権とは、国家支配の正当性の根拠が国民にあることを明らかにする観念である。支配の正当性の根拠であるからこそ、支配に服するすべての国民が主権の主体と考えられなければならないのである。これを国民主権の正当性の契機と呼ぶ。

(2)　国民主権の権力的契機

Ｂ説では、国の政治のあり方を国民自身が実際に決定することが国民主権だとされる。現実に政治的な意思を表示できる国民は、全国民ではなく、有権者の総体である。主権も、憲法を超越する力ではなく、憲法によってつくられた力、すなわち憲法改正権を指す。したがって、国民に主権があるとは、有権者の総体が憲法改正権を有することを意味する。憲法96条で憲法改正国民投票が定められているため、国民は現実に主権を行使することができるのである。これは国民主権の権力的契機と呼ばれる（B_1説）。

同じく、主権を憲法内在的な権力と把握した上で、すべての国家権力（第２の意味における主権）と捉える学説もある。その上で、歴史的に主権主体が国家であると解されてきたのであるから、有権者総体＝人民＝国家であり、それに立法・行政・司法を含むすべての国家意思の決定権を帰属させるべきことが有力に主張されている（「人民主権」論）。立法・行政・司法は、憲法上は国会・内閣・裁判所の担当であるが、国民の意思でそれらをコントロールできなければならない。この学説では、主権は、特定の組織ないし制度を要求する原理であることになる（B_2説）。

なお、今日では、国民主権の正当性の契機と権力的契機は不可分に結びついていると説く学説が有力である（A＋B_1説。芦部信喜）。この学説では、国民が憲法の効力根拠であること（正当性の契機）にとどまらず、国民が直接に権力を行使すること（権力的契機）を要請するが、行使する権力は憲法改正権に限られている。

＊　東京都管理職選考事件判決（最大判平成17・１・26民集59巻１巻128頁）は、国民主権を根拠に「公権力行使等地方公務員」からの外国人の排除を正当化した。判決によれば、国民主権の原理から、統治のあり方については国民が最終的な責任を負うことを憲法は要請している。そのため、公権力行使等地方公務員に外国人が就任することは想定されていない。したがって、外国人が公権力行使等地方公務員に就くことを認めなくても違憲ではない。

判決は、国民主権は、①国民が国家意思の形成に参加するだけではなく、②国家意思の執行も直接国民が行うことを要請しているとするが、学説（A説）では、国民主権は、国家権力の正当性の淵源が国民にあることを意味するにとどまり、国民が国家意思を直接行使するところまで要請するものではない。主権の権力的契機を説く学説（A＋B_1説）も、憲法改正国民投票権を要請するのみで、それ以外の権力行使や直接民主制を否定している。こうしてみると、国民主権の原理から直ちに特定の公務員から外国人が排除されるわけではない。むしろ国家主権の原理（国家の対外的独立性）が、より適切な制約根拠であろう。今日の国家は（主権の所在の如何にかかわらず）国民国家である。国民はまずは国家のメンバーなのである。したがって、国民主権をとっていない国家においても、国家の仕事に携わる資格を有するのは国家の構成員（国籍保有者としての国民）だけだとされるのである。これに対して、国家権力それ自体を主権と考える学説（B_2説）では、立法・行政・司法のすべての国家権力から外国人を排除することを正当化できよう。しかし、最高裁がB_2説を採用しているとは思われない。

4　主権＝憲法制定権力の法的拘束――尾高・宮沢論争

主権が憲法によってつくられた力であれば、主権が憲法に拘束されることは当然である。しかし、主権＝憲法制定権力であると解すると、憲法制定権力はあらゆる実定法に先行する力だから、それを拘束する実定法は存在しない。何らかの法に基づいて憲法制定権力が認められるのではなく、逆に、憲法制定権力に基づいて、あらゆる法が妥当するのである。憲法制定権力は、実定法の効力根拠である。

これに対して、規範内容の正しさのゆえに憲法は妥当する、と考えるのが「自然法論」である。自然法は、憲法制定権力をも拘束し、それに反すれば憲法といえども効力を有しない規範である。日本国憲法制定直後、このような規範の存在が「主権論」の名で主張されたことがある。尾高朝雄の「ノモス主権論」である。

尾高は、実定法秩序の上にあり、実定法秩序をいつでも思いのままにつくりかえることができる力の存在を不当とするところから出発する。法は、地上の権力者によって勝手気ままにつくられるものであってはならない。いかなる権力といえども決してオール・マイティではなく、従うべき正しい筋道、越えてはならない「政治の矩」が存在する。これが「ノモス」である。国内における最高の権威をもつものを「主権」と呼ぶならば、主権はノモスにこそある。日本国憲法が天皇主権を否定して国民主権を採用したといっても、天皇も国民もノモスに従わなければならないのだから、日本国の性格が根本的に変化したと考える必要はない。

このような尾高の考え方は、たしかに「天皇制のアポロギア」（擁護論）

としての性格を否定できないが、それを別にすれば、実力としての主権の否定であり、法の妥当根拠を規範内容の正しさに求める自然法論の一類型である。

しかし、この「ノモス主権論」は、ノモスの内容を具体化する手続も制度も考慮していなかったため、直ちに批判された。宮沢俊義によれば、主権の主体はノモスのような規範ではなく、具体的な場合に決定を下すことのできる具体的人間でなければならない。政治のあり方がノモスに従わなくてはならないとしても、「ノモスというものは、具体的な内容をもってわれわれに現前するものではない。誰かがノモスの具体的な内容を定めなくてはならない。その『誰か』がここでいう主権の主体である」。「『ノモスの具体的な内容を最終的に決めるのは誰であるか』。この最後の問いが、ここでの問題である。これに対して、ノモスだと答えることができないことは、あまりに明白であろう」。

宮沢の批判は、直接的にはノモス主権論に向けられたものであるが、同時に、自然法論批判でもある。というのは、主権＝憲法制定権力を拘束する自然法を想定してみたところで、自然法の内容を主権者が自ら決定できるのであれば、自然法は主権を拘束していないことになるからである。したがって、憲法制定権力を法的に拘束する規範は存在しない。宮沢は、規範の妥当根拠を正義に求める自然法論を否定したのである（菅野喜八郎）。

この尾高・宮沢論争は、宮沢の完勝に終わったと一般に解されているが、その後の学説は、宮沢の自然法論批判を受け容れているわけではない。今日の有力な学説は、「根本規範」の内容に人間の尊厳や人権保障を取り込んで実体化し、自然法論を事実上取り入れている（→第１章第３節**２(1)＊**）。宮沢の勝利を肯定的に評価しつつ自然法論に賛成するのは、理論的に一貫しないとの印象を否めない。

5　国民主権の制度化

国民の憲法制定権力は日常的に発動されるものではない。日常的な政治は、憲法の定める機関が、憲法の定める手続に従って行う。そのため、国民主権を憲法で制度化することが必要になる。しかし、国民主権のいわゆる正当性の契機は、国民主権を具体化する特定の政治制度を要求するものではなかった。そのため、歴史的にみれば、国民主権は、制限選挙や君主制、時には独裁制とも結びついてきたのである。けれども、現在では、国民から普通平等選挙によって選ばれた議員によって構成された議会が、国民の意思を表明することができる組織だと解されている。直接民主制も排除されない。国民主権が代表（議会）民主制や直接民主制と結びついたのは、国民主権の権力的契機が広く認められるようになったからである。なぜなら、権力的契機は国民自身が直接権力を行使することを可能にするための法制度を要請するからである。日本国憲法が国民主権をどのように制度化しているかについては、第７章以下で説明される。

第３節　天皇制

1　明治憲法と日本国憲法――天皇制の連続と断絶

日本国憲法の第１章は「天皇」である。明治憲法第１章と同じである。しかし、その内容は大きく異なる。例えば、明治憲法では、天皇の地位は（皇祖の）神勅に基づいていたのに対し、日本国憲法では、「日本国民の総意」に基づく。天皇自身も、明治憲法では現人神《あらひとがみ》であり、日本国憲法では人間である。また、その地位は、明治憲法では元首かつ統治権の総攬者であり、日本国憲法では象徴である。それでは、明治憲法の天皇制と日本国憲法の天皇制は基本的に同じ制度なのか、それとも根本的に異なった制度なのか、言い換えれば、日本国憲法の天皇制は明治憲法から連続しているのか、断絶しているのか、基本的な理解の対立がある。連続説が、歴史的・伝統的に形成されてきた（その意味で前憲法的な）天皇制という制度を（一定の修正を施しながらも）原則そのまま日本国憲法の中に取り込んだと捉えるのに対して、断絶説は、明治憲法の天皇制は廃止され、過去と切断された全く新しい天皇制が日本国憲法によって新たに創設されたと捉えるのである。

連続説では、日本国憲法が明示的に変更したものを除き、歴史的・伝統的な制度をそのまま取り入れたのだから、歴史的に形成された制度の核心部分を法律によって変更することはできない。憲法の明文規定に反していなくても、制度の（不欠の）核心部分に反する法律は違憲無効である。これに対して、断絶説は、基本権保障などの人類普遍の原理を可能な限り天皇制にも及ぼそうとする。憲法の明文規定に抵触しない限り、法律で制度の内容を形成し伝統を自由に変更できる。

＊　国務大臣、衆議院議員、裁判官などの公務員は、明治憲法にも日本国憲法にも規定があるが、その地位の性格は根本的に異なるから、日本国憲法施行時にそれらの地位にあった公務員は当然にその地位を失うはずである。しかし、憲法103条は、それに相当する地位が日本国憲法で認められている公務員は、当然にはその地位を失わないとする。ところが、そこに「天皇」の語はない。連続説からは、明治憲法下で天皇の地位にあった昭和天皇が日本国憲法下でも継続して天皇の地位にあるのは、規定するまでもなく当然と解されるのに対し、断絶説では、明治憲法の天皇制は一旦否定されたのだから、昭和天皇が日本国憲法下で初代天皇の地位に就くには、それを正当化する憲法上の根拠が必要なはずで、憲法に規定がない以上、その正当性が実は疑わしいことになる（おそらく、憲法慣習によって事後的に正当化されたと解することになろう）。

＊＊　連続説・断絶説は基本的な立場の分類であって、それぞれの内部でも学説はさまざまに分かれる。例えば、天皇制・皇室制度を「制度的保障」の概念で捉える学説がある（石川健治）。もともとこの概念は、ワイマール憲法が、職業官吏制度など、近代憲法では否定されるはずの中間団体を憲法上存続させていることを説明するものであった（→憲法Ⅰ第１章第２節４）。日本国憲法が近代的な人類普遍の原理に基づくのに対して、それとは全く異なる原理に立つのが天皇制である。日本国憲法の基本原理は天皇制の中には及ばない。天皇制は人類普遍の原理の中の身分制の「飛び地」だとの学説（長谷部恭男）も、連続説と親和的である。なお、日本国憲法を明治憲法の改正憲法と考えると連続説、新憲法の制定だと考えると断絶説になるわけではない。

2　天皇の地位

(1)　天皇の地位の根拠

明治憲法は天皇主権に基づく欽定憲法であった。「大日本帝国ハ万世一系ノ天皇之ヲ統治ス」（明憲１条）。これは日本国成立以来の根本原理であって、明治憲法によって新たに創設されたものではなく、憲法以前に既に存在するものを確認したにすぎない、と考えられた。天皇は憲法よりも上位の存在である。天皇は憲法を改正できるが、憲法を改正することによって天皇の地位を否定することは論理的に不可能である。天皇が日本国の主権者である根拠は、明治憲法の建前では、天皇の祖先——皇祖たる天照《あまてらす》大神《おおみかみ》——の神勅（天壌《てんじょう》無《む》窮《きゅう》の神勅→第2章第2節**2** (2)）に遡るものとされた。明治憲法上諭には、「国家統治ノ大権ハ朕カ之ヲ祖宗ニ承ケテ之ヲ子孫ニ伝フル所ナリ」とある。天皇が主権者として日本を統治する体制が神（天照大神）の意思で決まっているとすると、この体制の根本は天皇自身によっても変更できないものであることになる。

これに対して、日本国憲法においては、天皇の「地位は、主権の存する日本国民の総意に基く」（1条）。主権者たる日本国民が制定した憲法が、日本国憲法である。天皇の地位は、この憲法によって定められるのだから、憲法を制定した日本国民の意思にその根拠をもつことになる。この点は、国民主権に基づく民定憲法であれば、いかなる国家機関（国会であれ、内閣であれ、裁判所であれ）に対しても当てはまる当然のことであるが、それをわざわざ謳ったのは、明治憲法の建前の否定を強調する必要があったからである。国民が憲法の上にあり、天皇は憲法より下の存在である。したがって、国民の意思により憲法を改正し、天皇制を廃止することも可能なのである。

(2) 「国体」の変革

(ア) 「国体」の意味

ポツダム宣言を受諾するにあたって日本政府が最後までこだわったのが「国体の護持」であった（「国体」観念について→第2章第2節**2** (2)）。明治憲法時代、正統学派と認められる穂積八束の学説によれば、「国体」は主権（統治権）の所在を表す観念であり（君主国体と共和国体が区別される）、「政体」は主権の行使の仕方を表す観念である（専制政体と立憲政体が区別される）。1925（大正14）年に制定された治安維持法（昭和3年・同16年改正）は、「国体ヲ変革シ又ハ私有財産制度ヲ否認スルコト」を目的とした結社の組織や加入に刑罰を科すものであったが、大審院（大判昭和4・5・31刑集8巻317頁）は、その「国体」の意味について、万世一系の天皇が統治権を総攬することであるとした。これらの「国体」が変更または消滅したことは明らかである。これに対して、憲法改正案を審議している帝国議会において、金森徳次郎大臣は、天皇が国民の憧れの中心であることが国体であるから国体に変更はないと述べたが（→第２章第３節１(5)＊）、この国体観念は法的なものとはいえないだろう。

(ｲ)「国体」の変更論争――和辻・佐々木論争

日本国憲法施行前の1946年11月、佐々木惣一は「国体は変更する」を発表した。佐々木は「国体」の概念を「政治の様式より見た国体」と「精神的観念より見た国体」の二つに区別する。憲法で問題となるのは前者の国体の概念である。これは、何人が国家統治権の総攬者であるか、という面よりみた国柄である。この国体の概念に該当する事実は、「萬世一系の天皇が、萬世一系であるということを根柢として統治権の総攬者である」ことである。しかし、日本国憲法によれば、天皇が統治権の総攬者である、という事実は全くなくなる。したがって、国体は変更する。また、佐々木によれば、政治の様式より見た国体が変更するからといって、概念的には、精神的観念より見た国体が変更するわけではない。けれども、「社会的事実として見るときは、政治の様式より見た国体が変更すれば、精神的観念より見た国体も変更するであろう。直にでなくとも、漸次変更するであろう」と説いた。

これに対して、和辻哲郎は、「国体変更論について佐々木博士の教を乞ふ」でこう反論した。第１に、佐々木の「政治の様式より見た国体」の概念は「政体」の概念で置き換えるべきである。第２に、天皇が統治権の総攬者だったという事実は、1000年にわたる天皇制の歴史の中では、明治憲法下の短期間に限られている。したがって、天皇の中枢的意義は、統治権の総覧者であることにあるのではなく、「天皇が日本国民の統一の象徴である」ことにある。日本国憲法においても、天皇は「日本国民の主権的意思の表現者」であって、天皇の本質的意義にも、統治権総攬という事態においても根本的変更はない。また、国家が分裂していたときも天皇は日本国民の統一の象徴であり続けたのだから、天皇の象徴性は国家とは次元が異なるものである。天皇が象徴する日本国民の統一は政治的統一ではなくして文化的統一であり、天皇は文化共同体を形成してきた日本国民の象徴なのである。

この論争は、佐々木が法律上の国体を問題にしたのに対して、和辻が倫理的な国体の観念で応じたものであった。両者の関心が異なっていたため、結局、すれ違いの論争であったといえよう。

(3)「象徴」

(ア)「象徴」の意味

天皇は、日本国および日本国民統合の「象徴」である。「象徴」は、抽象的・観念的なものを表す有形のものをいう。鳩は平和の、ハートは愛の象徴だといわれるのは、平和も愛も手で触ってみることのできない観念的なものであるが、鳩やハートをみれば平和や愛を心の中に感じとることができるということである。同じように、「日本国」や「日本国民統合」も目で見ることも触ることもできないが、天皇を通してそれらを心理的に感じとることができる、少なくともそうあることが期待されているのである。

そうすると、人がＡを通してＢを想起する場合、ＡをＢの象徴というのであるから、象徴は「社会心理的な作用」であって、政治組織における「地位」ではないことになる。そう考える学説（宮沢俊義）は、憲法には「この〔象徴という〕地位」とあるが、理論的には「その〔天皇という〕地位」でなければならない、とする。これに対して、条文の文言どおり、象徴を地位と解すべきだという学説もある（小嶋和司、佐藤幸治）。ただし、象徴を地位と解しても、その内容は他の規定によって具体化されなければならないとすれば、その効果に差はない。

どの国においても君主は多かれ少なかれ象徴としての機能を果たしてきた。明治憲法においても天皇は象徴であった（芦部信喜）のだから、天皇が象徴であることを日本国憲法が宣言することにどんな意味があるのか、疑問が生じる。明治憲法の天皇は政治的な実権を有していたため、象徴機能は背後に隠れていた。日本国憲法は天皇の実権を否定し、天皇は象徴機能しか有しない存在になったことを明確化する意味をもつのである。ただし、このような説明に対して、明治憲法の天皇の権限が縮小したと説明することは、天皇制の連続性を前提とするもので適切ではない、との批判がある。この説（断絶説）では、明治憲法とは全く異なる象徴機能が新たに付与されたことになるのである。

＊「象徴」と「代表」：　天皇が日本国と日本国民統合を「象徴」するのに対して、国会議員は「全国民を代表する」「国民の代表者」（43条1項・前文第2文）である。「象徴」の場合、象徴するもの（有形のもの）と象徴されるもの（抽象的・観念的なもの）は異質なもので、その間に直接の関係はない（心理的な関係のみ）。これに対して、代表するものと代表されるものの間には同質性が認められる（鵜飼信成）。代表は国民全体に代わってその意思を表現する（純粋代表）、あるいは、代表は実在する民意に拘束されるから、代表者は国民（有権者）の意思を表現する（半代表・社会学的代表）。代表と代表されるものの間には意思の一致があるとみなされるのである（日本国憲法の「代表」について→第9章第2節**1**）。

(イ)　「象徴」規定の法的効果

「象徴」が（地位というよりも）人の内心に及ぼす作用であるとすると、象徴規定にはどのような法的効果があるのか、問題になる。憲法が天皇は象徴であると定めれば、天皇は当然に象徴機能を発揮するというわけではない。国民代表の意思が現実の国民意思と一致するとは限らないように、天皇を象徴と定めても、天皇に日本国や日本国民統合を感じない人もいる。だからといって、公権力が個人の内心に介入し、内心をコントロールしようとすることは許されない。内心に反する行為を強制することもできない（→憲法Ⅰ第7章）。象徴規定は天皇が象徴としての機能を果たすことを憲法が期待していることを述べるにとどまり、法的に強制する根拠にはなりえないのである。その点で、天皇の神格を刑罰によって強制した明治憲法とは全く異なる。

(ウ)　天皇の地位の変化――プラカード事件

明治憲法から日本国憲法への移行期、天皇の憲法上の地位はどのように変化したか、刑法の不敬罪はなお有効か、プラカード事件（最大判昭和23・5・26刑集2巻6号529頁）で問題とされた。

明治憲法3条は「天皇ハ神聖ニシテ侵スヘカラス」と定めていた（→第2章第2節**2**(2)）。これは比較憲法的には、大臣の副署に拘束される君主の政治的無答責を定めたものであるが、天皇の神格化に利用され、現人神たる天皇の尊厳を害するとみなされた行為は、刑法の不敬罪によって処罰された。

被告人は、1946（昭和21）年５月19日に皇居前広場で行われた飯米獲得人民大会（通称食糧メーデー）に、「詔書　國体はゴジされたぞ　朕はタラフク食ってるぞ　ナンジ人民飢えて死ね　ギョメイギョジ」の文言を記載したプラカードを携行して参加したところ、この行為が刑法74条１項の不敬罪（「天皇……ニ対シ不敬ノ行為アリタル者ハ３月以上５年以下ノ懲役ニ処ス」）に該当するとして、逮捕起訴された。

1945（昭和20）年８月、日本はポツダム宣言を受諾して降伏し（→第２章第３節**1**(**1**))、翌年１月１日に天皇の人間宣言（→第２章第３節**1**(**2**)＊）がなされた。日本国憲法は1946年11月３日公布、翌年５月３日施行である。憲法公布の際に大赦令が出され、刑法74条の罪を犯した者も赦免するものとされた。1947年、刑法73条から76条の「皇室ニ対スル罪」は削除され、同時に、刑法232条に「告訴をすることができる者が天皇……であるときは内閣総理大臣が……代わって告訴を行う」という２項が付加された。

八月革命説によれば、ポツダム宣言の受諾と同時に、天皇主権が否定され、国民主権が成立した。国民主権に反する明治憲法その他の国内法の規定は効力を失う。明治憲法３条と刑法74条もその時点で効力を失ったと考えられる。これに対して、ポツダム宣言受諾により日本は国際法上の義務を負っただけだと解すると国内法上の措置があって初めて不敬罪は消滅することになる（→第２章第３節**2**(**2**)(**3**))。

第１審（東京地判昭和21・11・２刑集２巻６号603頁）は、ポツダム宣言の受諾とその後の措置により「天皇の特殊的地位は完全に変革」したとし、不敬罪ではなく名誉棄損罪（刑法230条）を適用して懲役８月とした。これに対し、第２審（東京高判昭和22・６・28同607頁）は、不敬罪に該当し有罪であるとした上で、大赦令により「免訴」とした。被告人は無罪判決を求めて上告したが、最高裁は、天皇の憲法上の地位に触れることなく、「既に大赦によって公訴権が消滅した以上、裁判所は……被告人に対し、免訴の判決をするのみである。従って、この場合、被告人の側においてもまた、訴訟の実体に関する理由を主張して、無罪の判決を求めることは許されない」、「刑法不敬罪の規定は昭和21年５月19日、即ち本件被告人の行為のなされた当時には既に失効していたという……理由に基いて、無罪を主張することは許されない」と述べて、上告を棄却した。

(エ)「君主」と「元首」

(a)　天皇は「君主」か、という議論がある。「君主（monarch〔英〕, Monarch〔独〕)」とは、もともと１人で支配する人を意味する。主権が１人の人に帰属している場合、その人を君主と呼ぶのである。したがって、本来なら、君主主権の場合にのみ君主がおり、国民主権に基づく国家においては、君主は存在しないことになる。しかし、「君主」の概念は、今日ではかなり緩やかに用いられている。

君主の要件として通常挙げられるのは、①独任制機関であること、②その地位は世襲であること、③国家権力の一部（特に行政権）を保持していること、④国家を対外的に代表する権能を有すること、⑤象徴機能を有すること、である。天皇は、①②⑤の要件に該当するが、③④は当てはまらない。行政権は内閣に属し（65条）、外交関係の処理も内閣の権限である（73条２号）。したがって、天皇は通常の意味における君主ではない。

(b)　天皇は「元首」か、という議論もある。「元首（head of the state〔英〕, Staatsoberhaupt〔独〕)」とは、国家を人体になぞらえた場合、頭部を意味する比喩的な概念である。人の身体がすべて頭からの指令で動くように、国家の頭の位置にある国家権力の源泉を意味した。君主主権の国において君主が元首であることは当然とされ、明治憲法４条は「天皇ハ国ノ元首」であると明示していた。他方で、「元首」の概念は、共和国の最高統治権者にも用いられ、大統領も元首であるとされる。さらには、合議制の機関でも元首と呼びうるとされる。とすると、元首であるためには、君主の要件のうち③④が必要であるが、行政権者と元首が区別される場合もあるので、最低限④が必要である。天皇には③④とも当てはまらないので、元首ではない。

では、日本の元首は誰か、と問題が提起され、内閣という合議体または内閣総理大臣が日本の元首だと答える学説が多数である。しかし、日本国憲法上、元首の観念は不要ではないか、との疑問もある。「元首」も憲法上の権限を行使しうるにすぎず、元首規定から法的な権限を引き出すことはできないからである。

3　皇位の継承

「皇位は、世襲のものであって、国会の議決した皇室典範の定めるところにより、これを継承する」（２条）。明治憲法２条「皇位ハ皇室典範ノ定ムル所ニ依リ皇男子孫之ヲ継承ス」とほとんど同じ内容のようにみえる。しかし、「皇室典範」は、その名称は同じでも、その性格は全く違う。明治憲法には皇位継承の詳細に関する規定はなく、すべて皇室典範に譲っていた。そして、「皇室典範ノ改正ハ帝国議会ノ議ヲ経ルヲ要セス」（明憲74条１項）とされていたため、民主的コントロールは皇室には及ばなかったのである（皇室自律主義）。そのため、旧皇室典範は、皇室の自律権に基づいて制定された皇室の基本法であり、明治憲法と並ぶ実質的な憲法であった（→第２章第２節**2 (1)**）。これに対して、日本国憲法上の皇室典範は、「国会の議決」によって制定される法律である（典範附則も「この法律」という）。皇位の継承は、国民の代表である国会が決定するのである。

＊「皇室」（８条·88条）とは、天皇と皇族の両者を総称する観念である。「皇族」の範囲は、「皇后、太皇太后、皇太后、親王、親王妃、内親王、王、王妃及び女王」である（典範５条）。上皇は、天皇と同じく、皇室のメンバーであるが、皇族ではない（典範特例法３条２項・３項）。上皇后は皇族である（同法４条２項）。皇族は天皇と一定の親族関係にある人々であり、一般国民とは異なる特殊な身分をなし、特別の取扱いを受けるが、これは憲法が皇位の世襲制を採用したことから正当化される。「内廷の皇族」と「宮家の皇族」が区別されることもある。前者は、天皇と生計をともにし、内廷費の対象となる皇族である（皇室経済法４条）。後者は皇族費（同法６条）の対象となる皇族であり、秋篠宮、常陸宮、三笠宮、高円宮の４宮家13人である。明治憲法下には多くの宮家が存在したが、戦後11宮家が「皇籍離脱」（臣籍降下）した。皇族も（天皇と同じく）養子をすることができない（典範９条）ため、子どものいない宮家は将来消滅することになる。

(1)　皇位継承の資格

皇位継承資格を有するには、二つの要件（→(ア)(イ)）がある。

(ア)　皇統に属する男系の男子

「皇位は、皇統に属する男系の男子が、これを継承する」(典範１条)。旧皇室典範と同じく、男性だけが皇位継承資格を有する。歴史上は女帝（女性天皇）も存在したのであるが、『憲法義解』は「祖宗の常憲に非ず。而して終に後世の模範と為すべからざるなり」と述べて、資格を男性に限定した。しかし、性別による差別を禁じる日本国憲法では、女性に対する差別として違憲ではないか。

多数説（合憲説）は、もともと世襲制（憲法２条）は「うまれによる差別」に基づくもので、このような差別を憲法自体が正面から認めたのであるから、法の下の平等（14条）の例外として、皇位継承に14条の適用はないとする。違憲説は、14条の全面排除は行きすぎであり、例外は世襲制を維持するための必要最小限度にとどまるべきだと主張するが、これに対しては、天皇制は身分制の「飛び地」を憲法が認めたものであるから、基本権規定の適用を主張することは「論理の錯誤」だとの批判がある（→本節6(1)）。

女帝を認めるかどうかは、立法レベルで問題になる。現皇室典範の制定時にも議論されたが、①伝統（これまで10代８人の女帝は、皇太子がまだ幼弱であったなどの理由により次の天皇が即位するまでの一時的なものにすぎない)、②皇位継承の順序に混乱が生じる（皇統は男系に限るとすると、女帝の子どもが皇位につくわけではない)、③未婚の女帝の結婚が困難になる、などの理由で見送られたのである。

＊　現在は、男性皇族の人数が少なく、このままでは皇位継承者がいなくなってしまうとして、皇位継承資格者確保の観点から、女性にも皇位継承資格を認めようという意見も主張されている。その場合、女性天皇が認められても女系が認められなければ一代限りにとどまるので、その後の皇位継承資格者を安定的に確保しようとすれば、女系も認められるかが重要である。小泉純一郎政権下の「皇室典範に関する有識者会議」の報告書（2005年11月）は、女性天皇、女系天皇をともに容認し、配偶者の男性が皇族として皇室に入ることができるような皇室典範の改正を提案した。

現皇室典範は、皇位継承資格を「男系」に限り、女系を認めていない。明治憲法が「皇男子孫之ヲ継承ス」とあるのは、世襲制とともに、男系主義を定めたものだとされた。旧皇室典範は「祖宗ノ皇統ニシテ男系ノ男子」による皇位継承を定めるが、歴史的に「皇統」とは男系を意味するのだから、男系の言葉がなくとも意味は変わらないとされたのである。現皇室典範については、違憲論もあるが、通説は合憲とする。14条の適用が排除されるのであれば、当然合憲となる。では、皇室典範を改正して女系を採用することはできるか。断絶説では当然合憲であるが、連続説では違憲となる可能性があろう（小嶋和司は男系制が憲法の要請であるとする）。

＊　女性宮家創設問題：　「皇族女子は、天皇及び皇族以外の者と婚姻したときは、皇族の身分を離れる」（典範12条）。宮家を創設することのできる皇族は、皇位継承資格を有する男性に限られる。男性皇族の人数が減少し、皇族の過大な公務負担を緩和するため、野田佳彦内閣は、2012年、女性皇族が婚姻後も皇族の身分を保持し、皇族の公務を担当することができるようにする皇室典範の改正を検討した。女性皇族の配偶者や子どもにも皇族の身分を付与するかどうかなど議論されたが、女性・女系天皇につながるなどの反対論も根強く、結局実現しなかった。

⑷　嫡出であること

旧皇室典範４条は「皇子孫ノ皇位ヲ継承スルハ嫡出ヲ先ニス皇庶子孫ノ皇位ヲ継承スルハ皇嫡子孫皆在ラサルトキニ限ル」と定め、「庶子」にも皇位継承権を認めていたが、現皇室典範２条は「皇族」に資格を制限し、皇族たるためには「嫡出」でなければならない（同法５条・６条）。したがって、庶子（婚外子）には皇位継承資格はない。ここでも、婚外子に対する差別的取扱いで違憲ではないか、問題となるが、多数説は合憲とする。婚姻制度（一夫一婦制）を尊重し、道徳的にも望ましいから、不合理な差別ではないとする（婚外子差別について→憲法Ⅰ第６章）。

＊　皇位継承資格者がいなくなった場合はどうか。おそらく、連続説では、歴史的に続いてきた現在の天皇の血統に属する者のみが皇位につくことを憲法が要請していることになり、皇室典範を改正して、他の血統に属する者を新たに天皇として即位させることはできない。皇位継承資格者がいな

くなれば、皇位は空位となり、憲法の天皇に関する規定は枯死（死文化）する。これに対して、断絶説では、憲法が過去と断絶した新しい天皇制を創設したというのであるから、現在の皇統が断絶した場合、他の血統に属する者を即位させることも憲法上は可能であると思われる。

(2)　皇位継承の順序

(ア)　原　則

皇室典範は、皇位継承の順序を定める。この順序があらかじめ明確に定まっていないと、政治的な紛糾を招きかねないからである。旧皇室典範が既にそうであったが、現皇室典範も、直系主義と長系主義に基づき、次のように定める。皇位は、①皇長子、②皇長孫、③その他の皇長子の子孫、④皇次子およびその子孫、⑤その他の皇子孫、⑥皇兄弟およびその子孫、⑦皇伯叔父およびその子孫の順序で皇族に伝える（２条１項）。皇位は天皇の直系の子孫に伝えるのが原則で、直系がいないときに初めて傍系に移る（直系主義）。いずれの場合も長系が優先し、同等内では長を先にする（同条３項、長系主義）。

＊　胎中天皇を認めるべきか、という問題がある。明治憲法にも旧皇室典範にも明文はなかったが、美濃部達吉はこれを肯定した。「胎児は、相続については、既に生まれたものとみなす」（民法886条１項。旧968条１項も同趣旨）のは、世襲主義から生じる当然の原則だとする。しかし、現在では否定説が強いようである。皇位は個人の財産ではなく国家機関たる公の地位であること、胎中天皇を認めると皇位が不安定になること（死産の場合や女子であった場合）、皇室典範に民法のような規定がないのは胎中天皇を否定する趣旨と考えられることが理由とされる。否定説を支持しつつ、皇位継承資格者が不在の場合は、胎児に継承資格を認める学説もある（園部逸夫）。否定説が、皇室典範を改正して胎中天皇を規定することを違憲とするか明らかではない。

(イ)　例　外

皇室典範２条の定める順位には、例外がある。「皇嗣に、精神若しくは身体の不治の重患があり、又は重大な事故があるときは、皇室会議の議により、前条に定める順序に従って、皇位継承の順序を変えることができる」（典範３条）。

「皇嗣」とは、皇位継承第１順位者を意味する。変更の２要件のうち、「精神若しくは身体の不治の重患」は、天皇の任務である国事行為の意味を理解できず、あるいはその任に耐えられないほどの病気であって、回復の見込みのないものを意味すると解されるが、「重大な事故」はやや曖昧である。この要件が存在するか否かを決定するのは、皇室会議である。そのメンバーは、皇族２人（成年に達した皇族の互選）、衆議院および参議院の議長および副議長、内閣総理大臣、宮内庁長官、最高裁判所長官およびその他の裁判官の10人である（典範28条）。この構成からみる限り、皇室会議の決定は最終的なもので、裁判所の審査権は及ばないと解される。

(3)　皇位継承の原因

(ア)　崩御――皇室典範

「天皇が崩じたときは、皇嗣が、直ちに即位する」（典範４条）。天皇が死去した瞬間に皇嗣が自動的に皇位を継承し、そのための何の行為も、皇嗣の承諾も必要としない。

皇室典範では、皇位継承原因は天皇の死亡（崩御）のみである。現皇室典範の審議においても生前退位を認めるべきかどうかが議論された。生前退位賛成論は、①歴史上、生前退位の例は稀ではない、②天皇の自由意思を尊重すべきである（天皇の道徳的責任）、③皇嗣の皇位継承順位を変更できる程度の重患または事故が天皇に生じた場合には、退位を認めるべきであることなどを理由とした。これに対して、反対論は、①歴史上の生前退位の先例は政治的な強制によるものもあり、天皇を政治に巻き込むおそれがある、②天皇の人間としての自由意思は尊重されるが、憲法上の特別の地位にある以上、特別の制約に服すべきである、③摂政の制度で対応できる、と主張した。

(イ)　生前退位――天皇の退位等に関する皇室典範特例法

2017年、皇位継承原因を天皇の死亡（崩御）に限定する皇室典範４条の「特例」として、「天皇の退位等に関する皇室典範特例法」が成立した。2016年８月８日、高齢のため「全身全霊をもって象徴の務めを果たしていくことが、難しくなるのではないかと案じています」との天皇のビデオメッセージ（象徴としてのお務めについての天皇陛下のおことば）が放送された。特例法は、これをきっかけとして、天皇が高齢のため国事行為や「象徴としての公的な御活動」を継続することが困難になっていることを案じており、国民が天皇の気持ちを理解しそれに共感していることなどから、天皇の生前退位と皇嗣の即位を実現するとともに、天皇の退位に伴い必要となる事項を定めるものである（同法１条）。「天皇は、この法律の施行の日限り、退位し、皇嗣が、直ちに即位する」（同法２条）。特例法はさらに、退位した天皇は「上皇」（同法３条）、上皇の后は「上皇后」（同法４条）とすること、皇位継承後の皇嗣について皇太子の例によること（同法５条）を定める。また、憲法２条が、皇位継承は「皇室典範の定めるところ」によるとしているため、皇室典範の附則に「この法律〔皇室典範〕の特例として天皇の退位について定める天皇の退位等に関する皇室典範特例法（平成29年法律第63号）は、この法律と一体を成すものである」とする４項が付加された。この法律は一代限りのものとされ、退位の要件も定めていないが、政府は国会答弁において先例となりうるとした。

(4)　皇位継承の儀式と政教分離

皇室典範は、天皇の崩御と皇位継承に伴う儀式として、「大喪の礼」（典範25条）と「即位の礼」（典範24条）を定める。これらの儀式が国事行為（憲法７条10号）として行われる限り、政教分離の要請が働くから、宗教的であってはならない。宗教的色彩の儀式は、皇室の私的な行事として行うことはできる（通説はこれを天皇の信教の自由から説明する）。

＊　これに対して、天皇は基本権の享有主体ではないとの立場から（→本節６(1)）、憲法第３章の諸規定は天皇には適用されず、したがって政教分離規定も適用が排除されることを示唆する学説もある（長谷部恭男）。しかし、天皇は基本権の享有主体ではないとしても、政教分離規定は、客観的法規範であって、権利規定ではないから、その適用を認めても理論的に矛盾するとは思われない。明治憲法時代の祭祀大権を有する天皇制のあり方をそのまま日本国憲法が取り込んだのでない限り、政教分離規定の適用排除は難しいだろう。

日本国憲法下で最初の皇位継承は、1989年１月７日６時33分、昭和天皇の死去（崩御）に伴うものであった。直ちに臨時閣議で皇位継承の儀式が決定され、同日10時1分「剣璽等承継の儀」が、2日後の1月9日には「即位後朝見の儀」が国事行為として行われた。

同年2月24日「大喪の礼」が行われた。宗教性の強い「葬場殿の儀」は大喪の礼に先立って、皇室の私的行事として行われた。

1990年11月12日に「即位礼正殿の儀」が国事行為として行われた。天皇が「高御座《たかみくら》」に登り、剣璽を前にしておことばを述べ、内閣総理大臣の発声で出席者一同が万歳三唱するものであった。

＊　旧皇室典範10条は「天皇崩スルトキハ皇嗣即チ践祚シ祖宗ノ神器ヲ承ク」と規定していた。ここに神器とは、天照大神が皇孫瓊瓊杵尊《ににぎのみこと》を降臨させる（→第2章第2節**2**）際に与えたとされる三種の神器（鏡・剣・璽）を指す。現皇室典範は、宗教的な神話性が濃厚な事項であるため、規定することを避けたのである。現行法では、皇室経済法7条が、「皇位とともに伝わるべき由緒ある物は、皇位とともに、皇嗣が、これを受ける」と定めるにとどまる。けれども、即位の儀式に剣璽が登場したことは、旧典範の内容が実質的に継承されたことを意味する。

問題とされたのは「大嘗祭《だいじょうさい》」（旧典範11条）である。大嘗祭は皇位継承のための宗教的儀式である。宗教的儀式である以上、天皇の私的な行事として行うほかなく、そのようになされる限り、政教分離違反が問題になることはない。政府も、天皇が皇祖および天神地祇《てんじんちぎ》に対して安寧と五穀豊穣等を感謝するとともに、国家や国民のために安寧と五穀豊穣等を祈念する儀式であり、神道施設が設置された大嘗宮において、神道儀式で行われるものであるから、その趣旨や形式からすると宗教的儀式であることは否定できず、国事行為として行うことはできないとした。

にもかかわらず、皇位が世襲であることに伴う一世に一度の極めて重要な伝統的皇位継承の儀式であるから、皇位の世襲制をとる憲法の下においては、その儀式について国としても深い関心をもち、その挙行を可能にする手だてを講じることは当然と考えられ、その意味において大嘗祭は公的性格があり、その費用を宮廷費（→本節**8**）から支出することは相当である、としたのである。公金支出の合憲性については異論もある。

＊　鹿児島大嘗祭訴訟判決（最判平成14・７・11民集56巻６号1204頁）：　鹿児島県知事が県費で大嘗祭に参列したことが政教分離原則に違反するか否かが問われた住民訴訟において、最高裁は、①大嘗祭は皇室の重要な伝統儀式である、②県知事は大嘗祭に参列・拝礼したにとどまる、③参列は、社会的儀礼として、天皇の即位に祝意を表する目的で行われた、という諸点に鑑みれば、目的は象徴である天皇に対する社会的儀礼を尽くすものであり、その効果も特定の宗教に対する援助・助長・促進または圧迫・干渉等になるものではないから、宗教との関わり合いの程度も相当とされる限度を超えるものでなく、政教分離に違反するものではないとした（→憲法Ⅰ第８章第５節**２**(1)）。大嘗祭への公金（宮廷費）支出の合憲性については判断していない。

２度目の皇位継承は、皇室典範特例法による天皇の生前退位に伴うものであったため、「退位礼正殿の儀」が2019年４月30日に行われた。翌５月１日には、剣璽等承継の儀と即位後朝見の儀が、10月22日には即位礼正殿の儀が、いずれも国事行為として行われた。11月に大嘗祭が皇室行事として行われ、公金が支出された。最初の皇位継承を踏襲した形である。

＊　元号：　皇位継承に伴って改元が行われる（元号法）。旧皇室典範12条は「践祚ノ後元号ヲ建テ一世ノ間ニ再ヒ改メサルコト明治元年ノ定制ニ従フ」と規定していた。ここに明治元年の定制とは、同年９月８日の布告において、「其《そ》れ慶応四年を改めて明治元年と為す。今自以後、旧制を革易《かくえき》し、一《いっ》世一元《せいいちげん》、以て永式と為す」と、明治改元と一世一元制を宣言したことを意味する。旧典範はこれを取り入れたものであった。しかし、現典範にはこれに対応する規定はない。そこで、日本国憲法下で元号を使用する法的根拠は存在しないにもかかわらず、昭和の元号を使用し続けることは可能なのか、また、次の皇位継承が行われるとき元号はどうなるのか、という問題が生じた。元号法はこれらの問題を解決するために制定された(1979年)。「元号は、皇位の継承があった場合に限り改める」（同法２項）と一世一元制を踏襲するとともに、「元号は、政令で定める」（同法１項）として元号決定への天皇の関与を排除し、「昭和の元号は、本則第１項の規定に基づき定められたものとする」（附則）とした。ただし、一世一元制は天皇主権と不可分で、日本国憲法下ではふさわしくないとの批判もある。

4　天皇の権能――国事行為

(1)　問題の所在

明治憲法では、「天皇ハ国ノ元首ニシテ統治権ヲ総攬」していた（明憲4条）。立法・行政・司法権はいずれも天皇に属し、天皇自ら行使する建前であった。立法については帝国議会が「協賛」（明憲５条）し、行政は国務各大臣が「輔弼」（明憲55条１項）し、司法は裁判所が「天皇ノ名ニ於テ」（明憲57条）行使するものとされた。

これに対して、日本国憲法では、「天皇は、この憲法の定める国事に関する行為のみを行ひ、国政に関する権能を有しない」（４条１項）。また、「天皇の国事に関するすべての行為には、内閣の助言と承認を必要とし、内閣が、その責任を負ふ」（３条）。

そこで、「国事に関する行為」（国事行為）と「国政に関する権能」の相違がまず問題となる。学説は、国事行為は「国政に関する権能」の一部であるとするもの（A説）と、両者は全く異質であるとするもの（B説）の二つに大別される。どちらの学説でも、天皇の国事行為は最終的には形式的・名目的なものになるが、考え方には大きな違いがある。A説は、立憲君主国の大臣助言制と同様にこの問題を考えようとする。天皇の国事行為は実質的決定権（政治的実権）を含んでいるがゆえに、内閣の助言と承認によるコントロールが必要だとする（そのため、実質的決定権が明文で定められているものについては、内閣の助言と承認を不要とする学説もある）。これに対して、B説によれば、国事行為と国政に関する権能は全く別物である。国事行為は、実質的決定権を含まない、単なる形式的・儀礼的行為である。内閣の助言と承認も、このような形式的行為に対する助言と承認なのである。

天皇に実権を与えず、象徴機能に限定しようとする日本国憲法の基本的立場からすれば、B説が優れているといえよう。ただし、この点は、個々の国事行為を検討して初めて決着がつく問題である。実質的決定権の所在に留意しながら個々の国事行為を概観する。

(2)　個々の国事行為

天皇の国事行為は、憲法６条・７条が列挙するもの「のみ」（４条１項）

に限定される。法律によってその種類を増やすことは許されない。

①　内閣総理大臣の任命（６条１項）

誰を内閣総理大臣にするかの実質的決定権は、国会に属する。天皇の「任命」は、国会が「指名」（６条１項・67条１項）した者に対する形式的・儀礼的行為にとどまる。なお、ここで助言と承認を行うのは、前内閣（71条）である。

②　最高裁判所長官の任命（６条２項）

誰を最高裁判所長官にするかは、内閣が決定する。内閣は、閣議において、「指名」（６条２項）および「助言と承認」（３条）の二つの決定を行う。

③　憲法改正、法律、政令および条約の公布（７条１号）

ここに挙げられた四つの国法形式の成立手続については、憲法に別に規定がある（憲法改正〔96条〕、法律〔59条〕、政令〔73条６号〕、条約〔同条３号・61条〕）。これらの国法の成立について、天皇は何の決定権も有しない。

明治憲法６条が「天皇ハ法律ヲ裁可シ其ノ公布及執行ヲ命ス」と規定していたのとは異なり、天皇の国事行為は公布のみである。「公布」とは、既に確定的に成立した国法を広く国民に知らせる行為をいう。公布は法の成立要件ではないが、法の効力発生要件である。なぜなら、法を国民に知らせないまま適用（遵守を要求）することはできないからである。公布が施行要件となっている点はドイツと同様であるが、国民代表が公開の手続で制定したという理由で公布を施行要件としない英米とは異なっている。

＊　公布の方法を定めていた明治憲法下の公式令（→本章第１節１＊）は廃止されたが、現在でも官報に登載する方法で公布が行われている。判例は「法令の公布は従前通り、官報をもってせられるものと解するのが相当」としつつ、他の適当な方法に変更することは可能であるとした（最大判昭和32・12・28刑集11巻14号3461頁）。公布即日施行する法令の公布の時期は、一般国民が官報を閲覧購読できる最初の時点である（最大判昭和33・10・15刑集12巻14号3313頁）。

④　国会の召集（７条２号）

「召集」とは、一定の期日に一定の場所に集会するよう議員に命じる行為である（国会法１条・５条・14条）。召集によって、国会は活動を開始する。すなわち、会期の開始である（国会法14条参照。会期制について→第９章第３節**３**）。

ここに「国会」とは、常会（52条）、臨時会（53条）、特別会（54条）のすべてを含む。憲法が実質的決定権を明記しているのは臨時会だけである。Ａ説では、天皇（実質的には助言と承認を行う内閣）に権限があるので説明は簡単だが、Ｂ説はやや苦しい。しかし、他の場合は召集の時期に限定があるが、最も自由な臨時会について規定があるのだから、それを類推すれば、他の場合も同様に内閣に実質的決定権があると考えることができるとする。ただし、そのような類推解釈が成り立つか疑問であるとの批判もある（芦部信喜）。

⑤　衆議院の解散（７条３号）

「解散」とは、衆議院議員の任期を短縮し、任期満了前に議員の資格を失わせることをいう（45条参照）。解散は単なる議員の首切りではなく、国民が選挙を通じて国政に参加する機会を作るという民主的な意味も有する（解散のあることが衆議院優越の理由の一つとされる→第９章第３節**１**(2)）。

憲法には衆議院解散の実質的決定権の所在を明示する規定は存在しない。Ａ説では７条が解散権の根拠となる（７条説）が、Ｂ説ではどこに解散権を求めるかで学説は分かれ、69条に根拠を求める説（69条説）や、憲法の採用した議院内閣制から説明する説（制度説）などが主張されている（→第８章第３節**２**）。

⑥　国会議員の総選挙の施行の公示（７条４号）

ここに「総選挙」とは、公選法にいう衆議院議員の「総選挙」（同法31条）のほか、参議院議員の「通常選挙」（同法32条）を含む。「公示」とは、これらの選挙が一定の期日に行われることを一般に知らせることである。これも純然たる形式的行為である。

⑦　国務大臣および法律の定めるその他の官吏の任免の認証・
全権委任状および大使・公使の信任状の認証（７条５号）

国務大臣の任免は、内閣総理大臣の権限である（68条）。「認証」とは、ある行為（または文書の成立・記載）が正当な手続で行われたことを公に確認し証明することである。公証ともいう。国務大臣の任免は内閣総理大臣の行為によって確定しており、天皇による認証は儀礼的なものである。また、認証は行為の成立要件ではなく、それを欠いても任免の効果に変わりはないと解されている。

「法律の定めるその他の官吏」とは「認証官」と呼ばれる。任免権の所在は、憲法や法律で定められている。ここでも天皇の認証は儀礼的なものにとどまるが、実際は「認証式」が行われ、あたかも天皇が任命したかのような外形がとられている。

＊　認証官の例として次の官職が挙げられる。
最高裁判事（79条１項、裁判所法39条２項・３項）
高等裁判所長官（80条１項、裁判所法40条１項・２項）
検事総長、次長検事、検事長（検察庁法15条１項）
検査官（会計検査院法４条１項・４項）
人事官（国公法５条１項・２項）
公正取引委員会委員長（独禁法29条２項・３項）
宮内庁長官、侍従長（宮内庁法８条２項・10条２項）
特命全権大使、特命全権公使（外務公務員法８条）

「全権委任状」とは、条約締結など特定の事項に関する外交交渉のために派遣される者に対し、そのための全権を委任することを示す文書であり、「信任状」とは特定人を外交使節（大使・公使）として派遣する旨の文書をいう。外交関係の処理は内閣の権限であるから（73条２号・３号）、全権委任状・信任状を発する権限は内閣にある。天皇はこれを認証するにとどまる。

⑧　大赦、特赦、減刑、刑の執行の免除および復権の認証（７条６号）

大赦から復権までをあわせて「恩赦」という。明治憲法16条が恩赦を天皇の権限としていたのに対し、日本国憲法では恩赦の実質的決定権は内閣に属する（73条７号→第10章第３節**２(8)**）。天皇は内閣の決定を認証するのである。

⑨　栄典の授与（７条７号）

栄典とは、栄誉を顕彰するために特定人に与えられる特別の地位ないし待遇をいう。君主国では君主が栄誉の源泉とされるのが普通で、明治憲法

15条も「天皇ハ爵位勲章及其ノ他ノ栄典ヲ授与ス」と定めていた。誰にどの栄典を授与するかの実質的決定権の所在について、憲法に明文の規定はない。しかし、栄典授与は行政作用であるから、憲法65条と73条柱書の「他の一般行政事務」を根拠とすることができよう（栄典に対する憲法上の制約が14条２項・３項にある）。

＊　明治憲法時代、爵は旧来の公家諸侯等や国家に勲功のある者に授けられた。公侯伯子男に分かれ、世襲の権利として相続された。爵を有する者が華族である。日本国憲法は華族制度を認めない（14条２項）ので、爵の制度はなくなった。位は正一位から従八位まで16階に分かれ、国家功労のある者などに授けられ、生存者だけでなく故人に追贈することも認められた。その他、勲章、記章、褒章の栄典があった。

褒章制度は明治14年太政官布告63号褒章条例に基づく。この条例が制定されたのは明治憲法より前であるが、明治憲法76条１項により勅令としての効力を有するものとされていた。日本国憲法下、内閣は政令で褒章条例を改正した。これは憲法違反ではないか、憲法を直接執行する命令は可能か、という問題が議論された（→第９章第２節**3** **(1)**、第10章第３節**2** **(7)**）。

⑩　批准書および法律の定めるその他の外交文書の認証（７条８号）

条約の締結は、外交使節が署名（調印）し、その内容を本国政府が検討し承認する（批准）という手続を踏むのが通常である（→第９章第４節**3**）。この承認を示す文書が「批准書」である。条約締結権は内閣にある（73条３号）から、批准書を作成するのは内閣であり、天皇はそれを認証するにとどまる。「法律の定めるその他の外交文書」とは、大使・公使の解任状などをいう（外務公務員法９条参照）。

⑪　外国の大使および公使の接受（７条９号）

特定の人を外交使節（大使・公使）として外国に派遣する場合、派遣国はその人を任命する前に相手国（接受国）の意向を確認しなければならない。接受国の同意（反対のない旨の意思表示）を「アグレマン」という。外国の使節にアグレマンを与える権限は内閣に属する（73条２号）。その後、使節の長は本国政府の信任状を天皇に手渡すが、この接見が本号の「接受」の内容である。これは純然たる儀礼的行為である。

⑫　儀式の挙行（７条10号）

ここに「儀式」とは、国家的儀式に限られ、天皇ないし皇室の私的儀式を含まない。また、「行ふ」との文言から、天皇が主宰するものに限る。単なる出席を含まない（異説がある→本節 **6 (2)**③の国事行為説）。

⑬　国事行為の委任（４条２項）

国事行為の委任も国事行為の一つであって、内閣の助言と承認を要する（国事行為の臨時代行に関する法律２条参照）。「委任」には本人（天皇）の意思が介在する点で、摂政と異なる（→本節 **7** 参照）。

以上をＢ説の立場からみてみると、天皇の国事行為は、実質的決定権が他に明示されているか（任命①②、公布③）、そう解することができるもの（④⑤⑨）、純粋の形式的行為（公示⑥、認証⑦⑧⑩）、儀式的行為（接受⑪、儀式⑫）に分類することができ、いずれの国事行為も実質的決定権を含まない形式的行為である。委任される国事行為が形式的行為であれば⑬も実質的な意味を有しない。

しかし、問題になるのは、④⑤⑨である。実質的決定権の所在が憲法から導けるか否かは解釈の対立があるため、否定する学説は、天皇の国事行為には実質的決定権を含まないものと含むものとがあるとする。したがって、内閣の「助言と承認」が実質的決定権を含む場合があるというのである（芦部信喜）。Ａ説・Ｂ説の折衷説である。

(3)　内閣の「助言と承認」

⑺　「助言と承認」の方法

内閣の意思決定は閣議による（内閣法４条）。「助言と承認」（３条）にも閣議決定が必要である。

⑴　「助言と承認」の意味

「助言」と「承認」は二つ別のものか、それとも両者は１個の行為か。前者であるとすると、両方必要か、片方でよいのか。次の３説の可能性がある。

Ａ：両者は別個。二つの閣議決定が必要。

Ｂ：両者は別個。一つの閣議決定で可。

Ｃ：両者は１個。一つの閣議決定で可。

吉田茂内閣による衆議院の「抜き打ち解散」(1952年) の合憲性が争われた苫米地事件では、第1審判決 (東京地判昭和28・10・29民集14巻7号1251頁)、控訴審判決 (東京高判昭和29・9・22同1265頁) は、いずれも原告の主張を認め、A説をとった (閣議決定の有無について判断が分かれたため、結論は異なる)。最高裁は統治行為論によって判断していない (最大判昭和35・6・8民集14巻7号1206頁→第11章第2節**5**(4))。学説上はC説が通説である。天皇は内閣の助言に完全に拘束されるから、天皇の行為の前と後に2度の閣議を要求するのはいたずらに煩雑であり、また、天皇の申出を認めないから (事後の承認はない)、事前の閣議決定で十分だとする。

(ウ)「助言と承認」の拘束力

天皇は内閣の助言と承認に完全に拘束される。天皇が内閣の「助言と承認」を拒否することはできない。

＊　例えば、いわゆる悪法が制定された場合、天皇は、国民を思う気持ちからであれ、法律の公布を拒否することはできない。これを認めると、天皇に政治的実権を与えることになり、象徴天皇制とも国民主権とも矛盾する。したがって、天皇に悪法の公布をしないように請願することも無意味である (請願法3条1項は「天皇に対する請願書は、内閣にこれを提出しなければならない」とする→憲法Ⅰ第18章第5節**3**(1))。また、内閣が法律の違憲性を理由に助言と承認を拒否することもできない。内閣は国会が合憲と判断して制定した法律の執行を拒否できないからである (73条1号→第10章第3節**2**(1))。

(エ)「内閣が、その責任を負ふ」

内閣が負う責任 (3条) は誰の責任か、という問題がある。内閣の助言と承認どおりに天皇が行為するのだから、天皇の責任を天皇に代わって負うのではなく、助言と承認に対する内閣の自己責任である。

次に、誰に対して責任を負うのか、問題となる。政治的には主権者たる国民に対する責任ということもできるが、憲法制度上は国会に対する責任となろう (66条3項)。

5　天皇の「公的行為」

(1)　問題の所在

天皇の国事行為は、憲法６条と７条に列挙されたものに限られる。法律によってその種類を増やすこともできない。国事行為以外の行為は、すべて天皇の私的行為になるはずである。国事行為には内閣の助言と承認を必要とするが、私的行為には不要である。内閣の同意がなければ私的行為さえなしえないとすれば、人間として一切の自由が否定されていることになろう。

本来は天皇にはこの２種類の行為しかありえないはずなのだが、国会開会式での「おことば」や、外国への親善訪問、外国元首への慶弔電など、憲法の定める国事行為ではないが、全くの私的行為とも言い切れない公的な行為がある。これをどう考えるべきか。学説は多岐に分かれる。

＊　明仁天皇（現上皇）になってから（戦争犠牲者の慰霊、自然災害被害者の見舞いなどの）公的行為が拡大した。2016年８月の天皇メッセージでもこれらの公的行為を「天皇の象徴的行為」と呼び、全身全霊をもって果たすべき「象徴としての務め」として重視していたことがうかがえる。象徴としての機能を果たすためには、国事行為だけでは不十分であって、象徴的行為が必要だとの認識があるように思われる。

(2)　２種類説とその批判

２種類説は、天皇の行為には、国事行為と私的行為の２種類しかありえないとする。この説を徹底すると、天皇の公的行為は、①違憲であって許されないか、②すべて私的行為と解されるべきことになる。

①の違憲説は、（国旗のようなモノではなく）人間を象徴としている以上、一定の行為を認めざるをえないのではないか、また、（外国君主の戴冠式などの）外国の国家的儀式への出席や、外国元首の出迎え等が許されないとすれば、国際礼譲に反する非常識な結論である、と批判される。

②の私的行為説に対しては、理論的には明快だが、場合によっては政治的影響をもちかねない行為に内閣の助言と承認は不要なのか。不要だとすれば、そのような行為を天皇は全く自由に行うことができることになって政治的に危険であり、それに対して内閣は何の責任も負わないことにな

る。また、内閣の助言と承認が必要だとすれば、私的行為に対してなぜ必要なのか、その理由を説明できない、との批判が向けられる。

そこで、天皇に国事行為と私的行為の２種類しか認めないとの前提を維持しつつ、国事行為の概念を拡張解釈することによって説明しようとするのが、③国事行為説（宮沢俊義・高橋和之）である。憲法７条10号の「儀式を行ふこと」につき、「儀式」は天皇が主宰するものに限られるのではなく、出席ないし参列することも含むから、そこで「おことば」を述べる行為も国事行為に含まれる、というのである。しかし、単なる出席まで「儀式を行ふ」とするのは日本語としてかなり無理があるし（→本節４(2)⑫）、天皇の国事行為の拡張解釈を行うのは、それを狭く限定しようとする憲法の趣旨に反すると批判されている。

これに対して、２種類説から出発しながら、極めて限定的な範囲でそれ以外の行為を認める説がある。まず、④準国事行為説（清水睦）は、国事行為に密接に関連する行為のみを準国事行為として認める。例えば、国会開会式での「おことば」は「国会の召集」と、外国元首との社交的行為などは対外的な儀礼的権限と密接に関連するものとして許容するのである。この学説は、①の違憲説からは、国事行為に「準じる」とか「密接に関連する」というのは曖昧で、公的行為の拡大に対する歯止めにならないと批判されているが、後述の３種類説と比較すると、許容される範囲は明らかに狭い。

次に、⑤国会開会式での「おことば」だけを、憲法上の習律として認める学説がある（橋本公亘）。この憲法上の習律説も、本来は国事行為以外の公的行為を認めるべきではないとするのであるが、国会開会式の「おことば」は現在一般国民の憲法意識によって承認されているので、これだけを例外として認めるものである。

２種類説は、憲法の文言に忠実な解釈であり、③④⑤の３説は、具体的妥当性にも配慮しながら、天皇の公的行為の拡大に歯止めをかけようとするものであるが、いずれも少数説にとどまる。

(3)　３種類説とその批判

２種類説とは異なり、３種類説は、天皇の行為には、国事行為と私的行為のほかに、もう一つ別の行為類型があるとする。その代表が⑥象徴としての行為説（清宮四郎）である。それによれば、天皇は、「国家機関の地位」と「私人としての地位」のほか、「象徴としての地位」を有する。国事行為は国家機関としての行為であるが、象徴としての地位から、国事行為以外の公的行為が憲法上承認される。この行為も、国事行為と同じく、非政治性・非宗教性という制約を受け、また内閣の助言と承認を必要とし、内閣が責任を負う。この説は今日でも多数説であるが、次のような批判がある。まず、象徴を地位と捉えることは妥当か、という問題がある。もし象徴が地位でなければ、象徴規定から何らかの法的効果を導き出すことはできない。また、次の⑦説からは、摂政は象徴ではないが、公的行為をなしうるはずであると批判される。

近時有力になりつつあるのが、⑦公人としての行為説（高辻正巳・小嶋和司）である。以前は春夏の高校野球で始球式を行うのは文部（現文科）大臣であったし、今でも知事が新幹線開通式のテープカットを行ったりするが、これらは、特定の地位にある人には、その人の法的権能とは無関係に、一定の社交的行為を行うことが要請されることがあるからである。その地位にあるから期待される点で、純粋の私的行為ではないが、機関としての行為でもない。天皇の場合も同じだ、と考えるのである。この学説は、象徴規定から法的効果を引き出すことなく、他の公人の場合と統一的に説明できるメリットを有している。この学説は公人としての行為を儀礼的・事実行為に限定するが、国事行為自体がそのような性質のものであるから、憲法が国事行為を限定した意味を失わせると批判される。

いずれにせよ、３種類説は、具体的妥当性に配慮した現実主義的解釈であるが、天皇の公的行為に対する歯止めとしては不十分であり、天皇の政治的利用の危険性があるとの批判がある。なお、天皇メッセージは⑥象徴としての行為説に基づくものと解される。

6　天皇の権利と責任

(1)　天皇の基本権

天皇にも私人として私的行為が認められる点では、いずれの学説も一致している。もし天皇の私的行為が天皇の基本権として認められるとすると、その制限にも限界があるはずである。天皇および皇族が第３章の「国民」に含まれるかについて学説上争いがある。明治憲法第２章の表題は「臣民権利義務」で、天皇・皇族は「臣民」ではないから、明治憲法の権利規定は適用されなかった。日本国憲法では、肯定説と否定説が対立している。肯定説は、天皇・皇族も日本国籍を有する日本国民であり、第３章の権利（の主要部分）が人間であることにより当然に有する権利であると考えれば、天皇・皇族も人間であるから、これらの権利の保障は当然に天皇・皇族にも及ぶ。ただ、憲法第１章の定める皇位の世襲制と職務の特殊性から必要最小限度の特例が認められるとする（芦部信喜）。これは本節１の断絶説と適合的である。これに対して、否定説は、世襲の天皇制は「うまれによる差別」を憲法自身が認めたもので、人類普遍の原理の中の身分制の「飛び地」であるから、天皇・皇族には人権は保障されず、その身分に伴う特権と義務があるだけだとする（長谷部恭男）。これは連続説と適合的である。

憲法第３章の権利が、すべての人間が生まれながらに有する前国家的自然権であれば肯定説のように考えられるが、憲法によって定められた実定法上の権利だとすると、否定説が支持されよう。肯定説では、天皇の権利の制限を皇位の世襲制と職務の特殊性から説明することになるが、現状では必要最小限の制限とはいい難い。否定説では、このような権利侵害の主張は「論理の錯誤」にすぎないとされるから説明は簡単だが、特別の身分に属するがゆえに人一般の権利は享有しないとしても、人間である以上は人間としての処遇は必要だろう。なお、天皇・皇族という特別の身分に属している人は権利保障の対象ではないが、身分選択の自由を認める学説もある（高橋和之）。その学説では、退位の自由、即位拒否の自由は制限できないことになろう。

＊　現行法上、天皇の基本権制限には次のものがある。まず、天皇には選挙権が認められない。通説は、天皇は国政に関する権能を禁じられているから、選挙権が認められない現状が合憲であるだけでなく、法律で選挙権を与えることは許されないとする。ただし、「天皇は一種の公務員とみるべき

である」から、「その公務と選挙権は、原理的にはじゅうぶん両立しうる」との異説がある（宮沢俊義）。

通説からは、天皇に選挙権がないのと同じ理由で、政治的表現の自由や政治活動の自由、政治集会に参加し、政治団体に加入する自由（21条）なども認められないだろう。

信教の自由（20条）は認められるが、布教の自由は問題となろう。

ほかにも、結婚の自由（24条）が制限されている。一般国民は「両性の合意のみ」で結婚できるが、天皇や皇族男子の結婚は「皇室会議の議を経ることを要する」（典範10条→憲法Ｉ第20章第２節**２**）。

居住移転の自由や経済活動の自由（22条）には、事実上大きな制約がある。外国移住の自由・国籍離脱の自由が認められないのは当然である。

(2)　天皇の責任

明治憲法では、天皇は主権者として憲法よりも上位の存在であったから、たとえその権力行使は憲法・法令に従わなくてはならないとしても、その身体に対して憲法・法令を適用することはできない、と解されていた。これに対して、日本国憲法においては、天皇も一般国民と同じく法の下にある。しかし、その地位に基づく特殊な取扱いがなされている。

(ア)　憲法上の責任——政治的無答責

天皇が内閣の助言と承認に拘束される限り、内閣が責任を負う（３条）。天皇は政治的に無答責である。明治憲法３条「天皇ハ神聖ニシテ侵スヘカラス」も、比較憲法的にみれば、大臣の助言に拘束される天皇の政治的無答責を意味する規定であった（→本節**２**(3)(ウ)）。

(イ)　刑事責任

明治憲法３条から、天皇は刑事責任を負わないと解されていた。日本国憲法に明文の規定はないが、皇室典範21条は「摂政は、その在任中、訴追されない。但し、これがため、訴追の権利は、害されない」と定める。ここから類推すると、天皇をその在位中に訴追することはできず、天皇は終身的地位だから、刑事上無答責であることになる。もっとも、退位が認められると、訴追の可能性が生じる。けれども、皇室典範特例法は「上皇」に対する訴追を想定していないようである（同法附則４条は一定の事項につき天皇の例によるとするが、この点には触れていない）。刑事責任の有無は法律の定めるところによるが、(ウ)の最高裁判決は天皇の刑事無答責を憲法上の要請とみているようである。

(ウ)　民事責任

これについても日本国憲法には明文の規定がない。重態となった昭和天皇の病気快癒を願う記帳所が多くの地方公共団体に設置されたとき、千葉県の住民が、県知事が記帳所を設置しこれに公金を支出したのは違法であり、昭和天皇は記帳所設置費用を不当利得し、その返還債務を新天皇が相続したとして、地自法（2002年改正前の）旧242条の2第1項4号に基づいて住民訴訟を提起し、千葉県に代位して、被告「天皇家明仁」に対して不当利得返還請求を求めた事件がある。最高裁はこう述べた。

「天皇は日本国の象徴であり日本国民統合の象徴であることにかんがみ、天皇には民事裁判権が及ばないものと解するのが相当である。したがって、訴状において天皇を被告とする訴えについては、その訴状を却下すべきものである」（最判平成元・11・20民集43巻10号1160頁）。

従来は、法律が天皇を除外していない限り民事裁判権は及ぶと解するのが多数説であったが、本判決は、天皇の象徴としての地位から及ばないとした。「象徴」からこのような法的効果を引き出すことには、学説上批判もある（→本節**2**(**3**)）。なお、判決は民事裁判権が及ばないとしただけで、民事責任は負うと解する学説もあるが、その責任を裁判で強制できないのであるから、区別する意味はあまりない。

＊　民事訴訟法では、原告の訴えを本案の請求について理由なしとして退けることを「棄却」、訴訟要件を欠くため本案の当否に立ち入ることなく不適法として退ける（門前払い）ことを「却下」という。これに対して、訴状を原告に送達する前に裁判長が命令を却下するのが「訴状却下」である（民訴法137条）。本判決は本来なら「訴状却下」すべきだとしたのである。

7　摂　政

摂政は天皇の法定代理機関であり、天皇に代わって（「天皇の名で」〔5条〕）国事行為（および公的行為）を行うが、国家の象徴ではない。どういう場合に摂政を置くかは、皇室典範が定める。それによると、①「天皇が成年に達しないとき」（典範16条1項）のほか、②「天皇が、精神若しくは身体の重患又は重大な事故により、国事に関する行為をみずからすることができないとき」（同条２項）である。②の判定は皇室会議（→本節３(2)）が行う。天皇が同意しているかどうかにかかわらない。また、女性も摂政就任の資格を有する（典範17条）。

摂政とは別に、「天皇は、法律の定めるところにより、その国事に関する行為を委任することができる」（憲法４条２項）。この法律が「国事行為の臨時代行に関する法律」である。国事行為の委任は国事行為の一つであって、内閣の助言と承認を必要とする（同法２条）。

8　皇室経済

(1)　皇室経済の民主的統制

明治憲法66条は、「皇室経費ハ現在ノ定額ニ依リ毎年国庫ヨリ之ヲ支出シ将来増額ヲ要スル場合ヲ除ク外帝国議会ノ協賛ヲ要セス」と規定し、増額の場合以外、議会は皇室経費に関与できないものとした。しかも、支出した皇室財産の使途は皇室の自律に委ねられ、議会はこれにも関与できなかった。しかし、それでもなお不安を感じた起草者達は、皇室財産を前もって莫大なものにしておいたため、戦後「皇室は日本最大の財閥」とみなされることになったのである。

日本国憲法は、まず、このような旧皇室財産を（純然たる私的財産を除き）国有化する（88条前段）。これは経過規定である。国有化された旧皇室財産で皇室の用に供されるものは「皇室用財産」と呼ばれる（国有財産法３条２項３号）。次に、憲法８条は、国民が皇室に財産を譲り渡す場合、皇室が財産を譲り受け、あるいは賜与する場合、国会の議決を要すると定め（それゆえ、８条は皇室も私的財産をもちうることを前提としている）、皇室が再び財閥化することのないように監視する意味をもつ（個別的な議決を要しない例外は、皇室経済法２条）。88条後段は皇室経済に対する民主的コントロールを定める。

(2)　皇室費

皇室に関する費用（皇室費）は、皇室経済法が定めている。

内廷費（同法４条）は、天皇および内廷にある皇族の日常の費用その他内廷諸費に充てるものであり、「御手元金となるものとし、宮内庁の経理に属する公金としない」。つまり、私費である。

宮廷費（同法5条）は、儀式、国賓等の接遇、行幸啓、外国訪問など、「内廷諸費以外の宮廷諸費に充てるもの」であり、宮内庁の経理する公金である。

皇族費（同法6条）は、皇族（であった者）の品位保持の資に充てるなどのために支出するものである。

＊　内廷の皇族と宮家の皇族につき、本節**3＊**、大嘗祭の費用を内廷費からではなく宮廷費から支出した問題について、本節**3 (4)**。

＊＊　内廷費と皇族費は非課税である（所得税法9条12号）。しかし、皇族に他に所得がある場合（著書の印税や講演会の謝礼、預貯金、株券の利子、配当金など）は課税される。相続税も適用される。昭和天皇が亡くなったとき、天皇が相続税を支払った。「皇位とともに伝わるべき由緒ある物」は相続税の非課税財産とされている（相続税法12条1号）。生前退位の場合も贈与税はかからない（典範特例法附則7条）。

9　宮内庁

明治憲法時代の皇室自律主義の下では、皇室の事務（宮務）と一般国務（政務）が区別され、皇室に関する事務は、国務大臣の責任の範囲外に置かれていた。皇室の事務を処理するために設けられた機関が、宮内省である。宮内省は内閣から独立した機関であった。宮内省は宮内大臣が統督していたが、宮内大臣は国務大臣ではなく、内閣から独立して、皇室の一切の事務について輔弼の責任を負っていた。

日本国憲法の下で皇室の事務を処理するために設置された機関が、宮内庁である。宮内庁は、「内閣府に、内閣総理大臣の管理に属する機関として」置かれる（宮内庁法1条1項）。宮内庁は、皇室関係の国家事務のほか、天皇の国事に関する行為のうち、外国の大使および公使の接受と儀式の挙行（7条9号・10号→本節**4 (2)⑪⑫**）に係る事務を司り、御璽・国璽を保管する（宮内庁法1条2項、同法施行令1条）。その他、宮内庁の所掌事務は、宮内庁法2条が定める。

宮内庁の長は、宮内庁長官である（宮内庁法8条1項）。宮内庁長官は、皇族会議のメンバーである（典範28条→本節３(2)(イ)＊）。職員は、侍従長・東宮大夫・式部官長・侍従次長その他の特別職（国公法２条３項10号）のほか、宮内次長以下の内閣府事務官、内閣府次官などの一般職がいる。宮内庁長官と侍従長は認証官（宮内庁法８条２項・10条２項→本節４(2)⑦）である。

宮内庁の組織には、長官官房、侍従職・東宮職・式部職がある（宮内庁法３条）。侍従職は、御璽国璽の保管、側近、内廷の皇族に関する事務を（同法４条）、東宮職は、皇太子に関する事務を（同法６条）、式部職は、儀式・交際・雅楽に関する事務を（同法７条）、それぞれ司る。

地方支分部局として、京都事務所が置かれている（同法17条）。

〈参考文献〉

芦部信喜『憲法制定権力』（東京大学出版会、1983年）
奥平康弘『「萬世一系」の研究』（岩波書店、2005年）
尾高朝雄『国民主権と天皇制』（講談社学術文庫、2019年）
菅野喜八郎「ノモス主権論争私見」同『続・国権の限界問題』（木鐸社、1988年）345頁以下
杉原泰雄編『国民主権と天皇制』（三省堂、1977年）
園部逸夫『皇室法概説（復刻版）』（第一法規、2016年）
辻村みよ子「国民主権」辻村＝長谷部恭男編『憲法理論の再創造』（日本評論社、2011年）109頁以下
宮沢俊義「国民主権と天皇制」同『憲法の原理』（岩波書店、1967年）281頁以下
横田耕一「『皇室典範』私注」横田＝江橋崇編『象徴天皇制の構造』（日本評論社、1990年）105頁以下
山下威士「イデオロギー概念としての憲法制定権力」同『憲法学と憲法』（南窓社、1987年）158頁以下
渡辺康行「主権の意味と構造」大石眞＝石川健治編『憲法の争点』（有斐閣、2008年）16頁以下
「特集／憲法70年と国民主権・象徴天皇制」憲法研究創刊１号（2017年）
「特集／象徴天皇制」ジュリスト933号（1989年）

第4章　権力分立と法の支配・法治国家

第1節　総　説

権力分立原理は権力が集中され濫用される危険を防ぐために、国家権力を分割し、相互の抑制・均衡を保たせる憲法原理である。この原理によれば、国家作用は法的な観点から立法・行政・司法に分割された上で、それぞれの作用に適した機関に割り当てられる。このため権力分立は、恣意的な「人の支配」を排除し、法により権力を拘束するという法の支配（法治国家）の原理と、密接に結びつくことになる。

統治機構の基本原理は国民主権と権力分立であるといわれるが、権力分立・法の支配（法治国家）と国民主権（→第3章第2節）の関係は、どのように理解すべきだろうか。伝統的には、権力分立・法の支配（法治国家）は国民主権と対立的に捉えられてきた。権力分立と法の支配は、自由主義を思想的な基礎としており、権力の拘束や分散を求める。逆に、国民主権原理は国家権力が国民に存することを求めるものであり、とりわけ現に存在する有権者団が直接に国家権力を行使すべきものとして、権力的契機に軸足を置いて理解する場合には、権力行使の一元化を志向することになるからである。

このような対立的な見方に対して、国家権力の正統性の淵源が国民に求められるところに国民主権理解の力点を置いた上で、権力分立・法の支配（法治国家）と国民主権を調和的に捉える見方も有力である。例えば、国民主権も究極的には「個人の尊厳」に奉仕するものであると考えれば、権力分立・法の支配と国民主権は同じ目標を目指す制度原理として位置づけられることになる（芦部信喜）。また、憲法制定者である国民が、自己を制限するものとして権力分立・法の支配を採用して憲法を制定したものと捉えることで、国民主権原理と権力分立・法の支配の整合性を説明する立場もある（佐藤幸治）。さらに、国民主権原理の憲法の下での権力の組織原理としての側面を重視する場合でも、価値・利益が複雑化し多様化する現代社会にあって、手続の正統性や決定の合理性を確保してより良き代表民主制を実現するために、権力分立・法の支配（法治国家）が不可欠だと理解することもできよう。

現在では、権力分立・法の支配（法治国家）は立憲主義と切っても切り離せないものと考えられており、日本国憲法の統治機構の諸規定も、両原理を前提に理解され、解釈されている。とはいえ、権力分立・法の支配（法治国家）はいずれも歴史的に形成されてきたことから、具体的な制度や運用は一義的ではないことにも、注意しなければならない。権力分立・法の支配（法治国家）は、それらが採用される立憲主義諸国の歴史や政治体制の違いにより、多様な相をみせる。そこで本章では、権力分立・法の支配（法治国家）それぞれについて、比較憲法史的観点から概説した上で、日本国憲法における現れについてみていくことにする。

第2節　権力分立

1　概　説

(1)　身分制社会から近代立憲主義へ

権力分立は、一般に、権力の濫用を防ぎ国民の自由・権利を守るために、国家の統治権を性質に応じて異なる国家作用に「区別」し、それを異なる国家機関に「分離」した上で、互いに「抑制・均衡」させる制度原理として、説明される。

モンテスキュー（C. L. de Montesquieu）の『法の精神』（1748年）の「イギリスの国制について」（第2部第11編第6章）は、「立法権力」「万民法に属する事項の執行権力」「公民法に属する事項の執行権力」（裁判権力）を区別した上で、「公民における政治的自由」を確保する目的で、三権の結合を妨げるべきことを説いた。そして、立法権は人民の団体と貴族の団体に委ねられるべきであり、執行権を有する君主は立法に対する拒否権をも有すべきこととした。また、人々の間でひどく恐れられる裁判権力は、人民の団体から特定の時期に選び出された人々によって行使されることで、どの身分にも結びつかず「いわば目に見えず無」となる、と主張した。立法府を構成する団体間、また立法権と執行権が相互に阻止・抑制し合うことで、この三つの権力は無活動の状態に陥るかもしれないが、事物の必然的な運動によって協調を強いられるだろう、とモンテスキューは予測した。

権力の区別・分離といった発想はモンテスキューの独創ではなく、例えばロック（J. Locke）の『統治二論』（1690年）は、立法権、執行権、同盟権を区別していた。また、モンテスキュー自身は、今日のように、国会に立法権を、内閣に行政権を、裁判所に司法権を専属的に割り振るという単純な議論をしていたわけではない。モンテスキューの権力分立論は、身分制社会を前提に、18世紀中頃に顕著となったフランス国王への権力集中を自由に対する「専制」として否定するところに力点があり、そこでは混合政体論が理想とされていたといえる。

このモンテスキューの権力分立思想は、のちの市民革命や近代立憲主義に大きな影響を与えた。アメリカ合衆国は身分制社会ではないにもかかわらず、独立直後の各植民地では、優位に立った議会による専制が現出した。その経験から、アメリカ合衆国憲法（1788年）は、大統領・上院議員・下院議員を異なる方法で選出し、異なる任期を定め、それぞれの権限を憲法で規定するという方法をとった。憲法の起草者たちは、憲法上の権限分配に加えて、異なる党派の利害心の対立をも利用するとともに、独立の終身裁判官により立法権を制限する憲法の遵守を確保することで、権力の集中を防ごうとしたのである（ハミルトン＝ジェイ＝マディソン『ザ・フェデラリスト』51編「抑制均衡の理論」、71編「司法部の機能と判事の任期」）。

フランス人権宣言16条（1789年）は「権利の保障が確保されず、権力の分立が定められていないすべての社会は、憲法を有しない」と定めて、ここに至って、権力分立原理は近代立憲主義の核心として、理解されるようになった（→第1章第2節**2**(2)）。

(2)　権力分立の具体化の多様性

とはいえ、権力分立の具体的な現れは、時代ごと、各国ごとに多様であった。

(ア)　立憲君主制か国民主権か

君主主権を前提に近代憲法が制定されたドイツや明治憲法では、君主の下から立法権と司法権が分離・独立した後に残された事項が行政権に帰属するものとされ、しかも議会と君主が立法権を共有する形で抑制・均衡することになる結果、君主または行政権が強い力を有する体制となった。

これに対して国民主権の下では、主権者である国民が憲法を通じて三権を創設したものと観念されるが、そこでも三権の位置づけには違いがある。既にみたように、アメリカは、イギリスからの独立に至る経緯や連合時代の各州議会の経験から、立法権不信の思想が強く、三権は憲法の下で対等の地位を占めるものと観念された。これに対してフランスでは、君主・行政や裁判所に対抗する形で市民革命が行われた経緯から、国民代表議会と立法権が行政・司法に優位する体制となった。

＊　権力分立、より一般的には立憲主義のあり方が、立憲君主制モデルと国民主権モデルに大別され、日本国憲法の統治機構の規定は国民主権モデルを出発点に解釈すべきだという主張（高橋和之）もなされている。

(イ)　国家作用の区別・分離か抑制・均衡か

アメリカ合衆国は現在に至るまで、議会・大統領・裁判所の三つの機関が、制度的には独立に権力を行使しており、区別・分離の側面が重視されている。これに対してヨーロッパ大陸諸国は、議会と政府が互いに抑制・均衡する議院内閣制を採用し、さらに後には政府が専ら議会の信任を基礎として形成されるようになったので、与党により議会・政府が実質的に一元化され、制度的にも両機関の協働が広汎に想定されているといえる（→第8章第4節）。

＊　明治憲法下の学説では、神権学派は権力分立を理由に議院内閣制に反対していた。これは、国家作用の区別・分離を重視して権力分立を捉えたこ

とによる。これに対して、美濃部達吉は「権力分立主義」と「議院内閣主義」を区別して、後者こそが通常の立憲政体であると主張していた。

(ウ)　司法への信頼か不信か

中世において裁判官は貴族身分の利益を代表する立場にあったが、近代国家の形成過程によって、裁判所の位置づけは各国で異なっていた。例えばイギリスでは、法の支配に由来する裁判所の高い権威が、市民革命の前後でも維持された。イギリスから独立したアメリカでも、司法権が強い地位を有する形での権力分立がとられてきた。それは、合衆国憲法が司法権の独立を保障したことに加え、合衆国最高裁判所は1803年のマーベリ対マディソン判決で自ら違憲審査権を有することを宣言し、それ以降も州法に対する連邦法の優位を実現してきたことによる。これに対して、フランスやドイツの司法権は、君主・行政権への権力集中や市民革命の経緯から、伝統的な民事・刑事の裁判のみを行うべきものとされ、別に行政裁判所が設けられた。近代立憲主義の段階のヨーロッパ諸国では、司法裁判所は、立法・行政から分離され、立法・行政に対する抑制・均衡作用は制限されていた（ただし後述参照→本節3 (1)）。

＊　明治憲法においても、司法権の独立は保障された反面（明憲57条）、行政裁判については「行政官庁ノ違法処分ニ由リ権利ヲ傷害セラレタリトスルノ訴訟ニシテ別ニ法律ヲ以テ定メタル行政裁判所ノ裁判ニ属スヘキモノハ司法裁判所ニ於テ受理スルノ限ニ在ラス」とされた（明憲61条）。

2　日本国憲法における権力分立

権力分立は三権分立と同義であると考えられる場合が多いが、国家作用と国家機関の側面から検討すると、両者を単純に同一視することはできない。権力分立の歴史性・多様性に留意しつつ、日本国憲法における権力分立についてみることにする。

(1)　国家作用の分立

伝統的な見解によれば、日本国憲法における①立法（41条）、②行政（65条）、③司法（76条）は、①一般的・抽象的法規範の定立、③具体的な争訟の裁判、そして残る作用は②というように、国家の「国民支配作用」を区別したものである（→第９～第11章）。

一見したところ、立法・司法の範囲を限定し、行政固有の活動の範囲を広く認める点で、明治憲法と同じ「縦断的」「併立的」な権力分立が、日本国憲法でも採用されているかにみえる。しかし、日本国憲法は法の支配ないし実質的法治国家の原理をあわせて採用しており、権力分立はそれを実現する制度原理でもあることに注意しなければならない。法の支配の観点からみれば、行政は法律の執行を、司法は法律をめぐる争いを裁定することを特徴としており、立法作用の下に置かれることになる。この意味で、日本国憲法は、「横断的」「階層的」な権力分立を採用したものと理解すべきである（小嶋和司）。

次に、日本国憲法は、立法・行政・司法に区別された各作用をそれぞれ国会、内閣、裁判所に分配する（41条・65条・76条）。しかしこれは原則であって、日本国憲法は常に特定の作用を特定の機関に排他的に委ねているわけではない。例えば、国会は「唯一の立法機関」であるが（41条）、憲法は明文で議院規則・裁判所規則について、国会中心立法の原則に例外を設けている（58条２項・77条）。一般に公務員の懲戒処分は行政作用とされるが、憲法は裁判官の懲戒処分を裁判所に委ねている（78条）。

明治憲法の下での司法権が民事・刑事の裁判に限定されていたのに対して、裁判所に行政裁判権に加えて違憲法令審査権を与えることで（76条・81条）、司法を立法・行政を抑制し均衡する作用に高めていることも、日本国憲法における国家作用の分立の特徴である。

(2)　国家機関の分立

立法・行政・司法という三つの作用は、それが授けられた機関にとって最も重要な権限であるが、それは同時に、憲法により与えられた権限の一つにすぎないことにも注意する必要がある。憲法は立法・行政・司法以外にも、さまざまな権限を創設し、それを国会・内閣・裁判所に授けている。

形式的意義の立法・行政・司法について語られることがあるのは、実質的意義の立法・行政・司法とは別に、国会・内閣・裁判所それぞれが有する作用すべてを指すためである。例えば、形式的意義の司法権には、実質的意義の司法権のほかに、裁判所規則制定権（77条）や裁判官の懲戒裁判（78条）が含まれる。

憲法は、国家機関の構成や組織について、またある機関の他の機関に対する権限を定めることで、複雑な抑制・均衡の関係を構築して、権力分立を具体化している。

(ア)　機関の構成

国会が内閣総理大臣を指名し（67条）、内閣不信任議決権を有する（69条）という議院内閣制、内閣が最高裁長官を指名し（6条2項）、その他の裁判官を任命する（79条・80条）という仕組みは、ある機関の創設に他の機関が関与することで抑制に資するものである。

(イ)　機関の自律

両議院には議院自律権（58条）が、裁判所は司法権の独立（76条3項）が認められている。他の機関に干渉されることなく、自律的に機関の意思を形成し権限を行使することで、機関間の均衡に資するものである。

(ウ)　機関間の権限

国会は、財政に関する議決権（83条）、とりわけ予算議決権（85条）によって、内閣・裁判所の活動をコントロールする。また、両議院の国政調査権（62条）も、立法による行政のコントロールに資するものである。

＊　国家機関相互の関係に関する権限は、憲法の具体的規定によって国家機関に配分されるものであって、既に述べたとおり「国民支配作用」である立法・行政・司法（実質的意義の立法・行政・司法）には属さない。例えば、「衆議院の解散権は、立法・司法のいずれにも属さないから行政権であり、したがって内閣に属する」という議論は不当である。

3　権力分立の現代的理解

(1)　権力分立の現代的変容

権力分立原理は、代表民主制の進展や社会国家化により、変容を遂げてきた。

(ア)　行政国家

社会国家化（→憲法Ⅰ第1章第1節**5**、本書第1章）により、現在の政府は国民の福祉の積極的実現や経済の操縦を担っており、行政活動の量が膨大になっている。議会も行政府に対して立法権を委ねる、いわゆる委任立法が増加するほか、特に日本では国会で成立する法律案の多くが行政の作成したいわゆる内閣提出法案が大半を占めている（→第8章第4節**2**）。法律による行政の原理（→第8章第5節**2**）と行政訴訟によって、立法・司法による行政のコントロールの実効性を高めることが課題となっている。

(イ)　政党国家

議院内閣制および代表民主制の進展とともに、与党によって議会多数派と政府、立法と行政が一元化し、国政の重要な意思決定が政党内部、または政党間の協議で行われるようになっている。憲法上の立法・行政の抑制・均衡は、政府・与党と野党の対抗関係に機能的に変化している、といわれる。とりわけ日本では、政党間の実効的な抑制・均衡が課題となっている。その中には、野党が国政調査権を行使して政府を監視することのように、ある一時点での抑制・均衡だけではなくて、政権交代によって過去の政府・与党の政策の誤りが修正されたり、あるいは政権交代の可能性を前提にしてその時点での政府・与党が穏健な国政運営を志向したりする等、中長期的な時間の中での権力分立も含まれる（→第7章第6節**1**）。

(ウ)　裁判国家

ヨーロッパ諸国の行政裁判所は、当初、行政の内部に置かれたが、その後独立性を高め、実質的にも司法（民事・刑事裁判）と同じような働きをするようになった。また、第二次世界大戦後には、少数者の人権を確保するために、多くの国で違憲審査制が導入された。またこの結果現在では、大陸法における裁判は、英米法における司法と同じく、権力分立原理の中で立法・行政と対等に位置づけられるようになり、立法・行政を抑制・均衡する役割を果たしている。さらに、選挙や議会での審議等といった通常の政治過程の外側で、新しい社会的課題の解決を裁判を通じて求める「公共訴訟」(public litigation) も増えている（→第11章第2節）。その反面で、司法権・違憲審査制の正統性が問い直されたり（→第12章第6節）、社会を分断する激しい利益・価値観の対立に裁判所が巻き込まれたりするといった問題も起きている。

(2)　機能的な権力分立の理解

このように現代の権力分立原理においては、憲法の下で創設された立法・行政・司法が相互に抑制・均衡することが重視される。他方、憲法が定める代表民主制は、国民（有権者）によって選出された公職者が、権力を行使し、その責任を負うことを求める。一見すると、権力の集中と統合の契機を重視する代表民主制は、権力の分割と抑制・均衡を志向する権力分立とは、矛盾するようにもみえる。

また、現代の代表民主制は、選挙で勝利した政党および指導者が強いリーダーシップの下で国政を牽引する傾向（いわゆる選挙独裁）を強めている。国民の権利自由を擁護するという本来の目的を実現するためにも、権力分立原理のこれまでの制度化された形態は、十分ではなくなってきている。

そこで、憲法が定める代表民主制と、権力分立原理を調和的に理解しつつ、現在の統治機構で生じている課題に対応しようという理論動向が注目される。まず、これまで権力分立原理は、専ら権力を抑制する自由主義的な原理として理解されてきたが、現実には、国家権力を三権に分割し異なる機関に割り当てることで、〈国民→国会→内閣→行政各部〉といった権力の正統性と責任の連関を作り出すという、民主主義を構成する側面をもっていることに、注意しなければならない。

次に注意すべき点は、立法権が国会に、行政権が内閣に、司法権が裁判所にそれぞれ分配されてきたがこのような国家作用と国家機関の結びつきは偶然的なものではないということである。例えば国会は、国民から直接に選挙で選ばれ責任を負う国民の代表機関である。現実の国民の中の多様な価値観や利益が公に表出される場であり、審議を通じてそのような対立を収斂させて、多数決によって中長期にわたる基本的・原則的決定を下すのにふさわしいからこそ、国会に立法権が分配されているとみることができる。このように、それぞれの機関の正統性や役割、意思決定手続といった構造を踏まえて三権の役割を捉え直す理論動向は、機能的権力分立論

（機関適合的権力分立論）と呼ばれている。

(3)　執政と統制

このように考えると、行政内部においても、国民に対して事実上選挙で責任を負う内閣と、その内閣の指揮監督の下で個別の行政作用を実施する行政各部とは、権力分立の中で違うものとして理解されなければならない。憲法73条１号が内閣の職務として「国務の総理」を挙げているように、内閣は、選挙により獲得した正統性を基礎に、外交を含めた国の総合的・全体的な政策を策定し実施する役割を担い、またそのことについて強い政治責任を負う。このような作用を「執政」（統治）として、法律の執行を核心とする行政権とは区別して捉える見方が有力になっている。

このような見方は、国会あるいは立法権の役割についても、新たな視点を提供する。内閣の執政は他の機関を圧倒しうるものであるから、現代の権力分立にあっては、国民の前で実効的に批判・監視されることが不可欠である。このように考えれば、国会は「国権の最高機関」であるとはいっても、実際には内閣の執政を「統制」する立場にあり、そのような観点から国会の諸権限のあり方が見直されるべきことになる。しかし、政府の執政作用といっても、それは権力分立・法の支配（法治国家）の原理に従って、法律・予算等の法的形式に転換されなければ、法的拘束力をもつことはできない。国会は、法律や予算の審議を通じて、政府の執政を批判・監視することができるし、場合によっては内閣単独で決定するのではなく、関与や協働を求めることができる。このような観点から、立法、予算の議決や条約の承認は国会と内閣による「協働執政」として理解すべきではないか、また政府・与党と野党の抑制・均衡をどのように実現すべきかといった論点が、憲法規定の解釈や制度のあり方で問題になる（→第８章第４節１）。

また、機能的権力分立論は、立法・行政と司法の関係にも重要な見方を与える。伝統的な権力分立論では、例えば立法・行政裁量には司法審査が及ばないと考えるか、逆に立法・行政裁量を（実質的に）否定して全面的な司法審査に服させようと考えるか等、立法・行政と司法の間に実体的な権限画定を行おうとする傾向があった。これに対して、現在では立法・行政裁量とは、立法・行政と司法の間の機能的な役割分担の問題であり、司法によるコントロールの範囲・尺度・密度を具体的に考えようという見方が有力になっている（→第11章・第12章）。こうした司法的なコントロールは、国会・内閣による執政を法により拘束するものとして、法の支配・法治国家原理の実現を担うものである。さらに、司法は、立法・行政の統制を通じて法創造を行い、社会秩序の形成にも関わることからすれば、立法・行政と司法は実はそれぞれ正統性をもって、協働して秩序形成に関わっている、とみることもできる。

最後に、執政と統制の複雑な体系と、国民（有権者団）の関係についてもみておこう。国民発案・国民投票等の直接民主制的な手続は、国民が部分的な執政の主体となることを意味するが、日本国憲法は代表民主制を基本としており、このような国民による直接的な「執政」は想定されていない。むしろ、先に述べたとおり、国民は国会議員の選挙を通じて政府を選ぶという点で執政の構成に参画するにとどまる。とはいえ、選挙はそれまでの政府・与党の執政の政権運営を検証するという点で、執政の統制としての側面があり、さらに表現の自由・集会結社の自由により形成される世論も、現代社会では執政を統制する機能を有していることに、注意しなければならない。

第３節　法の支配・法治国家

１　概　説

(1)　法の支配と人の支配

法の支配は、rule of law という中世イギリス法の伝統に由来し、「人の支配」と対置される。裁判官クック（E. Coke）が、禁止令状事件（1606年）において、ブラクトン（H. Bracton）の『イングランドの法と慣習法』を引用して、「国王は何人の下にもあるべきではない。しかし神と法の下にあるべきである」と述べたことは、この原理の核心を示したものとして有名である。そして清教徒革命を通じて行政に対する法の支配が示され、さらに名誉革命の際の権利章典（1689年）や王位継承法（1701年）によって法の支配は確立した。

このようなイギリスの法の支配の伝統はアメリカにも受け継がれ、そこでは違憲審査制が成立した。

19世紀後半に活躍したイギリスの法学者ダイシー（A. V. Dicey）は、法の支配の特徴として、次の三つを挙げている。①専断的権力の支配とは対照的な、正式の法の絶対的優位または優越、②法の前の平等、すなわちあらゆる階級が、通常の司法裁判所の運用する国家の通常法に、等しく服従すること、③憲法律は、裁判所が定め、かつ強行する個人の権利の結果であって、それの根拠ではない（権利の保障は、裁判所で現実に適用された法の結果である）。

＊　このダイシーの説明は、行政法の発展等、当時のイギリス法の説明としても既に批判があったが、いまなお、法の支配の原像を説明するものと考えられている。

現在、法の支配の要請は、①法が一般的・抽象的であること、②法が公示されること、③法の規定が明確であること、④法が安定していること、⑤法が相互に矛盾していないこと、⑥遡及立法（事後立法）が禁止されていること、⑦国家機関が法に基づいて行動するよう、独立の裁判所によるコントロールが確立していること、であると理解されている（長谷部恭男）。

(2)　法の支配と法治国家

これに対してヨーロッパ大陸では、法の支配とは異なる形で、法治国家原理が発達した。

法治国家（Rechtsstaat）とは、市民革命が失敗した後の19世紀後半のドイツにおいて確立した原理である。その核心は、行政権による市民の権利・自由の侵害を法律によって制限するという発想にあった。この発想を支えていたのが、君主と国民の代表が合意した法律が最高の国家意思である、という立憲君主制の原理である。

ところが、国民主権のワイマール憲法（1919年）が成立すると、法治国家原理の果たす機能は変化する。一方で有産階級の立場からは、立法によって社会国家を実現しようとする議会多数派に対抗するために、法治国家原理を批判する動きがみられた。こうした立場は、法律による支配ではなく「正しい法」の支配を主張したが、その「正しい法」の内容とは財産権を保障するという意味であった。他方で、ナチスが政権を掌握し、合法的な装いの下で未曾有の人権侵害が行われたが、こうしたナチスの支配を許した原因は法治国家原理にあるという批判も、第二次世界大戦後にはみられるようになった。

このように、法の支配と法治国家原理の違いを強調し、法治国家原理を、法の内容にかかわらず、またいかなる政治体制にも奉仕する形式的・中立的な原理として理解するならば、たしかに法律によりさえすれば人権をどれほど制限してもかまわないということになろう。

(3)　法の支配と法治国家の収れん

しかし、現代立憲主義の下での法治国家は、いま述べたような形式的・中立的な原理にはとどまらない内容を備えるようになっている。ナチスの経験を踏まえたドイツ基本法（1949年）は、「立法は、憲法的秩序に拘束され、執行権および司法は、法律および法に拘束される」と宣言している（同法20条3項）。つまり議会が制定する法律は、憲法の基本権保障にかなう「正しい法」であることが求められ、そのような法律にあわせて「正しい法」に執行・司法も服することが定められるとともに、立法・執行・司法の憲法適合性を審査する連邦憲法裁判所が設置され、積極的に憲法裁判が行われるようになっている（同法93条）。こうした現在のドイツの憲法のあり方は、それ以前の「形式的法治国家」に対して、「実質的法治国家」と呼ばれる。

＊「国民の一般意志」の表明としての法律の優位が重視されてきたフランスでも、第5共和制憲法では、憲法院が設置され、さらに人権宣言が「憲法ブロック」の一部として法律の憲法適合性審査の基準とされている。

このように、現代では、法律に実質的・内容的な正当性が要求され、そのことを担保する違憲審査制が採用されるようになった結果、大陸法的な法治国家原理と英米法的な法の支配の原理は、基本的には共通するところが多く、相互に重なり合うものとして理解されるようになっている。

2　日本国憲法における法の支配・法治国家

(1)　日本国憲法における法の支配・法治国家

日本国憲法もまた、このような現代的な法の支配・法治国家の原理に立脚するものと受け止められている。例えば、法の支配とは「専断的な国家権力の支配を排斥し、権力を法で拘束することによって、国民の権利・自由を擁護することを目的とする原理」であり、それは近代立憲主義思想と密接に関わり合うものであって、日本国憲法を支える考え方であると説かれている（芦部信喜）。

＊　日本国憲法制定当初には、「法治国家から法の支配へ」といったスローガンが説かれた。ドイツ型の形式的法治国家に立脚していた明治憲法に対して、日本国憲法は英米型の法の支配を採用するという憲法構造の転換があったという理解である（伊藤正己、辻清明）。しかし、行政法分野では法治国家原理から行政裁判制度等を説明する見方が強く残り、その半面で先に述べたようにドイツの法治国家原理が形式的なものから実質的なものへと転換していったこともあわせて、次第に法の支配と法治国家は互換的に理解されるようになった。

これに対して、1990年代の統治構造改革の時期には、法の支配は「司法型秩序形成モデル」、法治国家は「行政型秩序形成モデル」というように、法秩序形成のあり方に大きな違いがあり、法の支配における「法」とは、人格的自律の存在としての個人の尊重という道徳理論と密接に結びついたものである、とする見解が主張された（佐藤幸治）。司法制度改革審議会意見書（2001年）も、法の支配と個人の尊重の結びつきを強調し、司法部門が政治部門と並ぶ「公共性の空間」であるべきことを指摘している。もっとも、このように法の支配と法治国家の違いを強調する論者も両者（の法形成）のあり方が相互に補完的であることを指摘しており（土井真一）、いわば法の支配に引きつけた形で二つの原理を融合させて日本国憲法の解釈に反映させようとしているものと、理解することができる。

(2)　日本国憲法における法の支配・法治国家の現れ

以下では、日本国憲法における法の支配・法治国家の現れをみていくことにする。

(ア)　憲法の最高法規性

日本国憲法は最高法規であり、憲法に違反する法律以下の法形式は法的な効力を有しない（97条）。現代的な法の支配・法治国家の原理では、法の実質的・内容的な正当性が求められるが、日本の国法秩序においては、そのような法が備えるべき内容はおおむね、日本国憲法の基本的人権の規定等に具体化されていると考えられる。逆にいえば日本国憲法が最高法規であることの実質的な根拠も、そのような内容を有することに求められる（→第1章第3節**1**(3)、第6章第3節**1**(1)）。

(イ)　国法秩序における法律の中心的地位

日本国憲法の下での国法秩序では、代表民主制の統治構造と結びつく形で、国民を代表する国会が制定する法律（41条）が、政令・府省令などの他の法形式に優越する、重要な地位を占める。具体的にいえば、国会が制定する法律は、国民相互間、あるいは国民と国家の間の権利義務を創造することができる（法律の法規創造力）。ひとたび国会が法律で定めた事項は、法律によってしか変更できない（法律の優位）。さらに、国会の法律でしか定められない（行政には定められない）事項があると考えられており、これを「法律の留保」の原則という。伝統的には、国民の自由と財産を制限する場合には、法律の根拠が必要であると考えられてきた（侵害留保の原則。最大判平成18・3・1民集60巻2号587頁参照）。これに対して現代では、代表民主制、国会の統治構造における地位、人権保障の観点などから、国政上本質的に重要な事項は法律の形式で決定すべきであるという「本質性理論」が有力になってきている（→第9章第2節**3**(1)）。

(ウ)　自由と基本権の保障

現代的な法の支配・法治国家の原理は、個人に国家権力から自由な領域を確保するものである（13条）。この自由を国家権力が制限する場合には法律によらなければならないという考え方は、先に触れた法律の留保（侵害留保）の原則そのものであり、日本国憲法ではそのことを前提に、罪刑法定主義（31条）、租税法律主義（84条）が具体化されている。また、そのように個人の自由を制限する法律は、比例原則・平等原則（14条）に従わなければならないと考えられている。とりわけ基本権を制限する場合には、「法律の留保」は「比例的法律の留保」でなければならない（→憲法Ⅰ第２章、第３章）。

㈡　適正手続

法の内容が正しいだけではなく、法の適用にあたって、適正な手続が踏まれることも、現代的な法の支配・法治国家の原理の要請である。憲法31条は適正手続の保障を掲げ、特に刑事手続については被疑者段階から被告人段階、刑罰の段階まで、多くの基本権的な手続保障を設けている。また適正手続の保障は、非刑事手続にも及ぶ（→憲法Ⅰ第12章）。

㈥　司法権・裁判所の役割

現代的な法の支配・法治国家の原理では、司法権を担う裁判所の役割が重視される。日本国憲法は司法権を最高裁判所以下の一元的な司法裁判所に独占させ、特別裁判所を禁止するとともに、行政機関が終審として裁判を行うことができないと規定する（76条１項・２項）。そして裁判所に違憲立法審査権を付与し（81条）、憲法の最高法規性の確保、基本的人権の保障、そして司法権・裁判所による執政の司法的コントロールの役割を与えている（→第11章、第12章）。

＊　最高裁は、法の支配を根拠に、裁判所の法廷警察権の意義を強調している（最大決昭和33・10・15刑集12巻14号3291頁、最大判平成元・３・８民集43巻２号89頁）。

〈参考文献〉

赤坂幸一「権力分立と正統性」法学セミナー754号（2017年）76頁以下
石川健治「統治のゼマンティク」憲法問題17号（2006年）65頁以下
伊藤正己『法の支配』（有斐閣、1954年）
清宮四郎『権力分立制の研究』（有斐閣、1950年）
小嶋和司『小嶋和司憲法論集２ 憲法と政治機構』（木鐸社、1988年）
阪本昌成『権力分立論』（有信堂高文社、2016年）
佐藤幸治『日本国憲法と「法の支配」』（有斐閣、2002年）
土井真一「法の支配」宍戸常寿＝林知更編『総点検 日本国憲法の70年』（岩波書店、2018年）28頁以下
高田敏『法治国家観の展開――法治主義の普遍化的近代化と現代化』（有斐閣、2013年）
高橋和之『現代立憲主義の制度構想』（有斐閣、2006年）
村西良太『執政機関としての議会――権力分立論の日独比較研究』（有斐閣、2011年）

渡辺康行「『法の支配』の立憲主義的保障は『裁判官の支配』を超えうるか」長谷部恭男ほか編『立憲主義の哲学的問題地平（岩波講座憲法1）』（2007年）53頁以下

第5章　平和主義

第1節　総　説

1　国際協調主義と平和主義

(1)　立憲主義の課題としての戦争と平和

近代以降の立憲主義の歴史は、国民国家の形成、そして戦争の歴史と無縁ではない。第一次世界大戦の敗戦国（ドイツ・オーストリア・イタリア）では、君主主権から国民主権への変動が生じるとともに、国際社会ではパリ講和会議を経て、国際連盟の創設に代表される協調と軍縮の流れを生み出した。しかし金融恐慌を引き金とした国際情勢の悪化は、立憲主義諸国内部におけるファシズムや全体主義の高まりをもたらし、そして第二次世界大戦の悲劇を生み出した。

特に満州事変以降の大日本帝国では、明治憲法の立憲的運用に失敗すると同時に、日中戦争そして太平洋戦争へといった侵略戦争の道を歩んだ。敗戦後、連合国による極東軍事裁判は、大日本帝国のさまざまな国際法違反を指摘した。加えて、戦争は国の内外に多大な被害をもたらした。米軍による広島・長崎への原爆投下は、戦闘に直接関係のない多くの市民を殺傷し、核兵器を手にした国家の戦争が人類の滅亡に直結しうることを明らかにした。

立憲主義はそれ自体として、国家権力を創設するとともに制限するものであるが、このような歴史を踏まえれば、現代立憲主義を論ずる際には、もはや（広義の）戦争と平和の問題を避けて通ることはできない。立憲主義の（少なくとも一つの）目的が個人の尊重にある以上、個人の生命・身体・自由や尊厳が蹂躙される最たる事態である戦争を防ぐこともまた、立憲主義の目的とならざるをえないからである。同時にそのことは、現代の憲法（学）が、国家間の関係や国際社会に対して無関心ではいられないことを意味するものでもある。

(2)　日本国憲法の国際協調主義

第二次世界大戦での敗戦を受けて制定された日本国憲法は、国際平和への希求を強くうたっている。

憲法前文はまず、「日本国民は、……われらとわれらの子孫のために、諸国民との協和による成果と、わが国全土にわたって自由のもたらす恵沢を確保し、政府の行為によって再び戦争の惨禍が起ることのないやうにすることを決意」すると宣言した上で（第１段)、「日本国民は、恒久の平和を念願し、人間相互の関係を支配する崇高な理想を深く自覚するのであって、平和を愛する諸国民の公正と信義に信頼して、われらの安全と生存を保持しようと決意した。われらは、平和を維持し、専制と隷従、圧迫と偏狭を地上から永遠に除去しようと努めてゐる国際社会において、名誉ある地位を占めたいと思ふ。われらは、全世界の国民が、ひとしく恐怖と欠乏から免かれ、平和のうちに生存する権利を有することを確認する。」とする（第２段)。

憲法前文はさらに、「われらは、いづれの国家も、自国のことのみに専念して他国を無視してはならないのであって、政治道徳の法則は、普遍的なものであり、この法則に従ふことは、自国の主権を維持し、他国と対等関係に立たうとする各国の責務であると信ずる。」として（第３段)、「日本国民は、国家の名誉にかけ、全力をあげてこの崇高な理想と目的を達成することを誓ふ。」（第４段）と結んでいる。

このような国際協調主義（国際協和主義）は、国際連合憲章（国連憲章）の精神とも軌を一にするものである。日本国憲法の国際協調主義は、平和政策の提言など、平和実現のための積極的行動を国家と国民に要請するものと理解されている（芦部信喜など)。

憲法前文を受けて、憲法第２章は「戦争の放棄」を掲げ、戦争、武力の威嚇および行使の放棄（９条１項）ならびに戦力不保持および交戦権の否認（同条２項）を規定する（平和主義)。さらに第10章「最高法規」においては、条約および確立された国際法規の遵守義務（98条2項）が定められている（→第6章第3節1 (1)）。特に平和主義は、国民主権、基本的人権の尊重と並んで「憲法の三大原理」のうちに数えられ、戦力不保持を定める9条2項は、日本国憲法の際立った特徴を示すものと理解されてきた。他方で、日本社会をとりまく国際情勢の変化と現実の憲法運用において特に問題となり、また、憲法改正論議の中心に置かれてきたのも、平和主義である（→第2章第4節）。

(3)　平和主義の理論的・歴史的背景

平和主義の理想は長い歴史を有しており、例えば哲学者カント（I. Kant）の『永遠平和のために』は、常備軍の全廃（第3条項）とともに、各国が共和制を採用し（第2確定条項）、自由な諸国家の連合制度（第3確定条項）により戦争の廃絶を提言したことで知られる。市民革命を経て成立した1791年フランス憲法は侵略戦争を禁止する規定を置いていたが、その後の立憲主義諸国の間では、無差別戦争観をとる国際法秩序の下で、しばしば戦争が行われた。

第一次世界大戦は、三国同盟（ドイツ・オーストリア・トルコ）と三国協商（イギリス・フランス・ロシア）の間の勢力均衡政策の破綻によりもたらされた。それを受けてアメリカ合衆国大統領ウィルソンの提唱により成立した国際連盟は、国際平和をもたらすためのシステムとして集団安全保障体制を採用した。さらにパリ不戦条約（1928年）は、「締約国は国際紛争解決の為戦争に訴ふることを非とし且其の相互関係に於て国家の政策の手段としての戦争を放棄することを其の各自の人民の名に於て厳粛に宣言す」（同1条）と定めた。このような戦争を違法化する国際法の形成は、国際慣習法上の自衛権を排除するものではなかったが、同時に侵略戦争の禁止を採用する憲法も制定された（1931年スペイン憲法など）。

第二次世界大戦で枢軸国（日本・ドイツ・イタリア）に勝利した連合国（アメリカ・イギリス・フランス・ソ連・中華民国など）は、国際連合を成立させた（1945年）。国連憲章は「すべての加盟国は、その国際関係において、武力による威嚇又は武力の行使を、いかなる国の領土保全又は政治的独立に対するものも、また、国際連合の目的と両立しない他のいかなる方法によるものも慎まなければならない」（同2条4項）と定めている。日本国憲法の平和主義は、この武力行使の違法化という国際法の原則との関連で、理解されるべきものである。

(4)　平和的生存権

憲法前文の第2段は、「われらは、全世界の国民が、ひとしく恐怖と欠乏から免かれ、平和のうちに生存する権利を有することを確認する」とする。この平和的生存権の観念は、平和が単なる国家目標であることを超えて権利・自由の問題でもあることを示す点で重要であるが、学説の多くは、平和的生存権が理念的権利にとどまり、裁判規範性を有するものではないと捉えてきた。その理由は、この権利の主体、内容、性質などが不明確であるというものである（芦部信喜）。

平和的生存権の法的性格が争われたのは、自衛隊基地設置のための保安林の指定解除処分に対して地域住民が取消訴訟を提起した長沼訴訟である。第1審判決（札幌地判昭和48・9・7判時712号24頁）は、平和的生存権の侵害の危険を理由として原告の訴えの利益を認めたが、控訴審判決（札幌高判昭和51・8・5判時821号21頁）は、平和的生存権は「裁判規範として、なんら現実的、個別的内容をもつものとして具体化されているものではない」と述べて、原告の訴えの利益を否定した。さらに最高裁（最判昭和57・9・9民集36巻9号1679頁）は、原告の訴えの利益の消滅を理由に上告を棄却し、平和的生存権の法的性格には触れなかった（→第3章第1節**2**）。

これに対して、イラク特措法差止訴訟控訴審判決（名古屋高判平成20・4・17判時2056号74頁）は、平和的生存権は「局面に応じて自由権的、社会権的又は参政権的な態様をもって表れる複合的な権利」であり、「裁判所に対してその保護・救済を求め法的強制措置の発動を請求し得るという意味における具体的権利性が肯定される場合がある」と述べ、その限りで平和的生存権の裁判規範性・具体的権利性を肯定したことが注目される。

2　国際社会における平和の実現

(1)　国連の集団的安全保障

国連憲章は武力行使の違法化に加えて、その第6章において、紛争であってその継続が国際の平和および安全の維持を危うくするおそれのあるものの当事者に対して、平和的手段による解決を求めている。にもかかわらずに生じる平和に対する脅威、平和の破壊および侵略行為に対しては、国連憲章第7章が、安全保障理事会が、関係当事者への勧告（同39条）、非軍事的措置（同41条）および国連軍による軍事的措置（同42条・43条）をとることができると定めている。しかし、国連軍による軍事的措置が行われた例がないことからもわかるとおり、国連による集団的安全保障のシステムには限界があることが指摘されてきた。その理由の一つは、安全保障理事会の常任理事国（5大国）が拒否権を有しており、東西冷戦により安全保障理事会がしばしば機能不全に陥ったことにある。このため、国連総会の「平和のための結集」決議（1950年）によって、国連総会が武力行使を含む集団的措置を勧告することが認められた。

＊　後述する武力の行使に対する憲法上の制約から、自衛隊が国連憲章43条にいう国連軍に参加することはできないというのが政府見解である。なお朝鮮戦争における「国連軍」は、国連総会および安全保障理事会の決議により組織されたものではあるが、国連の指揮統制に服するものではなく、同条にいう国連軍ではない。また、湾岸戦争等における多国籍軍は、安全保障理事会決議に基づき各国が自らの責任で行動したものであり、イラク戦争における有志連合も安全保障理事会決議を援用している。

(2)　国連平和維持活動（PKO）

国連憲章には明記されていないものの、国際的紛争の解決や防止に重要な役割を果たしてきた国連の活動が、国連平和維持活動（Peace Keeping Operation〔PKO〕）である。PKOは、伝統的な形態では、紛争当事者の合意の下で、停戦や軍の撤退の監視等を行って、事態の沈静化や紛争の再発防止を図り、紛争当事者による紛争解決を公平に支援することを目的としたものである。これに加えて現代では、元兵士の武装解除や社会復帰、治安部門の改革や選挙の支援等にまで、PKOの活動範囲は広がっている。

PKOには、停戦監視のように武力の行使を伴わないものと、武力の行使を伴うもの（平和維持軍〔Peace Keeping Force（PKF）〕）がある。ソマリア内戦やボスニア・ヘルツェゴビナ紛争では、国連憲章第7章に基づき強制力が付与されたPKOが展開されたものの、任務を達成できないまま撤退せざるをえなかった。現在のPKOは国連憲章第7章が援用されているが、多国籍軍や有志連合による平和強制とは区別されている。

(3)　人間の安全保障と持続可能な開発目標

このようなPKOの複合化にみるように、国際平和を実現するためには、国家間の紛争や内戦の原因となっている各国の政治的・経済的・社会的混乱の収束、ひいては人々の安全の確保が必要であることが意識されるようになっている。この点で注目されるのが、「人間の安全保障」の観念である。これは国連開発計画報告書（1994年）が、「国家の安全保障」を補完するものとして提唱したものであり、2005年世界サミット成果文書は、人間の安全保障について、「全ての個人、特に脆弱な人々が、全ての権利を享受し、人間としての潜在力を十分に発展させるために、平等な機会を持ち、恐怖からの自由と欠乏からの自由を得る権利を有している」ことを宣言している。

さらに、2015年国連サミットで採択された「持続可能な開発のための2030アジェンダ」は、持続可能な開発目標（Sustainable Development Goals〔SDGs〕）において、持続可能な開発と平和・安全の相互依存を認め、多様性を包摂する社会への取組みを、各国政府や企業等に促している。

日本国憲法の国際協調主義および平和主義を考えるにあたっては、このような平和とその前提条件の構築へ向けた現在の国際社会の潮流と軌を一にする部分が大きいことにも、留意する必要があろう。

第2節　憲法9条と自衛隊

1　憲法9条の成立経緯と法規範性

(1)　憲法9条の由来

武力行使等の放棄に加えて戦力の不保持と交戦権の否認を定める憲法9

条の規定は、GHQ における憲法案の検討に由来する。まず、1946年２月のマッカーサー３原則は、その第２項目において、「国家の主権的権利としての戦争を廃棄する。日本は、紛争解決のための手段としての戦争、および自己の安全を保持するための手段としてのそれをも放棄する。日本はその防衛と保護を、いまや世界を動かしつつある崇高な理想にゆだねる。いかなる日本陸海空軍も決して許されないし、いかなる交戦者の権利も日本軍には決して与えられない。」としていた。そして、現在の９条に相当する文章は、GHQ 内部で当初作成された草案では前文に置かれていたところ、マッカーサーの意向を受けて、２月13日に提示された総司令部案では条文として日本側に提示されることになった（→第２章第３節 1 (3)）。

このような経緯からも、９条の採用に連合国の強い意向があったことは明らかであるが、これに加えて1946年１月24日にマッカーサーとの会談で幣原喜重郎首相が言及した平和主義思想の影響も否定できないとされている。

＊　同日の会談で、９条に至る着想をマッカーサーと幣原のいずれが提示したのかについてはさまざまな議論がある。幣原の発言にヒントを得ながら、最終的にはマッカーサーの決断により９条の原型が作られた（日米合作）とみる見解が有力である（芦部信喜など）。

(2)　憲法制定議会における憲法９条

GHQ との交渉を経て日本政府が作成し、帝国議会に提出した憲法改正草案における９条の規定は次のとおりであった。

> 国の主権の発動たる戦争と、武力による威嚇又は武力の行使は、他国との間の紛争の解決の手段としては、永久にこれを放棄する。
> 陸海空軍その他の戦力の保持は、許されない。国の交戦権は、認められない。

これに対して、衆議院帝国憲法改正小委員会での調整により修正が加えられた結果、現在の９条の内容は次のようになっている。

日本国民は、正義と秩序を基調とする国際平和を誠実に希求し、国権の発動たる戦争と、武力による威嚇又は武力の行使は、国際紛争を解決する手段としては、永久にこれを放棄する。

前項の目的を達するため、陸海空軍その他の戦力は、これを保持しない。国の交戦権は、これを認めない。

両者を比較すると、現在の9条は1項で戦争放棄の趣旨を明らかにし、2項の冒頭に「前項の目的を達するため」との文言を加えている。この修正は小委員会委員長であった芦田均の名前から「芦田修正」と呼ばれ、自衛戦争をめぐる解釈論の論点となっている。

＊　のちに芦田は、この修正は9条の下でも自衛戦力の保持を可能にすることを企図したものであったと説明している。しかし、芦田自身も帝国議会の時点ではそのような説明を公にしておらず、当時真にそのような意図をもっていたかについても評価が分かれることもあって、芦田修正は現在の9条解釈論における決め手としては扱われていない。なお極東委員会は、芦田修正により“defense force”の保有が可能になったと受け止め、代わりに文民統制の徹底を要求した。この結果として、貴族院審議の段階で文民条項（66条2項）の規定が憲法に挿入された。

日本政府は、内部資料や枢密院の審議では、9条は侵略戦争・自衛戦争にかかわらずすべての戦争を放棄するが、自衛権に基づく緊急避難または正当防衛的行動まで禁止したものではないと説明していた。もっとも吉田茂首相は衆議院の審議において、9条1項は自衛権を否定していないが、戦力不保持を定める2項の結果として「自衛権の発動としての戦争」も放棄していると明言しており、この点ものちの9条解釈におけるポイントとされる。

(3)　憲法9条の法規範性

9条は「現実的規範」としての性格をもたない「理想的規範」であり、国家の理想を示した政治的マニフェストであるとの見解（高柳賢三）、また、9条は法規範性を有するとはいえ裁判規範性は稀薄であり、国会等の政治的な場でその解釈適用が判断される「政治規範」としての性格が強いとの見解（伊藤正己）も説かれてきた。しかし、9条も憲法の条文の一つとして定めたものであり、また、他の憲法条文も理想的内容や政治的性格を含むことが多いが、そのゆえに法的拘束力を否定されることはない。このため、政府見解および通説は、９条の法規範性と裁判規範性を前提にしてきた。

＊　憲法制定後の国際情勢や日本の国際的地位、国民の規範意識の変化により、自衛のための戦力の保持を容認するように９条の意味内容は変化したという見解（橋本公亘）も説かれている。この説は、憲法の意味の枠自体が変化するという意味での「憲法変遷」が９条に生じたと考えるもので、９条がそれに反する国家実務によって妥当性を失うという意味での憲法変遷を説いているわけではないことに留意が必要である（→第６章第２節４）。

２　戦争放棄

(1)　戦争放棄の内容

９条１項は、「国権の発動たる戦争」「武力による威嚇」「武力の行使」を放棄する。憲法は「正義と秩序を基調とする国際平和」を実現するために、日本国が宣戦布告等の戦争の意思表示によって開始される形式的意味の戦争をすることはもちろん、他国との間で事実上武力を行使することも、武力を背景にして相手国に自国の要求を強制することも、禁止しているのである。

＊　政府見解は、「武力の行使」とは、国家の物的・人的組織体による国際的な武力紛争の一環としての戦闘行為をいうとしている。なお、現在の国際法でも、ハーグ陸戦の法規慣例に関する条約等の戦時国際法規（国際人道法）が適用されるのは、国家間の武力衝突一般に及ぶ。

９条１項は、このような戦争等の放棄に、「国際紛争を解決する手段としては」という修飾を付している。この点については、およそ国際紛争解決の手段でない戦争はありえず、侵略戦争と自衛戦争の峻別は困難であることを理由に、９条１項はあらゆる戦争を放棄していると解する見解も説かれている（いわゆる峻別不能説）。しかし、同条の文言がパリ不戦条約の用例を踏まえたものであることから、９条１項は侵略戦争ないし侵略的な武力行使およびその威嚇行為を禁止したものと解する見解が有力であり、政府見解もこの立場をとっている。

このように考えれば、９条１項それ自体は侵略戦争を放棄したにとどまり、いわゆる自衛戦争までは否定していないことになる。その上で、芦田修正における９条２項の「前項の目的を達するため」が、１項全体ではなく、限定的に「国際紛争を解決する手段としては」を指すと捉えて、２項は侵略戦争のための戦力を放棄したにとどまると解する見解も説かれた。この見解によれば、９条の下でも日本は自衛戦争を行うことは可能であり、「自衛のための戦力」を保持することが可能であることになる（自衛戦争合憲説）。しかしこの見解に対しては、芦田修正の意図をめぐる疑問（前述）のほかにも、戦争放棄が侵略戦争に限られるという解釈は国際協和主義を掲げ、国際連合による集団的安全保障を想定する憲法前文とそぐわない、９条２項の文言は戦力それ自体を放棄していると解釈するのが自然であり、逆に自衛のための戦力と侵略のための戦力を区別することは事実上困難であること、自衛のための戦略を保持するのであれば結果的に侵略戦争の禁止という１項の趣旨も達成できないおそれが高いこと等の批判が強い。

結論として、９条１項は侵略のための武力行使等を放棄するにとどまるが（限定放棄説）、２項の「前項の目的を達するため」とは１項全体を指し、同項によって一切の戦力の保持が禁止される結果として、日本国は自衛戦争を行うことはできない（遂行不能説）という立場が現在の学説では有力である。政府も、芦田修正を根拠にして、自衛のための「戦力」の保持が許されるとの論理はとっていない。

(2)　戦争放棄と個別的自衛権

このように現在、多くの学説と政府見解がともに、一切の戦力の保持が憲法上禁止されていると考える点で一致するにもかかわらず、自衛隊の合憲性をめぐって深刻な議論が存在するのは、自衛権をめぐる対立があるからである。

「自衛権」は、国際法上、外国からの急迫または現実の違法な侵害に対して、自国を防衛するために必要な一定の実力を行使する国家の権利であるとされる。このような自衛権は、かつては自然法に基づくものとされ、また正戦論においては、自衛権の行使は戦争に訴える正当な根拠とされた。

しかし無差別戦争観の時代を経て、現在の国際法は、戦争、武力行使、武力による威嚇を原則的に否定している。国連憲章2条4項は「すべての加盟国は、その国際関係において、武力による威嚇又は武力の行使を、いかなる国の領土保全又は政治的独立に対するものも、また、国際連合の目的と両立しない他のいかなる方法によるものも慎まなければならない」と規定する。他方で国連憲章51条は、「この憲章のいかなる規定も、国際連合加盟国に対して武力攻撃が発生した場合には、安全保障理事会が国際の平和及び安全の維持に必要な措置をとるまでの間、個別的又は集団的自衛の固有の権利を害するものではない」とする。このように、国際法上の自衛権は、武力行使の原則的禁止の下で、集団的安全保障が発動するまでの間、応急措置的になされた武力行使の違法性を阻却する事由ということになる。

自衛権の発動が武力の行使を伴うものである以上、9条の下で自衛権は放棄されているという見解（山内敏弘）も説かれているが、政府見解や学説の多く（芦部信喜など）は、9条が自衛権を放棄したものではないとの立場をとる。砂川事件判決（最大判昭和34・12・16刑集13巻13号3225頁）も、「これ〔憲法9条〕によりわが国が主権国として持つ固有の自衛権は何ら否定されたものではな〔い〕」、「わが国が、自国の平和と安全を維持しその存立を全うするために必要な自衛のための措置をとりうることは、国家固有の権能の行使として当然のこと」と述べている。

＊　先に触れた帝国議会での吉田首相の答弁は、一見すると、9条により自衛権が放棄されたものと政府が考えていたように映る。しかしそこで真に言及されているのは自衛戦争の放棄にすぎないと受け止めれば、政府見解の一貫性は保たれていることになる（佐藤達夫、長谷部恭男など）。

しかし、9条によって自衛権は放棄されていないという点では同じであっても、その自衛権の内容について、学説と政府見解の間には大きな違いがあった。つまり学説では、武力の行使等による自衛権の発動は9条により禁止されているという見解（武力なき自衛権説）が有力に説かれてきた。この見解によれば、自衛権の行使は実際には、外交交渉、警察力による侵害の排除、政府によらない群民蜂起等によって行使されるものにとどまる（芦部信喜）。

これに対して、政府は早くから、9条の下でも武力の行使による自衛権の発動が例外的に許容される場合があるという立場をとってきた。すなわち、「憲法第9条は、外国からの武力攻撃によって国民の生命や身体が危険にさらされるような場合にこれを排除するために必要最小限度の範囲で実力を行使することまでは禁じていない」として、具体的には、

① わが国に対する急迫不正の侵害があること、すなわち武力攻撃が発生したこと

② これを排除するために他の適当な手段がないこと

③ 必要最小限度の実力行使にとどまるべきこと

の3要件を満たす場合には、自衛隊による例外的な武力行使が可能であるというのが、伝統的な政府見解であった。この見解によれば、武力行使が正当化されるのは国際法上個別的自衛権として認められる範囲が限度であり、日本が直接的に武力攻撃を受けていないにもかかわらず他国への攻撃に対して海外で自衛権を発動すること（いわゆる集団的自衛権の行使）は認められないとされてきた（詳しくは、本章第4節1）。

＊ 国際法上は個別的自衛権の行使とされる武力行使のすべてが、9条の下で当然に可能であるわけではない。いわゆる「先制的自衛」が可能であるかどうかは、国際法でも議論があるが、9条の下では①の武力攻撃発生要件を満たさず、許されない。

3　戦力不保持

(1)　戦力の概念

憲法9条2項が保持を禁止する「戦力」の概念は、上記のような自衛権の内容の捉え方と密接に関連する。学説は一般に「戦力」の概念を厳格に捉える。例えば、軍隊および有事の際にそれに転化しうる程度の実力部隊を「戦力」とみる見解は、現在の自衛隊は、その人員・装備・編成などの

実態からすれば、警察力を上回るものであり、憲法上保持を禁止された戦力に該当すると説く（自衛隊違憲説）。

＊　警察力は国内の治安を維持・確保するために組織された実力にとどまるのに対して、戦力は、外国の攻撃に対して自国を防衛する目的として設けられた人的・物的組織体の実力を指し、「軍隊」という名称を用いるかどうかは関係ない。他方、およそ武力行使に役立つ可能性をもったあらゆる潜在的能力を戦力とみる見解（鵜飼信成）は、現在の科学技術の発展からみれば、戦力の概念が広汎にすぎると思われる。

これに対して政府は、警察予備隊を設置した時点（1950年）ではそれを警察力として説明していたが、1952年には、「近代戦争遂行に役立つ程度の装備、編成を備えるもの」が９条により保持が禁止される戦力であり、保安隊・警備隊はこれに当たらないと説明するようになった。そして自衛隊を設置した1954年以降は、自衛のための例外的な武力行使は憲法上許容されるという上記の見解の下で、「自衛のための必要最小限度の実力」（自衛力）は保持を禁止された「戦力」には該当しないという立場をとり、現在に至っている。

(2)　自衛隊の合憲性

政府が自衛力概念に基づき自衛隊を合憲であると説明し、防衛法制を整備してきたことに対しては、自衛隊を違憲とする司法判断を求めて多くの訴訟が提起されてきた。しかし裁判所は、自衛隊の憲法適合性について明言を避けてきた。

恵庭事件は、自衛隊演習場内の通信線の損壊行為が自衛隊法121条違反として争われた刑事事件である。札幌地方裁判所判決（札幌地判昭和42・３・29下刑集９巻３号359頁）は「その他の防衛の用に供する物」は例示された武器、弾薬、航空機と同列の物件に限定されると解釈し、通信線は該当しないと判断することで、自衛隊をめぐる憲法判断を回避した。

これに対して前掲長沼訴訟第１審判決（札幌地判昭和48・９・７）は、多数説と同様の立場をとり、自衛隊は戦力に該当するために自衛隊法等は違憲無効であると判断したが、控訴審判決（札幌高判昭和51・８・５）は訴えの利益が存在しないことを理由に訴えを却下しつつ、傍論の中で独特の統治行為論を展開し、９条２項前段が一義的に明確な規定と解することはできず、自衛隊の組織、編成、装備が一見極めて明白に侵略的なものともいえないと述べた（→第11章第２節**5 (4)**）。同事件の最高裁判決（前掲最判昭和57・９・９）は、訴えの利益の不存在を理由に訴えを却下し、自衛隊の合憲性については一切言及していない。

さらに百里基地事件では、航空自衛隊基地設置のための用地買収行為が憲法９条の下で公序良俗に反し無効であるかが争われたが、最高裁判決（最判平成元・６・20民集43巻６号385頁）は、国の私法上の行為は「国務に関するその他の行為」（98条１項）に当たらないとした。そして、憲法９条は「その憲法規範として有する性格上、私法上の行為の効力を直接規律することを目的とした規定ではなく、人権規定と同様、私法上の行為に対しては直接適用されるものではない」上に、９条の定める規範がそのまま私法上の公序の内容を形成するわけではないとして、社会的許容限度を超える反社会的な行為であるとの認識が社会の一般的な観念として確立しているわけではないことを理由に、本件買収行為の適法性を認めている（→憲法Ｉ第２章第２節**3**、本書第６章第３節**1 (1)**）。

その他、自衛隊機の離発着による騒音をめぐる訴訟（第１次厚木基地公害訴訟判決：最判平成５・２・25民集47巻２号643頁）でも、裁判所は訴えの適法性を認めず損害賠償のみ認容することで、自衛隊に関する憲法判断を回避してきた。

このように明確な司法判断が示されない結果として、９条の解釈や自衛隊の合憲性、その憲法上の限界については、防衛法制の整備や防衛費に関する政治の場、とりわけ国会審議での議論が重要な意味をもつことになる。政府見解自身も、「自衛のための必要最小限度の実力」の具体的な限度は、国際情勢や科学技術等の諸条件によって左右される相対的なものであり、国会において判断されるほかないと認めてきたところである。

(3)　伝統的な政府見解における自衛力・自衛隊の限界

明治憲法においては、統帥大権、編制大権、宣戦布告、戒厳（明憲11～14条）のように軍隊に関わる規定を置いていたが、日本国憲法の下で自衛隊の合憲性を認める政府見解においては、自衛隊はあくまで軍隊ではない。自衛力の行使を含む防衛作用は内閣の行政権に含まれ（65条）、通常の司法裁判所の系列とは別に軍法に関わる裁判所（軍法会議）を置くことは、特別裁判所の禁止（76条２項）により許されない。その結果、自衛隊も行政各部の一つであり、その任務・組織編成・指揮監督のあり方は、国会の制定する防衛省設置法、自衛隊法により定められることになる。

＊　自衛隊の存在を正面から憲法に位置づけるべきだとする議論の内容はさまざまであるが、①戦力不保持の規定を廃止して通常の軍隊としようとするのか、あくまで行政各部の一つとしての自衛隊の合憲性を認めようとするのか、②現在の憲法９条の下での自衛権･自衛力の限界を維持するのか、③自衛権・自衛力の統制に関する規定を置こうとするのか等によって、かなりの差異がみられる。

自衛力の具体的な限界について、政府はまず、兵器の目的や性能、使用方法により攻撃的兵器と防御的兵器を区別し、もっぱら相手国を攻撃するための兵器（攻撃型空母、長距離戦略爆撃機、大陸間弾道ミサイル〔ICBM〕等）は保持できないとしていた。しかし、攻撃と防御の両面をもつ兵器が現実には多いことから、政府は現在、自衛隊の装備等の全体が、自衛のための必要最小限度という制約の範囲内にとどまる限り、憲法９条に違反しないという立場をとっている。

＊　かつて政府は防衛費を日本のGNP（国民総生産）の１％に抑える方針をとっていたが、これは自衛力の実体的コントロールを、財政的コントロールによって補完しようとしていたものとみることができる。いわゆるGNP1％枠は1986年には撤回されたが、厳しい財政状況もあり、近年の防衛関係費は４兆円代後半から５兆円代前半の間で推移している。

核兵器の保持についても、政府は、防衛的な小型のものであれば憲法上保有できるが、非核三原則（核兵器を持たず、作らず、持ち込ませず）により保有しないことと説明している。現在は、原子力基本法と核不拡散防止条約により、日本国は国内法・国際法上、核兵器を保有しない義務を負っている。

＊　1996年、国際司法裁判所の勧告的意見では、核兵器の威嚇・使用は国際

法、特に国際人道法上の原則・規則に一般的には違反するであろうが、国家の存亡が危険にさらされるような極端な状況で、核兵器の威嚇・使用の合法性について最終的な結論を下すことができないと述べている（I. C. J. Reports 1996, p. 66.；I. C. J. Reports 1996, p. 226）。同年には包括的核実験禁止条約（CTBT）が採択されている（未発効）。さらに2017年には国連で核兵器禁止条約が採択されたが、これもまだ発効していない（日本も批准していない）。

自衛権を行使できる地理的範囲について、政府は、日本の領域内に限定されず、自衛権行使に必要な限度で公海・公空に及ぶとしてきた。また、日本が滅亡の危機にある場合において他の手段がないときは敵基地攻撃も許されるが、その場合でも先制攻撃をしたり、陸上自衛隊が敵国の領域に侵入したりすることは「必要最小限度」を超えるものと説明してきた。さらに、武力行使の目的で自衛隊を他国の領域に派遣すること（自衛隊の海外派遣）も認められないとしてきたが、この点については後述する（→本章第3節**2**）。

4　交戦権の否認

憲法9条2項後段は「国の交戦権は、これを認めない」と定める。ここでいう交戦権には、①国家として戦争をする権利と理解する説と、②国が交戦状態に入った場合に、交戦国に国際法上認められる権利（敵の兵力の殺傷・破壊、中立国船舶の臨検、敵国領土の占領等）とする説がある。両説の対立は、自衛戦争が放棄されているかどうかという前述の論点にも関わるが、国際法上の用例に従う②説が多数説である。

政府は、交戦権の内容を②説と同様に捉えつつ、日本が武力攻撃を受けた際に必要最小限度の実力行使として相手国の兵力を殺傷・破壊等する行為は、自衛権に基づくものとして憲法上許されると説いてきた。

＊　憲法9条の1項と2項を区別し、さらに「戦力」と「交戦権」を区別してそれぞれの概念を解釈するという従来の議論のやり方を批判し、不戦条約の趣旨を踏まえて、交戦権の否認について紛争解決の手段として戦争に訴える権利（正当原因）はおよそ存在しないことを意味するものと解するべきだとの見解も唱えられている（長谷部恭男）。

5　防衛法制

自衛隊の任務、自衛隊の部隊・機関の組織・編成、自衛隊に関する指揮監督、自衛隊の行動および権限等は、自衛隊法の定めるところによる（防衛省設置法5条）。

＊　日本国憲法下の防衛法制は、朝鮮戦争の勃発を機にGHQの要請を受けて1950年に警察予備隊令が定められたことから出発する。その合憲性が争われたのが警察予備隊違憲訴訟（最大判昭和27・10・8民集6巻9号783頁）である（→第12章第2節**4**）。警察予備隊は1952年には保安隊・警備隊に改組・増強され、さらに日米相互防衛援助協定（MSA協定）の締結を受けて、1954年には防衛庁設置法・自衛隊法（防衛二法）が定められた。

その後長らく、日本が武力攻撃等を受けた場合（有事）の場合の対処に関する法制が整備されてこなかったが、東西冷戦の終結や日米安保体制の見直し（→本章第3節**1**）などを受けて、2003年には武力攻撃事態対処法、2004年には国民保護法等の法律が制定され、いわゆる有事法制が整備された。

2007年には防衛庁が防衛省に改組された。また、2013年の国家安全保障会議法により、従来内閣に置かれていた安全保障会議が、国家安全保障会議（日本版NSC）に改組されるとともに、事務局として国家安全保障局が内閣官房に設置された。国家安全保障会議は、審議事項に応じて、4大臣会合（内閣総理大臣と内閣官房長官、外務大臣、防衛大臣により構成される）、9大臣会合、緊急大臣会合の三つの形態があり、国防の基本方針や武力攻撃事態への対処に関する基本方針などについて、内閣総理大臣に意見を述べる。特定秘密保護法（→憲法Ⅰ第10章第4節**2**）は、国家安全保障会議の審議を効果的に行うことを理由の一つとして、制定された。

2015年には、後述する集団的自衛権に関する政府見解の変更（2014年→本章第4節**1**(2)）を踏まえて、武力攻撃事態に加えて存立危機事態においても自衛権の行使（防衛出動）を可能にするように自衛隊法が改正される等、防衛法制の重大な変更が行われた（安全保障関連法制の整備）。

(1)　自衛隊の任務

自衛隊法は、自衛隊の任務について、次のように定めている。

（自衛隊の任務）

第３条　自衛隊は、我が国の平和と独立を守り、国の安全を保つため、我が国を防衛することを主たる任務とし、必要に応じ、公共の秩序の維持に当たるものとする。

２　自衛隊は、前項に規定するもののほか、同項の主たる任務の遂行に支障を生じない限度において、かつ、武力による威嚇又は武力の行使に当たらない範囲において、次に掲げる活動であって、別に法律で定めるところにより自衛隊が実施することとされるものを行うことを任務とする。

一　我が国の平和及び安全に重要な影響を与える事態に対応して行う我が国の平和及び安全の確保に資する活動

二　国際連合を中心とした国際平和のための取組への寄与その他の国際協力の推進を通じて我が国を含む国際社会の平和及び安全の維持に資する活動

同条１項の定める「主たる任務」に該当するのが防衛出動（同法76条）であり、武力攻撃事態（わが国に対する外部からの武力攻撃が発生した事態またはわが国に対する外部からの武力攻撃が発生する明白な危険が切迫していると認められるに至った事態）または存立危機事態（わが国と密接な関係にある他国に対する武力攻撃が発生し、これによりわが国の存立が脅かされ、国民の生命、自由および幸福追求の権利が根底から覆される明白な危険がある事態）に、内閣総理大臣は自衛隊の出動を命ずることができる。これには閣議決定に加えて、原則として事前に国会の承認が必要である（→第９章第４節**７**）。

これに対して同条１項が定める公共の秩序の維持および同条２項が定めるものは「従たる任務」と呼ばれる。同条１項にいう公共の秩序の維持には、治安出動（同法78条・81条）、海上における警備行動（同法82条）等が含まれる。これに対して同法３条２項には、重要影響事態に対応して行う後方支援活動、国際平和協力活動・国際平和共同対処事態に対応して行う協力支援活動等が含まれる（同法84条の５）。

＊　上記の主たる任務と従たる任務を合わせたものが、自衛隊の本来任務と呼ばれる。これに対して、国賓等の輸送や教育訓練等の受託などは、付随

的な任務と位置づけられている。海上自衛隊を中東海域に派遣する閣議決定（2019年）は、「所掌事務の遂行に必要な調査及び研究を行うこと」（防衛省設置法４条１項18号）を根拠としてなされたが、このような形で自衛隊を海外に派遣することは、自衛隊の民主的コントロールの観点から批判がある。

(2)　武力の行使と武器の使用

自衛隊法は、武力の行使と武器の使用を区別し、防衛出動の際にのみ必要な武力の行使を認める（同法88条）。それ以外の場合に自衛隊は、武力の行使に至らない武器の使用のみが許される。例えば、自衛隊員が自己または自己とともに現場に所在する隊員の生命・身体を防衛するための武器使用は、「自己保存のための自然的権利」として認められると説明されている。

第３節　日米安全保障体制と自衛隊の海外派遣

１　日米安全保障体制

(1)　概　説

日本国憲法の平和主義のあり方を考える上で避けて通れないのが、日米安全保障体制の問題である。

サンフランシスコ平和条約が連合国軍の撤退と条約による他国軍の駐留を認めていることを受けて、1952年に日本国とアメリカ合衆国との間の安全保障条約（旧条約）が発行した。その後、MSA 協定（1954年）を経て、1960年には日本国とアメリカ合衆国との間の相互協力及び安全保障条約（新条約。以下「安保条約」という）が発効した。同条約は日米両国が日本国の施政の下にある領域におけるいずれか一方に対する武力攻撃に対して、自国の憲法上の規定および手続に従って共同で対処すること（同５条）、「日本国の安全に寄与し、並びに極東における国際の平和及び安全の維持に寄与するため」日本国内での米軍の駐留を認めること（同６条）を定めている。「日本国とアメリカ合衆国との間の相互協力及び安全保障条約第６条に基づく施設及び区域並びに日本国における合衆国軍隊の地位に関する協定」（日米地位協定）も国会で承認されている。

(2)　共同防衛義務の問題

安保条約5条によれば、日本国内の米軍基地が第三国により攻撃された場合、日本は共同防衛行動をとるべきことになる。政府はこれまで、そのような攻撃は日本に対する武力攻撃に該当するために、個別的自衛権を行使できると説明してきた。しかしこの説明に対しては、個別的自衛権の行使に厳格な要件を課する政府見解との関係で、米軍に対する第三国の攻撃が常に自衛権行使の要件を満たすとは限らないのではないか、現実には日本は米軍の決定に従って自衛権を発動せざるをえず、自衛権行使の要件について判断できないのではないのかという疑問が呈されてきた。

また、安保条約6条によれば米軍の駐留目的は日本の防衛に限定されておらず、極東の平和と安全の維持に及ぶが、その極東の範囲は明確でない。さらにアメリカが先制的自衛も国際法上許されると解していることとの関係で、アメリカの国際戦略に従った駐留米軍の活動の結果として、日本が米国と第三国の武力紛争に巻き込まれ、自衛権行使を余儀なくされる可能性があるとして、安保条約と憲法の平和主義の理想の矛盾を指摘する見解も説かれた（巻き込まれ論）。

(3)　駐留米軍の合憲性

米軍の駐留は、憲法9条2項が保持を禁止する戦力に該当するか。学説は、駐留米軍は日本の保有する戦力ではないとして合憲とする立場と、前述の巻き込まれ論も考慮した上で違憲とする立場に分かれる。また、国連の集団的安全保障体制が完成するまでの過渡的な暫定的措置として認める説（宮沢俊義）も説かれた。

旧条約下でこの問題が争われたのが砂川事件である。この事件は、米軍基地の拡張に反対する住民が同基地内に立ち入ったことを理由として、日本国とアメリカ合衆国との間の安全保障条約第3条に基く行政協定に伴う刑事特別法違反を理由とした刑事事件であり、駐留米軍の合憲性が争点となった。第1審判決（東京地判昭和34・3・30下刑集1巻3号776頁）は、米軍駐留により日本が直接関係のない武力紛争に巻き込まれるおそれを指摘しつつ、「合衆国軍隊の駐留は一面わが国政府の行為によるものということを妨げない」として、日本の指揮権や米軍の出動義務の有無にかかわらず、米軍の駐留は憲法違反であると判断した。

これに対して最高裁（前掲最大判昭和34・12・16）は、「わが国が、自国の平和と安全を維持しその存立を全うするために必要な自衛のための措置をとりうることは、国家固有の権能の行使として当然のことといわなければならない」とした上で、憲法９条が他国に安全保障を求めることを禁止するものではなく、同条２項にいう戦力とは「わが国がその主体となってこれに指揮権、管理権を行使し得る戦力」「結局わが国自体の戦力」を指すと解した。そして、裁判所の審査権を一見極めて明白に違憲であるかどうかに限定する統治行為論を展開した上で（→第11章第２節**5**(4)、第12章第３節**2**）、米軍駐留は「憲法９条、98条２項および前文の趣旨に適合こそすれ、これらの条章に反して違憲無効であることが一見極めて明白であるとは、到底認められない」と判断した。

＊　砂川事件第１審判決に対して検察官は最高裁に跳躍上告をしたが、これは当時、旧条約から新条約への改定が日米間で交渉されており、下級審とはいえ違憲判決をそのままにしておくことが世論に与える影響を考慮したものである。また、最高裁が事件を審理している間、田中耕太郎最高裁長官が米大使とこの事件について意見交換していたことを示す資料が2008年に発見され、司法権の独立との関係で問題視されている。砂川事件の元被告人は再審請求を行ったが、最高裁は請求を棄却する原決定を是認した（最決平成30・７・18平成29年(し)第684号。→第12章第９節**2**(2)）。

その後も最高裁は、安保条約、地位協定とその施行法的性格を有する駐留軍用地特措法について、砂川事件最高裁判決を参照しつつ違憲ではないと判断し（沖縄代理署名訴訟判決：最大判平成８・８・28民集50巻７号1952頁→第11章第２節**5**(4)）、また、同法に基づく暫定使用制度が憲法29条３項にいう私有財産を「公共のために用ひる」に該当するとしている（象のオリ訴訟判決：最判平成15・11・27民集57巻10号1665頁）。

＊　1972年の沖縄返還後も、国土面積の１％に満たない沖縄県に、在日米軍基地の70％以上が集中しているが、沖縄代理署名訴訟判決は、駐留軍用地

特措法の沖縄県内での適用が憲法前文・９条・13条・14条・29条３項・92条に反するとはいえないとしている。

(4)　周辺事態法および重要影響事態法

東西冷戦終結後の日米安全保障共同宣言（1996年）は、日米安保体制が「アジア太平洋地域において安定的で繁栄した情勢を維持するための基礎」であるという位置づけを示した。これを受けて1997年に改定された日米防衛協力のための指針は、日本周辺地域における事態で日本の平和と安全に重要な影響を与える場合の米軍に対する日本の協力について定め、これを受けて1999年には周辺事態法が成立した。同法は、「そのまま放置すれば我が国に対する直接の武力攻撃に至るおそれのある事態等我が国周辺の地域における我が国の平和及び安全に重要な影響を与える事態」を周辺事態と定義し、戦闘行為が行われていない公海およびその上空の地域（後方地域）での、物品・役務提供や便宜供与、捜索救助活動を自衛隊が行うことができるようにした（後方地域支援）。

周辺事態法が政府見解の否定する集団的自衛権の行使に当たるのではないかという批判に対して、政府が示したのが「武力行使の一体化」論である。これは、仮に自らが直接武力を行使していないとしても、他国の「武力の行使」への関与の密接性等から、日本が武力を行使したとの法的評価を受ける場合がありうることを認めた上で、「後方支援」ではなく戦闘行為が行われる見込みのない「後方地域支援」に自衛隊の活動を限定すると同時に、憲法違反を回避する論理であった。

しかしその後、後述する集団的自衛権に関する政府見解の変更とともに、2015年には新たな日米防衛協力のための指針が改定された。これは、「平時から緊急事態までのいかなる段階においても、切れ目のない形で、日本の平和及び安全を確保するための措置」をとることのほか、グローバルな平和と安全のための協力についても定めており、日米安保体制のグローバル化を進めるものであった。

これを受けて、2015年の安全保障関連法制の整備においては、周辺事態法が重要影響事態法に改正された。これは、周辺事態の定義のうちから

「我が国周辺の地域における」という地理的限定を削除し、「そのまま放置すれば我が国に対する直接の武力攻撃に至るおそれのある事態等我が国の平和及び安全に重要な影響を与える事態」（重要影響事態）について、米軍等に対する自衛隊の後方支援を可能とするものである。もっとも、現に戦闘行為が行われている現場では後方支援は実施されず、なお他国の武力行使との一体化は回避される、と政府は説明している。

＊　2015年の安全保障関連法制の整備においては、自衛隊の活動に、米軍等の部隊の武器等防護や平時における米軍に対する物品役務の提供が加えられた（自衛隊法95条の２・100条の６）。

2　自衛隊の海外派遣

(1)　国連平和維持活動への参加

既に述べたとおり、かつての政府見解は、自衛隊の海外派遣は許されないとの立場をとってきた。例えば、国連憲章43条に基づく国連軍は武力行使を任務とするものであり、憲法上参加が許されない。また、国連平和維持活動（PKO）についても、武力の行使を伴う平和維持軍（PKF）は憲法上参加が許されず、他方で停戦監視団等への参加は憲法上許されないわけではないというのが従来の政府の立場であった（→本章第１節**2 (2)**）。

湾岸戦争（1991年）を契機に、日本の国際貢献を求める声が国内外で高まり、日本政府は政令により自衛隊機で避難民を輸送し、閣議決定により掃海艇を派遣した。その後の1992年に成立した国連平和維持活動法（PKO法）は、PKF への参加について、①停戦合意の成立、②関係国すべての同意、③中立性、④上記①～③の３条件が満たされない場合の撤収、⑤自己または他の隊員の生命身体を防衛するための必要最小限度の小型武器の使用という条件（５原則）の下であれば可能とした（制定時には附則で凍結されていたが、2001年改正により削除された）。

その後、これまでカンボジアをはじめ自衛隊の部隊がPKO に派遣されているが、裁判所は訴えの利益がないことを理由に訴えを却下する等して、PKO 法の合憲性を正面から論じていない（大阪地判平成８・５・20判時1592号113頁等）。

PKO法は協力対象や許される武器の使用の範囲を拡大する方向で改正が重ねられ、2015年には国際平和協力法に改正された。

＊　国際平和協力法では、管理下にない、他所にいる者の警護要請に応じて部隊が駆けつけて警護し、武器を使用することが認められるようになった（いわゆる駆けつけ警護。同法３条５号ラ・26条２項）。これは従来の武器使用のように、隊員の正当防衛等で説明することは困難であり、「部隊による治安維持活動」として説明するほかないと指摘されている（高橋和之）。

(2)　自衛隊の海外派遣の拡大

2001年のテロ攻撃をきっかけに、アメリカがいわゆる「テロとの戦い」を進める中、日本はそれまでの政府見解が許容していた限度を事実上踏み出して、自衛隊を海外に派遣していった。2001年のテロ対策特別措置法は、国連決議を踏まえて、アフガン戦争に対する後方支援を認めた（2007年失効。2008年から2010年の間は補給支援特措法により海上自衛隊のインド洋派遣が行われた）。さらに2003年のイラク支援特別措置法により、イラクの戦後復興支援のために自衛隊が派遣されたが、前掲イラク特措法差止訴訟控訴審判決（名古屋高判平成20・４・17）は、傍論中の判断において、戦闘地域へ多国籍軍の兵員を輸送しており、政府自身の武力行使の一体化論との関係で問題があり、憲法９条１項に違反すると指摘した。

＊　自衛隊のイラク派遣の理由とされた大量破壊兵器の存在は現在も確認されておらず、この点についての検証が日本では十分なされていないことにも注意が必要である。

なお、特定秘密保護法は、公になっていないもののうちで、漏えいがわが国の安全保障に著しい支障を与えるおそれがあるため、特に秘匿することが必要であるものとして指定された情報（特定秘密）について、国家公務員法上の秘密の保護よりも厳重な取扱いを求めているが、このような国家秘密の保護と防衛作用の民主的コントロールとは緊張関係に立つ。この点で、特定秘密保護法10条は、国会自身が定める措置をとった上で、政府が両議院の秘密会に特定秘密を提供する仕組みを定めているが、防衛法制の運用に対する適正な国政調査権の行使を妨げないような運用が望まれる（→第９章第５節**3**(**2**)）。

このような自衛隊の海外派遣はこれまで特別措置法により行われてきた

が、2015年の安全保障関連法制の整備にあたっては、恒久法として国際平和支援法が制定され、自衛隊の海外派遣は「国際平和共同対処事態」における協力支援活動として位置づけられた。さらに、国際平和協力法は、非国連統括型の国際的な平和協力活動についても「国際連携平和安全活動」として実施を可能にする規定を置いている。

＊　2009年に成立した海賊対処法は、海上保安庁と海上警備活動下の自衛隊が、海賊への対処に際して、武器の使用を認めた。ソマリア沖に自衛隊が派遣され、ジブチ共和国には自衛隊初の海外拠点が置かれている。

第４節　安全保障関連法制の整備と平和主義

1　集団的自衛権と政府の憲法解釈変更

(1)　集団的自衛権

既にみたとおり、国連憲章51条は「個別的又は集団的自衛の固有の権利」について定める。このうち集団的自衛権とは、政府見解によれば、「自国と密接な関係にある外国に対する武力攻撃を、自国が直接攻撃されていないにかかわらず、実力をもって阻止する権利」であり、国際法上、日本は集団的自衛権を個別的自衛権とともに有しているとされている。

＊　集団的自衛権の正当化については、①共同自衛、②他国の権利の防衛、③他国に関わる死活的利益（vital interest）の防衛といった見方の違いがある（祖川武夫）。また国連憲章の成立過程では、集団的自衛権が、集団的安全保障体制を補完する側面をもつと同時に、それを瓦解させるおそれがあることも意識されていた（森肇志）。

他方、これまでも言及してきたとおり、政府は従来、集団的自衛権の行使は、憲法の容認する自衛の措置の限界を越えるものであり許されないとしてきた。その基本的な論理は、憲法９条の下で自衛権が行使できるのは、「あくまで外国の武力攻撃によって国民の生命、自由及び幸福追求の権利が根底からくつがえされるという急迫、不正の事態に対処し、国民のこれらの権利を守るための止むを得ない措置」だからであり、他国に加えられた武力攻撃を阻止することを内容とする集団的自衛権の行使は、憲法上許されない、というものであった（1972年政府見解）。

(2)　政府見解の変更

政府が周辺事態法等について武力行使の一体化論を展開してきたのも、集団的自衛権の行使は許されないという立場との平仄をとりつつ、国際情勢の変化に対応するための苦心の試みであった。しかし、それ以上の自衛隊の海外派遣の拡大や日米安保体制の強化を求める立場からは、集団的自衛権の行使を可能とするような憲法改正や憲法解釈の見直しを求める声が高まっていった。

第２次安倍政権は2014年、「国の存立を全うし、国民を守るための切れ目のない安全保障法制の整備について」という閣議決定により、「現在の安全保障環境に照らして慎重に検討した結果、我が国に対する武力攻撃が発生した場合のみならず、我が国と密接な関係にある他国に対する武力攻撃が発生し、これにより我が国の存立が脅かされ、国民の生命、自由及び幸福追求の権利が根底から覆される明白な危険がある場合において、これを排除し、我が国の存立を全うし、国民を守るために他に適当な手段がないときに、必要最小限度の実力を行使することは、従来の政府見解の基本的な論理に基づく自衛のための措置として、憲法上許容されると考えるべきであると判断するに至った」との解釈変更を行った（2014年政府見解）。

2014年政府見解は、従来の自衛権行使の３要件と比較してみれば、①要件について、従来の武力攻撃事態に、「我が国と密接な関係にある他国に対する武力攻撃が発生し、これにより我が国の存立が脅かされ、国民の生命、自由及び幸福追求の権利が根底から覆される明白な危険があること」（存立危機事態）を加えたものということができる。そして、存立危機事態について、「国民の生命、自由及び幸福追求の権利が根底から覆される」という絞りをかけたのは、1972年政府見解の基本的な論理とのつながりを確保しようとしたものであり、その結果として、2014年政府見解を文言どおり受け取るならば、集団的自衛権の行使と言いながらも、現実に憲法上許容されるのは、かなり限定的な場合のように映る（「フルスペック」の集団的自衛権でなく、限定的な行使の容認等と表現される）。存立危機事態における武力行使は、国際法上は、個別的自衛権の範囲にとどまるのではないかという見方もできよう。

他方、2014年政府見解に対しては、憲法9条の規範的意義をほとんど無に帰するものであり、従来の政府見解との矛盾は否定できない上、従来の個別的自衛権の行使の要件と異なり、実力行使に対する明確な歯止めを提供するものではないという強い批判がある（長谷部恭男等）。さらに見解の内容的妥当性を越えて、政府の憲法解釈のあり方、政府の憲法解釈を担ってきた内閣法制局と内閣の関係という点でも、広汎な議論を呼んでいる。

なお、自衛権行使の要件のうち②③について、2014年政府見解は修正を加えていないが、「他に適当な手段がない」（②）とか「必要最小限度の実力を行使すること」（③）は①との関係で初めて具体的な限界をもつ概念であることに、注意が必要である。

＊　2014年政府見解を基礎になされた2015年の安全保障法制の整備は、存立危機事態における防衛出動を認めるほか（自衛隊法3条1項・76条2項）、在外邦人等の保護措置（同法84条の3）等の自衛隊法改正を中心に、周辺事態法を重要影響事態法に、PKO法を国際平和協力法に改め、さらに国際平和支援法の制定や船舶検査活動法の改正等の広汎な内容を含む。

2　平和主義の課題

憲法9条については、憲法の基本原理や統治機構に関する規定と同様に、司法による憲法の解釈や形成がほとんど機能しておらず、同条は事実上、政治的規範として機能している。そしてその内容充填を担ってきたのは内閣法制局であったが、国際貢献の拡大や日米安全保障体制の強化を求める政治の動向との関係で、政府見解の整合性や憲法解釈としての妥当性が強く批判されるようになっている。

このような中で、自民党は2018年に、自衛隊を正面から憲法上位置づけるための憲法改正案をまとめるほか、むしろ憲法9条の法的規範性を復活させることを意図した憲法改正論が唱えられる等、同条については今後もさらに激しい議論の対象となっていくものと思われる。

第５章　平和主義

〈参考文献〉

青井未帆「実力の統制と平和主義」宍戸常寿＝林知更編『総点検　日本国憲法の70年』（岩波書店、2018年）59頁以下

麻生多聞『憲法９条学説の現代的展開』（法律文化社、2019年）

石川健治「民主主義・立憲主義・平和主義：憲法に自衛隊を明記するとはどういうことか」法律時報91巻２号（2019年）88頁以下

井上達夫「第４章　九条問題――戦力に対する立憲主義的統制の欠損とその克服」同『立憲主義という企て』（東京大学出版会、2019年）195頁以下

浦田一郎『自衛隊加憲論の構造と展開』（日本評論社、2019年）

阪田雅裕『政府の憲法解釈』（有斐閣、2013年）

阪田雅裕『憲法９条と安保法制』（有斐閣、2016年）

佐藤達夫『日本国憲法誕生記』（中公文庫、1999年）

田村重信編『新・防衛法制』（内外出版、2018年）

長谷部恭男『憲法と平和を問いなおす』（ちくま新書、2004年）

長谷部恭男「平和主義と立憲主義」「補章Ⅰ攻撃される日本の立憲主義――安保関連法制の問題点」同『憲法の理性（増補新装版）』（東京大学出版会、2016年）223頁以下

長谷部恭男『戦争と法』（文藝春秋社、2020年）

深瀬忠一『戦争放棄と平和的生存権』（岩波書店、1987年）

森肇志『自衛権の基層』（東京大学出版会、2009年）

森肇志ほか「憲法学と国際法学との対話に向けて」宍戸常寿ほか編『憲法学のゆくえ』（日本評論社、2016年）339頁以下

水島朝穂『ライブ講義　徹底分析！　集団的自衛権』（岩波書店、2015年）

山内敏弘『「安全保障」法制と改憲を問う』（法律文化社、2015年）

第６章　憲法の変動と保障

第１節　総　説

憲法は、国家生活の基礎的なルールを定める法として安定性が要求される。しかし、憲法の規律対象である国家は、社会の経済状況の変化や国際的な政治状況の変化の影響を受けてそのあり方（組織や活動）を変える必要が生じてくる。たしかに、憲法典の文言は法律と比べると抽象的であるため、解釈によって弾力的な運用も可能である。けれども、解釈による対応が困難になってくると、現在の状況に適合するように憲法の文言を変更する必要が生じる。それが「憲法改正」である。もし憲法を絶対に変更できないものとすると、社会経済システムや国際関係の変化に対応することができず、かえって革命やクーデタのような憲法の破壊を招きやすいからである。そこで、日本国憲法96条は、憲法の改正を認めるとともに、改正に厳格な手続を課すことで、安定性と可変性の要求を調和させようとする。憲法改正手続は、憲法の保障と変動の二面性をもつのである（→本章第２節１～３）。

憲法典の文言の変更（憲法改正）によって、現実の（実質的意味の）憲法も変更される。逆に、現実の憲法は既に変化しており、それに憲法典を適合させるための憲法改正もある。いずれにせよ、現実の憲法運用と憲法典の文言は一致すべきものである。しかし、憲法が改正されないまま、憲法の規範内容と現実の憲法運用のズレが修正されずに放置されていることもある。このように、憲法が改正されていないのに、憲法正文の意味が改正されたのと同じ程度に憲法が実質的に変化することを「憲法変遷」という。規範と事実のズレが生じることは、あらゆる規範にありうることで、憲法も例外ではない。これに対して、憲法規範に矛盾する事態が生じているだけではなく、その違憲の事態が法的な有効性を承認され、矛盾する憲法規範が効力を失うか、大きく意味変化することがある。このような憲法変遷が認められるか、学説は厳しく対立している（→本章第2節**4**）。

憲法が現実の変化に対応して変動することは、憲法が実効性をもとうとする限り避けられないことであるが、他方で、正当な理由がないにもかかわらず、国家権力の違憲行為によって憲法の最高法規性が損なわれることがあってはならない。そのような事態を事前に防止し、または事後的に是正するための制度を「憲法保障制度」という。日本国憲法は、事前の予防的制度として、憲法の最高法規性の宣言（98条1項→本章第3節**1 (1)**）、公務員の憲法尊重擁護義務（99条→本章第3節**1 (2)**）、憲法改正手続（96条→本章第2節**2**）を定める。事後の匡正的な憲法保障制度として、裁判所の違憲審査制（81条→第12章）がとりわけ重要であるが、権力分立（→第4章）や民主的統治機構（→第7～第10章）も、事前および事後的な憲法保障制度としても機能する（→本章第3節**2**）。

これら平常時の憲法保障制度のほかに、非常時の超憲法的な（あるいは法の外の）憲法保障制度として、国家緊急権と抵抗権が挙げられることがある（→本章第3節**3**・**4**）。それらは、憲法の基本原理または国家の存立を守るために、憲法の立憲的な規範を破る権限（国家緊急権）や、合法的に成立した義務を拒否する権利（抵抗権）であって、明文規定のない日本国憲法上その存在が認められるか、学説上争いがある。

第2節　憲法の変動――改正と変遷

1　憲法改正の概念

憲法改正とは、憲法の定める手続に従って、憲法正文に変更を加えることである。憲法典の個々の条項に修正・削除・追加を行うこともあれば（一部改正）、全面的に書き換えることも（全部改正）、新しく条項を設けてもとの憲法典に付加する（増補）こともある。

＊　憲法改正の概念自体に争いがある。例えば、カール・シュミット（C. Schmitt）は、憲法改正を次の諸概念から区別した。

①　憲法の廃絶（廃棄、破壊。Verfassungsvernichtung）　既存の憲法を除去し、憲法制定権力の主体を変更すること。革命。

②　憲法の除去（排除、廃止。Verfassungsbeseitigung）　憲法制定権力の主体はそのままで既存の憲法を除去すること。クーデタ。憲法制定権力はそのままでも、基本的な政治的決定が他の決定に置き換えられる。

③　憲法の破毀（破棄。Verfassungsdurchbrechung）　一または複数の個別事例について憲法律的諸規定を侵害すること。憲法律は変更されず、そのまま効力を維持しながら、これと異なる指示が与えられる。

④　憲法の停止（Verfassungssuspension）　一または複数の憲法律的諸規定を一時的に効力停止すること。戦争や内乱のような危機的状態において、特に市民的自由を保障する諸規定の効力を一時的に停止する。

シュミットは、憲法に優位する力または権威である「憲法制定権力」、憲法制定権力の基本決定（決断内容）である「憲法」、そして、憲法を具体化した「憲法律」を区別する（→第３章第２節**1**＊）。そうすると、①は憲法制定権力・憲法・憲法律すべての変更、②は憲法と憲法律の変更であるのに対して、③・④は憲法律にのみ関わる。そして、シュミットの憲法改正概念も、憲法律の変更に限定されているのである。つまり、憲法の基本決定（基本原理）の変更は、定義上既に憲法改正ではないのである。このような「狭い」憲法改正概念に従って、日本国憲法の憲法改正は一部改正のみを指し、全部改正は憲法改正ではないとする学説もある（→本節**3 (2)**(ア)）。

シュミットの定義に従えば、革命やクーデタによる憲法制定権力や憲法の変更は、憲法改正ではなく、新憲法の制定である。憲法改正が既存の憲法を前提とするのに対して、憲法制定は、憲法を新しくつくりだす作用である。既存の憲法の定める手続に従っていても、その基本原理を変更する場合には、改正の限界を超えているので、憲法改正ではなく憲法制定であるとされる。日本国憲法の制定は、明治憲法73条の手続に従って同憲法をその基本原理とともに全面的に変更したものであるから、その一例である→第２章第３節。

③・④は国家緊急権（→本章第３節**3**）との関係で問題となる。ワイマール憲法48条２項（大統領の非常事態権限）によって憲法の破毀や停止がしばしば行われ、これがワイマール共和国崩壊の原因となった。そこで、現在のドイツ基本法79条１項は、「基本法は、基本法の文言を、明文で変更し又は補充する法律によってのみ、これを変更することができる」と定め、③・④を明文で禁止している。

2　日本国憲法の改正手続

憲法改正に法律の制定よりも困難な手続を定める憲法を硬性憲法といい、通常の立法手続で改正できる軟性憲法と対置される（→第１章第２節**2** (3)）。日本国憲法96条の定める改正手続は、国会の発議に厳重な要件を課すとともに、国民投票を必須とする点で、比較法的にみても硬度が高い。硬性でも頻繁に改正される憲法もあれば、軟性でも安定して存続する憲法もあり、改正手続の硬度が憲法の事実上の安定性を保障するわけではないが、日本国憲法は制定以来一度も改正されていないから、安定性が高いということができる。ただし、憲法正文は変更されていなくても、その意味は、政府の解釈・運用により、改正されたと同じ程度に変化しているとされることもある。政府の解釈が憲法解釈の限界を超えるとする立場からは——明文改憲に対して——解釈改憲と呼ばれる（→第２章第４節**2** (2)）。

(1)　国会の発議

(ア)　発　案

(a)　憲法96条１項にいう「発議」とは、国民に提案する憲法改正案を国会が議決することであるが、国会法は、議員がその属する議院に法律案や憲法改正原案を提出することを「発議」と呼ぶ（国会法56条１項・68条の２）。憲法改正を発議する国会のメンバーたる国会議員が憲法改正原案を国会（議院）に提出する権利を有するのは当然である。この権利を全面的に否定することは、違憲だと解すべきであろう。誰が憲法改正原案を提出しても国会が自由に審議し修正し議決できるのだからかまわない、とはいえないからである。国会法68条の２は、議員が憲法改正原案を発議するには、「衆議院においては議員100人以上、参議院においては議員50人以上の賛成を要する」と定め、法律案を発議する場合（国会法56条１項）よりも賛成議員数を加重している。このような賛成議員数による発議権の制限がどこまで可能かは、問題とする余地があろう。

(b)　憲法審査会も憲法改正原案を提出することができる（国会法102条の７）。憲法審査会は、日本国憲法および日本国憲法に密接に関連する基本法制について広範かつ総合的に調査を行い、憲法改正原案、日本国憲法に係る改正の発議または国民投票に関する法律案等を審査するため、各議院に設置される（国会法102条の６）。

(c)　内閣に憲法改正原案の提出権があるか、争いがある。現在、内閣の憲法改正原案提出権を積極的に認める法律上の規定は存在しない。学説は肯定説と否定説に分かれる。同様の対立は法律案の提出権についても存在する（→第８章第４節**2**）が、法律案の提出権については肯定説をとりながら（通説）、憲法改正原案の提出権については否定説をとる学説もある点に注意しなければならない。法律案には技術的な側面も多く含まれているのに対して、憲法改正原案はまさに「この国のかたち」に関わることであるから、両者を同一視することはできないというのである。学説の対立を要請・許容・禁止の枠組みで捉えると、内閣の提出権は憲法上の要請であり、法律がなくとも内閣は改正原案を提出できるという説（要請説）は存在しない。禁止説によれば、法改正（例えば、内閣法５条を改正し、憲法改正原案提出権を明記する）によって内閣の提出権を認めたら、その規定は違憲無効である。両説の間に、内閣の提出権を認めるか否かは立法政策の問題だと捉える折衷説（許容説）もある。同説によれば、法律が存在しない現状では、内閣に提出権はない（→第10章第３節**6**）。内閣のメンバー（内閣総理大臣その他の国務大臣）は国会議員の資格をもつのが通常であるが（憲法67条１項・68条１項）、議員として憲法改正原案を発議する場合には、国会法68条の２の定める賛成議員数を必要とするのは当然である。

(イ)　審　議

(a)　憲法改正原案は、各議院に設けられる憲法審査会の審査に付される（国会法102条の６）。他の議院の憲法審査会との合同審査会を開くこともできる（同法102条の８）。

(b)　憲法審査会の審査後、憲法改正原案は本会議で審議される。合議体の議事・議決の能力を生じさせる出席者の数を定足数という。法律の制定については、議事・議決とも「総議員の３分の１」が定足数である（憲法56条１項）。憲法改正の場合、議決の定足数が「総議員の３分の２」であることは明らかだが、議事について特別の規定は存在しない。明治憲法73条２項は「総員三分ノ二以上出席スルニ非サレハ議事ヲ開クコトヲ得ス」と定めていたが、これに対応する規定がない以上、日本国憲法上は「総議員の３分の１」で足りると解される。もちろん、法律で要件を加重することは可能であるが、法律には特段の規定はない。

法律の制定では衆議院が優越するが、憲法改正の発議では両院は対等である。そのため国会法も、憲法改正原案の取扱いにつき、法律案とは異なる定めを置いている（同法83条の４・86条の２）。

(ウ)　議　決

両議院が「総議員の３分の２以上の賛成」で憲法改正案を議決することが、国会の発議であると同時に、国民への提案である（国会法68条の５第１項も同様に解する）。「総議員」の意味について、法定議員数（公選法４条）か、現在議員数（法定議員数から死亡などの欠員を差し引いた、現に在職する議員数）か、をめぐる対立があることは、憲法56条１項の「総議員」の場合と同様である（→第９章第３節**４**）。現在議員数説は、現実には存在しない欠員を反対の意思表示をしたものと同視するのは不合理であることを理由とするが、数が一定しており、紛争を未然に防止できることから、憲法96条では（56条の場合以上に）法定議員数が妥当であろう。帝国議会の衆議院・貴族院でも、国会の衆議院・参議院でも、法定議員数で運用されてきたから、ここで異なる扱いがされるとは考えられない。

＊　2012年、自民党が96条の発議要件を「総議員の過半数」に緩和する憲法改正案を発表した。改正理由は、「総議員の３分の２以上の賛成」の要件が厳しすぎて、主権者たる国民の意思が発動する機会が失われているというにある。そもそも憲法改正規定をその改正手続で改正できるかという問題を措くと（→本節**３**(2)(ウ)）、この要件緩和によって国民の熟議の上での決定が損なわれないか、問題とされた。

(2)　国民の承認（憲法改正国民投票）

(ア)　国会の発議した憲法改正案を国民が承認することにより、憲法改正が成立する。①国会の発議は憲法改正案の確定であって、憲法改正に効力を付与するのは国民の承認だと解すべきであろう。これに対して、②憲法改正に効力を付与するのは国会（の発議）であって、国民投票は単なる拒否権であると説く学説もある（高橋和之）。憲法改正限界論をとり、憲法96条も改正は可能だが、改正には限界があると考えると、①では、国会の発議要件は改正可能であるが、国民投票を廃止することは改正の限界を超えると解されるのに対し、②では、国会の発議要件の緩和こそが問題で、国民投票の廃止は可能だということになろう（→本節３(2)(ｳ)）。憲法改正国民投票法について→第２章第４節３(2)。

(a)　国民の承認は、国民投票で行われる。国民投票は、国会における憲法改正の発議から60日以後180日以内において、国会の議決した期日に行う（憲法改正２条１項）。憲法上は、「特別の国民投票」でも「国会の定める選挙の際行はれる投票」でも、いずれの方式でもよい。しかし、憲法改正国民投票法は、専ら前者の「特別の国民投票」を前提としている。たしかに、憲法改正国民投票は、ことのついでに行う性質のものではないし、国政選挙とは異なる判断が求められるものであるから、特別の国民投票が原則であるべきだろう。もちろん、憲法改正の発議後に衆議院が解散され、結果的に国民投票と選挙の期日が同一になることはありうるし、それが違憲・違法となるわけではない。

(b)　満18歳以上の日本国民は国民投票の投票権を有する（憲法改正３条）。

憲法改正国民投票法には、選挙権の場合と異なり、公選法11条１項にみられる資格制限は存在しない。制定時の同法４条で成年被後見人は投票権を有しないものとされていたが、現在は（公選法11条１項１号と同じく）削除されている（→憲法Ⅰ第18章第２節３(2)）。また、国政選挙の年齢要件が18歳に引き下げられ（公選法９条）、民法の成年年齢も18歳に引き下げられた（民法４条→第２章第４節３(2)）。

(c)　投票は、投票用紙に記載された「賛成」または「反対」の文字を○で囲むことによる（憲法改正56条・57条１項・別記様式。なお、同法81条）。憲法改正案が複数の事項について存在するときは、国民投票も改正案ごとに行われるので、投票用紙にはどの改正案に関するものであるかを表示しなければならない（同法別記様式備考二）。

(d)　国民投票運動

憲法改正国民投票法は、「憲法改正案に対し賛成又は反対の投票をし又はしないよう勧誘する行為」を国民投票運動と呼び、公務員の政治的行為の制限に関する特例を設けるとともに（同法100条の２）、一定の規制を定めている。例えば、投票事務関係者（同法101条）と特定公務員（同法102条）の国民投票運動の禁止、公務員等および教育者の地位を利用した国民投票運動の禁止（同法103条）、国民投票に関する放送は放送法4条1項の規定の趣旨に留意すること（憲法改正104条）、投票期日前2週間の広告放送の禁止（同法105条）などがある。

＊　国民投票運動には選挙運動と次のような違いがある。選挙では戸別訪問が禁止されるが、国民投票では自由である。18歳未満の選挙運動は禁止されているのに対して、国民投票運動には年齢制限はない（選挙運動の制約につき→憲法Ⅰ第18章第4節**3**）。運動費用にも制限がない。そこで、国民投票時のプロパガンダCMの危険性が指摘され、野党は憲法改正国民投票法を改正しCMを規制すべきことを主張するが、与党は民放連の自主規制で十分だとする。ただし、民放連は今のところ量的な自主規制には否定的である。

(e)　中央選挙管理委員会は、国民投票の結果を官報で告示するとともに、総務大臣を通じて内閣総理大臣に通知する（憲法改正98条2項)。内閣総理大臣はその内容を衆参両院の議長に通知する（同条3項)。

(イ)　国民の承認は、国民「投票において、その過半数の賛成」を得ることである。「過半数」の意味について、①有権者の過半数、②総投票の過半数、③有効投票の過半数、の3説がある。①説は「その」過半数を「国民（有権者）の」過半数と読むが、文言上無理がある（「その」過半数とは、「投票の」過半数であると解される）こともあって支持者は少ない。問題は②か③か、ここでも56条2項の「過半数」と同様の対立がある（→第9章第3節**4**)。②説は、棄権票や無効票を含めた投票全体の過半数を必要とする（国民への提案の仕方によっては無効票や棄権票が多数発生する可能性があるから、③説では少数の賛成で憲法改正が成立することになりかねない、とする）のに対して、③説は、賛成か反対か不明の票をすべて反対票と同じに扱うのは不合理であるとするのである。③説が多数説であるが、②と③のいずれを採用するか、国会が決定できるとする説もある。憲法改正国民投票法は、「投票総数」を「憲法改正案に対する賛成の投票の数及び反対の投票の数を合計した数をいう」と定め（憲法改正98条2項)、③説を採用した。であれば、無効票が発生しない明確な提案が何よりも望まれる。

(ウ)　一定の投票率に達しない場合は、たとえその投票の過半数の賛成を得た憲法改正案であっても、国民の承認を得られなかったものとする、最低投票率の制度は採用されていない。この制度の導入は、投票ボイコット運動を誘発する恐れがあるなどの理由で見送られたが、立法政策として考慮に値する（前記(イ)で③を採用する場合は特に）。最低投票率制を導入した場合、最低投票率に達しなかった投票により、憲法改正案が否決されたことになるのか、再投票手続がとられるのかは、制度設計による。

＊　ただし、国民の憲法改正国民投票権の法的性格の理解によっては問題が生じる。なぜなら、この投票権の法的性格について選挙権と同様の学説（公務説、二元説、権利説など）の対立がありうるところ（→憲法Ⅰ第18章第２節１(1)＊参照）、投票権に公務性を承認すれば最低投票率制度の導入には問題がないが、国民投票を棄権する自由が憲法上認められていると考えた場合には、この制度と矛盾する可能性があるからである。というのは、投票率が極端に低くても棄権という憲法上の権利を行使した結果であるから、それによって国民投票が不成立になる理由はないし、そのために間接的に棄権しにくくなるのであれば、権利侵害ですらある。純粋の権利説はこのような権利侵害を正当化できるだろうか。純粋の権利説からは、最低投票率制が違憲と判断される可能性があるといえよう。

(エ)　投票人は、中央選挙管理委員会を被告として、国民投票の結果の告示の日から30日以内に、東京高等裁判所に国民投票無効の訴訟を提起することができる（憲法改正127条）。訴訟の提起があっても国民投票の効力は停止しない（同法130条）が、憲法改正が無効とされることにより生ずる重大な支障を避けるため緊急の必要があるときは、裁判所は、申立てにより、憲法改正の効果の発生の全部または一部の停止をすることができる（同法133条１項）。その場合は、判決確定まで効果の発生は停止する（同条２項）。ただし、天皇の公布後、一定の期間を経てから憲法改正が施行されるはずである（公布即日施行ということは考えにくい）から、その間の迅速な裁判によって、効力発生停止の制度を用いずに済むことが望ましい（同法129条）。

なお、無効事由は限定列挙である（同法128条）。憲法改正の限界を超えたかどうかの審査について→本節3(4)。

(3)　天皇の公布

国民の承認があったとき、内閣総理大臣は直ちに公布のための手続を執らなければならない（憲法改正126条2項）。憲法改正は天皇が公布する（憲法96条2項・7条1号）。公布は成立した国法を国民に広く知らせる行為で、国法の成立要件ではない（→第3章第3節4(2)③）。憲法改正は(2)の段階で確定的に成立している。「国民の名で」とは、憲法改正権が国民にあることを明示する意味をもつ。「この憲法と一体を成すものとして」とは、アメリカ合衆国憲法のような修正増補形式を義務づけるものではなく、改正部分も他の部分と同じく最高法規としての性格を有することを確認したものと解される。「直ちに」とは、可能な限り速やかにということであるから、法律の公布（国会法66条）よりも早いことが必要であろう。

3　憲法改正の限界

(1)　無限界説と限界説

憲法の定める改正手続によりさえすれば、その憲法にいかなる内容の変更を加えることも可能であるとするのが、無限界説である。①憲法規範の内部に質的な差異を認めず、改正不能な上位規範と改正可能な下位規範の区別はないこと、あるいは、②憲法を制定した国民は憲法の上に立ち憲法を自由に変更できることをその論拠とする。とすると、無限界説の論拠①を否定し、憲法規範の質的差異を肯定するか、論拠②を否定し、憲法を制定する国民と憲法を改正する国民を区別すれば、限界説が可能になる。

まず、基本的人権の尊重や国民主権など、近代世界で広く認められる普遍的原理があり、これが実定法に優位する効力を有することを承認するとともに、この原理を採り入れた憲法規定は、超実定法的実定法（＝実定化された自然法）として他の憲法規定に優位した効力を有すると考えることができる。そうすれば、憲法改正手続に従っても、超実定法的な原理を改正することは許されないことになる。なお、この説では、超実定法は憲法改正権だけではなく憲法制定権力をも拘束するはずであるから、憲法改正の限界は、同時に憲法制定の限界であり、さらには現に存在する憲法の効力を判定する基準になるものと思われる（A説）。

次に、憲法制定権力と憲法改正権を区別し、前者は憲法をつくる力であり、憲法に拘束されないが、後者は、憲法によってつくられた力であり、憲法に拘束される、と考えることができる。日本国憲法上、どちらも主体は国民だが、憲法制定権力を有するのは全国民であり、憲法改正権を有するのは有権者の総体で、両者は異なるから、憲法改正権によって、憲法制定権力の所在や、憲法制定権力の基本決定を変更することはできない、ということになる（B説）。

学説上は限界説が通説である。けれども、A説が前提とする自然法の存在には異論がありうるし、存在を肯定してもその内容について意見の一致は難しい。また、B説は、憲法制定権力と憲法改正権を区別するが、議会限りで憲法改正が行われる国とは異なり、憲法改正国民投票が必須とされる日本で両者を区別する意義があるのか、事実上憲法制定権力を消去することになるのではないかという疑問がある。とはいえ、学説では限界説が圧倒的なので、以下、限界説を前提にした場合に生じる問題を説明する。

(2)　日本国憲法の改正の限界

(ア)　全部改正と一部改正

憲法を全面的に書き換える全部改正は許されない、という学説がある。「この憲法と一体を成すものとして」とは、一部改正だけを認める趣旨だというのである。けれども、「全面改正を禁止していると解しても、2回以上に分けて改正を行えば全面改正も可能となる」（芦部信喜）。あるいは、部分的な改正を積み重ねれば結果的に全部改正になることもあるので、両者の区別は相対的である。したがって、全部改正だから許されないのではなく、憲法の基本原理が変更されるかどうかの問題とすべきだろう。

(イ)　憲法改正禁止規定

ドイツ基本法79条3項は、一定の事項の改正を明文で禁止している。このような改正禁止規定はどのような効力をもつのか。①改正禁止規定には何の効力もなく、そこで改正を禁止された事項も改正可能である、②法的効力はあるが、改正禁止規定自体をまず削除し、その後で改正が禁じられていた事項を改正することはできる、③改正禁止規定は法的拘束力を有し、そこで改正が禁止された事項を改正することは許されない、改正禁止規定自体の改正も許されない、との３説が考えられるが、ドイツでは③が通説のようである。

日本国憲法にはこのような規定は存在しない（前文の「一切の憲法……を排除する」や９条１項の「永久にこれを放棄する」を改正禁止規定と捉える学説もあるが、このような文言上の改正禁止説は少数説にとどまる）。有力説は改正禁止規定の意義に消極的である。改正禁止規定の内容と理論的限界が一致するときは、その規定は確認的な意味をもつが、一致しないのであれば、①か②の方法で改正することができるというのである（芦部信喜。これに対して、改正禁止規定は改正の対象になりえないという学説もある）。ただし、この点は、議会だけで憲法を改正できるのか、国民投票が必要なのか、さらに、憲法改正行為に裁判所の審査権が及ぶのかにも関わる。

㈦　憲法改正規定の改正

日本国憲法96条を同条の手続に従って改正することは可能か。憲法改正権が憲法96条で与えられたのであれば、権限の根拠を否定することになり、自己矛盾ではないか。この点は、近時の96条改正先行論（→本節 **2** **(1)** ㈦＊）でも争われた。学説は肯定説と否定説に分かれるが、有力説は、96条の改正は「法論理的に不可能である」が、「絶対に不可能とするのが憲法制定者の意志とは思われない」ので、「改正権の根本に触れない範囲の改正」は許されるとする（清宮四郎）。そこから、改正権の根本である憲法改正国民投票を廃止することは許されない、とするのであるが（芦部信喜、佐藤幸治）、これが肯定説か否定説か、明らかではない。改正権が96条で初めて与えられたのであれば、96条は一切変更できないはずであるから、改正権自体は96条以前に存在し、96条は改正権の行使を手続的に規律するにすぎないということであろう。そうであるならば、改正手続規定自体は改正可能で、あとは改正の限界の問題に解消されるように思われる。つまり、国民投票の廃止が許されないのは、国民投票が国民主権と不可分でその廃止は改正の限界を超えるからであって、改正規定だから改正できないわけではない。

㈣　憲法の基本原理

限界説の多くは、憲法の基本原理は改正できないとする。日本国憲法では、国民主権、基本的人権の尊重、平和主義の三つが基本原理として挙げられることが多い（→第2章第3節3(3)）。第1の問題は、これらが基本原理である理由である。これら三つはたしかに明治憲法と異なる日本国憲法の特徴ではあるが、それがなぜ改正の限界をなす基本原理といえるのか、したがってまた、基本原理はこの三つに限られるのか（立憲主義、権力分立、法の支配、社会国家はどうか）も明らかではない。第2の問題は、これら三つはいずれも抽象的な原理であるから、どこまで改正されたら限界を超えたことになるのか、曖昧であることである。まず、憲法改正国民投票の廃止は国民主権原理の侵害として改正の限界を超えるという学説があることは㈢でみた。基本的人権の尊重については、例えば、25条から28条を削除した場合、13条または14条1項を削除した場合、直ちに改正の限界を超えたことになるのか、明らかではない。逆に、権利規定ではない政教分離規定を削除して世俗国家から宗教国家に変更したら、改正の限界を超える可能性もあろう。平和主義については、9条全体が改正の限界であるとする学説と、9条2項は改正可能であるとする学説がある。後者が多数説だと思われる。それによれば、9条に3項を付加して自衛隊の存在を規定しても、直ちに憲法改正の限界を超えることにはならないだろう。

(3)　改正の限界を超えて改正された憲法の効力

改正に限界があると考えた場合、限界を超えた改正の効力はどうなるのか。二つの憲法の法的な連続性は切断されているため、もとの憲法によって効力を基礎づけることができない、という意味において「無効」である。けれども、無効であるのはその限りにおいてであって、改正後の憲法が国民から広く受け入れられ安定した秩序を形成することができれば、新しい根拠によって憲法の効力が事実上承認されているといえよう。理論的には憲法制定権力の新しい決定であり、新憲法の制定であるから有効だということができる。したがって、改正の限界は、改正憲法か新憲法かを判断する標識であるにすぎず、憲法の効力とは無関係である。この点は、明治憲法の改正手続で成立した日本国憲法の場合、特に重要である。通説は、日本国憲法は改正憲法としてではなく、新憲法として有効だとする（→第２章第３節**２**）。

(4)　憲法改正と違憲審査

ただし、限界を超えているか否かを判断する制度が憲法に組み込まれている場合は別である。ドイツでは、連邦憲法裁判所が憲法改正の合憲性を審査する。改正が限界を超えていれば無効と判断され、改正は実効性をもたない。他方、これまで日本では、憲法改正は高度の政治性を有する統治行為（→第11章第２節**５(4)**）であって裁判所の審査権は及ばないとの暗黙の前提があったように思われる。しかし、統治行為の概念は曖昧であり、可能な限り限定的に用いるべきであろう。それではどう考えるべきか。

ドイツでは議会が憲法を改正する。もちろん議決には特別多数が要求されるが、国民投票は存在しない。これに対して、日本では国民が国民投票によって憲法改正を決定する。投票した国民の過半数が合憲であると判断した憲法改正を裁判所が覆すことができるのか。考え方は二つある。①国民投票を行う国民は（憲法制定権力の主体である国民とは異なり）憲法上の機関であり、その行使する憲法改正権も憲法によって与えられた権限であるとすると、裁判所による違憲審査も可能だと考えられる。これに対して、②憲法制定権力の主体である国民と憲法改正権者である国民は究極的には同一の国民で、国民投票において憲法制定権力を行使すると考えると、憲法上の機関である裁判所が憲法よりも上位の権力の行為を審査することはできないから、裁判所による憲法改正行為の審査は否定されることになる。

4　憲法の変遷

(1)　二つの意味

憲法正文の意識的な変更が憲法改正であるのに対して、憲法変遷とは、憲法が改正されていないのに、憲法正文の意味が改正されたのと同じ程度に実質的に変化することである。

憲法変遷の性格は二つに大別される（川添利幸）。一つは、憲法の規範内容と現実の憲法運用との間にズレが生じていることを客観的事実として指摘する場合で、これを「社会学的意味の憲法変遷」という。規範と事実のズレが生じることは、あらゆる規範に起こりうることで、憲法も例外ではない。この意味の憲法変遷は、ほぼすべての学説が肯定するところである。

これに対して、憲法規範に矛盾する事態が生じているだけでなく、その違憲の事態が法的な有効性を承認され、矛盾する憲法規範が効力を失うか、大きく意味変化することがある。これを「法学的意味の憲法変遷」という。この第２の意味の憲法変遷を認めるかどうか、学説（肯定説と否定説、習律説）は厳しく対立している。

(2)　学説の対立

最初の問題は、(i)憲法規範には、解釈者の主観を超えた客観的な意味が内在していると考えるか、(ii)憲法規範に客観的意味はないか、あってもそれを認識することはできないと考えるか、である。もしも(ii)のように憲法規範自体に客観的な意味がないのであれば、規範と事実を比較しても無意味だから、社会学的意味の憲法変遷さえありえないことになる。国会や裁判所などの国家機関が「これが憲法だ」といったものが憲法の意味であり、それ以外に憲法の意味はない。憲法解釈は解釈者の政治的・倫理的な理想に応じて十人十色であり、何が客観的な意味であるかを理論的に決することはできないのである（戦前の宮沢俊義）。

これに対して、学説の多くは(i)から出発する。しかし、憲法に内在する意味は、一つの問題に一つの意味しか許さないほどはっきり確定できるわけではなく、一定の幅があるが、それでも若干個の意味に限られると考えるのが普通であろう。これを解釈には「枠がある」という。そうすると、第２の問題は、(a)この意味の枠は憲法制定から改正または廃止されるまで不変なのか、(b)それとも何らかの原因で変化するのか、である。

第２の問題で(b)のように意味の枠が変化することを認めると、憲法の客観的意味が変更することを認めることになる。その結果、従来は違憲であると評価された事実が合憲と評価されることもありうることになるから、そこに憲法変遷が生じる。

(a)では憲法の意味が変化することはないが、憲法規範と同等の効力を有し、かつ内容的に憲法規範と矛盾する新たな（不文の）規範が成立すれば、既存の憲法規範は効力を失い、憲法変遷が生じる。それでは、憲法規範と同等の効力を有する不文の規範は存在するのか。まず、①憲法規範と矛盾する内容の規範が成立することがあっても、それが憲法より下位の規範であれば、その規範は違憲無効であるから、憲法規範の効力はそのまま存続し、憲法変遷は生じない。憲法変遷否定説である。この説は、硬性憲法の原理から、憲法規範と同等の効力を有する不文法は認められないとする。しかしながら、制定法が慣習法に対する制定法優位を定めたからといって、制定法に優位する慣習法の成立を否定できるわけではない。もし、制定法の効力が国民の承認に基づくのであれば、慣習法の効力も同様であるから、両者に差はないのである（→第1章第3節 **3** **(1)**(ア)）。そこで、②不文法の中には憲法と同等の効力を有する規範（不文の憲法規範）が存在すると考えれば、憲法典の規定は不文法によって実質的に改廃されることになる。国民の承認（法的確信）により憲法の明文規定に反する不文憲法が成立した時点で、憲法の明文規定は国民の承認を失って憲法としての効力も失っているからである。実質的意味の憲法が変更し、憲法変遷が生じたことになる（→第1章第3節 **3** **(1)**(ウ)）。

以上から、憲法変遷肯定説には二つの類型がある（高橋和之）。A説は、憲法規範それ自体は（意味の枠が変わっても）相変わらず効力を維持するのに対して（(i)(b)）、B説は、成文の憲法規範は枯死し、新たな不文の憲法規範がそれにとって替わる（(i)(a)②）点で両者は異なるが、互いに排斥し合う関係にはない。A説のように憲法の客観的意味が変化すると考えても、その新しい意味が憲法典の文言と明らかに矛盾するのであれば、既存の成文憲法の枯死と新たな不文憲法の成立の問題に移行せざるをえないからである。また、B説のように憲法規範の意味の枠は不変であると考えても、規範の意味が時代とともに変化すること自体は否定することができず、その変化が枠内にとどまるのか、それとも枠を超えているのか、判断が難しい場合がある。こう考えると、両説の境界は流動的であり、両説の対立は憲法変遷の説明方法の対立であるにすぎないということができよう。学説上は憲法変遷否定説が極めて有力であるが、憲法変遷の可能性自体はこれを肯定すべきであろう。

ただし、一般論として憲法変遷の可能性を肯定しても、憲法変遷が生じる要件がさらに問題になる。憲法変遷は、裁判所の判決、議会の立法、議院や内閣の行為などによって生じるが、国家機関の行為は不可欠の要件ではなく、社会的条件の変化によって憲法の客観的意味の変化が生じることがあるから、社会的規範意識または国民の法的確信がそれを憲法の意味として認める場合に憲法の変遷が生じると説く学説もある（橋本公亘）。しかし、成立要件として漠然としているとの印象は否めない。

そこで、最高裁判決の存在を憲法変遷の成立要件とする学説もある。最高裁の憲法判例は、憲法の意味を有権的に確定するものであるから、現実の憲法秩序を形成している（→第１章第３節３(2)）。したがって、憲法判例の変更が憲法解釈の枠内で行われる場合は、憲法秩序は変動するけれども、特に問題は生じない。しかし、それまで不可能（違憲）であるとされた意味内容が可能（合憲）であると変更されると、憲法の客観的意味が変化し、憲法変遷の問題が生じる。これに対して、否定説は、最高裁判例が確定しても判例自体が違憲無効であると説くことになるが、非現実的であるとの印象を免れない。

＊　1929年10月24日、ニューヨーク・ウォール街で株価の大暴落が起こる（「暗黒の木曜日」）。多数の企業が倒産、銀行は破産し、失業者が激増した。アメリカ経済の破綻は世界恐慌を引き起こした。1932年のアメリカ大統領選挙で、ニューディール政策を掲げたフランクリン・ローズヴェルト（F. Roosevelt）が当選した。同大統領は、金融や証券取引の規制を強化し、業者間の生産調整や価格調整を認め、労働時間や最低賃金を定めて労働者を保護する、さまざまなニューディール立法を成立させた。ところが、これらの立法は最高裁判所で次々（財産権の侵害として）違憲と判断された。ローズヴェルトは1936年再選される。空前の圧勝であった。国民はニューディール政策を圧倒的に支持したのである。1937年以降、最高裁判所は、従来の憲法解釈を改め、ニューディール立法を合憲とするようになる。この憲法判例の変更によって、憲法の条項はそのままでも、その客観的意味は変化したとして、これを憲法変遷の例として挙げる学説もある（橋本公亘）。たしかに、新しい憲法判例が違憲であるとすることも、従来の憲法判例が違憲であったとすることも、ともに非現実的であろう。

ただし、最高裁があらゆる憲法問題に対して合憲・違憲の判断を下すわけではないから、最高裁判決の存在をすべての憲法変遷の要件とするわけにもいかない。いずれにせよ、憲法変遷の要件に一応の合意が得られなければ、憲法変遷論は解釈論上の意義をもつことはできない。変遷の要件が明らかにならない限り、結論は否定説と異ならないのである。

第３節　憲法の保障

１　宣言的保障

(1)　憲法の最高法規性の宣言（98条１項）

㋐　最高法規性の根拠（96条・97条）

――形式的最高法規性と実質的最高法規性

憲法98条１項は、「この憲法は、国の最高法規であって、その条規に反する法律、命令、詔勅及び国務に関するその他の行為の全部又は一部は、その効力を有しない」と定める。最高法規とは、国内のさまざまな法規範の中で最も強い形式的効力を有する規範を意味するから、憲法の条規と矛盾する一切の国家行為は無効である。

憲法が最高法規である根拠として、憲法96条がまず挙げられる。憲法改正手続は、法律の制定改廃手続（59条）よりもはるかに厳重である。だから憲法は法律よりも上位の規範であり、したがって国内における最高規範だとされるのである。

しかし、どうして憲法の改正に厳重な手続を要求するかといえば、その内容が重要だからである。憲法97条は、憲法の保障する基本的人権は「侵すことのできない永久の権利」であるとする。つまり、永久不可侵の人権を保障しているからこそ、その改正には厳重な手続が必要なのである。それゆえ、憲法の最高法規性の形式的根拠が96条であり、実質的根拠は97条である。

㋑　憲法と条約（98条２項）

ⓐ　「条約」の意味――98条２項と73条３号

憲法98条は、１項で憲法の最高法規性を謳いながら、２項では、「日本国が締結した条約及び確立された国際法規は、これを誠実に遵守することを必要とする」と定める。ここに条約とは――国会の承認を必要とする、憲法73条３号の「条約」よりも広く――国家間の文書による合意を広く含む。条約という名称を付されたものに限らず、協約、協定、議定書など、名称の如何を問わない（→第９章第４節**３**）。

(b)　条約の国内法的効力

条約と憲法の内容が矛盾する場合、どちらが適用されるべきか。言い換えれば、条約と憲法のどちらの効力が優位するのか。

この問題は、条約がそのまま（条約の形式のまま）日本国内で効力を有することを前提とする。条約の国内適用については各国で違いがあるが、日本では、天皇の公布によって条約が条約のままで国内法上の効力を有することは、明治憲法時代からの慣行である。日本国憲法上も、98条２項は国際法を国内法として一般的に受容または変型する規定であると解されている（通説）。条約は公布とともに国内法の一形式となり、特別の立法措置を必要としない。

条約と憲法の効力の優劣について、学説は条約優位説と憲法優位説に大別される。日本国憲法制定当初は、条約優位説が広く支持された。日本は戦前の行動を反省し、国際社会のルールを守ることを誓った。そうすることで国際社会のメンバーになる資格を得たのである。ところが、国際社会の現実は理想どおりでないことがわかってきた。日本国憲法によってようやく国民が手に入れた価値を守るためには、条約優位説ではなく、憲法優位説が望ましい。そこで学説は条約優位説から憲法優位説へと転換していった。現在では憲法優位説が通説といえよう。

条約優位説は、①憲法が国際協調主義の立場をとっていること、②98条１項や81条にも「条約」という文言は存在せず、逆に③98条２項で条約の誠実遵守を謳っていることを理由とするのに対して、憲法優位説は、①国民主権など他の憲法上の原理をもあわせ考察すべきこと、②98条１項や81条の文言は網羅的なものではなく、③98条２項は「合憲の」条約を前提としていると反論する。また、憲法優位説は、④条約締結権は憲法によって与えられた権限であるから、それによって締結された条約が憲法に優位し、憲法を変更できるとするのは、法論理的に矛盾である（小林直樹）というのに対して、条約優位説は、④条約締結権は憲法によって与えられたものではなく、国家固有の権限で、73条3号は手続の規律にすぎないと反論する（小嶋和司）。ここまで互いの論拠は拮抗しているが、にもかかわらず憲法優位説が有力になったのは、⑤条約締結手続は憲法改正手続と比較すると極めて簡単であり、このような簡単な手続で実質的に憲法が改正されてしまうことを憲法が容認しているとは考えられない、という主張が広く認められたからだと考えられる。

しかし、憲法優位説でも、領土や降伏に関する条約など、一定の条約については憲法に優位する効力を認めている（政府見解も同旨）。だからこそ、ポツダム宣言の受諾と同時にそれと矛盾する明治憲法の規定は効力を失ったという学説（八月革命説→第2章第3節**2**(2)）はあっても、ポツダム宣言の受諾は明治憲法に違反して無効であるという学説は存在しないのである。つまり、条約には効力の上下があるわけである。しかし他方では、憲法の規範についても、憲法改正の限界の議論に伴って、上位の規範と下位の規範の段階構造があることは認められている。であれば、すべての条約とすべての憲法規範を比較してどちらが優位するかと考えるのではなく、どの条約が憲法のどの規範に優位するか、と考えることもできるだろう（条約の違憲審査について→第12章第3節**2**）。

＊　外国憲法の中には、憲法と条約の矛盾を回避するために、憲法改正という方法を選択するものがある。例えば、ドイツ基本法79条1項は、一定の条約について、基本法の規定がそれらの条約の締結や発効の妨げにならないことを明らかにするための基本法の文言の補充について定め、フランス憲法54条は、憲法に反する条約を締結するには、事前に憲法改正をしなければならないとする。

(c)　確立された国際法規

憲法98条2項は「確立された国際法規」の誠実遵守も定める。確立された国際法規とは、国際社会で広く承認された国際慣習法を指す。当然、条約と異なり、日本国が締結したかどうかは問題にされていない。

国際法上は、条約と国際慣習法の間に効力の優劣は存在しない。そのため、条約と憲法の関係で条約優位説をとるなら、確立された国際法規も憲法に優位することになり、憲法優位説をとるなら確立された国際法規も憲法より劣ることになると考えることができる。しかし、条約と憲法の効力の優劣を論じる前提は、国際法の国内法的効力は各国国内法の決定する事柄であるということであった。そうであるなら、国際法に従って確立された国際法規の効力を条約と同じと考える必要はなく、憲法優位説をとりながら、確立された国際法規については憲法に優位する効力を認めても、論理的に矛盾することにはならない。条約の効力に優劣を認める立場からすれば、なおさらである。そう考えれば、国際慣習法に限定することなく、それを内容とした条約も「確立された国際法規」に含めることができよう。そうすることで国際人権規約などをそこに取り込む可能性が生じる。それが認められれば、人権条約違反は単なる法令違反にとどまらず憲法98条２項違反であるとして最高裁判所に上告する道が開かれる（江島晶子）。ただし、裁判所は総じて消極的である（→憲法Ｉ第１章第１節**6**）。

＊　ほかにも、憲法98条１項には「国務に関するその他の行為」が規定されている。航空自衛隊百里基地の用地売買をめぐる民事事件で、最高裁はこう述べた（百里基地事件判決：最判平成元・６・20民集43巻６号385頁）。憲法98条１項「にいう『国務に関するその他の行為』とは、同条項に列挙された法律、命令、詔勅と同一の性質を有する国の行為、言い換えれば、公権力を行使して法規範を定立する国の行為であるから、かかる法規範を定立する限りにおいて国務に関する行為に該当するものというべきであるが、国の行為であっても、私人と対等の立場で行う国の行為は、右のような法規範の定立を伴わないから憲法98条１項にいう『国務に関するその他の行為』に該当しないものと解すべきである」。本件売買契約は「国務に関するその他の行為」には該当しない（→第12章第３節**4**）。

㈦　明治憲法下の法令の効力（明治憲法前の法令の効力を含む）

憲法典が変更した場合、旧憲法下の法令の効力はどうなるのか。すべての法規範は憲法の授権によって効力を有すると考えると（→第１章第３節**1**⑴）、旧憲法下で制定された法令は、現憲法の授権を受けていないのであるから、当然に効力を失うようにも思われる。明治憲法には、この点に配慮した明文規定が存在した。明治憲法76条１項は、「法律規則命令又ハ何等ノ名称ヲ用キタルニ拘ラス此ノ憲法ニ矛盾セサル現行ノ法令ハ総テ遵由ノ効力ヲ有ス」とする。明治憲法以前の法令も、内容が明治憲法に矛盾しない限り引き続き効力を有する、というのである。なお、矛盾するか否かは、法令の内容であって、制定手続ではない。手続が違うのは憲法が変わった以上当然だからである。

これに対して、日本国憲法には、明治憲法76条1項に相当する規定は存在しない。しかし、判例・通説は、日本国憲法98条1項は経過規定としての意味をあわせもつと解している。そう解すべき実質的根拠として、有力説（芦部信喜）は、①国家の同一性と、②法的安定性の要請を挙げる。①は、法令を制定したのは国家であり、旧憲法下の国家も新憲法下の国家も同一の国家であると解される限り、法令の効力は存続すると考えられるし、②新憲法の制定と同時にすべての法令を制定し直すことはできないから、旧憲法下で制定された法令の効力を認めるべきだ、というのである。この実質的根拠を重視すれば、仮に憲法98条1項が経過規定としての意味を有しなくとも、明治憲法下の法令は原則として有効だと解される（公務員の地位の継続について→第3章第3節**1**）。

(a)　以上を前提とすると、明治憲法下の法律は、日本国憲法と制定手続が異なっていても、内容が日本国憲法に違反していない限り、法律として有効に存続するのが原則である。

(b)　これに対して、明治憲法下の命令（勅令）が日本国憲法の「法律事項」（→第9章第2節**3 (1)**）を定めていた場合、学説は、命令の内容が新憲法と矛盾しない限り、新憲法の法形式（この場合は法律）と同じ効力を有するとする有効説と、新憲法上法律で規定しなければならない事項を定めた旧憲法下の勅令は、法律で特別の措置がなされない限り無効だとする無効説に分かれる。そこで、立法的な解決が図られた。「日本国憲法施行の際現に効力を有する命令の規定の効力等に関する法律」（昭和22年法律72号）1条は、「日本国憲法施行の際現に効力を有する命令の規定で、法律を以て規定すべき事項を規定するものは、昭和22年12月31日まで、法律と同一の効力を有するものとする」と定めた。問題とされた命令が昭和23年1月1日から効力を失うという結論は、有効説・無効説とも一致しているが、この法律が本来有効な命令を（その日から）失効させたのか、本来無効な命令を（その日まで）有効としたのか、説明の仕方が異なることになる。多数説は有効説である。無効説では、本来憲法上無効な命令をどうして法律で有効にできるのか、説明が困難であろう。

(c)　あわせて、明治憲法以前の法令の効力はどう解すべきか。明治維新から内閣制が採用されるまで（1868～1885年）の中央統治組織を「太政官」という。その発した法形式が「太政官布告」である。太政官布告は、既に明治憲法下で法律と同じ効力を有していたのであるから（明憲76条１項）、(a)により、内容が憲法に違反していない限り、日本国憲法下でも法律として存続することになる。死刑の執行方法は、現在でも太政官布告で定められたままである（最大判昭和36・７・19刑集15巻７号1106頁）。

(エ)　占領法規の効力

日本は、ポツダム宣言を受諾し降伏した（→第２章第３節**1 (1)**）。日本は、連合国の占領管理下に置かれ、最高司令官の指令が勅令や命令の形式で発せられた。これらの占領法規（ポツダム緊急勅令、ポツダム命令と呼ばれる）の内容が日本国憲法と矛盾していた場合、その効力はどうか。

降伏文書の義務を履行するため、政府が明治憲法８条に基づいて発した「『ポツダム』宣言ノ受諾ニ伴ヒ発スル命令ニ関スル件」（昭和20年勅令542号）は、最高司令官の要求事項を実施する上で特に必要があれば命令で罰則付きの定めをすることができるとするもので、命令への白紙委任であった。にもかかわらず、それらの命令は「日本国憲法にかかわりなく憲法外において法的効力を有するもの」であった。連合国最高司令官の権力は日本国憲法の上にあり、その要求を実施するための命令（占領法規）は超憲法的効力を有するからである。被占領中は、日本に国家主権はなく、日本国憲法は最高法規ではなかったのである（→第１章第４節**3**）。

1951年に、日本は「日本国との平和条約」（サンフランシスコ平和条約）に調印、同条約は翌年４月28日に発効した。これによって占領は終わり、日本は国家主権を回復し、日本国憲法は最高法規となった。占領法規の効力はどうなるのか。(ウ)(a)(b)と同様に考えれば、命令が法律事項を定めていた場合であっても、内容が憲法に違反しない限り、有効に存続することになろう（最大判昭和28・7・22刑集7巻7号1562頁は、ポツダム命令である政令325号占領目的阻害行為処罰令を違憲無効とした）。

(2)　公務員の憲法尊重擁護義務（99条）

宣言的な憲法保障だけでは十分ではない。憲法に反する国家行為が行われても誰もそれを是正できないのでは、憲法が最高法規であるといっても紙の上の文字にすぎないことになるからである。そこで憲法99条は、「天皇又は摂政」および「国務大臣、国会議員、裁判官その他の公務員」に対して、「憲法を尊重し擁護する義務」を課している。国政に関与する地位にあるすべての人にあらかじめ憲法尊重擁護義務を負わせることによって、違憲の国家行為が行われるのを事前に防止しようとしたのである。ここに国民が挙げられていない理由については争いがあるが、国民は国家（国政担当者）の憲法遵守を監視することによって憲法を守るのであるから、ここに挙げられた人々とは次元を異にし、本条の義務を負うわけではないと解される（→憲法Ⅰ第1章第2節**5 (3)**(オ))。

外国憲法には大統領や国王の憲法遵守の宣誓に関する規定がみられる。日本では天皇も憲法尊重擁護義務を負うが、天皇の宣誓に関する規定は存在しない。日本国憲法下で即位した明仁天皇（現上皇）は、「即位後朝見の儀」（→第3章第3節**3 (4)**）の後に、「皆さんとともに日本国憲法を守り、これに従って責務を果たすことを誓」うとの「おことば」を述べた。これは、憲法を遵守する宣誓であると解することができよう。ただし、そこに「皆さんとともに」とあることが問題とされた（高橋和之)。というのは、天皇と国民が同じ次元で憲法99条の義務を負うかのように考えられるからである（現天皇も、即位後朝見の儀および即位礼正殿の儀のおことばで、「憲法にのっとり」象徴としての責務〔つとめ〕を果たすことを誓うと述べたが、「皆さんとともに」の語はない)。

＊　国公法38条は、「日本国憲法施行の日以後において、日本国憲法又はその下に成立した政府を暴力で破壊することを主張する政党その他の団体を結成し、又はこれに加入した者」は「官職に就く能力を有しない」とする。これは憲法99条の義務の具体化であるが、公務員個人の内心の自由（19条）との関係が問題となる。99条は19条の例外規定として19条の適用を排除す

る学説もあるが、しかし、国公法の規定は公務員の行動を問題としており、内心を拘束するものではないと解すべきであろう。結社の自由（21条）の侵害の方がより深刻だとする指摘もある（→憲法Ⅰ第６章第２節３(2)）。

2　実定憲法機構上の保障

けれども、義務の宣言だけでは十分ではない。権力分立や民主的な統治機構は、違憲な国家行為によって憲法の最高法規性が損なわれないための憲法機構上の保障である。

権力分立は一つの国家機関に権力が集中することを防止する。例えば、現代国家は行政国家と呼ばれるように、行政府に権力が集中する傾向がある（→第４章第２節３(1)(ア)）。日本でも内閣は事実上国政の中心であり、国内外の政治方針を決定している。このような内閣が憲法に反する行動をとらないように、まず国会がチェックする制度が構築されている（国会による政府統制について→第８章第５節）。

それでも内閣が違憲の行為を行い、あるいは内閣を制御するはずの国会が違憲の法律を制定した場合はどうするのか。そのために、憲法81条は裁判所に違憲審査権を与えた（→第12章）。その性格については議論があるが、違憲審査権は司法権に付随して行使されるものと解され運用されている（付随的違憲審査制）。すなわち、裁判所は、具体的な事件に法令を適用して紛争を解決する国家機関であるが、適用すべき法令を違憲であると判断したときは、その法令を当該事件へ適用することを拒否するのである。こうすることで、憲法の最高法規性が事後的に回復する。

なお、国家権力の監視にとって、報道機関の報道・取材の自由や一般国民の政府批判の自由がもつ意義は大きい（→第７章第１節）。それにより国民が参政権を行使して、権力をコントロールすることにつながるからである。これらの自由や権利は、憲法保障の目的であると同時に手段（憲法保障制度）としても機能するのである。

3　国家緊急権

(1)　国家緊急権の概念

国家緊急権とは、戦争・内乱・経済恐慌または大規模な自然災害など、平常時の統治機構をもってしては対処しえない非常事態において、国家の存立を維持するために、憲法の効力を一時停止して、（平常時ならば当然に違憲とされる）非常措置をとる権限をいう。具体的には、一定の国家機関に権力を集中し、基本権の全部または一部の効力を一時的に停止することによって、非常事態を克服し、正常事態を回復する権限である。したがって、効力停止の対象となる憲法とは、主として、憲法の立憲主義的構成部分（基本権保障と権力分立、法治主義など）である。

立憲主義の一次的な停止・排除が問題になるのであるから、国家緊急権は、立憲主義の憲法の下でのみ問題になりうる。というのは、もともと権力が（例えば君主に）集中し、基本権も保護されていない国においては、正常時が非常事態になっており、国家緊急権を論じるまでもないからである。

立憲的憲法秩序の効力を停止するにもかかわらず、国家緊急権が憲法保障制度の一つとされるのは、国家の存立を外敵や国内の革命勢力から防衛することは、憲法の基本秩序を維持することであるとともに、憲法の効力停止はあくまで非常事態を克服するための手段であり、正常事態を回復し、立憲的憲法秩序を回復することが目的だからである。この目的と手段の均衡が保たれている限りで、憲法保障制度に分類されるのである。

(2)　国家緊急権の実定化

国家緊急権を憲法に取り入れる仕方には、大きく①緊急権を発動する要件・手続・効果等を比較的詳細に定める方式と、②特定の国家機関に包括的な権限を授権する方式がある。①の例として、ドイツ基本法10a 章「防衛事態」115a 条以下（1968年の改正で導入）が、②の例としては現行フランス第5共和制憲法16条の大統領非常措置権が挙げられる。ドイツのワイマール憲法48条の大統領の非常措置権も、後者の例であった。戦後ドイツが①の方式をとったのは、ワイマール憲法48条が共和国崩壊とナチスの登場の原因となったことへの反省に基づくものである。そのため、防衛緊急事態の確定は連邦議会が行い（115a条１項）、緊急事態においても連邦憲法裁判所の地位や権限は原則そのままである（115g条）。しかし、これでは限定的な非常事態にしか対処できないとして、包括的な緊急権制度の創設を提唱する学説も有力である。もちろん、②の方式は濫用されたときの危険はより大きく、かつ、それでもあらゆる非常事態に対処できるほどには万能ではない。

(3)　日本国憲法と国家緊急権

明治憲法が、８条（緊急命令）・14条（戒厳の宣告）・31条（非常大権）・70条（緊急財政処分）など、非常事態に対処するための規定を置いていたのに対して、日本国憲法には――54条２項・３項は参議院の緊急集会（→第９章第３節**5**）を定めるが、これは平時の統治制度の延長にすぎない（岩間昭道）から――本来の意味での緊急権規定は存在しない。緊急権規定が存在しない日本国憲法の沈黙の意味について、意識的に排除したのか、あるべきものが欠けているのか、規定がなくとも国家緊急権を行使できるのか、理解が異なる。学説は、①国家緊急権否定説、②欠缺説（憲法改正導入論）、③容認説、④事実説に分かれる。

①否定説は、憲法の沈黙を国家緊急権の否認と捉え、それを積極的に評価する学説である。非常事態であっても、国家の機関は憲法の定める権限の範囲内で活動しなければならない。基本権の制限も、平時に認められる範囲にとどまらなければならない（小林直樹、永井幸寿）。これに対して、②欠缺説は、憲法の沈黙を、本来ならば憲法に規定があるべきなのにそれがないのは憲法の欠缺であると消極的に評価し、国家緊急権の発動が立憲主義の枠内にとどまるために必要な条件を憲法に書き込むべきであるとする。したがって、欠缺説は憲法改正論である（大西芳雄）。

他方で、③容認説は、憲法の沈黙は国家緊急権の否定を意味するものではないとする。国家と憲法には憲法典よりも基本的な価値がある（小嶋和司）から、緊急事態に陥った場合、憲法の存続を図るため必要な措置を講ずることができることは「不文の法理」として肯定されるとする（佐藤幸治）。最後の④事実説は、国家の自然権としての国家緊急権を否定した上で、憲法上の根拠なしに緊急事態に対し行使される超憲法的な非常措置は、法の問題ではなく、事実ないし政治の問題であるとして、非常事態を法の外の問題とする学説である（芦部信喜）。

これらの学説は、ⓐ国家緊急権の濫用を防止するとともに、ⓑ必要かつ十分な行使を可能にするかどうかの観点から評価されるべきである。否定説はⓐを重視するが、ⓑを配慮しない。容認説はⓑを重視するが、不文の法理は内容が曖昧なためⓐの濫用の防止という点は十分ではない。事実説は、濫用を防止するため国家緊急権に一切言及しない。国家緊急権を法的には否定するが、事実上発動されることがあることを認識している。そのため、実定法上の基礎を欠いた国家権力の発動を事実上容認することになるのではないかとの疑問もある。

そこで、緊急事態の認定権者や緊急権発動の効力、期間などをあらかじめ憲法に規定すべきであるとする欠缺説が主張される理由がある。けれどもどのように実定化するのかが大問題であるとともに（→本節３(2)）、規定の仕方によっては気楽に緊急権を発動できることになってしまうのではないか、と危惧されるため、賛成者は多くはない。実定化されていない現状では、否定説・容認説・事実説のいずれかになる。

(4)　法律上の緊急権制度

憲法には国家緊急事態に関する規定は存在しないが、にもかかわらず（であるからこそ）、法律のレベルでは、さまざまな「緊急事態」に対処するための制度が整備されている。これらは、国家緊急権の憲法上の実定化とは異なり、平時の憲法の枠内において緊急事態に対処するものであるから、その合憲性が憲法に照らして判断されなければならない。

＊　ここでは三つの緊急事態に関する法制度をみる。

①　災害緊急事態（大規模自然災害）

国の経済および公共の福祉に重大な影響を及ぼすべき異常かつ激甚な災害が発生した場合、内閣総理大臣は、閣議にかけて、関係地域の全部または一部について災害緊急事態の布告を発することができる（災害対策基本法105条１項）。この布告を発したときは、20日以内に国会に付議して承認を求めなければならない（同法106条１項）。この布告があったときは、緊急災害対策本部を設置し（同法107条）、対処基本方針を定める（同法108条）。

災害緊急事態に際し緊急の必要がある場合において、国会が閉会中または衆議院が解散中で、かつ、臨時会や参議院の緊急集会の措置を待ついとまがないときは、内閣は政令を制定して、生活必需物資の買い占めや売り惜しみを禁止し、価格の上昇に対して最高価格を設定するなど必要な措置をとり（同法109条１項)、違反者には刑罰を科すことができる（同条２項)。また、海外からの支援受入れのため、政令を制定することができる（同法109条の２)。

②　警察緊急事態

「内閣総理大臣は、大規模な災害又は騒乱その他の緊急事態に際して、治安の維持のため特に必要があると認めるときは、国家公安委員会の勧告に基き、全国又は一部の区域について緊急事態の布告を発することができる」(警察法71条１項)。この布告が発せられると、内閣総理大臣は、一時的に警察を統制し、緊急事態を収拾するために必要な限度において、警察庁長官を直接に指揮監督する（同法72条)。緊急事態の布告を発した場合、20日以内に国会に付議して承認を求めなければならない（同法74条)。

内閣総理大臣は、自衛隊の治安出動を命じることができる。すなわち、間接侵略その他の緊急事態に際して、一般の警察力をもっては、治安を維持することができないと認められる場合である（自衛隊法78条１項)。この場合、警察官職務執行法が準用され、ほかに適当な手段がない場合には武器の使用も認められる（自衛隊法89条・90条)。また、出動命令から20日以内に国会に付議して承認を求めなければならない（同法78条２項・３項)。

③　武力攻撃事態（自衛隊の防衛出動）

内閣総理大臣は、わが国に対する外部からの武力攻撃が発生した事態または武力攻撃が発生する明白な危険が切迫していると認められるに至った事態に際して、わが国を防衛するため必要があると認める場合には、自衛隊の全部または一部の出動を命ずることができる（自衛隊法76条１項１号)。この規定により防衛出動を命ぜられた自衛隊は、わが国を防衛するため、必要な武力を行使することができる（同法88条１項)。この武力行使は、「国際の法規及び慣例」を遵守し、かつ「事態に応じ合理的に必要と判断される限度をこえてはならない」(同条２項)。また、防衛出動の際、自衛隊の任務遂行上必要があると認められる場合には、一定の物資を収用することができる（同法103条)。防衛・安保法制について→第５章第２節～第４節。

＊＊　2020年４月７日、新型コロナウィルス（COVID-19）の感染拡大を防止するため、新型インフルエンザ等対策特別措置法32条に基づき、緊急事態宣言が発せられた。宣言の対象とされた都道府県知事は、住民に対して外出自粛を要請し（同法45条１項)、学校その他多くの人が利用する施設の管理者等に対して施設使用の制限や停止を要請することができる（同条２項)。施設管理者等が要請に応じない場合、応じるよう指示し、その旨公表する（同条３項・４項)。また、医薬品その他の特定物資の売り渡しを事業者に対

して要請し（同法55条1項）、応じない場合は収用する（同条2項）。事業者に特定物資の保管を命ずることもできる（同条3項）。いずれも自粛要請が中心で、強制力を伴うものは少ない。

4　抵抗権

(1)　抵抗権の概念

中世立憲主義においても抵抗権が認められていたが、それは、君主への権力集中が不十分で、国民は君主の違法行為に対抗するだけの実力を備えていたからこそありえたことである（→第1章第2節**2 (2) ***）。ところが、近代以降、国家への権力集中が完成し、国民は国家に対抗できるような実力をもたない。近代立憲主義の憲法の下で、国家による憲法の破壊が行われつつあるときに、それに実力で対抗する権利は認められるのか、認められても事実上国家には対抗できないのだから無意味ではないか、という問題が生じる。

ドイツ基本法20条4項は、「この憲法秩序を排除することを企てる何人に対しても、すべてのドイツ人は、他の救済手段が可能でない場合には、抵抗する権利を有する」と定め、抵抗権を明文で保障している。しかし、日本国憲法にそのような規定は存在しない。したがって、ここでも、憲法の沈黙をどのように解するかが争われることになるのである。どのように不法な権力であっても、そこに一定の秩序が維持されているのであれば、それに服従するだけの価値はあり、実力行使によってこの秩序を破ることは、結局アナーキーな自然状態を生み出すもので、許されるべきではないという考え方（否定説）もありうる。しかし、日本国憲法の下で、否定説は稀であり、ほとんどの学説は抵抗権の存在を肯定している（肯定説）。しかし、肯定される抵抗権の概念や内容は、学説によって極めてさまざまであるため、ここで取り扱う抵抗権の定義から始めなければならない。

ここで問題とするのは、近代立憲主義の憲法である日本国憲法の保障手段としての抵抗権であるから、抵抗権とは、国家による憲法の基本原理に対する重大な侵害行為に対して、憲法を守るために、他の合法的な手段を使い果たした後で、実力をもって（積極的であれ消極的であれ）抵抗する

（実定法上の義務に違反する）国民の権利と考えることにする。

この定義が既に、いくつかの抵抗権概念を排除するものである。まず、すべての基本権（特に自由権）は抵抗権であるとの学説はここではとらない。報道機関の報道・取材の自由や一般国民による政府批判の集会の自由や表現の自由が憲法保障の要素であることは認められるが（→本節**2**）、それは基本権行使の通常の機能であり、ここで抵抗権とは、基本権行使による是正の可能性が尽きた極限状態の権利である。

「合法的に成立している法律上の義務を、それ以外の何らかの義務を根拠として否認することを正当とする主張」という学説（宮沢俊義）はここでも広すぎる（→憲法Ⅰ第1章第2節**5**(3)(エ)＊）。この学説では、いかなる信条も抵抗権の根拠となりうるため、超国家主義者や無政府主義者による日本国憲法の破壊行為も抵抗権の行使と評価される。しかし、ここで扱う抵抗権は、日本国憲法を守るための実力行使に限られる。抵抗権は保守的な権利であって、革命権と区別されるのである。

また、抵抗権の根拠は自然法に求められるのか、実定法に求められるのか、学説は分かれる。自然法説では、日本国憲法が自然法論に立脚していれば抵抗権が認められるので、根拠条文にこだわる必要はない。これに対して、実定法説では、憲法が明文で抵抗権を規定しているか、解釈により抵抗権を導き出せなければならない。憲法12条・97条を援用する学説が多いが批判もある。

(2)　抵抗権行使の要件

何人も憲法違反の法律に従う義務はない。なぜなら、その法律は無効で、拘束力を有しないからである。しかし、個人が主観的に違憲無効と考える法律でも、客観的に違憲無効であるとは限らないのである。個人に合憲違憲の最終的判断権があるわけではないから、個人が違憲無効と判断しただけでは、客観的にその法律が違憲無効であることにはならない。抵抗権の危険性は、問題となる法律の合憲違憲が客観的に明らかになる前に、抵抗権を行使する個人の主観によって判断することを認めなければならないところにある。そこで、抵抗権行使の要件は、制限的に、おおよそ次のように考えられる。これは抵抗権の根拠が自然法か実定法かとは関係がない。すなわち、①個々の憲法規定の違反にとどまらず、民主的な基本秩序に対する重大な侵害が行われ、憲法の存在自体が否認されようとする場合で、②その不法が（単に抵抗権を行使しようとする個人の主観においてばかりではなく）客観的に明白であり、③一切の合法的・平和的な匡正手段が有効に機能せず、最後の手段として抵抗のみが残されていることが必要である（橋本公亘。同旨の下級審判決がある。札幌地判昭和37・1・18下刑集4巻1・2号69頁）。

＊　抵抗権規定が導入される前の、ドイツ共産党（KPD）違憲判決（1956年8月17日）が有名である。ドイツ基本法21条は違憲政党の禁止を定める（→第7章第6節**2**）。違憲の決定は連邦憲法裁判所が行う。KPDは抵抗権を主張したが、連邦憲法裁判所は抵抗権の存在自体は肯定したものの、KPDの行動は抵抗権行使の要件を満たしていないとした。

抵抗権の行使には、いかなる手段を用いることができるのか、積極的な抵抗か、消極的な抵抗か、暴力的な抵抗か、非暴力的な抵抗か、問題とされる。「不法権力を排除し、法秩序を維持又は再建する目的を達成するに必要な限度で、あらゆる可能な実力を行使することができる」（橋本公亘）が、目的と手段の均衡が保たれている（比例原則）ことが必要である。いかなる手段が必要とされるかは、比例原則（→憲法Ⅰ第3章第3節**3**(3)）に従って判断されなければならない。

(3)　抵抗権行使の効果

抵抗権は、裁判で主張可能な権利である。実定法に反する行為が正当な抵抗権の行使である場合には、行為時には違法とされても、平常事態が回復した後で事後的に違法性が阻却される。

しかし、国家権力の濫用によって憲法の基本原理が破壊されているときに、裁判所は正常に機能するのか、という疑問があろう。ドイツでは、1968年の基本法改正で緊急事態憲法を導入するにあたって、20条4項の抵抗権条項が付加された。そして翌年には、それまで法律上の制度であった憲法異議を憲法上の制度に格上げし、かつ抵抗権の侵害に対しても憲法異議を提起できるものとした（同法93条1項4a号）。緊急事態でも連邦憲法裁判所の権限は原則として変更されない。

(4)　小さな抵抗権

不法国家における「大きな抵抗権」のほかに、法治国家における「小さな抵抗権」が語られることがある。極限的な事例における抵抗権の行使では既に手遅れである場合が多いので、国家が不法国家になってしまう前に小さな抵抗の行為がありうるのではないか、というのである。「市民的不服従」と言い換えることができよう。

これは、現行の立憲的憲法秩序を承認した上で、個々の法律への服従を拒否する、すなわち、正義が一般的に行われている立憲国家・法治国家において、正義に対する重大な違反が行われているにもかかわらず、社会の多数派が不正を見過ごしていることに抗議するために、自己の良心の決定に基づき、公然と、かつ非暴力的に、実定法に違反する行為である。個別の実定法に違反しながらも憲法の基本原理に対する忠誠を表現することで、社会の多数派の正義感に訴えることを目的とする。このような市民的不服従は、道徳的に正当化される。けれども、（裁判所が最終的に法を違憲無効であるとする場合を除き）法律に違反した行為の責任を負わなければならない。これに対して、それが重大な不法に向けられており、手段が比例原則に合致している限り、市民的不服従は基本権の行使として憲法上正当化されると主張する学説もあるが、個々の基本権解釈の問題であって、抵抗権という必要があるか疑問である。

〈参考文献〉

芦部信喜『憲法学Ⅰ 憲法総論』（有斐閣、1992年）
新正幸「緊急権と抵抗権」樋口陽一編著『講座憲法学Ⅰ』（日本評論社、1995年）213頁
石村修『憲法国家の実現』（尚学社、2006年）
岩間昭道『憲法破毀の概念』（尚学社、2002年）
工藤達朗「憲法改正の違憲審査」「憲法改正限界論」同『憲法学研究』（尚学社、2009年）196頁以下
工藤達朗「国家緊急権と抵抗権」中央ロー・ジャーナル16巻１号（2019年）99頁以下
小林直樹『憲法秩序の理論』（東京大学出版会、1986年）
駒村圭吾＝待鳥聡史『「憲法改正」の比較政治学』（弘文堂、2016年）
高見勝利『憲法改正とは何だろうか』（岩波新書、2017年）
長谷部恭男編『憲法と時間（岩波講座憲法６）』（岩波書店、2007年）
「特集／憲法“改正”問題」論究ジュリスト９号（2014年春）

第2部

統　治

第7章　代表民主制

第1節　総　説

代表民主制の下で、国民が国政に参加するための最も重要な手段は選挙である。ただし民主制は、選挙（→本章第3節～第5節）および選挙で選ばれた議員が審議し、表決することに限定されるものではない。そのため、日本国憲法では直接民主制的な制度も部分的に取り入れられている（→本章第2節）。さらに民主主義社会では、そうした制度的なルートによって国民の意見が表明されるだけではなく、国民の意向が世論という形で示されることによって議会の活動が監視されることも期待されている。そうした世論は、古典的形態としては政党によって媒介されるはずである（→本章第6節）。また世論はマスメディアによって媒介されることも多く、さらにはデモや集会という形で有権者自身が直接意見を表明することもありうる。憲法が集会の自由を保障する主な意義はここにある。近年役割を増しつつあるSNSなどによる意見や情報の発信を含めて、こうした非定形的な民意の表出は、代表民主制を支え、補完する機能をもちうる。さらに、定形的・非定形的な民意の表出や審議の過程に専門的な知見を提供する専門家も、一定の役割を果たす。それらは、民主制が成り立つ不可欠の前提である。このことを強調しつつも、本章はそれらの機能分析を政治学に委ね、代表民主制とりわけ選挙に関して、憲法学の観点から概説する。

第２節　代表民主制と直接民主制

1　有権者団とその権能

主権者である国民は、法的には有権者団として活動する。有権者団は一定の判断能力をもつとされた者（有権者）からなるため、主権者である国民と同一ではない。有権者団は、憲法上の機関であって、かつその中でも最も基礎的かつ重要であるため、「国権の最高機関」といってもよい。有権者団の構成につき、憲法は、公務員の選挙に関しては「成年者による普通選挙」（15条３項）を保障している。両議院の議員の選挙人の資格に関しては「法律でこれを定める」（44条）としつつ、「人種、信条、性別、社会的身分、門地、教育、財産又は収入によって差別してはならない」（同条ただし書）という基本原則を定めている。これらの憲法条項を受けて、公職選挙法が有権者団の範囲について具体的に規定しているが、その規定の仕方の憲法適合性はしばしば争われている（→憲法Ⅰ第18章第２節）。

日本国憲法が有権者団の権能として規定している代表例は、国会議員の選挙（43条）と憲法改正の承認（96条１項）である。以下では、こうした国民と国政との関係を民主制という観点から解説したい。

＊　本章は、有権者団という概念を、選挙人団と憲法改正権者団とを包括する意味で用いている。憲法改正国民投票法は、投票権者を18歳以上とした（３条）。当時の公選法９条１項は選挙権年齢を20歳以上としていたため、選挙人団と憲法改正権者団との間にズレが生じたが、公選法改正（平成27年法律43号）により選挙権年齢も18歳に引き下げられたため、年齢によるズレは解消した。

2　代表民主制

民主制の類型化は、多様な観点から行われる。そのうちで最も一般的なものが、代表民主制と直接民主制という区別である。代表民主制とは、有権者が議員を選出し、議員が立法を行う政治制度を指す。代表民主制を擁護する論拠としては、①直接民主制は規模の大きい国家では技術的に不可能であること、②有権者は立法を行う能力はないが、誰が代表者＝立法者にふさわしいかを判断する能力はあること、③有権者には法案を審議する時間、意欲、知識がないため、そうした仕事を専業的に行う機関として議会を設けることが労働分業原理の帰結であること、④有権者の代表者と代表者が選任する政府が政治的リーダーシップを発揮することで、常に明確で合理的な意思をもっているわけではない有権者をリードしていける点に代表制のメリットがあること、などが挙げられる（赤坂正浩）。

日本国憲法は、前文で「そもそも国政は、国民の厳粛な信託によるものであって、その権威は国民に由来し、その権力は国民の代表者がこれを行使し、その福利は国民がこれを享受する」と規定しており、また43条１項は「両議院は、全国民を代表する選挙された議員でこれを組織する」と規定することから、代表民主制を採用している。

3　直接民主制

直接民主制とは、有権者が直接に政治的意思を表明する政治制度を意味する。有権者が同一の場所に集まって媒介者なしに直接意思決定を行うことは不可能であるから、現代では国民投票制度のような個々の直接的手続が検討対象となる。日本国憲法は、直接民主制的な仕組みとして、憲法改正の国民投票（96条１項）および地方特別法の住民投票（95条）を規定している。なお、最高裁判所裁判官の国民審査制（79条２～４項）は、国政の内容について国民が政治的意思を表明するという性格をもたないため、本章では直接民主制的な仕組みとしては扱わない（→第11章第４節**2**(2)）。

＊　フランス憲法学を参照して、有権者が同一の場所に集まって媒介者なしに直接意思決定を行う政治制度を「直接制」、国民投票制度を伴った体制を「半直接制」と呼ぶ見解がある。その見解によれば、日本国憲法は「半直接制」を採用していることになる（大石眞、辻村みよ子など）。しかし日本国憲法は国会を「唯一の」立法機関としつつ（41条）、通常の法律については国民の直接参加を全く予定していない。国民投票制度を広範に認めるフランス第５共和制憲法と同様に、「半直接制」という概念を日本国憲法にあてはめることには、疑問がある（毛利透、小泉良幸）。さらに、日本では憲法改正の国民投票は行われたことがなく、地方特別法の住民投票も長らく実施されていないため、「半直接制」という実態もない。逆にいえば、そうした

実態が変化すれば、「半直接制」という概念が有効となる可能性もある。

＊＊　国民投票制度は、狭義では、特定の法案や重要な施策などに関して国民が自ら可否を決定する国民表決（レファレンダム）を指す。広義では、国民表決のほか国民が特定の立法に関する提案を行う国民発案（イニシアティブ）や、国民が国会議員などの公職者を任期終了前に解職する国民罷免（リコール）を含む。レファレンダムについて、通説は、憲法上国会に授権された権能を、特別の根拠もなく他の機関に移譲できるかという問題があるため、法的拘束力をもつ国民投票は許されないが、諮問的・助言的な国民投票は可能だとする（芦部信喜、佐藤幸治、高見勝利など）。ただし諮問的とはいえ、国民投票の結果には事実上の拘束力がある。そこでいずれの型の国民投票についても、議会内での審議が軽視されるのではないか、発案者に対する信任投票にならないか、諮問が適切な仕方でなされうるか、世論が操作される可能性はないか等々、解決すべき困難な課題がある。イニシアティブについては、それが国民による立法請願（16条）であれば問題はないが、議案の「提出」（72条）に類するものならば憲法上の根拠が必要と解するのが通説である（高見勝利）。国会議員のリコール制についてもかつては議論があったが、両院に比例代表制が導入されたため、現在では実施が技術的に難しい。

第３節　代表民主制と選挙制度

1　選挙区制と選挙方法

(1)　選挙区制

有権者団は、住所・居所などにより複数の区域に分けられ、各選挙区の有権者団が一定数の議員を選挙する。この区域を選挙区という。選挙区は、現在では地域を基礎とする場合がほとんどであるが、歴史的には、納税額や身分などによって構成されることもあった。世代別に選挙区を構成するといったアイディアもある。

選挙区には、有権者団が１人の議員を選出する小選挙区と、２人以上の議員を選出する大選挙区がある。全国を複数の選挙区に分けるに際して、前者を原則とするのが小選挙区制であり、後者を原則とするのが大選挙区制である。

＊　特定の党派や候補者に有利となるように恣意的に選挙区を確定することを、「ゲリマンダリング」という。それを避けるため、区割りは原則として行政区画を基準に行われたり、第三者機関の諮問に委ねられたりされている。現在の日本では、衆議院議員選挙区画定審議会設置法（平成6年法律3号〔以下「区画審設置法」という〕）に基づく審議会が、区割りの改定案を作成している。

(2)　選挙方法

選挙の方法にも各種がある。多数代表とは、選挙区内の有権者の多数派に、その選挙区から選出される議員のすべてを独占させる可能性を与える選挙方法である。小選挙区制による選挙は、この典型例である。これに対して少数代表とは、大選挙区制を前提として、選挙区の少数派にもある程度、議員を選出させる可能性を与える選挙方法である。その典型が、各政党に得票数に比例して議席を配分する制度である比例代表制である。その議席配分方式にはさまざまなものがあるが、一般には名簿式が用いられる。その中で、拘束名簿式は、政党があらかじめ順位を付けた名簿に投票し、その順位に従って当選人が確定されるものである。これに対して非拘束名簿式は、名簿に記載されている候補者または名簿に投票し、名簿ごとの当選者数を決定したあと、名簿ごとに個人得票順に当選者を確定するものである。

＊　投票方法：　投票の方法には単記投票制と連記投票制があるが、日本ではほぼ一貫して前者が採用されている。また公選法は投票自書制を定めている（同法46条1項～3項・68条1項7号・2項7号など）。電子投票は、2002年に地方選挙で導入可能となったものの、2003年7月に岐阜県可児市の選挙で機械が故障して、選挙無効となるという事態が発生したことなどから、その後実施例がない。しかし情報通信技術が進歩した現在、そのメリットを在外日本人の投票などに活用できないかが検討されている。

2　選挙制度と民主主義のモデル

(1)　小選挙区制と多数派民主主義

典型的な選挙制度の一つが、小選挙区制である。小選挙区制の長所としては、有権者が候補者の人柄などを知りやすい、選挙区が狭いので選挙費用が節約できる、各政党が合理的に行動すれば、二大政党（ブロック）化が促進され、政局が安定する、といったことが指摘されてきた。短所としては、得票率と議席率が乖離し、死票となる確率が高い、議員が狭い地域の利益代表になりやすい、といったことが挙げられる。

この制度の下では、二大政党（ブロック）間の議席比は得票比の３乗になるといわれている（「３乗比の法則」）。得票率のわずかな変化が議席数に増幅して反映されるため、浮動票が大きな役割を果たす。その結果、二大政党化と相まって政権交代が容易となる。もちろん、小選挙区制がそのように働くためには、一定の前提が必要である。例えば、国民全体にも二大政党間にも基本政策における一致があること、当面する諸々の課題に関する国民の立場がほぼ二つに区分されていること、などである。このような条件を満たした政治を理想とする考え方を、多数派民主主義と呼んでおく。

(2)　比例代表制と合意民主主義

もう一つの代表的な選挙制度が、比例代表制である。この制度の長所としては、民意が正確に議席数に反映される、少数派にも代表を送る機会が保障される、といったことが指摘される。短所としては、多党化し、政治が不安定化する、政権交代が多数政党間における交渉の結果となる、といったことが挙げられる。比例代表制は、選挙区の大きさによりその性格に濃淡が出る。全国一選挙区の場合は、比例代表制の性格が一番大きく現われ、選挙区が小さくなるほど比例代表制の特色は低下する。

比例代表制の背景には、社会における対立関係を議会の中に意識的に反映させることによって、議員の間の討議や妥協・協調を通じて合意を形成していこうという民主主義の理念がある。これを合意民主主義と呼んでおく。政治的争点や社会の価値観が多元的に分かれている国では、この民主主義モデルが適合している。

3　日本における選挙制度

(1)　衆議院の選挙制度

日本において、衆議院議員については、1925年から1993年の総選挙まで

（1946年総選挙を除いて）、中選挙区制という独特な制度が採用されてきた。この制度は、各都道府県をいくつかの選挙区に区分した上で、各選挙区に原則として３から５の定数を配分し（大選挙区制の一種）、単記投票で議員を選出するものである（少数代表の一種）。戦後日本における自民党一党優位の多党制の下では、この選挙制度によって各選挙区の党派の得票率と議席数がおおよそ対応し、代表の正確性と政権の安定の均衡が比較的実現できていた。しかしその反面として、この制度では同じ政党の候補者が一選挙区に複数立候補することがあるため、派閥選挙となり、政党や政策ではなく候補者本位の選挙となりがちであった。

そこで中選挙区制の弊害を除去し、政党・政策本位で政権交代可能な政治を目指して、1994年に細川護熙《もりひろ》内閣の下で、小選挙区比例代表並立制という新しい選挙制度が導入された。同年の公選法改正では、小選挙区から300議席、全国を11ブロックに分けて行う拘束名簿式比例代表制により200議席が選出されることとなった。これが、1990年代に行われた「政治改革」「統治機構改革」の最初の具体的成果である（→第２章第４節**2**(3)・**3**）。

この新しい選挙制度の下で、日本は次第に二大政党化ないし二大ブロック化し、2009年総選挙により、日本の憲政史上初めて、選挙による政権交代が実現した。さらに2012年総選挙の結果、民主党政権から自民党政権へと再び政権交代が行われた。こうして政権交代可能な選挙制度を構築するという狙いは実現されたかにみえた。しかし、この制度の下では上述した小選挙区制の特色が色濃く現れ、選挙ごとの議席数の変動が大きすぎ、場合によっては野党が立ち直れないほどの敗北を喫してしまう。さらに、野党が前の敗北から立ち直る前に次の解散を行う手法も用いられているため、現状では政権交代可能な選挙制度とその運営には程遠い。このような現状は「改革の失敗」なのか、「改革の不足」なのかは、評価が分かれる（清水真人）。またそれに応じて、処方箋もさまざまに示されている。

＊　現在の制度では、一定の要件を満たした候補者届出政党（公選法86条参照）に所属する候補者は、小選挙区選挙と比例代表選挙への重複立候補が

認められ、小選挙区選挙で落選しても名簿の順位に従って比例代表選挙の当選人になることができる。名簿において同一順位とされた者の間では、小選挙区選挙における惜敗率の高い者の順位が上となる（公選法86条の２第４項・６項・95条の２第３項）。そのため「並立制」とはいうものの、この点では二つの選挙は関連づけられている。

＊＊　重複立候補ができるのは、候補者届出政党に所属する候補者のみに限られ、それ以外の者はそれができない。これは立候補の自由に関する不平等な取扱いではないか。最高裁は、「選挙制度の仕組みの具体的決定」は国会の広い裁量に委ねられているとし、選挙制度を政党本位、政策本位のものとするという目的は「国会の裁量の範囲」内であり、重複立候補制にも「相応の合理性」がある、と判断した（拘束名簿式比例代表制判決：最大判平成11・11・10民集53巻８号1577頁）。ただし、小選挙区選挙で落選した候補者が比例代表選挙で復活当選することに対しては、当選議員の間で優劣の感情が生じるなどの疑問も出されていた。そのため2000年の公選法改正により、小選挙区選挙で供託金没収点（有効投票の10分の１）に達しなかった者は、比例代表選挙での復活当選から除外されることとなった（公選法95条の２第６項）。

＊＊＊　最高裁は、小選挙区制についても、「特定の政党等にとってのみ有利な制度」ではなく、「死票はいかなる制度でも生ずるもの」であり、「選挙を通じて国民の総意を議席に反映させる一つの合理的方法」であるとして、それを採用したことが「国会の裁量の限界を超える」とはいえない、と判断している（小選挙区制判決：最大判平成11・11・10民集53巻８号1704頁）。

(2)　参議院の選挙制度

参議院議員の選挙については、戦後長い間、全都道府県の区域を通じて選出される全国選出議員選挙と、都道府県を単位とする選挙区から選出される地方選出議員選挙との２本立ての制度が採用されていた。後者については、半数改選制（46条）という憲法の要請を受けて、選挙区ごとの議員定数は偶数として、最小限を２とする方針の下に、各選挙区の人口に比例する形で配分されていた。その後、全国区選挙は立候補者にとって選挙運動や選挙費用の負担が大きすぎるなどの理由で、1982年の公選法改正により全国区選挙に代わり拘束名簿式比例代表制が導入された。またそれと同時に、地方選出議員選挙は選挙区選出議員選挙と改称された。

しかし、上述のように1994年に衆議院議員選挙に小選挙区比例代表並立制が導入されたことから、参議院では衆議院とは異なった選挙制度がとられるべきだという考えが強くなり、また政党内で名簿登載をめぐる競争が激化したことも懸念された。そこで2000年の公選法改正によって、参議院の議員定数を252人から242人へと削減した上で（公選法旧４条２項、比例代表選出議員96人・選挙区選出議員146人）、拘束名簿式から非拘束名簿式の比例代表制へと変更された。この新しい制度に対しても、かつての全国区制の復活ではないか、といった疑問が出されている。さらに2018年には、「一票の較差」是正のため、選挙区選出議員の定数を２人増加して148人とした。また比例代表選出議員の選挙について、国政上有為な人材または政党がその役割を果たす上で必要な人材が当選しやすくなるよう、いわゆる特定枠を創設し、同時に定数を４人増加して100人とし、合計248人とする公選法改正が行われた（平成30年法律75号）。

このような制度改革が続けられているとはいえ、衆議院議員と参議院議員の選挙制度の間には、さほど大きな違いはない。民意の多角的な反映という二院制の一つの理念との適合性が問われうる。また衆議院と参議院の党派構成が類似していると、参議院は衆議院の「カーボンコピー」と称され、両院の構成にねじれが生じると、「強すぎる参議院」と難じられることになる（→第９章第３節**1** (1)）。

＊　参議院で導入された非拘束名簿式比例代表制に対して、選挙無効訴訟によって（→本章第５節**2**）、名簿登載者個人には投票したいが、その者の所属する名簿届出政党等には投票したくないという投票意思を認めないなどの点で、国民の選挙権を侵害し、憲法15条１項に違反しないか、が争われた。この疑問に、最高裁は次のように答えた。国会が、参議院議員の選挙制度の仕組みを具体的に決定するにあたり、「政党を媒体として国民の政治意思を国政に反映させる名簿式比例代表制を採用することは、その裁量の範囲に属」し、「名簿式比例代表制は、政党の選択という意味を持たない投票を認めない制度であるから」、上記の事情をもって憲法15条１項に違反するとはいえない（非拘束名簿式比例代表制判決：最大判平成16・１・14民集58巻１号１頁）。

第４節　選挙に関する基本原則

１　概　説

普通・直接・自由・平等・秘密選挙は、「近代選挙の５原則」だといわれる。他国では、このすべてを憲法上明文で規定している例もある（例えば、ドイツ基本法38条１項・28条１項）。これに対して日本国憲法は、15条で普通選挙（３項）と秘密選挙（４項）を規定し、93条２項が「地方公共団体の長、その議会の議員及び法律の定めるその他の吏員」に関する直接選挙を定めるにとどまる。そのため、それ以外の基本原則については、憲法上の根拠を論ずる必要がある。他方で、日本国憲法は、「両議院の議員の定数」（43条２項）、「両議院の議員及びその選挙人の資格」（44条）、「選挙区、投票の方法その他両議院の議員の選挙に関する事項」（47条）について、それぞれ「法律でこれを定める」と規定している。これは、選挙制度の仕組みの構築を国会の裁量に委ねる趣旨である。しかし立法者の制度構築に関する裁量は無制約ではなく、上述した選挙の基本原則はそれを枠づけるものである。なお、これらの諸原則は、国家に対して遵守を義務づける客観法であると同時に、国民にとっては憲法上の権利としての性格をもつ（長尾一紘）。

２　普通選挙

普通選挙は、制限選挙と対比される概念である。それは、狭義では、納税額や財産など財力を選挙権取得の要件としない選挙を指す。広義では、人種、信条、性別、社会的身分、門地、教育、財産または収入などによって制限されることのない選挙をいう。

近代立憲主義の時代には、教養と財産をもつ市民だけが公益について理性的な判断を行うことができる、という観念が存在していた。そのため、そうした市民だけに選挙権を付与する制限選挙が採用された。しかし19世紀の中頃から、その他の人々からも政治参加を求める動きが強まり、1848年フランス憲法で21歳以上の男性による普通選挙が導入され、その後19世紀末から20世紀初頭にかけて、他の欧米諸国にも広がった。日本でも、明治憲法下では、帝国議会開設以来、長く選挙権に納税要件が付されていたが、1925年に成年男性普通選挙が採用された。成年女性の選挙権も、19世紀末頃から徐々に認められるようになり、第一次世界大戦後、世界的に広がった。日本では、第二次世界大戦後の1945年12月に、総司令部の指示に基づいて衆議院議員選挙法が改正され、成年女性にも選挙権が付与された。1946年に制定された日本国憲法は、15条3項で普通選挙を明記するほか、44条ただし書で国会議員の選挙人の資格について、広義の普通選挙の原則を明記している。憲法14条1項後段列挙事由に比べて、44条ただし書で「教育、財産又は収入」が列挙事由に追加されているのは、それらを理由とした選挙人の資格制限が行われることがあった歴史を踏まえてのことである。

＊　憲法44条が「選挙人の資格は、法律でこれを定める」と立法者に委託していることを受けて、公選法が具体的な規定を行っている。選挙権の消極要件を定めるのが、公選法11条である。①禁錮以上の刑に処せられている者（同条1項2号・3号）、②公職にある間に収賄罪などの罪を犯して刑に処せられた者（同項4号）、③選挙、投票および国民審査に関する犯罪により禁錮以上の刑に処せられその刑の執行猶予中の者（同項5号）、④公選法の定める選挙に関する法律により公民権が停止されている者（同条2項）、などについて規定されている。これらの規定の憲法適合性が争われた裁判例については、既に述べた（→憲法Ⅰ第18章第2節）。

＊＊　地方公共団体の議会の議員および長の選挙権を有するためには、「引き続き3箇月以上市町村の区域内に住所を有する者」でなければならない（公選法9条2項）。この3箇月記録要件の憲法適合性については、前述した（→憲法Ⅰ第18章第2節**3 (4)**）。同項にいう「住所」については、後述する（→第14章第3節**2 (1)**）。これに対し、国政選挙では住所は選挙権の要件とされていない（公選法9条1項）。なお、選挙権を実際に行使するためには、市町村の選挙管理委員会が調製および管理する選挙人名簿または在外選挙人名簿に登録される必要がある（公選法第4章・第4章の2）。

＊＊＊　被選挙権については、憲法上明文の規定がない（→憲法Ⅰ第18章第3節）。公選法10条は、日本国民であり（同条1項）、衆議院議員については25歳以上（同項1号）、参議院議員については30歳以上（同項2号）といった、選挙権年齢よりも高い年齢要件を定めている。同項3号および5号は、地方議会議員について「その選挙権を有する者」と規定しているため、上述

した３箇月記録要件は被選挙権にも要求される。このことの是非には、人材確保と自治体の事情への詳しさという双方の観点から議論がある。なお、前述した公選法11条による消極要件は被選挙権にも該当する。

3　直接選挙

(1)　憲法上の原則としての直接選挙

直接選挙とは、選挙人が公務員を直接に選出する制度であり、選挙人が中間選挙人を選出し、この中間選挙人が公務員を選出する間接選挙、あるいは別の選挙で選出された公務員が他の公務員を選出する複選制（例えば地方議会の議員が国会議員を選出する制度）と対置される。西欧諸国では19世紀半ば頃まで間接選挙が広く行われていたが、民主主義の思想が浸透するにつれて次第に直接選挙が原則となった。現在、間接選挙の代表例とされるのは、アメリカ合衆国の大統領選挙である。ただし、各州で選ばれた中間選挙人は選挙人の意思に拘束されるという慣行が成立しているため、実際上は選挙人が直接大統領を選出することと近似的に機能している。日本国憲法は、内閣総理大臣は国会の議決で指名されると規定する（67条１項）。「近代選挙の５原則」は有権者と議員との関係で妥当するものであるため、この仕組みをあえて複選制と呼ぶ必要はない。

憲法は、国会の両議院について、「全国民を代表する選挙された議員でこれを組織する」としており（43条１項）、「選挙」は要求しているものの直接選挙を明定していない。しかし判例は、直接選挙が43条１項・15条１項・３項を根拠とする憲法上の原則だと解することを当然の前提としているようである。その上で、比例代表制も直接選挙の原則に反しないとされてきた。例えば衆議院の拘束名簿式比例代表制について、「投票の結果すなわち選挙人の総意により当選人が決定される点において、選挙人が候補者個人を直接選択して投票する方式」と異ならない、という。また複数の重複立候補者が比例代表名簿で同一順位とされた場合は、小選挙区の結果により当選人が確定されることとなるが、これも「当選人となるべき順位は投票の結果によって決定される」ため直接選挙に当たる（前掲拘束名簿式比例代表制判決）。

＊　参議院の非拘束名簿式比例代表制についても、同じく、「投票の結果すなわち選挙人の総意により当選人が決定される点において、選挙人が候補者個人を直接選択して投票する方式」と異ならない、という。また同一政党内で、得票数の同じ名簿登載者が２人以上いる場合は選挙長のくじによるが、「この場合も、当選人の決定に選挙人以外の者の意思が介在するものではないから」直接選挙に当たる（前掲非拘束名簿式比例代表制判決）。

＊＊　公選法112条２項および４項は、衆議院および参議院の比例代表選出議員の欠員が生じた場合において、名簿における当選人となるべき順位に従い、選挙会が当選人を定める旨を規定している。最高裁は、参議院選挙の際に次点となった候補者Ａが政党により除名されたため、選挙会がＡより下位の候補者を欠員が生じた際に当選人とした事例について、「除名届が適法にされている限り、当選訴訟における当選無効の原因とはならない」と判断した（日本新党繰上補充事件判決：最判平成７・５・25民集49巻５号1279頁）。この判決に対しては、政党が選挙後に当選人の変更をすることを許す運用は直接選挙の原則に反する、という学説上の批判が強い（高田篤など）。

(2)　参議院選挙における間接選挙の導入可能性

学説では、①直接選挙が15条１項・３項・43条１項により要請されるとする見解（伊藤正己、佐藤幸治、長谷部恭男など）と、② 93条２項が「直接」選挙を定めているのに対して、43条１項はこれを欠くことから、直接選挙は要請されていないとする見解（佐藤功、芦部信喜など）とがある。さらに、③両院制における第二院の組織の仕方に工夫を加える観点から、直接選挙が要請されるのは衆議院のみであり、参議院には間接選挙を導入することも可能とする見解もある（樋口陽一、大石眞、高見勝利など）。③説の政策的意図は理解できるものの、43条１項の文言からは両院を区別する手掛かりは読み取れないこと、日本国憲法の規定する両院の権限はかなり対等なものであること、日本の議会制度史において間接選挙の例はないことなどからすると、この説は採用しにくい。②説が論拠とする93条２項は、戦前の官選型の知事等を否定する趣旨であること等を考慮すると、両院ともに直接選挙が要請されていると解すべきである。そもそも問いは、間接選挙が憲法上許容されるかという一般的な形ではなく、いかなる仕組みの間接選挙であれば憲法上許容されるかといった、より具体的な形で設定されるべきであり、周辺的な部分に間接選挙が取り入れられても違憲ではないとする見解（高橋和之）もある。

4　自由選挙

自由選挙は、任意投票と選挙運動の自由とを含むと解されている。後者については、既に扱っているため（→憲法Ⅰ第18章第4節）、ここでは前者について述べる。

任意投票とは、選挙人が自らの意思に基づいて候補者や政党等に投票することをいう。日本国憲法では明文の規定がないため、代表民主制の下での自明の原則とされたり、15条4項・19条が根拠とされたりする（高見勝利）。日本でも伝統的に任意投票制が採用されてきた。これに対して比較憲法的には強制投票制を採用する国もある（オーストラリアなど）。また日本国憲法についても、選挙権の行使は公務としての側面をもっており、その意味で投票は義務としての性格も帯びているとして、強制投票制もありうると解す見解もある（佐藤幸治、野中俊彦など）。ただしそのような見解も、投票は個々の有権者の自由な意思に基づくのが筋であることから、任意投票制が望ましいとしている。

5　平等選挙

(1)　保障内容

平等選挙の原則は、19世紀においては1人1票の原則を指していた。特定の選挙人に複数の投票権を認める複数選挙や、納税額によって選挙人が複数の等級に分けられ、各等級が独立に議員を選挙する等級選挙（少数の高額納税者の投票が有利になるように仕組まれる）などの不平等選挙を禁止する趣旨である。しかし現在では、平等選挙の原則は、投票価値の平等をも意味すると解されている。最高裁も、憲法14条1項・15条1項・3項・44条ただし書を引き合いに出しながら、「選挙権の平等は、単に選挙人資格に対する制限の撤廃による選挙権の拡大を要求するにとどまらず、更に進んで、選挙権の内容の平等、換言すれば、各選挙人の投票の価値、すなわち各投票が選挙の結果に及ぼす影響力においても平等であることを要求」する、と述べる。他方で、選挙制度の仕組みの具体的決定は国会の裁量に委ねられている。投票価値の平等は国会が考慮すべき唯一絶対の基準ではなく、「公正かつ効果的な代表」という目標を実現するために選挙制度の仕組みが具体的に決定されたことによって投票価値の不平等が生じている場合に、それが合理的に是認できるものかが判断されている（衆議院議員定数違憲昭和51年判決：最大判昭和51・４・14民集30巻３号223頁）。以下では、この問題に関する主要な大法廷判決を概観する。

＊　選挙区間の人口較差の許容限度を測る基準としては、大別すると、①選挙区間の議員１人当たりの有権者数（または人口数）の最大値の比率、②全国の有権者数（または総人口）を総議員数で除して得られる議員１人当たりの全国平均有権者数と各選挙区別の議員１人当たりの有権者数との比率、がある。最高裁は①を基礎としている。これは最高裁が議員定数配分規定を不可分一体なものとみていることと関わる。これに対し前掲衆議院議員定数違憲昭和51年判決で、可分説に立って、訴訟の対象だった選挙区だけを違憲無効と判断した岡原昌男など５裁判官の反対意見は、②を基礎としていた（越山安久調査官）。もしこの判例法理の出発点が違ったものであれば、事情判決の法理の採否など、その後の判例の展開が異なった可能性がある。2013年８月から2019年９月まで在職した山本庸幸裁判官が繰り返し述べていた個別意見は、その突き詰めた例であり、学説でも同旨の見解（高橋和之）がある。ただし、長年の判例法理をこの期に及んで大きく変容させることは、「司法権の行使の安定性を大きく損なう」（千葉勝美）。

(2)　衆議院中選挙区制時代——昭和51年違憲判決

日本国憲法の下で、1947年に初めて行われた衆議院議員の定数配分は、基本的に人口比例によるもので、議員１人当たりの有権者数の選挙区間較差は、最大1.51倍だった。その後の人口の都市への集中により、「一票の較差」が増大したにもかかわらず、国会はそれに対応して定数配分規定を改正することを怠りがちであった。衆議院の定数配分については、1964年に公選法改正（昭和39年法律132号）が行われたものの、1972年12月総選挙当時においては、最大較差は１対4.99に達していた。

この定数配分規定を違憲とした前掲衆議院議員定数違憲昭和51年判決は、本書の各所で扱っているため、結論のみを示す。この判決は、①公選法204条の選挙無効訴訟によって議員定数配分規定の合憲性を争うことを認めた（→本章第５節３）。また、②当該定数配分規定が「憲法の要求するところに合致しない状況になっていた」(違憲状態) ことも認めた (→憲法Ⅰ第6章第5節3)。さらに、③「憲法上要求される合理的期間内における是正がされなかった」とし、定数配分を全体として違憲だと判断した。しかし、④行訴法31条1項前段の事情判決は、公選法219条が準用を排除しているが、「一般的な法の基本原則」としてこの法理を援用して、本件選挙は違法である旨を判示するにとどめ、選挙自体は無効としないと結論づけた (→第12章第8節3 (1))。

＊　合理的期間論：　昭和51年判決は、立法時には憲法に適合していた法規定がその後の事情の変化によって違憲となった場合に、いつ違憲となったかについて、「人口の変動の状況をも考慮して合理的期間内における是正が憲法上要求されていると考えられるのにそれが行われない場合」に初めて違憲となる、と述べた。この「合理的期間論」は、同判決ではその期間が過ぎていたとされたためさほど注目されなかったが、「違憲状態」となってはいるが改正に要する「合理的期間」を未だ過ぎていないという判決 (違憲状態判決) の可能性を開くものとして、その後の判例上重要な役割を果たすようになる。

＊＊　較差の是正は1975年公選法改正 (昭和50年法律63号) によってもなされたが (つまり、前掲昭和51年判決時には違憲と判断された定数配分規定は既に改正されていた)、1980年6月の総選挙時には最大較差1対3.94となっていた。最高裁はこれを違憲状態だと判断した。しかし、上記公選法改正により最大較差は1対2.92に縮小したため投票価値の不平等状態は一応解消されたと評価でき、再び違憲状態に達した時から本件選挙までの間に、「憲法上要求される合理的期間」が経過したとはいえないとして、違憲とは判断しなかった (最大判昭和58・11・7民集37巻9号1243頁)。この昭和58年判決にもかかわらず、定数配分規定が改正されないまま、1983年12月に総選挙が行われた。選挙当時最大較差1対4.40に至った当該定数配分規定について、最高裁は違憲だと判断した。ただしこの判決も、事情判決の手法を用いた (最大判昭和60・7・17民集39巻5号1100頁)。

＊＊＊　以上のような中選挙区制時代の判例傾向から、最高裁は最大較差3倍、是正のための合理的期間5年を目安にしているのではないか、と推測されていた。もちろん、こうした数字に理論的根拠はない。当時の通説は、最大較差2倍を超えると1人1票の原則の本質を破壊する、としていた。

(3)　衆議院小選挙区比例代表並立制時代

(ア)　平成11年合憲判決

前述したように、1994年に衆議院の選挙制度は小選挙区比例代表並立制へ変更された。その際、小選挙区の区割りは、人口の較差が２倍以上にならないことを基本とし（区画審設置法旧３条１項)、「１人別枠方式」、つまり各都道府県に１議席を配分し、残りの議席を人口に比例して各都道府県に配分して都道府県の議席数を決めた上で、各都道府県内部で小選挙区を作るという方式（同条２項）によって定められた。投票価値の最大較差は、当初から１対2.137あったが、その主要因は「１人別枠方式」の採用にあった。なお、小選挙区制の下では定数は１人なので、投票価値の不平等は（定数不均衡ではなく）区割りの不均衡の問題として現れる。

1996年10月に新しい制度の下での最初の総選挙が実施された。直近の国勢調査によれば、最大較差は１対2.309となっていた。最高裁は、「１人別枠方式」は「人口の少ない県に居住する国民の意見をも十分に国政に反映させること」を目的とするものであり、過疎化現象等にどのような配慮をして選挙区割りに反映させるかも国会の裁量に委ねられる、と判断した(「１人別枠方式」平成11年合憲判決：最大判平成11・11・10民集53巻８号1441頁)。

(イ)　平成23年違憲状態判決

区画審設置法４条は10年ごとに行われる国勢調査の結果に基づく選挙区割りの改定について規定しており、それに基づき2002年には区割りの改定が行われた。しかし2009年８月の総選挙時には、最大較差１対2.304になっていた。この選挙に関する訴訟において、最高裁は「１人別枠方式」および、それに基づいて定められた選挙区割りを違憲状態にあると判断した。この判決は「１人別枠方式」の意義を、「人口の少ない地方における定数の急激な減少への配慮」と（平成11年判決から）読み替えた上で、「その合理性には時間的な限界」があり、本件選挙時にはその合理性は失われて、「投票価値の平等と相容れない作用」を営んでいると判断した。しかし、最大判平成19・６・13民集61巻４号1617頁では合憲判決がなされていたことなどを考慮すると、「憲法上要求される合理的期間内に是正がされなかった」とはいえない、と結論づけたものである（最大判平成23・3・23民集65巻2号755頁→憲法Ⅰ第4章第2節**3**(3)・**4**(2)、第6章第5節**4**(1)）。

(ウ)　平成25年違憲状態判決、平成27年違憲状態判決

平成23年違憲状態判決にもかかわらず、国会は区割りの改定を行わず、2012年11月衆議院解散当日になってようやく、「1人別枠方式」の廃止と選挙区数の「0増5減」を内容とする改正法が成立した（平成24年法律95号）。しかし改正法に沿った区割りの改定は間に合わず、選挙は従来どおりの区割りで行われた。この選挙時点では最大較差1対2.425となっていた区割りについて、最高裁は違憲状態だと判断した。この判決の特色は、従来の大法廷判決の判断枠組みを三つの段階に整理していることである。①定数配分または選挙区割りが違憲状態にあるか、②合理的期間内に是正されなかったために違憲なのか、③違憲の場合に違法の宣言をするにとどめるのか、である。さらに、そうした判断方法は「憲法の予定している司法権と立法権との関係」に由来する、という大きな視点が示された。つまり、「裁判所が選挙制度の憲法適合性について上記の判断枠組みの各段階において一定の判断を示すことにより、国会がこれを踏まえて所要の適切な是正の措置を講ずることが、憲法の趣旨に沿うもの」だ、というのである。また②の段階についても、「単に期間の長短のみならず、……実際に必要となる手続や作業等の諸般の事情を総合考慮して」評価すべき、とした。本件では、国会が違憲状態にあると認識したのは平成23年判決時であり、それを受けて法改正が成立していることなどを考慮して、「憲法上要求される合理的期間内における是正がされなかったとはいえ」ない、と判断された（最大判平成25・11・20民集67巻8号1503頁）。こうして合理的期間論は、単に時間の経過を論ずるものではなくなり、立法者の努力を評価するものとなった。

上記の「1人別枠方式」廃止と選挙区数「0増5減」を内容とする改正法の下で実施された2014年12月総選挙時点では、最大較差1対2.129となっていた。新区割基準に基づいた定数の再配分が行われていないため、最高裁は選挙当時の区割りを3度違憲状態だと判断した（最大判平成27・11・25民集69巻7号2035頁）。

＊　平成27年判決を受けて、国会は2016年5月に大きな法改正を行った（平成28年法律49号）。まず区画審設置法3条1項については、従来の条項から「を基本」を削除し、較差2倍未満という要求をより強調した。同条2項は、各都道府県の定数配分を「アダムス方式」で行うことを定めている。新方式は2020年国勢調査から適用される。また同時に行われた公選法改正では、衆議院議員定数を、「アダムス方式」の適用によって選挙区数が減る都道府県の小選挙区で6、比例代表で4削減し（公選法4条1項、小選挙区289人・比例区176人）、比例代表の選挙区の定数配分も「アダムス方式」によることとなった（同法13条7項）。

＊＊　2017年10月の衆議院選挙時点では、最大較差は1対1.98であった。最大判平成30・12・19民集72巻6号1240頁は、国会が「アダムス方式」の導入を決め、また上記の経過措置により較差も縮小したことを評価して、衆議院選挙に関しては11年ぶりとなる合憲判断を行った。平成25年判決および平成27年判決は、違憲状態か違憲かを判断する場面で立法者の努力を考慮に入れていたのに対し、平成30年判決は合憲か否かを判断する場面でこれを考慮に入れている。

＊＊＊　最高裁が明示した「憲法の予定している司法権と立法権との関係」からの視点について、これを主導したとみられる千葉勝美裁判官は、平成27年判決における補足意見で、司法権と立法権との間で、「いわば実効性のあるキャッチボールが続いている状況にあ」る、と評していた。これに対して多くの憲法学説は、キャッチボール的思考は違法の宣言にとどめるか違憲無効とするかを判断する場面でのみ働く、と想定しているようである。

(4)　参議院議員選挙

㈠　昭和58年合憲判決

参議院議員は、任期6年で半数改選制であるため議席配分が偶数であること、議員数も少なく、都道府県を選挙区の単位としていたことなどから、1947年に制定された参議院議員選挙法の時点で、選挙人数の選挙区間最大較差は、既に1対2.62倍あった。当然のことながら、参議院議員選挙にも投票価値の平等は要請されるはずであるが、地域間に人口移動があったにもかかわらず、定数配分は固定されたままであったため、較差は拡大する一方だった。

長年、参議院選挙における「一票の較差」に関する指導的判例であったのは、昭和58年判決である。1975年7月の選挙時点で、最大較差は1対5.26に拡大していた。にもかかわらず、最高裁は次のようにこれを合憲とした。公選法は、「参議院議員については、衆議院議員とはその選出方法を異ならせることによってその代表の実質的内容ないし機能に独特の要素を持たせよう」とした。地方選出議員については、都道府県「住民の意思を集約的に反映させるという意義ないし機能を加味しようとしたもの」であり、選挙制度の仕組みは「国会に委ねられた裁量権の合理的行使として是認しうるものである以上、その結果として」ある程度の較差が生じたとしても、憲法14条1項には反しない。違憲となるのは、「到底看過することができないと認められる程度の投票価値の著しい不平等状態を生じさせ、かつ、それが相当期間継続」した場合のみである（最大判昭和58・4・27民集37巻3号345頁）。

＊　1990年代までの参議院に関する最高裁判決の中で、唯一の違憲状態判決は、平成8年判決であった。1992年7月施行の参議院選挙時点では、最大較差が1対6.59に達していた。最高裁は、昭和58年判決の枠組みを前提としつつ、「もはや到底看過することができないと認められる程度に達していた」と判断した。しかし、昭和63年に最大較差1対5.85の状態について小法廷が合憲判断をしていたことなどから、違憲とはいえない、と結論づけている（最大判平成8・9・11民集50巻8号2283頁）。こうした判例傾向から、最高裁は参議院については、最大較差6倍を違憲の目安にしていると推測されていた。

(イ)　平成16年合憲判決

最高裁の審査態度に変化の兆しが現れたのが、平成16年判決である。2001年7月施行の参議院選挙時点での投票価値の最大較差は、1対5.06であった。この選挙に関する最高裁判決は合憲という結論に至ったものの、理由づけについて、昭和58年判決の立場を維持する補足意見1（5裁判官）と、漫然と現在の状況が維持されるならば違憲判断がされる余地がある旨を指摘する補足意見2（4裁判官）に分裂した。さらに、6裁判官は違憲だとする反対意見を書いた。この補足意見2は、「判断過程審査」の手法をこの領域に導入したものとして、注目を集めた（最大判平成16・1・14民集58巻1号56頁→憲法I第4章第2節**7**、第6章第5節**5**）。

＊　2004年7月施行の参議院選挙時には、最大1対5.13の較差があった。最高裁は、平成16年判決が合憲とした最大較差と大きく異なるものではないこと、同判決の言渡しから本件選挙までは6カ月にすぎず、是正のための期間として十分ではないこと、選挙後、選挙区の定数を「4増4減」する公選法改正が成立したことなどを考慮すると、違憲とはいえないと判断している（最大判平成18・10・4民集60巻8号2696頁）。

＊＊　2006年に行われた「4増4減」公選法改正により、最大較差は1対4.84に縮小し、2007年7月の参議院選挙時には1対4.86であった。最高裁は、前回選挙に比べて較差が縮小していること、本件選挙後にも較差是正に向けての検討が続けられていること、選挙制度の仕組みを大きく変更するためには相応の時間を要することなどを考慮すれば、違憲とはいえないと判断している（最大判平成21・9・30民集63巻7号1520頁）。

＊＊＊　平成18年判決と平成21年判決は、違憲状態か端的な合憲かを明言していない。平成16年判決補足意見2に端を発し、平成18年・21年判決で顕著になってきたのは、立法者がどの程度努力しているかを合憲性審査に際し考慮に入れるという判断手法である。これが前述した衆議院に関する平成25年判決以降の判例にも影響を与えた（→本節**5**(3)(ウ)）。

(ウ)　平成24年違憲状態判決、平成26年違憲状態判決

参議院選挙における投票価値の平等に関して徐々に審査を厳格化してきた最高裁が、はっきりと姿勢を転換したのは平成24年判決である。最高裁は、2010年7月参議院選挙時の最大較差1対5.00であった定数配分規定を違憲状態と判断した。その際には、30年近くにわたる「制度と社会の状況の変化」が考慮された。つまり、両院の選挙制度の同質化、国政の運営における参議院の役割の増大、衆議院における較差2倍未満を基本とする区割基準の導入に照らすと、参議院についても、さらに投票価値の平等に配慮すべきだ、という。また昭和58年判決とは異なり、「都道府県を選挙区の単位として固定する結果」、投票価値の不平等状態が継続している状況の下では、「上記の仕組み自体を見直すことが必要」だとされ、配分規定が違憲状態に至っていた、と判断された。しかし、平成21年判決があったのは本件選挙の約9カ月前のことであること、参議院において制度改革に向けての検討が行われていたことなどを考慮すると、違憲とまではいえない、とした（最大判平成24・10・17民集66巻10号3357頁→憲法Ｉ第6章第5節**5**）。

2013年７月の参議院選挙当時の最大較差は１対4.77であった。この選挙に関する最高裁は、平成24年判決と同様な論理で違憲状態にあると判断した。この判決では、衆議院に関する平成25年判決で採用された、「憲法の予定している司法権と立法権との関係」からの視点が組み込まれた。平成25年判決のいう②の段階については、配分規定が違憲状態にあることについて、国会が認識しえたのは平成24年判決言渡し時点であるが、選挙制度の仕組み自体の見直しについては相応の時間を要するため、本件選挙までは約９カ月しかなかったこと、国会において検討が行われていることなどを考慮すると、違憲とはいえない、とした（最大判平成26・11・26民集68巻９号1363頁）。

＊　最高裁による違憲状態判決を受けて、国会は2015年７月に鳥取・島根、徳島・高知を合区するなど、「10増10減」の公選法一部改正を行った（平成27年法律60号）。2016年７月選挙時に最大較差１対3.08であった定数配分規定について、最大判平成29・９・27民集71巻７号1139頁は、「人口の少ない一部の選挙区を合区するというこれまでにない手法を導入して行われたものであり、これによって選挙区間の最大較差が上記の程度にまで縮小した」こと、また「平成27年改正法は、その附則において、次回の通常選挙に向けて選挙制度の抜本的な見直しについて引き続き検討を行い必ず結論を得る旨を定めて」いることなどを考慮して、合憲と判断している。この判決は、従来の判決とは異なり、平成25年判決のいう①の段階で立法者の努力を考慮に入れることによって合憲判断を行ったものである。

＊＊　先に触れた2018年公選法改正による比例区への「特定枠」の導入は（→本章第３節**3(2)**）、「合区」により選挙区がなくなった政権与党の現職議員の救済策という側面があった。ただし、2019年７月の参議院選挙では、一部野党が「特定枠」の仕組みにより障害者を議員にするという使い方を示した。「特定枠」は、非拘束名簿式の制度に、拘束名簿式の制度を付け加えるものであるため、比例代表制内部における制度の体系的整合性は問われうる。

(5)　小　括

これまで概観してきたように、平等選挙に関する近年の判例は活性化している。参議院に関する定数訴訟の審査で顕著になっていた「立法府の努力を評価する審査手法」に対しては、違憲判断が主観化するのではないか、といった批判が根強くあった。最高裁が衆議院に関する平成25年判決で定式化した「憲法の予定している司法権と立法権との関係」からの視点、とりわけ②の段階についての判示は、立法府の努力を考慮することを当然とするもので、判断の主観化という批判に実質的に反論するものである。両院に関する較差訴訟の審査手法は、衆議院に関する平成25年判決が参議院で用いられてきた手法を導入し、その定式化を参議院に関する平成26年判決が受容したことによって、接近した。参議院に関する平成29年判決と衆議院に関する平成30年判決は、ともに両院で行われた選挙制度の改革を①の場面で考慮し合憲という結論を導いた、というのが判例の現状である。ただし、衆議院選挙では１対２、参議院選挙では１対３程度が、較差が許容される目安となっている。

6　秘密選挙

(1)　秘密投票の意味

秘密投票とは、選挙人がどの候補者または政党等に投票したかにつき、第三者が知りえない方法で選挙が行われることであり、公開投票と対置される。憲法15条４項は、「すべて選挙における投票の秘密は、これを侵してはならない」と明記する。さらに公選法は、同項を受けて、「何人も、選挙人の投票した被選挙人の氏名又は政党その他の政治団体の名称若しくは略称を陳述する義務はない」（同法52条）と規定するほか、無記名投票（同法46条４項）、投票用紙の公給（同法45条）、投票の秘密侵害罪（同法226条２項・227条・228条）、他事記載投票の無効（同法68条１項６号など）などを定めている。

(2)　秘密投票と投票用紙の検索

無資格者や不正投票者の投票用紙の検索が秘密投票に反しないかは、しばしば争われてきた。それは、主に次の二つの場面である。第１は、選挙や当選の効力を決定する場面である。ある当選無効訴訟において最高裁は、「選挙権のない者又はいわゆる代理投票をした者の投票についても、その投票が何人に対しなされたかは、議員の当選の効力を定める手続において、取り調べてはならない」と判示している（最判昭和25・11・9民集４

巻11号523頁）。

第２は、選挙犯罪の捜査の場面である。公選法所定の詐欺投票罪の捜査のため投票済み投票用紙の差押え等がされた際に、投票した選挙人の投票の秘密が害されたとして国家賠償が求められた事案があった。最高裁判決は、投票の秘密は侵されていないと判断するにとどめた。ただし福田博裁判官の補足意見は、「投票の秘密の保持の要請の方が選挙犯罪の捜査の要請より一般的には優越した価値を有する」から、「当該選挙犯罪が選挙の公正を実質的に損なう重大なものである場合において、投票の秘密を侵害するような捜査方法を採らなければ当該犯罪の立証が不可能ないし著しく困難であるという高度な捜査の必要性があり、かつ、投票の秘密を侵害する程度の最も少ない捜査方法が採られるときに限って、これが許される」、という原則・例外を示している（最判平成９・３・28判時1602号71頁）。補足意見の傍論における判断ではあるものの、適切な見解であろう。

＊　公選法48条、憲法改正国民投票法59条は、それぞれ、「心身の故障」等の事由により記載できない選挙人に、「投票所の事務に従事する者のうちから」補助者を選んで記載させる、代理投票を認めている。この制度は投票の機会の実質的保障に資するものであるが、投票の秘密との緊張を孕むものでもある。大阪地判令和２・２・27裁判所ウェブサイトは、公選法48条の合憲性を認めた。

第５節　選挙に関する争訟

１　概　説

選挙が公正に行われることは、代表民主制にとって極めて重要である。そのため、選挙の公正が疑われる場合には、関係者による争訟の提起が認められる。この争訟については、議会が審査する型と、裁判所が審査する型がある。公選法は、後者を採用している。この争訟は本来、選挙執行の適法性を担保するためのものであるが、実際にはそれにとどまらず憲法訴訟の場を提供する機能をも果たしている。これらは民衆訴訟（行訴法５条）の代表例である（→第11章第２節４(1)）。

2　名簿訴訟

公選法24条は、選挙人は選挙人名簿の登録に関し不服があるときは、当該市町村の選挙管理委員会に異議を申し出ることを認めており、同法25条は異議に関する決定に不服のある異議申出人または関係者が当該市町村の選挙管理委員会を被告として出訴できることを規定している。

＊　この名簿訴訟によって憲法問題が争われた最も著名な事件として、外国人の地方参政権判決（最判平成7・2・28民集49巻2号639頁→憲法Ⅰ第2章第1節3(2)(ウ)）がある。公選法9条2項によると、地方公共団体の議員および長の選挙権を有するためには日本国籍を必要とする。この訴訟は、定住外国人であり、選挙人名簿に登録されていなかった者が、公選法25条によって訴えた。名簿訴訟は公選法21条1項所定の被登録資格の有無に関する訴えを想定したものであり、定住外国人に地方公共団体にかかる選挙権を認めない地自法11条・18条、公選法9条2項の違憲性を争うような訴訟は予定されていなかった。しかし、上記訴訟の第1審判決（大阪地判平成5・6・29民集49巻2号670頁参照）は、24条の「異議の申出をすることができるとされている『選挙人』の要件としては、その者が現に選挙権を有していることまでの必要はなく、選挙権を有していると主張している者であれば足りる」と解して名簿訴訟の出訴要件を肯定し、最高裁もこれに異論を挟まなかった。

3　選挙無効訴訟

公選法204条は、衆議院議員または参議院議員の選挙において、その選挙の効力に関し異議がある選挙人または公職の候補者は、選挙に応じて定められた選挙管理委員会を被告として高等裁判所に訴訟を提起することができる、と規定する。同法205条1項は、「選挙の規定に違反することがあるときは選挙の結果に異動を及ぼす虞がある場合に限り」当該選挙管理委員会または裁判所は、その選挙の全部または一部の無効を決定するなどと規定している。ここでいう「選挙の規定」とは、第一次的には選挙の管理執行の手続に関する明文の規定であるが、「選挙の自由公正の原則が著しく阻害されるとき」も無効理由となる（最判昭和27・12・4民集6巻11号1103頁）。いかなる場合が選挙無効の理由と考えられるべきかは個別的な判断となるが、許容されるのは特例的だと解されている。

＊　「一票の較差」をめぐる訴訟は、同法204条によって提起されている。前掲した衆議院議員定数違憲昭和51年判決は、次のように判示した。「右訴訟は、公選法の規定に違反して執行された選挙の効果を失わせ、改めて同法に基づく適法な再選挙を行わせること（同法109条4号）を目的と」するものであるため、「同法自体を改正しなければ適法に選挙を行うことができないような場合を予期するものではなく、したがって、右訴訟において議員定数配分規定そのものの違憲を理由として選挙の効力を争うことはできない」、という疑いがある。「しかし、右の訴訟は、現行法上選挙人が選挙の適否を争うことのできる唯一の訴訟」であるため、「およそ国民の基本的権利を侵害する国権行為に対しては、できるだけその是正、救済の途が開かれるべきであるという憲法上の要請に照らして」、本件訴訟の提起を認めるべきである。名簿訴訟の利用を認めた前掲平成7年判決も、これと同様な思考をとっているのであろう。

＊＊　その後、衆議院選挙における重複立候補および拘束名簿式比例代表制の合憲性（前掲拘束名簿式比例代表制判決）、小選挙区制および政党本位の選挙運動規定の合憲性（前掲小選挙区制判決）、参議院選挙における非拘束名簿式比例代表制の合憲性（前掲非拘束名簿式比例代表制判決）、衆参同日選挙の違憲性（名古屋高判昭和62・3・25行集38巻2・3号275頁）など、さまざまな憲法問題が選挙無効訴訟によって争われてきた。

＊＊＊　公選法204条の選挙無効訴訟によって、選挙人が205条1項所定の選挙無効の原因として、（平成27年法律43号による改正前の）選挙権年齢を20歳以上としていた同法9条1項と、受刑者の選挙権を一律に制限している同法11条1項2号・3号の違憲性を主張した事例があった。最決平成26・7・9判時2241号20頁は、「選挙無効訴訟において選挙人らが他者の選挙権の制限に係る当該規定の違憲を主張してこれを争うことは法律上予定されていない」として、上告を棄却している。「一票の較差」訴訟との違いは、原告が他者の権利を主張していることと、各規定により選挙権を認められていない国民は、その違憲を理由として地位確認等の主観訴訟を提起する余地があることである（最判平成29・10・31判時2357・2358号1頁も同趣旨。若干異なる事案について、最決平成31・2・28判時2415号4頁）。

4　当選無効訴訟

公選法208条は、衆議院議員または参議院議員の選挙において、当選しなかった者で当選の効力に不服がある者は、所定の高等裁判所に訴訟を提起できる旨を規定している。この訴訟も、その範囲が限定されているものと解されている。当選無効訴訟においても、同法205条1項に該当するときは選挙が無効とされる（同法209条1項）。

＊　この当選無効訴訟によって争われた最も著名な事例は、前掲日本新党繰上補充事件判決である。また現在でも投票の秘密に関する指導的判例とされている前掲最判昭和25・11・9も、当選無効訴訟による事件である。ただし、この事件は町議会議員選挙に関するものであり、かつ公選法施行（昭和25年5月1日）前の事例であるため、本条によるものではない。なお現在の公選法では206条・207条が、地方公共団体の議会の議員または長の当選の効力に関する、選挙人または公職の候補者による異議の申立ておよび訴訟について規定している。

5　連座制の訴訟

連座制については、既に述べた（→憲法Ⅰ第18章第3節**2**(2)）。公選法211条1項は、総括主催者、出納責任者等の選挙犯罪による、公職の候補者であった者の当選無効および立候補の禁止の訴訟について規定している。この訴訟は検察官が提起するものである。他方で同法210条1項は、候補者が検察官を被告として、立候補禁止または当選無効に当たらないことの確認を求める訴訟について、定めている。

＊　国会議員の選挙に関する民衆訴訟として、公選法の定める選挙無効訴訟等の訴訟類型以外の訴えはありえないか。衆議院選挙の小選挙区割りが投票価値の平等に反することを理由に、内閣が天皇に対し選挙の公示に係る助言・承認をすることの差止め、内閣が選挙管理委員会に選挙事務の管理をさせることの差止め、内閣が国会に対し人口に比例した議員定数配分を定める法律案を提出することの義務づけ、を選挙人らが求めた事件があった。最決平成24・11・30判時2176号27頁は、民衆訴訟には法の規定が必要なため（裁判所法3条1項）、「現行の法制度の下において」、上記のような訴えは不適法だと判断している。

第6節　政　党

1　政党の機能

現代の代表民主制は、政党の存在を不可欠な構成要素としている。政党は有権者の利害関心を絞り込んで政策のパッケージを提示し、議会に媒介するとともに、それらについて有権者に説明する。また、その過程で政治的指導者を育成する。最高裁も政党の意義を、とりわけ民意の集約・媒介機能に着目して積極的に承認している。八幡製鉄事件判決（最大判昭和45・6・24民集24巻6号625頁）は、政党は「議会制民主主義を支える不可欠の要素」であり、「国民の政治意思を形成する最も有力な媒体」であって、憲法は「政党の存在を当然に予定している」、と述べる。また共産党袴田事件判決（最判昭和63・12・20判時1307号113頁）も、「国民がその政治的意思を国政に反映させ実現させるための最も有効な媒体であって、議会制民主主義を支える上においてきわめて重要な存在である」、という。政党のシステムが二大政党制か多党制か、政党間の関係はどのようか、政党の組織の規律が硬いか緩いか、といった政党のあり方は、憲法で規定された統治制度の運用を方向づけている。

そもそも議院内閣制の下では、選挙により多数党となった政党の党首が内閣総理大臣に選出され、通常、内閣は与党の議員により構成される。そのため権力分立は、憲法上規定された国会と内閣の抑制・均衡から、議会与党・内閣と野党の機能的な対抗関係へと変化した。また選挙によって与野党が入れ替わることによって、時間的な要素を組み込んだ権力分立も期待されてきた（→第4章第2節）。

2　日本国憲法上の政党の位置づけ

政党と国家の関係について、憲法学でしばしば参照されるのが、ワイマール期ドイツの憲法学者トリーペル（H. Triepel）による四段階説である。それによると、政党に対する国家の姿勢は、歴史的に、①敵視、②無視、③承認および法制化、④憲法的編入、という段階を踏んでいるという。

④の段階にあるとされる典型例は、ドイツ基本法である。同法21条は、政党の結成は自由であるとしつつ、政党の内部秩序が民主制の諸原則に合致しなければならないこと、資金の収支と財産について報告することを義務づけた（同条1項）。また、「自由で民主的な基本秩序」を侵害することを目指す政党は違憲である（同条2項）。さらに政党について法律の制定を立法者に委託している（同条5項）。

これに対し日本国憲法は、政党について規定していない。そのため政党は、日本国憲法上は党員から構成される私的な結社にすぎない。つまり、政党は前述したような公的な機能を果たしながらも、法的には私的な存在として政治的自由の享有主体なのである。そこで一方では、政党の果たす公的機能を支援するためには、一定の法的な助成や優遇措置が必要だとされる。それと同時に、政党の内部秩序には民主制の諸原則が要求されるべきだともされる。しかし他方で、そうした政党の憲法への編入は、国家から自由な存在だったはずの政党への介入として危険視されてきた。

そうした中で1990年代の「政治改革」は、政党に関する各種の法的な規制を整備した。日本では、ドイツのような政党法という統一法典は制定されていないが、そこで規定されるべき多くの内容は個別法により規定されることになった。日本もトリーペルの③から④の段階に進みつつある。議員を全国民の代表（43条１項）とする代表観と特定の政治目的の実現を目指す政党の法認との間に緊張関係を強調する見解もあるが、先に紹介した最高裁の説示のように、政党の存在を積極的に認めるのが通常である。

以上のように、政党法制については結社の自由からの観点と民主制のルールからの観点の双方から検討する必要がある（高田篤、林知更）。前者については既に行っているため（→憲法Ｉ第11章第４節**３**）、以下では後者からの概説を試みる。「政治改革」によって導入された政党に関する法制度は、政党本位の選挙制度、政治資金の規制、政党助成である。これらにつき、順次触れる。

＊　政党に関する学問上の定義として、近年比較的しばしば引用されるのは、「一定の政策を掲げ、それに対する国民の支持を背景に、政府機構の支配の獲得・維持を通じてその実現を図ろうとする、自主的・恒常的な政治組織団体」（佐藤幸治）というものである。ただし、次に述べるように、法律上の政党の要件は目的に応じてより限定的である。

3　政党本位の選挙制度

「政治改革」によって衆議院選挙に導入された小選挙区比例代表並立制は、政権交代可能な二大政党制を志向した（→本章第３節**３**(**1**)）と同時に、執行部のリーダーシップが弱かった政党組織を変え、政党本位、政策本位の政治を目指すものでもあった。この選挙制度では、ブロック別に行われる比例代表選挙において名簿を提出することができる政党・政治団体であるためには、①所属する国会議員が5名以上か、②直近に行われた国政選挙で有効投票の2％以上の得票を得たか、③名簿登載者の数が当該選挙区の20％以上か、いずれかの要件を満たす必要があった（公選法86条の2第1項）。こうした要件を満たした政党（候補者届出政党）には重複立候補が認められ（→本章第3節**3**(1)）、小選挙区選挙では政党として選挙運動もできるため（→憲法Ⅰ第18章第4節**3**(3)）、既成政党の優遇ではないかという批判もある。

＊　最高裁は、「衆議院議員の選挙制度の仕組みの具体的決定は、国会の広い裁量にゆだねられている」ことを述べつつ、候補者届出政党の要件は「政策本位、政党本位の選挙制度をより実効あらしめるために設けられた」のであり、「そのような立法政策を採ることには相応の合理性が認められ」る、と判断している（前掲小選挙区制判決→憲法Ⅰ第18章第4節**3**(3)）。

＊＊　比例代表選出議員と党籍変更：　政党の名簿によって選出された議員が、当選後、所属政党を変更することは許されるか。①議席喪失説は、比例代表選挙は政党本位の選挙であるから、当選時の党籍を失った者は議席も失う、という。②議席保有説は、議員は全国民の代表（43条1項）であるから、一旦選出された議員は党籍を失っても身分に変動はない、という。2000年5月の法改正によって、現行法では、自発的離党か除名かを問わず、選挙時に存した他の政党に移動した場合には議員資格を失う、とされている（公選法99条の2、国会法109条の2）。①説を基礎とした規定であるため、②説からは疑問視されている。

4　政治資金規制・政党助成

(1)　政治資金規制

日本の選挙法制では、政治活動と選挙運動が区別され、後者は厳格な規制を受けている（→憲法Ⅰ第18章第4節）。後者は支出についても、総額規制がなされている（公選法194条）。これに対し前者は、表現の自由により保障されている。政治献金をすることも自由のはずだが、弊害を防止するために、政治資金規正法により規制がなされている。

政治資金規正法は1948年に制定されて以来、たびたび改正されてきた。その狙いは政治資金の公開と制限を強化することにある。1994年の「政治改革」に関連する改正は、企業・団体献金を政党（同法3条2項は、上記①、②と同様の要件を定める）に集中させ、政治家個人と企業等との結びつきを断ち、政治の腐敗を防止すること、５万円以上の寄付はすべて寄付者名を公開すること、政治資金パーティーを規正の対象とすることなどを定めた。しかし、例えば１回20万円以下のパーティー券の購入者は収支報告書に記載する必要がなく、また政党だけは政治家個人に直接献金ができるが（同法21条の２）、受け取った政治家には会計報告義務がないなど、規制には抜け穴がある、といった指摘がされている。

(2)　政党助成

1994年には政治資金規制強化の見返りとして、政党助成法も制定された。同法は、「議会制民主政治における政党の機能の重要性にかんがみ」、政党に政党交付金による助成を行うものである（同法１条）。助成の対象となる政党は、①所属する国会議員が５人以上か、②直近に行われた国政選挙で有効投票の２％以上の得票を得たか、を必要とする（同法２条）。政党交付金の額は、議員数割と得票数割との合計とされる（同法８条・９条）。当初は、交付金の上限を各政党の前年度収入総額の３分の２を超えてはならないとする規定があった。これは政党が過度に国家に依存しないように配慮したものであったが、早くも1995年12月に撤廃され、交付金への依存に歯止めがなくなった。献金収入等が少ない野党は、とりわけ依存率が高い傾向にある。例えば、2016年に野党第一党だった民進党は、資金の約88％が政党交付金だった。上記のとおり、助成の対象となる政党についても、選挙運動と同様に①、②の要件が要求されるので、既成政党の優遇などの問題がある。ただし助成という性質上、訴訟でその違憲性を争うことは難しい。

＊　大阪高判平成10・６・19訟月45巻３号646頁は、①政党交付金の交付差止めを求める民事訴訟を、民衆訴訟に当たるため法律の定めがない以上不適法だとし、②無名抗告訴訟として交付の違憲確認を求める訴えについても同様に不適法とし、③政治的自己決定権の侵害を理由とする国家賠償請求について、それは国賠法上保護されるべき法律上の利益ではないとして棄却した。

5　政党法制の構築と裁判所による審査のあり方

政党法制や選挙法制を構築するのは立法者の役割である。しかし、議会政党は政党法制や選挙法制の対象であるから、多数派政党に有利に、あるいは既存の政党に有利なものとなる可能性を常に孕んでいる。政党法制や選挙法制は競争制限的なものとなりやすい。競争と安定した多数派形成は、解決困難な二つの課題である。これまでの最高裁は、その調整を基本的に立法者に委ねる姿勢を示してきた。果たしてそれだけでよいのか、立法者による制度構築を司法権が平等原則などによって枠づけるべきではないか、とりわけ助成ではなく規制と捉えられる場面ではそうではないか（→憲法Ⅰ第10章第2節**2**(3)）、が問われる。

〈参考文献〉

岡田信弘「代表民主制の構造」大石眞＝石川健治編『憲法の争点』（有斐閣、2008年）24頁

佐々木雅寿ほか「日本国憲法研究14　対話的違憲審査」論究ジュリスト12号（2015年）206頁

宍戸常寿「一票の較差をめぐる『違憲審査のゲーム』」論究ジュリスト1号（2012年）41頁

宍戸常寿「参政権」『法曹実務にとっての近代立憲主義』判例時報2344号臨時増刊（2017年）113頁

高田篤「憲法と政党」大石＝石川編『憲法の争点』28頁

長谷部恭男「第15条」長谷部編『注釈日本国憲法(2)』（有斐閣、2017年）214頁

林知更「政治資金規制と政党助成」法学教室279号（2003年）72頁

林知更「政党の位置づけ」小山剛＝駒村圭吾編『論点探求　憲法（第2版）』（弘文堂、2013年）287頁

棟居快行『憲法の原理と解釈』（信山社、2020年）第21章、第22章

毛利透「代表観念」小山＝駒村編『論点探求　憲法（第2版）』278頁

毛利透「投票価値較差訴訟の現状と課題」『憲法訴訟の実践と理論』判例時報2408号臨時増刊（2019年）185頁

渡辺康行「最高裁裁判官と『司法部の立ち位置』――千葉勝美裁判官の違憲審査観」工藤達朗ほか編『戸波江二先生古稀記念 憲法学の創造的展開（下）』（信山社、2017年）563頁

第８章　議院内閣制

第１節　総　説

代表民主制下の統治構造の典型として、一般に、イギリス流の議院内閣制とアメリカ流の大統領制が挙げられる。

イギリスの議院内閣制は、議会（正確には公選の庶民院）の信任を基礎とし、議会に責任を負う政府（行政府）を統治構造の要とする。政府の中心に位置するのは、首相と大臣から構成される合議体の内閣である。首相は議会において議員の中から選出される。首相も大臣も議会の議員を兼任する。内閣は自らの政策を実現するため議会における立法にも関与する。他方、議会の信任を失うと、内閣は総辞職に追い込まれるか、議会を解散し、自らの正当性を国民に問わざるをえなくなる。解散の是非は、国民による議会選挙で判断される。解散は議会と内閣の間に新たな信任関係を築くもので、協働体制の再構築を意味する。

これに対して、アメリカの大統領制は、議会と政府の間に信任関係のない統治構造を有している。政府の中心は、独任制の大統領である。内閣も存在するが、その構成員は大統領に対する助言者でしかない。大統領は議会の議員とは別個に国民の選挙（形式的には間接選挙）により選出される。大統領と議会の議員の兼任は禁止される。また、大統領は公式には立法に関与することもできない。他方、大統領は、弾劾の場合を除いて、議会から辞職を迫られることはないし、また議会を解散することもできない。大統領制は、議会と大統領が別個の民主的基盤をもち、相互に牽制し合う厳格な権力分立の体制である。

日本国憲法は、議院内閣制の統治構造を採用したといわれている。そのことは、63条・66条３項・67条・68条および69条のうちに表れている。ただ、大統領制とも無縁ではなく、地方自治（93条）において、その基本的仕組み（首長制あるいは二元代表制といわれる）が取り入れられている（→第14章第３節１(1)(2)）。

第２節　議院内閣制の特質

1　比較の中の議院内閣制

議院内閣制はイギリスで成立し発展してきた。この統治構造はイギリス以外の国でも採用され、日本においてもその基本構造が受容されている。基本構造が共通する場合であっても、実際に採用された議院内閣制の具体的構造は国によって異なり、各国のそれはイギリスのそれと必ずしも全く同じではない。すなわち、議院内閣制の具体的構造は、受容時の歴史的経緯や文化的背景の違いを反映し、国によって多種多様である。

フランスのように、内閣が議会に対して責任を負い、議会の信任を失うと総辞職しなければならない国は、確かに議院内閣制を採用したということができる。しかし、フランスには国民によって直接選出された大統領も存在し、首相と大臣を任免する権限が与えられているだけでなく、議会を解散する権限まで与えられている。内閣には議会の解散権がない。議会との間に信任関係のない大統領の存在は、フランスの議院内閣制が大統領制的であることを示す。このような統治構造は、半大統領制と呼ばれることもある。

スイスのように、政府の中心をなす内閣（連邦参事会）が、議会で選出された数名の議員で構成され、議会の一委員会のように、議会に従属する統治構造である場合は、その内閣は確かに議会の信任を基礎にしているが、議会を解散する権限もなく、議会からの独立性を欠くことから、通常、議院内閣制には分類されない。このような統治構造は、議会統治制（会議制あるいは議会支配制）と呼ばれている。

日本の議会と政府の関係は、アメリカのそれと全く異なっているだけでなく、フランスやスイスのそれとも違う。しかし、イギリスのそれとは同一でないものの、特質において共通するとみられており、基本的にイギリス流に属すると理解されている。

2　議院内閣制の一元型と二元型

イギリスの議院内閣制は、内閣が君主と議会の双方に責任を負う二元型として始まった。内閣はもともと君主の諮問に答える大臣の集まりとして成立し、君主の信任を基礎として構成されていたが、その後、議会の議員の中から大臣が任命されるようになり、かつ、庶民院の多数派の支持が必要とされるようになる。その結果、議会（庶民院）の信任も内閣の存立に不可欠と考えられるようになり、内閣は君主と議会の双方に責任を負わざるをえなくなる。また、内閣が首相の下で一体化した合議体として機能するようになり、君主と議会に対して負う責任も連帯責任とみなされていく。さらに、君主が「君臨すれども統治せず」の段階に至ると、君主はもはや形式的に庶民院の多数党の党首を首相に任命するだけの存在になり、内閣の政治責任を問わなくなる。こうして内閣が議会（庶民院）に対してのみ責任を負う議院内閣制、すなわち一元型の議院内閣制に収れんされていったのである。

日本の議院内閣制も一元型である。首相（内閣総理大臣）の任命は天皇の権限とされているが（６条１項）、これは形式的・儀礼的行為（国事行為）にすぎない。内閣は天皇に対して責任を負わず、議会（国会）に対してのみ、連帯して責任を負う（66条３項）。それゆえ、内閣が国会に対してだけ政治責任を負う一元型議院内閣制とみなされる。

3　責任本質説と均衡本質説

各国の議院内閣制が一様ではないということは、さまざまな議院内閣制を同一類型とみなすための指標をどこに求めるのかという問いを生む。議院内閣制を議院内閣制たらしめている不可欠の要素は何か、議院内閣制の本質は何なのかという問いである。この問いに対しては、内閣が議会の信任をその存立の基礎にしているところに議院内閣制の本質を求める責任本質説と、対議会責任のみならず、内閣が議会解散権を有し、それにより議会との均衡を保持しているところに本質を求める均衡本質説の二つの回答が提示されている（樋口陽一）。

内閣の対議会責任が議院内閣制の特質であることは間違いないが、これを本質とみなす責任本質説だと、議院内閣制と議会統治制が同視されかねない。議会統治制では内閣に辞職の自由がないと説き、そこに議院内閣制との違いを認める見解もあるが、議会統治制下であれば、内閣の辞職が法的に禁じられているというわけではなく、辞職の自由の有無を決め手と考えるのは無理がある。そこで、内閣の議会解散権を議院内閣制の本質に取り込む均衡本質説が唱えられている。日本国憲法には内閣の衆議院解散権の根拠規定がある（69条）ことから、内閣の対議会責任と衆議院解散権の双方を重視して、日本国憲法は議院内閣制を採用したと理解されている。

議院内閣制が内閣の議会解散権を不可欠の要素とするのなら、解散の要件や限界の問題も議院内閣制の本質を見極めることによって解決できるのだろうか。この問題については後述するが（→本章第３節**2**）、解散に関する具体的な憲法規定を考慮しつつ検討しなければならない問題であって、議院内閣制の本質から演繹的に解答できるものではない。

＊　日本国憲法が採用した統治構造は本当に議院内閣制だといってよいのか、疑問視されることがある（小嶋和司）。歴史的に形成されてきた各国の議院内閣制から理念型を抽出し、その理念型と日本国憲法の統治構造を比較すると、大きなズレがみられるというのが、その理由である。しかし、日本国憲法の統治構造を議院内閣制とみなすことに問題があるとすれば、それは議院内閣制であるという認識から直接的演繹的に特定の解釈論（議院内閣制は衆議院に対する自由な解散権を内閣に与える、など）を導く点にある。そのような直線的演繹的な解釈姿勢は慎む必要があるものの、議院内閣制という位置づけ自体は、問題発見の場として有用である。

第３節　国会と内閣の相互関係

1　内閣の対国会責任

(1)　国会の信任に基づく内閣の構成

議院内閣制は、議会の信任を基礎として内閣が構成される仕組みである。日本国憲法は国会という組織に国政レベルの議会の地位を与えた（41条）。だから、国会が内閣の存立の基礎になる。このことは、内閣の人事面からも明らかである。まず、内閣総理大臣（首相）は「国会議員の中から国会の議決で」（67条１項）指名される。次に、国務大臣（首相以外の大臣）は内閣総理大臣が任命権を有するが、「その過半数は、国会議員の中から選ばれなければならない」（68条１項）と定められており、国務大臣の過半数（実際にはその大半）が国会議員を兼任するものとされている。こうして内閣は、国会の多数派の支持を得た内閣総理大臣を首班とする、特に選ばれた国会議員を主たる構成員とする組織になる。

国会は内閣を信任して職務を委ねるのであり、この信任を受け、内閣は国会に対し連帯して政治責任を負う（66条３項）。内閣による対国会責任の履行の仕方は次に述べるとおりである。もっとも、内閣が国会に対して責任を負うということから、直ちに内閣の国会従属性が導かれるわけではない。日本国憲法は内閣に国会との協働を期待しているのであって、場合によっては、内閣が国会を主導する役割を果たすことすら想定している。内閣は国会の信任を得ているからこそ、国政全体に大きな政治的影響力を及ぼすことができる。他方、国会の信任を失ったときも、衆議院の解散などを通じて、信任の回復を図る途がある。内閣による衆議院の解散の制度は、内閣の主体性を示すものであると同時に、内閣が国民の支持を糧に、国会に対して自らの政治的存在感を発揮する仕組みであるともいえる。

(2)　応答・説明責任

国会が内閣を信任し、内閣が国会に対し政治責任を負うということは、内閣には国会からの政治責任の追及に応える義務があるということも意味する。国会による内閣の責任追及のための仕組みとして、以下のようなものが挙げられる。

(ア)　衆議院の内閣不信任決議

衆参両議院とも、決議という形式を用い、国政上の諸問題について、各議院の意思を表明することができる。決議には政治的な効果が認められるものの、原則として法的効果はないとされる。しかし衆議院による内閣不信任決議には、10日以内に衆議院が解散されない限りにおいて、直ちに内閣を総辞職させる法的効果が与えられている（69条）。衆議院による内閣信任決議案の否決にも、同様の効果が与えられる（同条）。なお、衆議院による内閣不信任決議、あるいは内閣信任決議案の否決があれば、たとえ10日以内に衆議院が解散された場合でも、衆議院議員総選挙後の最初の国会召集時に、内閣は総辞職しなければならない（70条）。個々の国務大臣に対する不信任決議も可能であるが、それは法的効果を有しない。内閣総理大臣に対する不信任決議は、内閣に対する不信任決議とみなされよう。ただし、衆議院による内閣総理大臣不信任決議が行われたにもかかわらず、内閣が衆議院を解散しない場合は、内閣総辞職の義務も発生しないと解される。

(イ)　参議院の問責決議

参議院もまた、決議を通じて、内閣に対し不信任の意思を表明することができる。こちらは問責決議と呼ばれるが、衆議院の内閣不信任決議と違って、憲法上、法的効果が与えられていない。その意味で、参議院の問責決議には政治的効果しか認められない。内閣に対する参議院の問責決議に法的効果が与えられないのは、国会内部における参議院の位置づけに関わっている（→第9章第3節1）。個々の国務大臣（内閣総理大臣も含む）に対する問責決議も可能であるが、やはり法的効果は認められていない。

(ウ)　質問制度

「内閣総理大臣その他の国務大臣は、両議院の一に議席を有すると有しないとにかかはらず、何時でも議案について発言するため議院に出席することができる。又、答弁又は説明のため出席を求められたときは、出席しなければならない」（63条）。内閣の構成員は両議院に出席する権限があると同時に、両議院から「答弁又は説明のため出席を求められたときは」、両議院に出席する義務を負っている。両議院への出席は内閣構成員の「答弁又は説明」のために義務づけられているのだから、両議院には内閣構成員に対する質問権があるということが前提になっている。

対国会責任を負う内閣にとって、両議院からの質問に対し「答弁又は説明」の義務を果たすことは、内閣の職責を全うするための本質的な職務遂行であると解される。したがって、内閣構成員が「答弁又は説明」から逃避することはもちろん、それを回避するために、内閣構成員以外の者に対して、応答・説明責任を委ねてしまうようなことは憲法上許されない。明治憲法54条が認めていた政府委員（国務大臣を補佐する政府職員）による「答弁又は説明」も、日本国憲法上、認められない仕組みであるとまではいえないとしても、それは内閣構成員による「答弁又は説明」の補充・補完にとどまっている必要がある。

国会法は、各議院の議員による質問主意書の提出と内閣の答弁書による応答という文書質問を原則とし、口頭質問を緊急時の例外と定めている（国会法74～76条）。口頭質問を例外とし、文書質問を原則とする仕組みが妥当かどうかは議論のありうるところであるが、議院自律権に基づき、議院規則（58条２項）によって修正可能であると解される。また、議題に関連して行われる国会議員と国務大臣の質疑応答についても、その法的基礎は憲法63条に求められる。

2　内閣による衆議院の解散

日本国憲法には衆議院の解散に言及する条文が全部で４カ条ある（７条３号・45条・54条・69条）。しかし、解散の意義、解散の主体、解散の限界について十分な言及がない上、それが衆議院にだけあって、参議院には設けられていない理由も条文上は明らかでないため、憲法の全体構造からその趣旨目的を導出し、それに照らして不明瞭な条文を解釈せざるをえない状況にある。

ここで衆議院の解散とは、衆議院議員の任期満了前に、一方的にその地位を失わせ、衆議院の構成員をゼロにすることをいう。国会議員は、選挙を通じて国民から任期付きでその地位を与えられているのであり、自らの意思で辞職する場合は別として、任期満了前に、他の国家機関から一方的に地位を剥奪されるようなことは本来許されない。それにもかかわらず、解散制度が設けられているのはなぜなのか。

(1)　他律的解散と自律的解散

憲法７条３号は、天皇が国事行為として「衆議院を解散する」としている。一般に組織の解散は、当該組織の構成員の自発的意思に基づいて行われるものであり（自律的解散）、組織外部の他者の一方的な意思によって解散させられること（他律的解散）は、通常ではない。天皇による解散は他律的解散であるが、天皇が「国政に関する権能を有しない」（４条１項）存在である以上、解散のような強力な政治的権限を自らの判断で行使することはありえない。したがって、天皇の行為自体は形式的・儀礼的なものにすぎないと解さざるをえない。実質的な解散権の所在は、天皇以外の別のところにある。

では、衆議院の自律的解散の可能性はないのか。自律的解散の場合、特段の定めがなければ、構成員の過半数の意思で解散となる。しかしその場合は、衆議院の多数派が辞職を拒む少数派の地位を一方的に奪うことになってしまう。上述したように、議員の地位は国民から任期付きで与えられたものであり、他者による任期満了前の一方的剥奪は許されない。たとえ衆議院の多数派の意思に基づくものであろうと、全議員の地位を失わせる解散は認められない。衆議院の解散は憲法に明記されていることから、解散そのものは想定内であるが（逆に参議院の解散は明記されておらず、想定外である）、それが自律的解散として行われることはないと解される。

＊　参議院が解散されないことに異論はない。その理由の一つは、明文の規定もないのに、任期満了前の全議員の地位を一方的に剥奪することは許されないと解される点にある。しかし、参議院の解散が否定されるのは、明文規定がないというだけの理由によるものではない。参議院が衆議院とは異なる存在意義を有しており、緊急集会の要請（54条２項）にも応えられるような安定性の高い組織であることが憲法上求められている点にも、参議院の解散を否定する理由があると考えられる。

(2)　解散権の主体

衆議院の解散が他律的解散として行われる場合、一体誰が解散権の主体になるのか。天皇は形式的・儀礼的な主体にすぎない。実質的な主体は誰なのかというと、それは内閣であるとするのが一致した見解である。この結論に異論はない。しかし、この結論を導く理由はさまざまであって、必ずしも一致していない。

まず、憲法７条が、天皇の国事行為は「内閣の助言と承認により」行われると定めているところから、内閣が衆議院の解散を決定し、その決定に基づき天皇に対し衆議院を解散するよう助言し承認するという見解がある。これは決定の主体と助言・承認の主体を同一視する解釈である。しかし、例えば内閣総理大臣の任命の場合、国会が決定を下し、その決定に基づき内閣が助言・承認することになっており（3条・6条1項)、決定の主体と助言・承認の主体が合致していない。天皇に対する助言・承認の権限から、直ちに実質的な決定権を導くことは短絡的と批判されよう。

次に、形式的・儀礼的とされる天皇の解散権は、かつては実質的な権限であったが、立憲君主制下における大臣助言制（政治の実権と責任を国務大臣に委ねる制度）の確立に伴い（→第2章第2節**2** (2))、天皇の権限が名目化したという歴史的経緯に基づき、解散権の所在も天皇から内閣に移行したと解する見解がある。この見解は解散権の歴史的展開に沿うものであるが、日本国憲法下における天皇の権限は当初より形式的・儀礼的なものとして定められたと解されるのであり（→第3章第3節**4**)、内閣に実質的な解散権があるというのであれば、歴史的経緯とは独立に、現行憲法上に根拠づけられなければならない。

だとすると内閣による衆議院の解散は、日本国憲法が国会と内閣の相互関係をいかに構想しているかという観点から、根拠づけていくほかないだろう。先にも述べたように、内閣は国会の信任を基礎として構成されている（→本節**1** (1))。それゆえ、衆議院が内閣を信任できないとなれば、不信任決議により内閣を総辞職に追い込むことが許されている（69条)。しかし内閣にも主体性が認められる以上、内閣が衆議院の信任を失った事態に対し、むしろ衆議院の方が政治責任を問われるべきであると考えた場合は、その判断を国民に委ねて当否を決してもらうのが妥当である。衆議院の解散は衆議院議員の総選挙を招来するが（54条1項)、この総選挙が国民による意思表明の手段になる。総選挙を開始する権限を内閣に認めるためには、憲法69条の「衆議院が解散されない限り」という文言を「内閣によって衆議院が解散されない限り」という意味のものとして読むべきことになる。このように読むことで、衆議院による内閣不信任決議（または信任決議案の否決）と内閣による衆議院の解散は表裏の関係とみなされることになり、憲法69条は首尾一貫する。

衆議院が解散されると、それに連動して内閣総辞職が行われ（70条）、衆議院議員のみならず内閣構成員も一新されざるをえなくなるが、内閣が国会を基礎に組織されることと、内閣総理大臣の指名は衆議院の議決に優先性があることからすると（67条２項）、新しい衆議院が新しい内閣の成立を決定づけることになり、結果的に衆議院と内閣の信任関係は回復する。このようなメカニズムを働かせるためには、解散権の主体も内閣であると考えなければならない。

(3)　対抗的解散と裁量的解散

以上のような解釈は、内閣が衆議院の信任を失った場合に、関係破綻の責任の所在を国民に問うため衆議院を解散する、という文脈に適合するものであって、憲法69条の想定する典型的な解散場面を念頭に置くものである。したがって、このような場面では、内閣による衆議院の解散以前に、衆議院による内閣不信任決議（または信任決議案の否決）があって、内閣は衆議院から正面切った責任追及を受けることになる。しかし実際のところ、内閣不信任決議（または信任決議案の否決）がなくても、もっというと、衆議院との信任関係に綻びがない場合でも、内閣は、民意を問うという解散の民主的機能（レファレンダム機能）に期待して、内閣の一存で衆議院を解散している。そのような解散は憲法69条の想定外であろうから、明文根拠のない解散（あえていえば、憲法７条３号のみを根拠にした解散）とみなさざるをえない。憲法69条が想定する解散を対抗的解散、想定外の解散を裁量的解散と呼ぶとすれば（大石眞）、対抗的解散は、先に示したような解釈によって（→本節**2 (2)**）、十分に根拠づけられるが、裁量的解散は憲法上の根拠が薄弱なのではないか、との疑問が突き付けられることになろう。

衆議院の解散は、衆議院議員の任期満了前に、議員の意向と無関係に一方的に全議員の地位を失わせるものだから、憲法の明文根拠が薄弱なところで行われることは許されないのであって、対抗的解散はともかく、裁量的解散は認められないとする見解がある（小嶋和司）。この見解に従えば、過去の解散のほとんどは違憲だったということになる。では、内閣による衆議院の解散が許されるのは、衆議院による内閣不信任決議（または信任決議案の否決）があった場合に限定されざるをえないのか（69条限定説）。

この点、衆議院と内閣の信任関係が壊れ、両者の間に亀裂が生じている場合であれば（例えば、衆議院が内閣提出の重要法案や予算案を否決した場合）、内閣が衆議院の内閣不信任決議（または信任決議案の否決）を待たずに衆議院を解散したとしても、信任関係の回復を図ろうとする対抗的解散の場合と、解散の意味に大きな違いはないと思われる。このような形での裁量的解散は憲法上許されているといってもよいだろう。憲法の明文根拠は重要だが、もともと明瞭性を欠く憲法69条の文言を厳格に解釈することには無理がある。同条もそれ単独で解釈するのではなく、憲法の全体構造に照らし、条文の趣旨目的を斟酌して解釈されなければならない（69条非限定説）。

＊　69条非限定説を採用した場合に、内閣の解散権の根拠を憲法のどこに求めるかについて、これまで①７条説、②65条説、③制度説の三つがあるとされてきた。まず７条説は、天皇が衆議院を解散する際に内閣によって行われる「助言と承認」に解散権の実質的根拠を求める。65条説は、行政権の控除説を前提に、行政権の一内容として、内閣に衆議院の解散権が与えられていると解する。制度説は、解散権を議院内閣制の本質的要素とみなし、もともと議院内閣制に内在した権限であると解する。しかし、いずれの説にも問題がある。７条説に対しては、そもそも形式的行為でしかない天皇の国事行為に対する内閣の「助言と承認」も、形式的行為にすぎないのではないかとの批判がある。また65条説に対しては、仮に控除説が妥当だとしても、それは国家・国民間の規律にしか適用されず、解散権のような国家機関相互の関係にはあてはまらないといわれている。さらに制度説に対しては、議院内閣制であるとの制度認識から、直ちに内閣の衆議院解散権を導き出すのは短絡的であると批判されている。

(4)　解散権の限界

通説である憲法69条非限定説に従えば、内閣は、衆議院の内閣不信任決議（または信任決議案の否決）を前提にせずとも、裁量的解散を行うことができると解される。問題は、内閣の裁量的解散が、内閣の自由な判断で行われる、何ら限界もない解散であってもよいのか、それとも一定の要件充足を前提とした、限界づけられた解散でなければならないのか、という点にある。現実の裁量的解散は、内閣が与党にとって有利な時期に総選挙を行う手段として行使されており、そのような実務慣行が日本国憲法の想定する解散権の行使として許されてよいのか、という問題意識が、この論点の背後に存在している。

解散権に限界があるとする見解（限界説）は、解散権の範囲を①衆議院で内閣の重要法案や予算案が否決され、または審議未了になった場合、②政界再編成等により内閣の性格が根本的に変わった場合、③総選挙の争点でなかった新しい重大な政治的課題に対処する場合、④内閣が基本政策を根本的に変更する場合、⑤議員の任期満了時期が接近している場合、などに限定し、内閣の一方的な都合や党利党略で行われる解散は不当であると非難する（芦部信喜）。

これに対して、解散権には限界などないとする見解（無限界説）は、解散権の民主的意義を強調し、衆議院の解散がいつ行われるのかわからない状態にあるからこそ、内閣も衆議院も、あるいは与党も野党も、国民の多数派の支持を獲得しようと常に意識し、国民意思への接近競争に励むと考えられるので、無限界の自由な解散権を内閣に認め、衆議院を「解散の恒常的な脅威の下に置いた方がよい」と主張する（高橋和之）。

解散権の限界とみなされる場面の中には、憲法の全体構造から導出されるものもあれば、習律として運用当事者間で形成されるべきものもある。また、解散権の行使が限界を超えたら、それは違憲といわざるをえないのか、単に不当と評価されるだけなのか、わかりにくいところもある。それゆえ、限界説の主張内容は明快性・一貫性に欠けている。しかし無限界説にも弱点はある。無限界説は、内閣による自由な解散が総選挙を通じた国民の意思表明に有利な機会を与えると説くが、直ちに肯定することはできない。また、内閣の自由な解散を容認してしまうと、習律によって形成される限界も否定されかねないし、法律による限界づけもすべて禁止されるという問題がある。

＊　自由な解散権を内閣に認める典型例はイギリスであり、一つの模範例として、日本国憲法の解釈論にも強い影響を与えていた。しかしイギリスは、

2011年９月の立法期固定法（Fixed-term Parliaments Act 2011）により、庶民院議員の任期を原則として５年に固定し、内閣の自由な解散権を否定した。

＊＊　最高裁は、衆議院の解散を高度に政治的な問題であるがゆえに、裁判所の司法審査が及ばない領域にあると判示し、これに関して判断を下すこと自体を回避した（苫米地事件判決：最大判昭和35・６・８民集14巻７号1206頁）。そのため、解散権の根拠や解散権の限界といった諸問題は、司法による回答が得られないまま、今も未解決の状態にある（→第11章第２節５(4)）。

＊＊＊　内閣による衆議院の解散は憲法69条の場面に限定されないが、一定の限界はあるとする立場でも、2005年のいわゆる郵政解散の合憲性に対する見解は分かれる。このときは、当時の首相が最重要とみなした郵政民営化法案が、衆議院ではかろうじて可決されたものの、参議院で否決されたことから、同法案の是非を総選挙の争点にして民意を問うべく、内閣が衆議院を解散したことが権限の濫用に当たらないか、問題になった。両院協議会による調整や衆議院での再議決すら行わず、こともあろうに同法案を可決した衆議院を解散するのは権限の濫用といわざるをえないとの主張もあったが、国会内の意見対立が激しく、首相が最重要とみなした法案すら成立が覚束ないという場合は、衆議院を解散して、法案の是非を総選挙で国民に問うことも許されてよいとの主張も有力であった。なお、同法案は、総選挙での与党大勝後、参議院でも可決された。

(5)　衆参同日選挙の合憲性

参議院の通常選挙にあわせて衆議院の総選挙を行うことが、与党に有利な結果をもたらしたという過去の経緯を踏まえ、内閣が通常選挙の実施のタイミングを狙って衆議院を解散することがある。しかし、参議院の独自性を維持し、二院制の存在意義を確保するには、両議院に反映される民意が異なっている必要があり、そのためには両議院の選挙の時期が異なっている必要があると主張されることがある。こうした見解からすれば、衆参同日選挙を意図した衆議院の解散は、二院制の趣旨に反するだけでなく、解散権の濫用といわざるをえない。もちろん、衆参同日選挙自体は、意図的な衆議院の解散がなくても起こりうるため、衆参同日選挙の実施そのものを違憲とするのは困難だとしても、それを狙った意図的な解散は内閣の権限濫用だと批判されることになる。

他方、国政運営の一貫性を保つ上で利益をもたらす衆参同日選挙は、むしろ望ましいという見解もある（長谷部恭男）。この見解に従えば、衆参同日選挙を狙って行われる意図的な衆議院の解散も望ましいとされることになり、権限濫用ではありえないことになる。なお、裁判例の中には、衆参同日選挙の実施を認めるか否かは、国会の裁量の問題だとするものがある（名古屋高判昭和62・３・25行集38巻２・３号275頁）。

第４節　国会と内閣の協働

1　国会と内閣の協働執政

日本国憲法の議院内閣制は、国会と内閣が協働する統治体制である。この体制下では、国会と内閣が、各々の権限をいわば連携させ、協調して行使するとの想定がある。もちろん、国会と内閣は互いに独立し自律した国家機関であり、その限りにおいて、ここにも権力分立の原理は妥当している。国会も内閣も自己の権限を、自らの判断に基づいて、それぞれ別々に行使するのであるが、別個独立に行使するというにとどまらず、一方が他方の権限を前提に協働する場面も多い。これは国会（とりわけ衆議院）の多数派を通じて内閣を形成するがゆえに認められる議院内閣制の特色といってよい。また、そこが厳格な権力分立とされる大統領制と異なるところでもある。日本国憲法の議院内閣制は、国会と内閣が協働して政治的な統治作用（＝執政）を担う統治体制、すなわち、協働執政の体制なのである（→第４章第２節**3 (3)**）。以下、国会と内閣の協働執政の具体的内容について、場面を分けて簡単に説明する。国会と内閣の個別の権限内容については、章を改めて検討する（→第９章第４節、第10章第３節）。

2　法律の制定

法律の制定は、国会の独占的権限である（41条）。憲法に特別の定めのある場合（95条）を除き、法律案は両議院で可決したとき法律となる（59条１項）。法律の制定に、他の国家機関が関与することは許されない。ところが、内閣法は法律案の提出を内閣に認めている（同法５条）。また実際に、制定される法律の大半は内閣提出法律であるという。これは法律の制定に内閣が大きく関与していることを意味するが、憲法上、許されるのであろうか（→第９章第２節**3**(3)、第10章第３節**6**）。

法律は、法律案の①発議・提出、②審議・修正、③議決の段階を踏んで制定される。内閣による法律案の提出は①の発議・提出の段階に関わる。学説の中には、法律案の発議・提出は立法の準備行為にすぎず、国会の独占的権限には含まれないとする見解（佐藤幸治）もある。しかし、それは立法過程の不可欠の段階というだけでなく、立法の方向性を定める最重要の段階であることから、立法の準備行為にすぎないと決めつけるのは妥当でない。ここはむしろ、国会の立法権の行使に内閣が協働する一場面とみなすべきである。法律案の成否を最終的に決めるのは国会の役割だとしても、「国務を総理する」内閣（73条１号）にとって、自己の政策を実現するための法律案の提出は、「議案」提出権（72条）に含まれた憲法上の権限と解すべきである。それゆえ、内閣から法律案提出権を完全に剥奪することは憲法違反であるといってよい。

3　立法の委任と受任

法律の制定が国会の独占的権限である以上、その権限は国会が自ら行使しなければならないはずである。しかし、国会が法律上ですべてを規定せず、規律の一部を内閣に委任し、政令でもって規定するよう法律で指示することがしばしばある。これは立法の委任（法律の委任）と呼ばれるが、国会による立法権の放棄にならないのか、問題になる。

国家の担うべき任務が質量ともに拡大し、国会がそのすべてを法律で規律し尽くすことは現実的でないし、憲法上もこれを容認していると解釈可能な規定（73条６号ただし書）がみられることから、一定の範囲における立法の委任は許されると解される（最大判昭和25・２・１刑集４巻２号73頁）。立法の委任は、国会と内閣の協働を想定する統治体制とも親和的である。しかし、立法権の放棄に等しい白紙委任は憲法41条に違反し許されない。立法の委任はできるだけ個別具体的であることが求められるし、少なくとも基本決定は国会自らが行わなければならないと解される（重要事項留保説）。また、受任した側の内閣も委任の範囲を逸脱するような政令を制定することはできない（→第９章第２節**3**(1)、第10章第３節**2**(7)）。

4　予算の作成と議決

予算について、「内閣は、毎会計年度の予算を作成し、国会に提出して、その審議を受け議決を経なければならない」（86条）と規定されている。「予算を作成して国会に提出すること」（73条５号）は内閣の職権である。国会の衆参両議院のうち、「予算は、さきに衆議院に提出しなければならない」（60条１項）ものの、予算を成立させるためには、国会の議決が必要とされている（同条２項）。衆議院の議決を国会の議決とみなす場合もあると定められているが、いずれにせよ、国会の議決がなければ予算は成立しない。予算は、会計年度が変わるたびに、内閣によって作成され、国会によって審議・議決されることから、国会と内閣の協働の典型例といえる（→第９章第４節**4**、第10章第３節**2(6)**、第13章第６節）。

5　条約の締結と承認

国会と内閣の協働のもう一つの典型例として、条約の締結と承認が挙げられる。憲法は「条約を締結すること」を内閣の職権としつつ、「但し、事前に、時宜によっては事後に、国会の承認を経ることを必要とする」（73条３号）と規定する。これは内閣に対して「外交関係を処理する」（同条２号）権限とともに、条約を締結する権限も与えつつ、そこで完結させずに、国会の承認を義務づけることで、国会と内閣の協働を強いるものである（→第９章第４節**3**、第10章第３節**2(4)**）。

6　国会の召集

国会は、内閣の助言と承認によって天皇が召集するものとされている（７条２号）。国会の開会は、衆参両議院の議長の招集により、あるいは決まった期日に当然に会期が始まる自律的集会型ではなく、国会以外の機関の招集により会期が始まる他律的集会型とされる。もっとも、天皇の召集は国事行為として行われるもので、形式的・儀礼的行為にすぎないため、実質的な招集権限は別のところにあると考えざるをえない。憲法上、臨時会の召集は内閣の権限とされているが（53条）、常会と特別会については、実質的な招集権限を明示する規定がない（52条・54条１項参照）。ここには解散権の主体をめぐる議論（→本章第３節**2**(2)）と同様の状況がある。

まず、国会招集の実質的な主体は内閣であるとする点において異論はみられない。しかしその理由づけとして、内閣の助言と承認に根拠を求める７条説と、臨時会の規定を類推適用する53条説が対立している。７条説に対しては、内閣の助言と承認もまた形式的行為ではないかという批判があり、53条説に対しては、類推によって他律的集会を理由づけるのは妥当でないとの批判がある。ただ、国会を自律的集会とせず、他律的集会とみなした場合は、国会招集の実質的な主体は内閣と解さざるをえない（→第９章第３節**3**(1)、第10章第３節**4**）。

7　その他の協働執政

その他の執政作用についても、国会と内閣の協働を考えることはできるし、また考えなければならない。例えば、外交は、内閣の職権として定められているものの（73条２号）、条約締結に国会の承認を要すると定められていること（同条２号ただし書）に鑑みると、国会との連携・協調の契機はある。外交を内閣の専権と捉えて、国会の関与をすべて排除するのは行きすぎであると思われる。むしろ条約の承認の場面を超えて、外交に対する国会関与の方途を模索するべきである。また、軍事は、憲法９条によって類型的に否定されていると主張されることもあるが、国防の意義を認める限りにおいて、外交権限を有する内閣には、軍事に関しても主たる役割が付与されたと解さざるをえなくなる（→第５章第２節**3**(3)、第10章第３節**6**）。ただその場合も、外交同様、国会との連携・協調の契機があることを認め、軍事に対する国会の関与を確保することが憲法上要請されていると解すべきであろう。

第５節　国会による政府の統制

1　政府統制の意義

国会と内閣の協働執政という捉え方は、国会と内閣の連携・協調の契機に着目するものであるが、両者の相互牽制を通じての権限濫用の防止という契機とも関連する。議院内閣制の下では、国会と内閣の連携・協調の側面が前面に出ることから、両者の馴れ合いに陥る危険が小さくないことに注意しなければならない。しかし、ここでも権力分立の原理は妥当する。とりわけ質量ともに発達した行政国家においては、内閣を頂点とする政府（行政府）の統制が、権限濫用の防止という観点からも、民主政治の確保という観点からも重要とされる。

そのため、「国権の最高機関」（41条）である国会が、国民代表機関（43条1項）として、政府の全活動を監視・監督することによって、政府を民主的に統制するものとされている。国会による信任を自己の存立基盤とする内閣は、政府の頂点に位置する組織として、「行政権の行使について、国会に対し連帯して」責任を負うものとされており（66条3項）、国会に対し応答責任や説明責任といった政治責任を果たすことが求められている（→本章第3節1(2)）。内閣の政治責任を追及するため、国会（あるいは両議院）には、憲法によってさまざまな政府統制の権限が付与されている。なお、政府に対する司法的統制の権限は別途規定されている（→第4章第2節、第11章第2節、第12章第3節）。

2　法律による行政の原理

憲法は内閣の職権として「法律を誠実に執行」するものと定めているが（73条1号前段）、内閣のみならず、内閣の下にあって内閣の指揮監督を受ける行政各部（72条）も、法律の誠実な執行に携わる。内閣・行政各部は法律の誠実な執行を憲法上の任務とすると同時に、法律の遵守を憲法上当然に義務づけられる。そのため、政府による法律違反は法的責任を問われることになる。その意味で、国会は法律を通じて政府を法的に統制している。国会による政府統制の多くは、政府の政治責任を問うものであって、その法的責任を直接追及するものではない。法律を通じた政府統制とそれ以外の政府統制は、責任の性質の点で区別される。しかし、法的責任を必ずしも帰結しない政治責任もまた、憲法上大きな意味をもっている。

3　質問・質疑・報告徴収

国会による政府統制は、内閣の対国会責任を基礎に、その応答・説明責任の履行を求めることによって行われる。その具体的な方法は、何よりも、内閣構成員に対する両議院の質問権である（→本章第３節１(2)(ウ)）。国会が「議案」について政府に「答弁又は説明」（63条）を求める際に、政府の政治責任を追及することがある。そのため、両議院には国会議員による質問・質疑の場としての常任委員会の制度が設けられている（国会法41条）。常任委員会では不十分とされる場合は、各議院において特別委員会を設けることもでき、そこでの責任追及も認められる。両議院の常任委員会・特別委員会における議案審査を通じて、国会は政府統制を図るのである。なお、国会は内閣から報告を徴収する一般的な権限を有しているが（72条参照）、これも国会による政府統制のための情報収集手段の一つといえる。

4　両議院による国政調査

両議院はそれぞれ「国政に関する調査」を行う権限、すなわち国政調査権を有している（62条）。国政調査とは、両議院がその権能行使に必要と考える国政情報を自ら収集することを意味するが、国政に関する情報を収集する権限、とりわけ「これに関して、証人の出頭及び証言並びに記録の提出を要求する」権限が、憲法上、両議院に与えられていることは、国会による政府統制にとって不可欠の手段が付与されたものと解することができる。国会による政府統制を図るため、各議院が国政調査権を行使することは、独立権能説の立場からはもちろん、補助的権能説の立場からも十分に正当化される（→第９章第５節３）

5　両議院の決議

両議院が決議の形式を用い、国政上の諸問題に対して、意思表明を行うということは既に指摘した（→本章第３節１(2)(ア)(イ)）。法的効果がある決議は、衆議院による内閣不信任決議（または内閣信任決議案の否決）だけである。それ以外の決議には政治的効果しかない。衆議院による決議でも、内閣総理大臣に対する引退勧告決議や国務大臣に対する不信任決議であれば、政治的効果しかない。参議院による問責決議も同様である。しかし、これらの決議に法的効果はなくとも、事実上の強い政治的効果は認められる。決議が可決されたら、内閣の活動には事実上の支障が発生する。それゆえ、決議の形式を用いて政府統制を図ることも可能である。議案に付される附帯決議にも、場合によっては、一定の政治的方向づけの機能が認められる。

6　財政統制

「国の財政を処理する権限は、国会の議決に基いて、これを行使しなければならない」（83条）以上、国費の徴収・支出も、国の債務負担行為も、国有財産の管理処分もすべて、国会の議決に基づいて行われなければならない（84条・85条も参照）。実際に国の財政を処理する権限主体は、ほとんどの場合、政府であろうが、その政府の権限行使に国会の議決が求められるのである。詳しくは後述するが（→第13章第２節）、このことが国会による財政統制を可能にする。財政民主主義あるいは財政国会中心主義とは、国会による財政規律の決定のみならず、国会による財政統制の主導も意味している。国会の議決は必ずしも法律の形式に限られない。この点、旭川市国民健康保険料事件判決（最大判平成18・３・１民集60巻２号587頁）も、「予算及び決算の審議を通じて議会による民主的統制が及ぶ」と判示している（ただし、ここでの財政統制の主体は直接的には地方議会であって、国会を指しているわけではない）。なお、国会は内閣から財政状況の報告を徴収する一般的な権限を有しているが（91条参照）、これも国会による財政統制のための情報収集手段の一つといえる。

〈参考文献〉

大石眞『立憲民主制』（信山社、1996年）
石川健治「統治のゼマンティク」憲法問題17号（2006年）65頁
大西祥世『参議院と議院内閣制』（信山社、2017年）
川人貞史『議院内閣制』（東京大学出版会、2015年）
高橋和之『国民内閣制の理念と運用』（有斐閣、1994年）

第８章　議院内閣制

高橋和之『現代立憲主義の制度構想』（有斐閣、2006年）
高見勝利『現代日本の議会政と憲法』（岩波書店、2008年）
高見勝利「議院内閣制の意義」大石眞＝石川健治編『憲法の争点』（有斐閣、2008年）218頁
高安健将『議院内閣制』（中公新書、2018年）
長谷部恭男「内閣の解散権の問題点」ジュリスト868号（1986年）10頁
村西良太『執政機関としての議会』（有斐閣、2011年）

第9章　国　会

第1節　総　説

日本国憲法は、前文および43条1項で明らかにしているように、権力の行使を「国民の代表者」に委ねる代表民主制の仕組みを採用する（→第7章第2節**2**）。代表民主制は議会を中心とした統治構造であるとみなされており、議会制民主主義とも呼ばれる。それは国民代表によって構成される議会が統治の基礎に据えられた、議会を起点にした統治機構として組織されている。

しかし、こうした議会中心構想というべき仕組みは、議会の歴史的由来とも議会の現実的実態とも必ずしも合致しないといわれる。歴史的由来という点でいうと、議会はもともと非民主的な組織であった。中世ヨーロッパの議会は身分制議会であり、社会の主要な階級の代表者で構成される会議体であった。そこは国王の決定（とりわけ課税の決定）に対して階級利益を反映させる場であった。それが次第に身分階級性を薄めていき、国民の代表者によって占められる会議体へと発展していったのである。だからこそ、1789年5月にフランス国王によって召集された身分制議会が、自ら「国民議会」を名乗ったのは、議会史における画期であった。

議会が国民代表機関として発展したことで、議会こそが代表民主制の中軸とみなされるようになる。国会が「国権の最高機関」（41条）と位置づけられたのも、この発想の産物であるといってよい。もっとも現実的実態という点でいうと、統治の中心は議会よりも政府（行政府）にあるとみられることが多い。このことを素直に肯定し、議会中心構想から内閣中心構想へと発想を転換すべきことを説く有力な見解もある（高橋和之）。この点については後述する（→第10章第2節**2**(1)）。

以下では、国政レベルの議会というべき国会について、その地位・組織・権能の概要を叙述したい。さらに国会を構成する両議院と国会議員についても概観しておく。なお、地方自治レベルの議会というべき地方議会については、章を改めて解説する（→第14章）。

第2節　国会の地位

1　全国民の代表機関

国会は「全国民を代表する選挙された議員」（43条1項）で組織された両議院で構成されることから、全国民の代表機関であるとみなされる。国会は全国民の代表機関であるがゆえに、その議決には、憲法上、特別の効力が与えられる。直接であれ間接であれ、すべての国家行為が国会の議決に依拠するよう求められるのも、国会が全国民の代表機関として組織されているためである。

全国民の代表というときの代表の意味については、法的な意味での代表（「代理」）をいうものではないとされるのが通例である。中世ヨーロッパの身分制議会は、各階級の代表者の集まりであったため、議会の構成員は各階級の代理人であることが求められ、各階級の特殊利益を擁護するよう義務づけられていた。このような意味での代表を法的代表というが、全国民の代表はそうした意味での法的代表ではない。

全国民の代表とは政治的代表であると理解されている。それは特定の階級や職能の特殊利益を代表するものではないし、たとえ特定の選挙区から選出されていようと、その選挙区や選挙母体の代表とみなされることはない。代表者は、一旦選出されたら、その選挙区や選挙母体から独立して自由に意思表明し、選挙区や選挙母体からの訓令に拘束されてはならない（自由委任の原則）。また、中世ヨーロッパの身分制議会の代表者のように、選挙区や選挙母体の訓令に拘束されてはならないだけでなく、訓令を遵守しない場合は召還するといったことも憲法上許されない（命令委任の禁止）。全国民の代表とは、特殊利益の代表ではなく、全国民に関わる一般利益の代表なので、「その選出方法がどのようなものであるかにかかわらず特定の階級、党派、地域住民など一部の国民を代表するものではな」いと解されている（最大判昭和58・４・27民集37巻３号345頁）。

＊　全国民の代表というときの代表が、選挙区や選挙母体から独立して自由に意思表明する存在であることから、フランス憲法学に倣い、「純粋代表」と特徴づけるのが一般であった。他方、その代表が選挙区や選挙母体の意向に事実上縛られていることを積極的に評価し、これを「半代表」と特徴づける見解も有力である（樋口陽一、大石眞）。また、全国民の代表によって構成される議会は、政治的代表の集まりであるとはいえ、多様な国民意思をできるだけ公正かつ忠実に反映した制度にすべきとの見地から、国民意思と代表者意思が事実上一致した「社会学的代表」の集合体に構成すべきとの見解もある（芦部信喜）。その場合は、「社会学的代表」を作出する選挙制度が憲法上要請されることになる。しかし、「社会学的代表」観念に基づいて具体的な選挙制度を構想することは、実際上困難である（高橋和之）。

2　国権の最高機関

国会は「国権の最高機関」である（41条）。この最高機関とは何かをめぐり、かつて統括機関説と政治的美称説が対立するといわれた。

前者の統括機関説によれば、国家には自らの行動を創設し、保持し、終局的に決定する機関が必要とされるところ、国民を代表する国会こそが、そうした国権の統括にふさわしい機関とみるべきだから、憲法により国権の最高機関と位置づけられるという。この見解は国家法人説を前提に、法人としての国家に統括機関が必要との見地に立つ。しかし、それは国家法人説に特有の発想にすぎない上、主権者でも統治権の総攬者でもない国会に国政全般を統括する権能を認めることはできない。内閣に衆議院の解散権があり、裁判所に違憲立法審査権があることを考えれば、なおのことであると批判されている。

これに対して、後者の政治的美称説は、最高機関という呼称にあえて法的意味を認めず、国会が全国民の代表機関であって、主権者国民に最も近い政治的代表であることを強調した美称にすぎないとする。この見解が通説であると理解されている。この見解は、最高機関に法的意味を認めてしまうと、国会が内閣や裁判所の上に立ち、三権分立を侵しかねないと危惧するのである。しかし政治的美称では、憲法の明文規定を軽視しているようにみえるし、何より、国会が主権者国民に最も近い政治的代表であることの意義を十分に受け止めていないとの批判がある。ただし、政治的美称説の中には帰属不明の法定立権能を国会の権限と推定してよいと主張するものもある。その限りにおいて、政治的美称説は、国権の最高機関という位置づけに解釈論的意味を認めるのであるが、これが最高機関に法的意味を認めないことと整合するか、という問題は残る。また、権限推定という解釈準則についても、憲法の明文にない権限を安易に導き出すことへの批判もある。

＊　国権の最高機関ということの法的意味は、国会が国権の総合調整的機能を果たすことにあるとする総合調整機能説（田中正巳）や、国会が国政全般の動きに絶えず配慮し、最高の責任を負うところにあるとする最高責任地位説（佐藤幸治）も提唱されている。いずれも国政の指導機能を国会に期待し、国会を執政機関と性格づける見解（村西良太）と親和するが、内閣の「国務を総理する」権能（73条1号）との関係について、協働執政という観点から解明すべき問題を残している。確かに国会の権能（→本章第4節）のほとんどは執政作用とみなしてよいと思われるが、だからといって、国会に国権の総合調整を期待し、国政全般の動きに絶えず配慮する役割を課すことが、国民各層の多様な利益の反映の場である国会のうまくなしうるところとも思われない。国会にはさまざまな利益が持ち込まれ、妥協調整が行われるのであるが、利害の対立が先鋭であればあるほど、その解決には強いリーダーシップが要求されるだろう。議院内閣制の下で、そうした任務の遂行はむしろ「国務を総理する」内閣にこそふさわしい（長谷部恭男）というべきではないか（→第10章第3節**2**(2)）。

3　唯一の立法機関

国会は「国の唯一の立法機関である」(41条)。国会は立法権の本来的な担い手であって、天皇の立法権に協賛する機関にすぎなかった帝国議会（明憲5条）とは、憲法上の位置づけが全く異なる。また、国会は国の機関の中での唯一の立法機関なのであって、地方公共団体の立法機関とは区別して理解されなければならない（→第14章第4節**2**）。ここではまず、立法の意味に言及しておかなければならない。その上で、国会がその立法を行う唯一の機関であると規定されていることの意味を考える必要がある。

(1)　立法の概念

立法には、従来から、形式的意味の立法と実質的意味の立法の二つの類型があるとされている。形式的意味の立法とは、国会によって制定され、「法律」という名称を与えられた法形式を定立することであって、その手続は日本国憲法に明記されている（59条）。言い換えると、憲法59条の定める手続に従って、国会が「法律」という名称の法形式を定立することが、形式的意味の立法である。国会だけが形式的意味の立法を行うことができ、内閣や裁判所には形式的意味の立法を行うことが許されていない。それは国会の排他的独占的権限である。しかし、それだけだと、形式的意味の立法の定義上、当然のことを示したにすぎない。それゆえ国会が「唯一の立法機関」と規定された理由は、国会が形式的意味の立法にとどまらず、実質的意味の立法も独占していることを示すためであると解されている。

では、実質的意味の立法とは何か。この点をめぐっては、かねてより二つの見解があるとされてきた。一つは人の権利を制限し、または義務を課す法規範（しばしば法規と呼ばれる）を定立することであるという（法規説）。もう一つは一般的抽象的法規範を定立することであるという（一般的抽象的規範説）。いずれの説においても、そこで実質的意味の立法とされたものは、国会の排他的独占的権限とされるのであり、国会の専管事項（必要的法律事項）とされるのであるが、実質的意味の立法とされなかったものは必要的法律事項ではないというだけで、任意的法律事項になる余地は残っている。

法規説は法規の定立を国会の排他的独占的権限であるとするもので、明治憲法下における天皇の立法大権に対抗して、法規の定立権限だけは議会に留保しようとした伝統的見解を受け継ぐものである。国会しか法規の定立はできないとされる以上、行政府が法規の定立を必要とするときは、あらかじめ法律の委任を受けておかなければならない。内閣法11条、内閣府設置法７条４項、国家行政組織法12条３項は、この理を表しているとされる。最高裁も「国民に対して義務を課し又は権利を制限するには法律の根拠を要するという法原則」があると判示しているが（旭川市国民健康保険料事件判決：最大判平成18・3・1民集60巻2号587頁)、この判示は法規説の考え方と親和的である。

もっとも法規説は、法規の定立を国会の排他的独占的権限とみなす反面、法規の定立以外の立法（給付立法など）であれば、法律の根拠なしに、行政府の一存で行うことを許容しかねないといわれる。実際、戦前に太政官布告として制定され、現在は政令の法形式を有する褒章条例（明治14年太政官布告63号）が、勲章等の栄典の授与（憲法7条7号）の法的根拠にされているのは、法実務が法規説の影響下にあるからだという（→第3章第3節**4**(2)⑨)。しかし、勲章等の栄典の授与は、決定権を有する内閣の意向次第で、無視できないほどの社会的効果を及ぼすのであって、それが法律の根拠なしに行政府の一存で決められてもよいのか、疑問なしとしない。

これに対して、一般的抽象的規範説は、権利を付与し義務を免除する場合も含め、およそ一般的抽象的な規律を行う場合は、国会の制定する法律によらなければならないと主張する。万人に適用される一般抽象ルールの定立は、国会の排他的独占的権限であるとするのである。もちろんだからといって、特定の人や特定の事項のみを規律する法律（措置法あるいは処分的法律と呼ばれる）の制定が、国会に禁じられるというわけではない。一般的抽象的規範説は一般抽象ルールの定立を国会の専管にしようとするだけで、個別具体のルールの定立を国会の権限範囲から排除しようとするものではないからである。一般抽象性は、国会の権限範囲を画する基準ではなく、行政府や裁判所の権限範囲を画する基準である。

問題は、特定の人や特定の事項のみを規律する行政府の立法（政省令の制定）が、法律の委任なしに許されてよいかであるが、個別具体的な立法だからといって、行政府の一存で行われてよいとは思われない。一般的抽象的法規範の定立を実質的意味の立法と捉える場合であっても、人の権利を制限し義務を課す法規範の定立が、国会の排他的独占的権限から漏れるのは妥当でない。それは依然として国会に留保されていなければならない。その限りで一般的抽象的規範説は法規説を排斥できない。

＊　一般的抽象的規範説は法的規律の一般抽象性を排他的独占的に国会に帰属させる。それゆえ、行政立法は法律の委任なしに一般的抽象的法規範たりえない。一般的抽象的法規範は常に法律から導かれなくてはならない。逆に法律は一般的抽象的法規範でなくてもよい。個別具体的な法律（措置法・処分的法律）も認められる。しかし、国会が特定の人や特定の事項を狙い撃ちするような法律を制定することは、多数者による専制の危険も孕んでいる。法的規律の一般抽象性は、万人を平等に扱わなければならないという平等原則の要請（14条1項）の帰結と解することもできる。それゆえ、措置法あるいは処分的法律が直ちに禁じられるわけではないとしても、平等原則の観点から合理的であることが常に求められる。

＊＊　法規の定立や一般的抽象的法規範の定立のほかにも、実質的意味の立法として観念できるものがあるという見解もある。例えば、基本的な行政組織の設置をそこに含めようとする見解（佐藤幸治）がそれである（実際、66条1項は内閣の組織化を法律に委ねている）。ただし、この見解も内部部局（官房、局、部など）の設置まで実質的意味の立法に含まれるとみなすわけではない。むしろ多様な利益を反映する国会の特性に鑑みて、社会における重要事項は国会の審議と決定に委ねられるべきだから、それらの規律はすべて実質的意味の立法とみなすべきなのかもしれない。このような理解は、本質的な決定をすべて議会自身の規律義務とするドイツの本質性理論（Wesentlichkeitstheorie）と軌を一にするといえる。

＊＊＊　後述する法律執行説（→第10章第3節1(1)(エ)）は、形式的・実質的意味の立法の区別を不要とする。いかなる事項についても、最初に法的規律を行う権限は国会にあると解さなければならないのだから、国会の制定する法律のないところで行政府が行動できるはずはないし、実質的意味の立法を観念しなくても、行政府の一存で立法が行われることもないというのである。この見解は法律の執行とみなせない行政作用をすべて否定する。行政立法もまた法律の執行とみなせる限りでのみ許されると解している。

(2)　国会中心立法の原則

国会が「国の唯一の立法機関」であることの帰結として、実質的意味の立法は国会の立法手続を経ることなしに実現することはできず（国会中心立法の原則）、かつ、国会の立法手続さえ経ることができれば、他の国家機関の関与なしに完結させることができる（国会単独立法の原則）とされる。

国会中心立法の原則が妥当する以上、明治憲法下で認められていた緊急勅令・代行命令（明憲8条）や独立命令（明憲9条）は、そもそも存立の余地がない。行政立法は、それが実質的意味の立法である限りにおいて、「憲法及び法律の規定を実施するため」（73条6号本文）の命令、すなわち執行命令の法形式と、「法律の委任」（同号ただし書）を受けた命令、すなわち委任命令の法形式しか認められない。これらについては後述する（→第10章第3節**2**(7)）。

ただし、実質的意味の立法であっても、憲法自身が、他の国家機関に対して、明示的にその定立を許容している場合は例外である。具体的には、両議院の規則（58条2項）（→本章第5節**2**(4)）と裁判所規則（77条）（→第11章第4節**3**(2)）が認められている。

(3)　国会単独立法の原則

国会単独立法の原則が妥当するがゆえに、明治憲法下で要求されていた天皇の裁可（明憲6条）は廃止された。法律案は「両議院で可決したとき法律となる」（59条1項）。確かに、法律は天皇によって公布されなければならないが（7条1号）、これは法律の内容を国民に周知するために求められる法律の施行要件であって、法律の成立要件ではない。天皇による公布がなくても、法律案が両議院で可決された瞬間、法律は完全に成立する。法律に対する主任の国務大臣の署名と内閣総理大臣の連署（74条）も、執行責任の明示のために求められるにすぎず、それ自体は法律の成立要件ではない（→第10章第4節**4**）。

ただし、ここでも憲法自身が明文で認めた例外がある。それは「一の地方公共団体のみに適用される特別法」（95条）である。この場合は「法律の定めるところにより、その地方公共団体の住民の投票においてその過半数の同意を得なければ、国会は、これを制定することができない」とされる。ここでいう「法律の定め」は、国会法67条に規定されている（→第14章第3節**2**(2)）。憲法の改正や条約の締結も、それが実質的意味の立法に関わると解する限りにおいて、国会単独立法の原則に触れることになるが（前者は国民投票、後者は内閣による締結が必須とされる）、いずれにしても憲法上の例外とみなすことができる。

内閣の法律案提出権（内閣法5条）も問題になりうる。例えば、法律案の提出を内閣に一本化するような制度を設けた場合は、国会単独立法の原則に違反するといわなければならないだろう。しかし、内閣による法律案の提出を許容するにすぎない現行の仕組みであれば、たとえ実際に成立した法律の大半が内閣提出にかかるものであっても、国会単独立法の原則に違反するとまではいえない（→第８章第４節**２**、第10章第３節**６**）。

第３節　国会の組織

１　二院制

(1)　二院制の意義と役割

「国会は、衆議院及び参議院の両議院でこれを構成する」（42条）。議会を二つの議院によって構成する仕組みを二院制（あるいは両院制）と呼び、一つの議院で一つの議会を構成する一院制と対比される。日本国憲法は衆議院と参議院で構成される二院制を採用した。憲法が一院制ではなく、二院制を採用する理由はさまざまであるが、第一院を民選議員で組織される国民代表機関とした上で、第二院をそれとは異なる性格の議院として組織することが多い。比較憲法的観点から分類すると、①貴族院型、②連邦制型、③民主的第二次院型があるとされる。

①貴族院型は、かつてのイギリスや日本の貴族院のような貴族の利益を代表する議院を特別に設けるものであり、「上流の社会を代表する者」（伊藤博文）を議会に配置することによって、立憲君主制の均衡ある維持運営を実現しようとするものである。②連邦制型は、アメリカやドイツのような連邦制国家において、州の利益を反映させるための議院を特別に設けるものであり、連邦と州の調和のとれた体制を維持しようとしている。これに対して、日本国憲法が採用した③民主的第二次院型は、両議院とも「全国民を代表する選挙された議員」（43条１項）により組織されるものであり、第二院に特別の利益を代表させる意図のない仕組みであって、比較憲法的にはめずらしいといわれる。そのため、日本国憲法において二院制が採用された理由は必ずしも明快ではない。第一院に加えて第二院もある方が国民の多様な意見を反映しやすいし、議案は最低でも２回審理されるので、慎重な審議を図ることも期待できると思われたのかもしれない。確か

に二院制であれば、一方の議院の暴走や誤りを他方の議院が牽制し修正する機会が確保できそうである。しかし、それが二院制の優位を根拠づける理由として説得的かどうかについては、かねてより異論があり、「上院は下院と一致するならば無用であり、下院と対立するならば有害である」（シィエス〔E-J. Sieyes〕）といわれることすらある。

憲法は、衆議院の解散時に参議院の緊急集会の開催可能性を認める（54条2項・3項）ことで緊急事態に備えているが、これもまた、民主的第二次院型の存在意義の一つとみなされている。さらに憲法は、両議院議員の兼職を禁止し（48条）、議員の任期を異ならせる（45条・46条）などして、両議院の性格を違ったものにするよう工夫している。しかし、現行の選挙制度は似通っており、政党化も進行していて、各院の独自性が発揮できているとは言い難い。逆に両議院が「ねじれる」（両議院の政治傾向が一致しない）と、両議院の意思の合致は期待できず、国会の決定を得るのが極めて困難になることから、国会が機能不全に陥ってしまうと危惧されている。その理由は、制度上、参議院が「強すぎる」ところに見出される。それゆえ、参議院不要論も根強い。

(2)　二院間関係

(ア)　同時活動・独立活動の原則

「衆議院が解散されたときは、参議院は、同時に閉会となる」（54条2項）。これは同時活動の原則の一面である。すなわち、両議院は同時に召集され、同時に開会・閉会すると解される。先に述べた参議院の緊急集会は、同時活動の原則の例外である。また、両議院は各々独立して別個に審議し議決する（56条）。これが独立活動の原則である。議員の資格争訟、役員の選任、議院規則の制定、議員の懲罰実施に関し、憲法上、両議院は各々で行うとされているのも、独立活動の原則の表れである（55条・58条参照）。

(イ)　衆議院の優越

両議院の活動は独立別個であっても、国会としての意思を表明するためには、両議院の意思を合致させることが求められる。憲法59条1項が「法律案は……両議院で可決したとき法律となる」と定めているのは、この理を表している。問題は、両議院の意思が合致しないときである。両議院の意思が合致しないということは、両議院の多数派の意見が異なっているために、決定が一致しないということである。その場合、国会は原案を否決したとみなすのが一つの考え方である。そこには、両議院の意思が合致するまで成案は得ないとすることで、決定に慎重を期すという意義がある。憲法改正の発議（96条１項）はその好例である。両議院が対等の立場で決定を行い、それが一致しなければ、どちらの意見も通らない。両議院が相互に拒否権を行使し合うという意味で、拒否権ルールが妥当している。

しかし、両議院の意思が合致するまで、常に成案を得ることはできないとしてしまうと、国政は停滞し、何も決められない政治に陥ってしまうおそれもある。そのため日本国憲法は、多くの場面において、衆議院の決定を優先させる優越ルールを採用している。すなわち、両議院の意思が合致せず、調整がつかないときでも、衆議院の意思だけで国会の決定が得られるような仕組みを用意している。参議院の決定よりも衆議院のそれを優先するのは、衆議院の方が議員の任期が短く、解散もあって、選挙の機会が多いことから、現在の国民の意思に、より近い存在であると考えられたためである。詳しくは後述するが（→本章第４節）、法律案の議決（59条２項）、予算の議決（60条２項）、条約締結の承認（61条）、内閣総理大臣の指名（67条２項）に関し、衆議院の議決を国会の議決とみなすという規定がある。参議院の議決がないまま一定期間が経過した後に、衆議院の議決をそのまま国会の議決とするという規定もある（上記四つの事項のうち、法律案の議決だけは異なった扱いを受ける）。議決の効力のみならず、権限そのものについても、衆議院にだけ法的効果のある内閣不信任決議権が付与され（69条）、また、予算先議権が定められている（60条１項）。

憲法の明文の規定がない場合は、拒否権ルールと優越ルールのどちらが原則になるのだろうか。これは一概に答えることのできない問題である。具体的には、例えば、皇室の財産授受に関する「国会の議決」（８条）や予備費の支出に関する事後的な「国会の承諾」（87条２項）が問題になりうる。前者は、決定に慎重を期すという観点から、後者は、各議院の別々の意思表示になるとしても、内閣の政治責任を厳に問うという観点から、拒否権ルールが妥当すると考えてよいのではないか。他方、憲法ではなく、法律で両議院の議決が求められる場合で、法律によって優越ルールが採用された場合はどうか。例えば、国会の会期および延長の決定に関し、「両議院の議決が一致しないとき、又は参議院が議決しないときは、衆議院の議決したところによる」（国会法13条）との規定が問題になりうるが、事柄の性質上、いずれのルールでも不合理とまではいえないことから、法律による優越ルールの採用を違憲とみなす必要はない。

(ウ)　両院協議会

両議院の意思が合致しないとき、両院協議会を設けて、そこで調整を図るという解決法も認められている（59条3項・60条2項）。両院協議会は、各議院において選挙された各々10人の委員で組織される（国会法89条）。そこでの協議案は、出席協議委員の3分の2以上の多数で議決されたとき、成案となるとされ（同法92条1項）、その成案が各議院でそのまま議決されると、それが国会の議決とみなされる。予算の議決、条約締結の承認、内閣総理大臣の指名の場合のように、最後は衆議院の議決だけで国会の議決が得られる場合は、参議院にも配慮する必要性が特に高いことから、必ず両院協議会を開催しなければならないとされている（同法85条・86条）。しかし法律案の議決の場合のように、衆議院の優越が認められていても、特別多数による再議決といった加重要件が定められている場合（59条2項）は、両院協議会の開催は任意という扱いになっている（国会法84条）もっとも、両院協議会を開催したところで、両議院の間で妥協が成立し、成案が得られることは、極めて稀である。

2　任期制

ここで任期とは、国会議員の在任期間を意味する。任期は「国権の最高機関」たる国会の権力の時間的限界でもある。憲法は国会議員の任期を明文で規定し、法律でこれを延長することも短縮することも認めなかった。しかも任期は、すべての国会議員において同時に開始され同時に終了する。補欠選挙や繰上当選によって国会議員になった者も、前任者の残任期間しか与えられない（公選法260条1項）。憲法は、国会議員に対して、限定された期間しか権力行使の機会を与えず、任期を経過すれば、一旦、その地位を喪失させると同時に、再び権力行使を望む場合は、また国政選挙に立候補し、当選してくるよう促している。

衆議院議員の任期は４年である。ただし、「衆議院解散の場合には、その期間満了前に終了する」(45条)。これに対して、参議院議員の任期は６年である。ただし、「３年ごとに議員の半数を改選する」(46条)。参議院議員と比べて衆議院議員の方が、もともと任期が短い上に、衆議院解散があれば、さらに短くなることから、選挙間の間隔が狭く、国民の判断を仰ぐ機会がより多くなっている。これに対応して国民の意思への反応も敏感であろうと推測できるため、憲法は衆議院を第一院とみなし、多くの点で優越ルールを適用している（→本節**1** (2)(イ))。他方で、参議院には継続性と安定性を期待し、流動的な国民の意思に即応することよりも、長期的な視野から国政に従事するよう求めていると解される。

3　会期制

(1)　会期制の意義

国会は会期と呼ばれる一定の期間内しか活動しない。そうした仕組みのことを会期制という。会期は召集によって開始され、あらかじめ定められた期間を経過すれば終了する。ただし、会期の延長が認められることはある。国会を召集する権限を有しているのは、形式的・儀礼的には天皇であるが（７条２号)、憲法に明文規定はないものの、実質的には内閣であると解するのが通説である（→第８章第４節**6**、第10章第３節**4**)。憲法は、国会の召集に言及しており（52条・53条)、かつ、会期という文言を用いている（50条）ことから、会期制を採用したものと解されている。

内閣や裁判所が活動期間を限定することなく、常時活動していることと比較すると、国会にだけ会期があるのは不自然にみえるかもしれないが、会期制は既に明治憲法下の帝国議会においても採用されている。当時、帝国議会には限られた役割しか与えられていなかったことに照らすと、常設制ではなく、会期制が採用されていたとしても特に不自然ではなかったのであるが、「国権の最高機関」として、国会の権限が飛躍的に拡大した今も、当時と同様の仕組みであることに問題がないわけではない。ただ、その問題は、後述する会期不継続の原則との関係で論じられることが多い。

(2)　会期の種類

会期には、常会（52条)、臨時会（53条)、特別会（54条1項）の三つの種類がある。一般にはそれぞれ通常国会、臨時国会、特別国会と呼ばれている。

(ア)　常　会

常会は、毎年1回必ず召集されなければならない。国会法は常会を「毎年1月中に召集するのを常例とする」（同法2条）と定めるとともに、「常会の会期は、150日間とする」（同法10条）と定める。具体的な召集日は、召集権限を有する内閣が裁量により決定する。1月半ばに国会が召集され、6月半ばに会期末を迎えるのが通例である。毎年4月1日から会計年度が始まるため、通常、国会召集後は予算の審議に入る。国会は3月末を目途に予算を承認し、それから6月半ばまで法律案や条約の審議・議決を行う。会期末までに審議・議決が終わらない場合は、国会法上、1回に限って延長が認められる（同法12条2項)。

(イ)　臨時会

常会だけでは議案の審議・議決の期間が足りないこともあって、秋に臨時会が召集されることが多い。臨時会も、必要に応じて、内閣がその裁量により召集するが、「いづれかの議院の総議員の4分の1以上の要求があれば、内閣は、その召集を決定しなければならない」（53条）と明記されている。内閣を支える多数派の国会議員にとっては、国会が内閣による他律的集会となることに不都合は感じないだろうが、少数派の国会議員にとっては、審議・議決が必要と考える議案があっても、国会が適時に召集されないのは不都合であろう。そこで憲法53条は、一定数を超える少数派の国会議員に召集要求権を付与し、内閣に召集義務を課したのである。しかし、この召集要求権に召集期日を指定する権限が含まれているかについては争いがある。実務上、そうした権限は含まれないとする否定説が定着しているものの、召集が要求されてから合理的な期間内に国会が召集されなければならないことに争いはない。その限りで、内閣の裁量にも一定の枠がはめられていると解さざるをえない。

＊　憲法53条に基づく、各議院の総議員の４分の１以上の召集要求があったにもかかわらず、内閣が国会を召集したのは98日後で、かつ、冒頭で衆議院の解散に及んだという事案に関して、那覇地裁（那覇地判令和２・６・10判時2473号93頁）は、内閣には、召集の要求がされてから合理的期間内に臨時会を召集する憲法上の義務があったと判示した。

(ウ)　特別会

衆議院議員の任期満了または解散による総選挙が行われたときや、参議院議員の通常選挙が行われたときは、そこから新たに国会議員の任期が始まる。憲法は衆議院の解散総選挙後30日以内に国会を召集しなければならないと定める（54条１項）。これが特別会である。その主たる目的は、内閣総理大臣の指名である（→本章第４節**5**、第10章第４節**1**）。解散総選挙ではなく、任期満了に伴う総選挙であっても、内閣総理大臣の指名は必要であるから、国会は召集されなければならないし、参議院議員の通常選挙後についても、国会議員の任期開始に関連して、国会の召集が求められる。そこで国会法は、いずれの場合であっても、「その任期が始まる日から30日以内に臨時会を召集しなければならない」（同法２条の３）と定めている。

(3)　会期不継続の原則と一事不再議の原則

国会法によれば、「会期中に議決に至らなかった案件は、後会に継続しない」（同法68条本文）とされる。これにより、議院において審議中の案件が議決に至る前に会期末を迎えた場合、その案件は次の会期に引き継がれないため、次の会期で同じ案件を取り上げるとしても、ゼロからのやり直しを強いられることになる。一方の議院で可決され、他方の議院に送付された議案が、会期末のためにそこで議決できなかったときは、前者の可決すらなかったものとして扱われる。これを会期不継続の原則（議事不継続の原則）という。会期不継続の原則は、明治憲法時代から受け継がれた慣行であり、会期制の論理的帰結であると理解されてきた。

確かに、顔ぶれが一新された選挙後の新議院であっても、前の会期の案件が当然に引き継がれるとするのは、必ずしも適当といえないかもしれない。しかし、次の会期で同じ案件を取り上げる場合は、常に、また最初から審議し直さなければならないというのも、非効率であろう。そのため国会法も「常任委員会及び特別委員会は、各議院の議決で特に付託された案件（懲罰事犯の件を含む。）については、閉会中もなお、これを審査することができる」（同法47条2項）とした上で、「閉会中審査した議案及び懲罰事犯の件は、後会に継続する」（同法68条ただし書）と規定している。もっとも、会期不継続の原則が会期制の論理的帰結なのであれば、このような例外扱いも許されないはずである。逆に、それが許されるのだとすると、会期不継続の原則は会期制から導かれる論理必然の原則というより、議会の慣行にすぎないもので、改める余地もあるということになる。学説の中には、選挙と選挙の間の期間（立法期または被選挙期と呼ばれる）は議事が継続すると考え、この期間を超える場合に初めて案件を不継続とするべきではないかとの主張もある（大石眞）。

会期制との関係では、一事不再議の原則に言及される場合もある。これは、一度否決された議案を同一会期中に再び取り上げて審議することはできないとする原則である。明治憲法には明記されていたが（明憲39条）、日本国憲法はこれを規定していない。一事不再議は、確かに議事運営の効率性の観点から認められてしかるべきものだが、事情変更ということもあるので、これを硬直的に解すべきではなく、合理的理由があれば再議も可能と解すべきである。

4　会議の構成

(1)　本会議と委員会

審議と議決のための一番大きな舞台は、各議院に所属する全議員によって組織される本会議である。明治憲法時代の帝国議会では、本会議が主たる舞台であったが、案件の増加と複雑化に伴い、もともと議案の予備審査機関として設置された委員会（常任委員会と特別委員会）に議事運営の舞台が移動し、今や委員会中心主義というべき状況にある。その結果、議事運営の中心は委員会に移っているにもかかわらず、憲法の規律は相変わらず本会議に焦点を合わせているという齟齬が生まれている。

＊　委員会の内部においては、院内議員団体である会派が議員の活動単位になっている。会派は、実体において、人的構成が政党と重なることも多いが、政党と会派が全く同一でなければならない必要もないため、各議院内で独自に構成されることもある。会議はもちろん、各議院の運営は会派単位で行われている。このような会派的構成は、議院自律権（→本章第５節**２**）と先例を拠り所にしているといわれる。

(2)　会議の議決

日本国憲法に特別の定めがある場合を除き、両議院の議事は「出席議員の過半数でこれを決し、可否同数のときは、議長の決するところによる」（56条２項）とされている。憲法に特別の定めがある場合とは、例えば、議員の資格争訟における議席喪失（55条ただし書）、秘密会の議決（57条１項ただし書）、懲罰としての議員の除名（58条２項ただし書）、衆議院における法律案の再議決（59条２項）の場合があり、これらにおいては「出席議員の３分の２以上の多数」による議決が求められる。法律で特別多数の議決方法を採用してもよいかと問われたら、否定的に解すべきと思われるが、国会法が各議院の会議の公開停止を「出席議員の３分の２以上の議決」（同法62条）で認めているのは、秘密会の議決と同視しているからであると解される。

(3)　定足数

各議院は「その総議員の３分の１以上の出席がなければ、議事を開き議決することができない」（56条１項）とされるが、ここで求められている議員数を定足数という。少なくとも、総議員の３分の１以上の出席数が確保できなければ、審議・議決に入るに値しないと考えられたのである。「総議員」の意味については、かねてより①法定議員数、②現在議員数、③各議院の判断に基づいて定められた議員数の３説あるとされているが、「総議員数」はそのときどきの事情に左右されるべきではないとの見地から、実務上、法定議員数と解されている。しかし現在では、諸外国の動向に照らし、そもそも定足数の意義を厳格に受け止める必要があるのかどうかが、再考されるべきであるとの見解も唱えられている（大石眞）。

(4) 会議の公開

「両議院の会議は、公開とする」(57条1項)。会議の公開は、①討論の過程に国民意思を反映させる道筋を設ける、②透明性を確保し理解を促進する、③有権者に選挙に際しての判断材料を提供する、といった役割を果たす(渋谷秀樹)。会議の公開は、裁判の公開(82条)と並ぶ、日本国憲法が明文で設けた情報公開の仕組みである。その趣旨を具体化するため、議場に傍聴席が用意されるのみならず、テレビやインターネットを通じた中継も行われている。

会議の公開要請が客観的な制度的保障にとどまるのか、権利としての傍聴の自由まで保障したものなのかについては、争いがある。ちなみに裁判の公開は、制度的保障であると解された(法廷メモ事件判決:最大判平成元・3・8民集43巻2号89頁)。しかし上記三つの役割に照らせば、会議の公開は、個々の国民の傍聴を権利の行使とみて保障したと解することも十分可能であると思われる。会議に関する事実の報道の自由も必要不可欠とされるが、その保障が憲法57条1項から直接導かれるのか、憲法21条1項によるのかについても、はっきりしていない。会議本体の公開だけでなく、会議録の公表も規定されている(57条2項)。ただし、例外的に「出席議員の3分の2以上の多数で議決したときは、秘密会を開くことができる」(同条1項ただし書)と定められている。

ここでいう会議とは本会議を指す、とするのが通説である。それゆえ、委員会はこの規定の射程外とされている。それどころか国会法は、国会議員以外の委員会傍聴を禁じた上で、「報道の任務にあたる者その他の者で委員長の許可を得たものに」しか傍聴を許さず(同法52条1項)、委員会の「決議により秘密会とすることができる」(同条2項)と規定している。このような非公開規定には、違憲の疑義も投げかけられている。しかし、委員会中心主義の実態にもかかわらず、委員会を原則非公開とし続けることに理由があるとすれば、そこが決定のための準備の場であって、外部からの視線に晒されることなく、安んじて妥協調整を図り、円滑に決定が得られるようにするためであると説明されよう。ほかにも、「両院協議会は、傍聴を許さない」(国会法97条)とする規定がある。このような扱いも妥協調整を促進し、成案を得ようとする制度的工夫であろう。もっとも、予算委員会をはじめとして、委員会がテレビ中継される場合も少なくない。

5　参議院の緊急集会

国会の特殊な活動として、参議院の緊急集会がある。日本国憲法は、衆議院が解散され、国会が閉会した後、「内閣は、国に緊急の必要があるときは、参議院の緊急集会を求めることができる」（54条2項ただし書）と定める。明治憲法には、帝国議会閉会中、緊急の立法または財政処分を行う必要が生じた場合に、緊急勅令（明憲8条）や緊急財政処分（明憲70条）を行うことができる旨の規定が置かれていた。日本国憲法にはそうした制度はない。代わりに認められたのが、参議院の緊急集会の仕組みである。そこで「採られた措置は、臨時のものであって、次の国会開会の後10日以内に、衆議院の同意がない場合には、その効力を失ふ」（54条3項）とされる。

第4節　国会の権能

1　憲法改正の発議権・提案権

憲法を改正するには「国会が、これを発議し、国民に提案」することが不可欠である（96条1項）。確かに憲法改正は、国民投票を通じた国民の承認によって最終的に決まるのであるが、国民投票に付すべき憲法改正案は、国会が決定（すなわち発議）し、その決定したところを国民投票に付す（すなわち提案）ことになっているのである（→第6章第2節**2**(1)）。

しかも憲法改正の発議は、「各議院の総議員の3分の2以上の賛成」を要するとされている。通常の立法手続と比較して、ここには三つの加重要件がある。一つ目は、各議院の賛成がなければならないことである。両議院のどちらかが賛成しなければ、原案は否決されたとみなされる。両議院が相互に拒否権を行使し合う拒否権ルールが妥当するのである（→本章第3節**1**(2)(イ)）。二つ目は、出席議員ではなく、総議員を基準にしなければならないことである。総議員が法定議員数を意味するのか、現在議員数を意味するのかに関する理論上の争いはあるが、実務上は法定議員数であると解されている。この解釈が安定しないと深刻な紛争を発生させるおそれがあることからすれば、従来の解釈を維持すべきだろう。三つ目は、3分の2以上の議員の賛成がなければならないことである。単純多数ではなく、特別多数でなければ可決できないのである。

憲法改正の発議権・提案権は国会の重要な権限である。それは国会の排他的独占的権限であり、かつ、他の国家機関（例えば内閣）に委任することが許されない権限である。ただし、発議され、国民に提案される憲法改正案の原案を提出する権限は、国会そのものではなく、国会内の機関にある。国会法は、「衆議院においては議員100人以上、参議院においては議員50人以上の賛成」による原案提出（同法68条の2）と憲法審査会による原案提出（同法102条の7第1項）を認めている。内閣に原案提出権を認めてよいかどうかについては争いがある（→第10章第3節**6**）。

2　立法権

国会は実質的意味および形式的意味の立法を排他的独占的に行使する権限を有する（→本章第2節**3 (1)**）。それゆえ、国会だけが法律を制定することができる。法律の制定手続は、①法律案の発議・提出、②審議、③議決（修正を含む）、④署名と公布という一連の過程から成り立っている。

法律案の提出権はひとまず国会議員にあるといえるが、この権限は国会議員が単独で行使できるのか、一定数以上の国会議員がまとまらなければ行使できないのかという問題がある。それは各議院の自律権により各議院が決めることであろう。実務上は、国会法により、「衆議院においては議員20人以上、参議院においては議員10人以上の賛成を要する。但し、予算を伴う法律案を発議するには、衆議院においては議員50人以上、参議院においては議員20人以上の賛成を要する」（同法56条1項）と定められている。議院規則ではなく、国会法で決められていることに疑義はあるが（→本章第5節**2 (4)**）、審議にかける時間と労力が有限であることを思うと、可決の見込みが全くない法律案とそれ以外の法律案は区別される必要がある。一定数以上の国会議員の賛成のない法律案の発議・提出を許さない仕組み自体は、憲法上、認められてしかるべきである。各議院の委員会も「その所管に属する事項に関し、法律案を提出することができる」（国会法50条の２第１項）。内閣の法律案提出権についても、憲法上、容認されるというだけでなく、むしろ要請されているというべきである（→第８章第４節**２**、第10章第３節**６**）。

法律案は両議院のどちらかに提出される。先に衆議院に提出された場合、そこで審議・修正されて可決されたら、次に参議院に送付され、審議・可決されたら、その法律案は法律となる（59条１項）。参議院先議の場合でも、参議院が可決した法律案を衆議院が審議・可決したら、そのまま法律となる。しかし、衆議院が可決した法律案を参議院が修正し、または否決した場合は、両院協議会において妥協が成立しない限り、同法律案は廃案となる。ただし、その場合でも、衆議院で出席議員の３分の２以上の多数で再可決したときは、法律となる（同条２項・３項）。これは優越ルールの適用例である（→本章第３節**１**(2)(イ)）。

逆に参議院が可決した法律案を衆議院が否決した場合、参議院にはなすすべなく、同法律案は廃案となる。参議院が可決した法律案を衆議院が修正した場合、参議院がその修正案を可決すれば法律となるが、再修正または否決した場合は、衆議院が出席議員の３分の２以上の多数で再可決したときに限り、法律となる。法律制定手続における優越ルールは限定的である。なお、参議院が衆議院の可決した法律案を受け取った後、国会休会中の期間を除いて60日以内に議決しないときは、衆議院は参議院がその法律案を否決したものとみなすことができる（59条４項）。

法律には「すべて主任の国務大臣が署名し、内閣総理大臣が連署すること」が必要とされ（74条）、かつ、内閣の助言と承認により天皇が公布することが求められる（７条１号）。ただし、それは法律の成立要件でないということは既に述べた（→本章第２節**３**(3)）。

３　条約締結の承認権

条約の締結権（73条３号）は内閣の権限であるが、その承認権は国会の権限である（同号ただし書）。国会の条約締結承認権は、国会と内閣の協働執政（→第８章第４節**５**）の一場面であると同時に、国会による政府統制（→第８章第５節**１**）の一場面でもある。その際、両議院の意思が一致しなければ、優越ルールによって決するものとされている（61条）。条約とは外国との文書合意であるが、国際法上の権利義務関係の創設・変更をもたらすものであれば、協定・協約・議定書等の名称の差異にかかわらず、すべて広義の条約であるとされる（→第６章第３節**１**(1)(イ)）。

広義の条約のうち、①いわゆる法律事項を含む国際約束、②いわゆる財政事項を含む国際約束、③わが国と相手国との間あるいは国家間一般の基本的な関係を法的に規定するという意味において政治的に重要な国際約束であって、それゆえに、発効のために批准が要件とされているものは、国会の承認を経なければならないとされている（いわゆる「大平三原則」）。他方、④既に国会の承認を経た条約の範囲内で実施しうる国際約束、⑤既に国会の議決を経た予算の範囲内で実施しうる国際約束、⑥国内法の範囲内で実施しうる国際約束は、国会の承認を経ることを要しない。これは行政取極（行政協定）と呼ばれている。

条約の国会承認は「事前に、時宜によっては事後に」行われなければならない（73条３号ただし書）。国会承認が求められる趣旨から考えて、それは事前承認であることが原則と解される。しかし、何らかの理由で内閣が国会の事前承認の機会を得ることができず、事後承認を求めざるをえなかった場合に、それが得られなかったときの条約の効力はどうなるのだろうか。これについては、ウィーン条約法条約46条に鑑み、憲法違反が重大かつ明白な場合に限り、当該条約は無効であるとする見解が有力である。

＊　ウィーン条約法条約（条約法に関するウィーン条約）46条１項によれば、「いずれの国も、条約に拘束されることについての同意が条約を締結する権能に関する国内法の規定に違反して表明されたという事実を、当該同意を無効にする根拠として援用することができない」とされるが、「違反が明白でありかつ基本的な重要性を有する国内法の規則に係るものである場合は、この限りでない」とされている。

国会による条約承認は、一括して承認される場合と、一括して否認される場合のほか、修正して承認される場合が考えられる。しかし、相手国の同意なしに修正することは実際上できないことから、国会による条約の修正というのは、当該条約が可分のものなら、一部承認、一部否認という扱いになるし、不可分のものなら、国会は当該条約を実質的に否認したとみなされることになろう。

4　財政を処理する権限

「国の財政を処理する権限は、国会の議決に基いて、これを行使しなければならない」(83条) と定められていることからもわかるように、国会には国の財政処理に関する基本的権限がある。国の財政処理を国会の議決に基づかせるという発想は、財政立憲主義、あるいは財政民主主義（財政国会中心主義）と呼ばれる。ここにも国会と内閣の協働執政と国会による政府統制の契機がみられる。国の財政制度は、歳入歳出の準則に関わる予算制度、財源の調達に関わる租税制度、予算執行に関わる会計制度を中心に構成されている。いずれにおいても「国会の議決」(場合によれば、法律の形式をとった議決) が求められる (→第13章第２節)。

5　内閣総理大臣の指名権

議院内閣制においては、内閣が国会を基礎として構成される (→第８章第３節**1** (1)、第10章第２節**2** (1))。この構成の要の権限が、国会のもつ内閣総理大臣の指名権である。憲法67条１項によれば、「内閣総理大臣は、国会議員の中から国会の議決で、これを指名する」とされ、「この指名は、他のすべての案件に先だって、これを行ふ」ものとされる。内閣総理大臣の地位と権限に鑑みれば、国会が内閣総理大臣の指名権を有するということは、国会が内閣の基盤を形成するといってよい。この指名は各議院において行われるが、「衆議院と参議院とが異なった指名の議決をした場合に、法律の定めるところにより、両議院の協議会を開いても意見が一致しないとき、又は衆議院が指名の議決をした後、国会休会中の期間を除いて10日以内に、参議院が、指名の議決をしないときは、衆議院の議決を国家の議決とする」(67条２項) 優越ルールが適用される。

6　弾劾裁判所の設置権

身分の保障された公務員の非違行為を議会が訴追し、その者を罷免または処罰する特別の手続を弾劾という。憲法はこの弾劾手続を裁判官に対してのみ定めている（→第11章第5節**3**(1)）。すなわち、「国会は、罷免の訴追を受けた裁判官を裁判するため、両議院の議員で組織する弾劾裁判所を設ける」（64条1項）ものとされている。これは司法の独立性が確保され（76条3項）、裁判官の身分がとりわけ強く保障されなければならないとされる（78条～80条）一方で、公務員の選定・罷免の国民固有の権利（15条1項）が保障されることを考慮することにより、裁判官は「公の弾劾によらなければ罷免されない」（78条）と定めて「全国民を代表する」「国権の最高機関」（41条・43条1項）たる国会に弾劾裁判所設置権を付与したものと理解される。弾劾裁判所は、特別裁判所設置禁止（76条2項前段）の憲法上の例外に当たる。弾劾裁判所および訴追委員会は、会期に縛られることなく活動できるため、国会の閉会中でも職権を行うことができる（裁判官弾劾法4条）。

7　法律に基づく権能

憲法が明文で認めた権限以外にも国会の権限は存在する。というのも、立法権は権限を創出する権限でもあるため、この立法権を通じて、国会は自らの権限を増やすことができるからである。また、法律に「国会の承認」、「国会の議決」、「国会の同意」あるいは「両議院の同意」といった条項を設けることによって、さまざまな領域において、国会は権限を行使することができる。例えば、自衛隊の防衛出動（自衛隊法76条1項）や治安出動（同法78条2項）における「国会の承認」や、人事官の任命（国公法5条1項）における「両議院の同意」といったところを挙げることができる。

第5節　議院の組織と権能

1　議院の組織

国会は衆議院と参議院の両議院から構成され、両議院は「全国民を代表する選挙された議員」（43条１項）から構成される。2020年現在、衆議院議員の定数は465人であり、参議院議員の定数は248人である（公選法４条）。同時活動・独立活動の原則（→本章第３節１(2)(ア)）に従い、両議院は各々で活動するが、それに応じて組織も別個独立である。各議院を補佐する附属機関も原則として別個独立である。例えば、各議院には事務局が附置され、事務総長をはじめとする職員が配置されている（議院事務局法１条１項、国会法26条）。また、「議員の法制に関する立案に資するため」、各議院には法制局が置かれている（国会法131条１項）。議院法制局は議員立法にとって不可欠の制度であり、内閣に置かれた法制局（→第10章第５節１）とは異なる存在意義を有する。ただし、政策担当秘書等の公設議員秘書は、各議院ではなく、各議員に付されている（同法132条）。また、「議員の調査研究に資するため」に設けられた国立国会図書館は、各議院ではなく、国会に置かれている（同法130条）。

２　議院自律権

両議院の別個独立の活動を確保するためには、議院相互の干渉を排するだけでなく、内閣や裁判所などの他の国家機関の干渉も排して、内部自律が確立されていなければならない。そのため、憲法は各議院に議院自律権を保障していると解されている。それは、組織面・運営面・財務面の三つを有するといわれるが、日本国憲法は前２者について、いくつかの明文規定を置いている。

(1)　役員選任権

組織面での自律権の一つとして、「両議院は、各々その議長その他の役員を選任する」（58条１項）権限が与えられている。これに呼応して国会法16条は、議長、副議長、仮議長、常任委員長、事務総長を「各議院の役員」に位置づけている。憲法にいう「役員」が、このような重要な地位にある者のみを指すのか、広く議院の職員一般を指すのかについて、疑義は残っているものの、前者のように解さなければならない特段の理由が見当たらないことを思うと、後者のようにその範囲を広く解し、議院の職員の任免権が各議院にあるとする趣旨と考えておくべきだろう（宮沢俊義、大石眞）。

(2)　議員資格争訟の裁判権

憲法上、既に「両議院の議員……の資格は、法律でこれを定める」（44条）とされているところ、「その議員の資格に関する争訟」が生じたときは、裁判所ではなく、各議院がその「争訟を裁判する。但し、議員の議席を失はせるには、出席議員の３分の２以上の多数による議決を必要とする」（55条）とされる。この「裁判」は、憲法76条の例外とみなされており、憲法上、司法権の対象から外されている。そのため、議院の裁判に不服があっても、裁判所に救済を求めることはできない。

議員の資格は、法律により、被選挙権の保有（公選法10条・11条・11条の２）や兼職禁止公務への非就任（憲法48条、国会法39条等）といった要件の形で定められており、その内容は比較的明確であるため、議員資格の有無をめぐって争いになることはまずない。選挙で議員に選ばれた人が、資格なしとの理由でその議席を剥奪されるようなことがあれば、確かに大ごとであるが、そうした事態は過去に一度も生じていない。濫用事例が生じるリスクは、憲法55条ただし書の定める特別多数要件で十分対処可能と解されている。

(3)　議員逮捕許諾権と議員釈放要求権

「両議院の議員は、法律の定める場合を除いては、国会の会期中逮捕されず、会期前に逮捕された議員は、その議院の要求があれば、会期中これを釈放しなければならない」（50条）と定められている。この規定に呼応して、国会法33条が「各議院の議員は、院外における現行犯罪の場合を除いては、会期中その院の許諾がなければ逮捕されない」と定めている。憲法は、個々の議員に不逮捕特権（→本章第６節３(1)）を付与するとともに、その所属する議院に議員逮捕許諾権と議員釈放要求権を付与して、議員活動と議院活動の双方を守ろうとしているのである。このような規定が置かれた理由は、警察権力を通じて、行政府が議会に不当な干渉を行ってきた歴史に求められる。

(4)　議院規則制定権

運営面での自律権を代表する権限が議院規則制定権である。これにより、「両議院は、各々その会議その他の手続及び内部の規律に関する規則を定め」（58条２項）、自らのルールによって自らを規律できるようになる。ここでいう「規則」とは、通常、衆議院規則および参議院規則を指すが、形式的意味の規則だけでなく、実質的意味の規則も含まれると解すべきとの見解がある（大石眞）。その場合は、衆議院先例集や参議院先例録に登録された先例・慣行も「規則」とみなされよう。ただ、憲法が「規則を定め」ると規定していることに鑑み、「規則」は少なくとも成文法である必要があるとする見解がある（渋谷秀樹）。

＊　衆議院事務局が、議員による法律案提出にはその所属会派の機関承認が必須で、それがない法律案は受理できないという確立した先例があると主張し、議員の所属会派の機関承認を得ていない法律案を受理法律案として扱わなかった事件で、東京高裁は、「本件のような取扱いが先例として確立している」とする「衆議院の判断が示されている」以上、たとえそれが衆議院先例集に登載されなくても、「議院の自律権の範囲内の問題」になると解した上で、そのような取扱いの憲法適合性を裁判所が判断すべきではないとした（国民投票法案不受理違憲訴訟：東京高判平成９・６・18判時1618号69頁）。この判決に対しては、最高裁も異議を唱えなかった（最判平成11・９・17訟月46巻６号2992頁）。

議院規則によって、各議院の「会議その他の手続及び内部の規律」に関する事項が規定されるはずであるにもかかわらず、実際には国会法という法律が、これら事項の基本的部分をすべて規定している。これは、明治憲法51条が同事項を議院法という法律による規律に委ねてきた伝統（「議院法伝統」と称される）に引きずられたためであるとみられている。その結果、法律と規則（国会法と議院規則）の管轄問題が生じる。すなわち、ある事項の規律はどちらの法規範の管轄に属するのか、仮に競合するのだとしたら、どちらの法規範が優先するのか、という問題である。これがなぜ問題になるのかといえば、法律による規律を認めてしまうと、優越ルールを通じて、参議院の内部規律を衆議院が行うことになりかねないし、内閣が法律案提出権を通じて、両議院の内部事項に介入してもよいことになり、議院の自律が損なわれると危惧されるためである。

＊ 上記の管轄問題に関し、各議院の「会議その他の手続及び内部の規律」については、議院規則の排他的独占的管轄であるとして、法律による規律を認めない規則専管説と、規則とともに法律も規律可能とする規則・法律競管説が対立している。さらに規則・法律競管説においては、実際に競合したときは法律が優先するとする法律優位説と、規則が優先するとする規則優位説が対立する。かつては法律優位の規則・法律競管説が有力であったが、近時は憲法58条2項の明文規定に適合的な規則専管説の方が有力であるようにみえる。ただ、規則専管説にあっても、国会法が存在する現実に鑑みて、その存在を端的に違憲無効とするのではなく、本来規則で定めるべき事項を法律で定める紳士協定が両議院間で成立したとする説（紳士協定説）が有力である（小嶋和司）。さらに、基本的に紳士協定説に従いつつ、議院における証人の取扱規定のように、国民の権利を制限し義務を課す場面に限り、法律優位の規則・法律競管説が妥当するという説もある（佐藤幸治）。

(5) 議員懲罰権

憲法58条2項によれば、「両議院は……院内の秩序をみだした議員を懲罰することができる」。次の(6)で述べるように、院内の秩序保持は、それ自体が、両議院の運営面における自律権行使の一つである。議員懲罰権は院内の秩序保持のための手段である。懲罰事由は、国会法のほか、各議院の規則に例示されている。ここでいう「院内」とは、議事堂内のみならず、国政調査のための派遣先等、組織体としての議院と観念できる場にも及ぶと解されることから、それをみだしたと判断されると、その行為は懲罰の対象とされる。懲罰の手続は国会法が定めている（国会法121条以下）。懲罰の種類も国会法が定めるが、それは、①公開議場における戒告、②公開議場における陳謝、③一定期間の登院停止、④除名の四つである（同法122条）。ただし、除名は議員の地位を喪失させる重い懲罰なので、それを行うには「出席議員の3分の2以上の多数による議決」（58条2項ただし書）が必要とされる。除名も含め、懲罰の当否もまた、司法権の対象にはならないと解されている。

(6) 院内秩序保持権

上記(5)で述べたように、院内の秩序保持それ自体は、憲法の明文で言及されていないが、議院自律権行使の一側面である。それは院内の秩序をみだす議員を懲罰するにとどまらず、およそ一般に議院の規律をみだす者に向けられる警察的権限である。国会法114条が議長警察権という形で一般的に定めている。ただし、この権限は警察作用であり、国民の権利を制限するものなので、権利保護の観点からも、無制限な行使は許されない。

(7)　財政自律権

組織面と運営面の自律を確保するためには、財務面の自律も必要である。しかし、憲法は予算の作成を内閣の職権（73条５号・86条）とする一方で、両議院の財政自律権に触れるところがない。予算に対する国会の議決を規定するのみである（86条）。予算を通じた内閣の議院統制に対して、両議院の財政自律を守るためには、相応の制度的工夫が求められる。一般には、両議院の予算の独立項目化を規定する国会法32条１項や国会等の独立性に配慮した二重予算制度を定める財政法17～19条が、財政自律権の具体化であるとみなされている。

3　国政調査権

(1)　国政調査権の意義と性格

憲法は、両議院の権能として、「国政に関する調査を行ひ、これに関して、証人の出頭及び証言並びに記録の提出を要求することができる」と定める（62条）。これが国政調査権と呼ばれる両議院の情報収集権能である。法律の制定をはじめとして、国会が自らに与えられた役割を全うするためには、必要と思われる場合に、国政に関する情報を多方面から収集しうる権限が備わっていなければならない。憲法62条が両議院に国政調査権を付与したのは、その当然の理を確認したものである。そのことはまた、明治憲法下において議会による国政調査が認められていなかったことを教訓としている。国政調査の手段として、両議院は「証人の出頭及び証言並びに記録の提出」を要求できると規定されているが、これは相手方の同意を要しない強制的な権能と解される。証人喚問された者は原則として出頭を拒むことができない。これを受け、議院証言法（議院における証人の宣誓及び証言等に関する法律）７条１項は正当な理由なき不出頭を処罰すると定めている。

国政調査権については、それがいかなる性格の権能なのかをめぐって、かつて激しい議論があった。一方に、「国権の最高機関」(41条) たる国会にふさわしい、国権の統括のための独立権能であるとする見解 (独立権能説) があり、他方に、立法権等の国会の権能を実効たらしめるための補助的権能であるとする見解 (補助的権能説) があった。その後、補助的権能説が通説化したものの、同説においても、国政調査権の及ぶ範囲は国政のほぼ全般にわたると解されることから、国政調査権をあえて補助的権能と性格づける必要は乏しいと解されるようになる。補助的権能であることが強調された理由は、むしろ他の国家機関の権限や独立性を脅かす目的・方法での調査を禁じようとするためであった。例えば、司法権 (場合によっては検察権) への不当な介入を招きかねない調査 (現に裁判進行中の事件を直接の対象とする調査や、既に確定した事件の裁判の当否を問題視する調査など) を禁じるため、国政調査が行われる領域を立法権等の国会の本来の権限行使に必要な範囲に押さえ込もうとしたにすぎない。逆に、裁判所等の審理とは異なる目的で行われ、司法権等の独立を脅かす不当な介入に当たらない調査 (いわゆる並行調査) であるのなら、それは直ちに否定されるべきではない (なお、二重煙突事件判決〔東京地判昭和31・7・23判時86号3頁〕、日商岩井事件判決〔東京地判昭和55・7・24判時982号3頁〕も参照)。

＊　浦和充子事件：　司法権との関係において、国政調査権の限界が激しく論じられるきっかけを作ったのが、浦和充子事件である。ことの発端は、1948年、参議院法務委員会が母子心中事件の事実認定および量刑について、裁判所の判決を批判したことにある。これに対し最高裁が、司法批判の文脈で国政調査権を行使するのは、権限の範囲を逸脱すると参議院に抗議したことから、両者の間で議論が勃発し、学界も巻き込んで、独立権能説か補助的権能説かという論争が展開されることになった。

さらにいえば、国政調査によって「補助」される国会の本来の権限として、何を想定するかについても、再考する必要がある。すなわち、内閣の対国会責任 (66条3項) が重視される議院内閣制の下では、内閣に対する国会の統制作用は、国会の本来の権限に当たるというべきだから、その統制を行うために調査が不可欠なのであれば、両議院の国政調査権は国会の内閣統制を支える手段として、行使が認められてしかるべきであろう。このような観点から、国政調査権は両議院の独立した権能であるとみる説（新独立権能説）も提唱されているが（大石眞）、これもものの見方の違いがあることを示す証左にほかならない。

＊　内閣の政治的統制に主眼を置くのであれば、各議院による国政調査という方法は必ずしも上策とはいえない。というのも、各議院が主体となる国政調査では、いわゆる「ねじれ現象」が生じている場合を除くと、どうしても与党主導にならざるをえず、与党の立場上、内閣に批判的に振る舞うことはあまり期待できないからである。与党ではなく、むしろ野党に調査の主導権を認める少数派調査権の制度を導入した方が合目的的であると思われるが、実現に至っていない。この点で注目されるのは、衆議院で1998年から導入されている「予備的調査」制度である（衆議院規則56条の２・56条の３・86条の２）。これは委員会が行う審査・調査のための下調査として衆議院調査局長・法制局長に調査を命ずる制度である。40名以上の衆議院議員の要請があれば、調査局長等に調査を行わせることができることから、少数派調査権に類似した機能を営むことが幾分期待できる。ただ、これはあくまでも予備的な調査にすぎず、そこに強制力は付与されていないという意味で限界があることは否めない。

＊＊　国政調査権と関連する動きとして、福島原発事故を契機に国会内に設けられた事故調査委員会の活動が注目に値する。この事故調査委員会は、各議院の活動から独立の、民間から任命された専門的な第三者機関である。その目的は政治的に中立な専門家の立場から、福島原発事故を調査・検証することにあった。この調査権限は、法律上与えられた権限であるが、必要と思われる場合は、事故調査委員会が両議院に国政調査権の行使を要請できるとされた（旧事故調査委員会法15条）。第三者機関の調査権限と両議院の国政調査権をリンクさせるユニークな試みであった。

(2)　国政調査権の限界

国政調査権の行使が、他の国家機関の権限に取って代わることや、人権の侵害を招来することは、認められない。したがって、先に述べたように、司法権の作用を妨げるような行使は許されない。

㈠　公務員の守秘義務

国政調査権の行使は、公務員の守秘義務との関係で限界が論じられる。というのも、国公法100条１項は、現役の国家公務員に対してのみならず、退職した元公務員に対しても「職務上知ることのできた秘密を漏らしてはならない」と定めているため、(元) 国家公務員が、証人喚問され、議院において当該秘密を開示してしまうと、守秘義務違反で処罰されかねないが、正当な理由なく証言を拒めば、それはそれで処罰理由になるからである (議院証言法7条1項)。議院証言法はこのジレンマを解決する方法として、本人またはその所属する公務所から職務上の秘密に関連しているとの申立てがあった場合に、その公務所または監督庁の承認なしに証言を強制できないとしている (同法5条1項)。この承認拒否には理由の疏明が必要である (同条2項)。それでも議院がその承認拒否の理由に納得できないというのなら、証言を強いることが「国家の重大な利益に悪影響を及ぼす旨の内閣の声明を要求することができる」(同条3項) とする。その限りで、内閣の判断が各議院の判断に優越する。また、この内閣声明の妥当性は、政治的に判断されるよりほかなく、司法審査の対象にはならないと解される。

＊ 安全保障上、特に秘匿する必要のある秘密は、特定秘密として、指定されることになっている (特定秘密保護法3条1項)。この特定秘密の保護制度の運用を常時監視するため、特定秘密の指定・解除および適性評価の実施の状況について調査し、各議院・委員会等からの特定秘密の提出要求に係る行政機関の長の判断の適否を審査するための仕組みとして、各議院に情報監視審査会が設置されている (国会法102条の13)。

⑴ 憲法上の権利との関係

国政調査権の行使は、憲法上の権利との関係でも限界が論じられる。具体的に問題となりうる権利としては、不利益供述拒否権 (38条1項)、プライバシーの権利 (13条)、思想・良心の自由 (19条)、信教の自由 (20条)、取材の自由 (21条1項) がある。

「自己に不利益な供述を強要されない」(38条1項) 以上、自己に不利益な結果をもたらす証言強制は拒否できそうである。しかし最高裁によれば、「その法意は、何人も自己が刑事上の責任を問われる虞ある事項について供述を強要されないことを保障したものと解すべきであることは、この制度発達の沿革に徴して明らかである」とされる (最大判昭和32・2・

20刑集11巻２号802頁）。つまり拒否できるのは、本人の刑事責任が問われるおそれのある事項の不利益供述にすぎず、あらゆる不利益供述が拒否できるわけではない。他方、本人の刑事責任に関する不利益供述とされるものは、必ずしも刑事手続上での供述に限定されない（川崎民商事件判決：最大判昭和47・11・22刑集26巻９号554頁）。それゆえ、議院での証人喚問における証言にも憲法38条１項の保障は及ぶ。

国政調査権の対象になれば、証人喚問にも証言強制にも応じなければならないが、調査目的と関連しない、個人の極めて私的な事項については、プライバシーの権利侵害になるがゆえに、証言の拒否または資料提出要求の拒否も許されてしかるべきである。証人に対して思想・良心の告白強制となるような証言強制も、思想・良心の自由侵害になるがゆえに、禁止される。宗教的信条の告白強制も同様である（信教の自由侵害）。ジャーナリストに対する取材源の開示強制や取材資料の提出強制も、取材の自由が「憲法21条の精神に照らし、十分尊重に値いする」（博多駅事件決定：最大決昭和44・11・26刑集23巻11号1490頁）とされる点に鑑み、よほどの場合でなければ、その強制は違憲と評価されるべきである。

4　決議権

各議院は、決議という形式によって、自らの意思を内外に表明することがある。決議の対象に限定はなく、内閣不信任、内閣総理大臣問責、特別委員会の設置、議長不信任、議員辞職の勧告などのほか、祝意、感謝、表彰、見舞い、弔詞といったものにも及ぶ。決議は全会一致で行われることが多いが、全会一致でなくても決議は可能である。全会一致の決議であっても、それは議院の意見表明にすぎないため、一般に、そこに法律と同様の法的効果を認めることはできない。例外は衆議院の内閣不信任決議であり、これが可決されたら、内閣は「10日以内に衆議院が解散されない限り、総辞職をしなければならない」（69条）。これ以外の決議に、誰かを義務づける効果はないが、内閣が行政権の行使について、国会に対して連帯して責任を負っていることを考慮すると（66条３項）、各議院の決議は内閣に政治的・道義的拘束力を及ぼすといわれる。

第6節　国会議員の地位と権能

1　国会議員の地位

国会議員は国会を構成する最小単位である。衆参いずれの議院に属していようと、国会議員はすべて全国民の代表（43条1項）とみなされる。その地位は、国民による選挙を通過することでしか取得されない。しかも、その地位は任期付きである。それが権力の時間的限界を意味することは既に述べた（→本章第3節**2**）。したがって、国会議員がその地位を長く保持しようと思えば、何度も選挙に臨まなければならない。このことが国会議員の権力を民主的に統制すると同時に、国会議員の民主的正統性を強化し、ひいては国会議員の権力基盤を強化する。

2　国会議員の権能

国会議員は、単独でまたは複数合同して、憲法上あるいは法律上付与された権限を行使する。それは、例えば、国会召集要求権（53条）、議案の発議権および修正動議の提出権（国会法56条1項・57条・57条の2）、内閣に対する質問権（同法74条以下）、質疑・討論・表決の権限（56条・57条）、表決の会議録記載要求権（57条3項）である。明文の規定はないが、法律案の提出権もあるといわれる（議案の発議権に含まれると解することもできる。憲法41条が根拠にされることもある）。国会議員はこれらの権限を行使して活動する。

＊　妊娠・出産のため議場に行くことのできない女性議員や、障害のため1人で活動できない障害者議員に対し、遠隔投票・代理投票、支援・介助等の特別の配慮をすべきかという問題がある。国会議員としての任務を果たしてもらうためには、そのような配慮も必要とする見解が唱えられる一方で、そのような「特権」は認められないとする見解もある。

3　国会議員の特権

国会議員には、その職責を十全に果たすことを期待して、一般国民にはない特権が与えられている。具体的には、不逮捕特権（50条）、免責特権

(51条)、歳費受領権（49条）の三つである。これは特別に認められた権利なので、その内容を拡大して解釈することは慎まなければならず、また、他の主体（例えば、地方議会議員）に類推して解釈を及ぼすことも許されないだろう。

(1)　不逮捕特権

不逮捕特権は、多くの立憲国家において、君主による恣意的な逮捕から議員の身体を守り、議会活動を擁護するという沿革的な理由に基づいて、議員に付与されている。憲法は「両議院の議員は、法律の定める場合を除いては、国会の会期中逮捕されず、会期前に逮捕された議員は、その議院の要求があれば、会期中これを釈放しなければならない」(50条）と規定する。この特権は、先に述べた（→本章第5節**2(3)**）両議院の議員逮捕許諾権と議員釈放要求権と呼応している。どうしても会期中の国会議員を逮捕したいのであれば、「院外における現行犯罪の場合を除いて」(国会法33条)、裁判官の逮捕令状の発布と各議院の許諾という二つの要件の充足が求められる（国会法34条参照)。

逮捕の許諾の際に、議院が期限などの条件を付すことができるのかという問題もあるが、東京地決昭和29・3・6判時22号3頁は、「適法にして且必要な逮捕と認める限り無条件にこれを許諾しなければならない。随って議員の逮捕を許諾する限り右逮捕の正当性を承認するものであって逮捕を許諾しながらその期間を制限するが如きは逮捕許諾権の本質を無視した不法な措置と謂はなければならない」と判示した。なお、不逮捕特権は不起訴特権を含むものではない。

(2)　免責特権

免責特権とは、議院における議員の自由な発言と表決を保障することで、国会議員の職責を十全に果たさせようとするものである。憲法によれば、「両議院の議員は、議院で行つた演説、討論又は表決について、院外で責任を問はれない」(51条）と規定される。その趣旨は、国会議員の議院での発言がたとえ名誉毀損等を構成しようと、通常の民事責任・刑事責任は免除されるということである。免責特権の対象となる行為は「必ずしも同規定（＝憲法51条）に明文のある演説、討論又は表決だけに限定すべきではないが、少なくとも議員がその職務上行なった言論活動に附随して一体不可分的に行なわれた行為の範囲内のものでなければならない」と解する下級審判例がある（第2次国会乱闘事件判決：東京高判昭和44・12・17高刑集22巻6号924頁）。

議院で行った演説や討論であれば、私人との関係においても、国会議員の法的責任は免除されるのかという点については争いがある。最高裁は、今のところ、議員の免責特権について、正面から論じる判決を下したことがない。しかし、議員による名誉毀損的発言が国家賠償責任を根拠づけるのか否かが争われた病院長自殺事件（最判平成9・9・9民集51巻8号3850頁）において、国家賠償責任が肯定されるためには、「国会議員が、その職務とはかかわりなく違法又は不当な目的をもって事実を摘示し、あるいは、虚偽であることを知りながらあえてその事実を摘示するなど、国会議員がその付与された権限の趣旨に明らかに背いてこれを行使したものと認め得るような特別の事情があることを必要とする」と判示して、「特別の事情」がある場合の評価を留保している。この判示は、あくまでも国家賠償責任の存否に向けられたものであるが、議員の免責特権が及ぶ範囲とも関連性をもつ。学説の中には、私人の権利利益を毀損する議員の発言に関し、少なくとも国家賠償責任は認めてよいとする見解もある（佐藤幸治）。

(3) 歳費受領権

「両議院の議員は、法律の定めるところにより、国庫から相当額の歳費を受ける」（49条）。歳費の額は、一般職の国家公務員の最高の給与額よりも少なくない額とされる（国会法35条）。その具体額は、国会議員の歳費、旅費及び手当等に関する法律において規定されている。歳費が国会議員の給与であって、仕事に対する報酬であると捉えると、歳費受領権を特権とみなすのは、必ずしも当を得たとはいえないが、それでもその額が「相当額」であるとされることに鑑みれば、特権とみても不自然とまではいえない。

〈参考文献〉

赤坂正浩「立法の概念」公法研究67号（2005年）148頁
芦部信喜『憲法と議会政』（東京大学出版会、1971年）
浦田一郎＝只野雅人編『議会の役割と憲法原理』（信山社、2008年）
大石眞『議院自律権の構造』（成文堂、1988年）
大石眞『議会法』（有斐閣、2001年）
大石眞『統治機構の憲法構想』（法律文化社、2016年）
奥村公輔『立法手続と権力分立』（信山社、2016年）
孝忠延夫『国政調査権の研究』（法律文化社、1990年）
白井誠『国会法』（信山社、2013年）
杉原泰雄＝只野雅人『憲法と議会制度』（法律文化社、2007年）
竹中治堅『参議院とは何か1947～2010』（中央公論新社、2010年）
原田一明『議会制度』（信山社、1997年）

第10章　内　閣

第1節　総　説

憲法は、国会と裁判所と並ぶ国家機関として内閣を設け、その組織と権能を規定している。これら三つの国家機関が相互に牽制し作用し合うことで、いわゆる三権分立が成立する。しかし、裁判所が他の二つの組織から距離を置き、独立性の高さを誇るのに対して、国会と内閣は、各々自律性を保持しながらも、両者が協働して政治的な統治作用（＝執政）を担うとともに（→第8章第4節）、時には一方が他方を嚮導し、あるいは抑制する。このような統治体制のことを議院内閣制と呼ぶことは既に述べた（→第8章）。しかし、内閣制度そのものは、必ずしも議院内閣制に固有の仕組みではない。この制度がイギリスで誕生したとき、議院内閣制とは無縁であった。それが議院内閣制の構成要素にまで発展するのは、フロントランナーたるイギリスでも、18世紀まで待たなければならない。

イギリスにおける内閣制度の成立は、中世において、国王が国政に関して諮問するために、少数の臣下を集めたことに端を発する。それはもともと、国王の政治を助ける少数のインナー・グループにすぎなかった。ところがのちに議会制度が構築され、議会（貴族院・庶民院）の議員の中から、国王によって上記インナー・グループの構成員が任命されるようになると、同グループは、国王の信任だけでなく、議会の支持も必要とするようになり、国王のみならず、議会に対しても政治責任を負わなければならなくなる。これが二元型議院内閣制（→第8章第2節）を生むのであるが、国王が事実上統治から退くと、議会に対してのみ政治責任を負う一元型の議院内閣制に姿を変えていく。こうした経緯を経て、現在のイギリスの内閣は、国王によって議会の多数派の議員の中から選任され任命された大臣で構成され、議会に対してのみ責任を負う組織となっている。

日本の内閣制度も、イギリスと似たような経緯を辿って成立しているが、当然のことながら、それとは異なる歴史も有している。内閣制度が正式に設立されたのは、明治憲法が制定される4年前、帝国議会が召集される5年前の内閣職権の制定時（1885年）に遡る。天皇を頂点に置いた明治政府は、内閣制度ができるまでの間、皇族や元大名等の身分にも配慮して構築した統治体制を敷いていたが、そのような仕組みの下では、迅速で合理的な意思決定が困難であった。そこで次第に、少数の藩閥政治家に政治的決定を集中する統治体制を模索するようになり、最終的に、内閣総理大臣と各省大臣から成る内閣を成立させたのである。

上記の内閣職権では、内閣総理大臣が行政各部に対して説明を要求し、処分・命令を中止できるほか、各省大臣に対して指揮監督を行うことが想定されていた（大宰相主義）。しかし、内閣総理大臣の下に集結した内閣が強大になれば、天皇の権限が簒奪されかねないと危惧された結果、明治憲法に内閣を明記することは見送られ、ただ「国務各大臣ハ天皇ヲ補弼シ其ノ責ニ任ス」（明憲55条1項）とのみ規定された上、各省大臣が天皇に対して単独輔弼責任を負うことにされた。しかも、明治憲法と整合性をとるため、内閣職権に代えて内閣官制（1889年）が設けられ、そこにおいて内閣総理大臣の地位は大宰相から同輩中の首席とされ、内閣の統括者から各省大臣の調整役に引き下げられた。そのため輔弼責任は各省大臣に分散することになり、閣僚平等主義（大石眞）を旨とする内閣制度となった。このような経緯が、日本国憲法制定後も続く「行政各部」中心の行政体制（行政改革会議最終報告）の遠因になったと評されている（→第2章第2節**2**(3)）。

以下では、内閣の組織と地位をめぐる議論を見渡した後（→本章第2節）、内閣の権能を詳述し（→本章第3節）、内閣構成員たる内閣総理大臣と国務大臣の地位・権限に言及した上で（→本章第4節）、内閣の下に置かれる行政各部（72条）にも触れる（→本章第5節）。

第2節　行政府における内閣の組織と地位

1　行政国家における行政府

現代国家は、伝統的な治安維持の任務はもちろん、社会保障や経済対策などの多種多様で莫大な任務を課されている。そしてそれらの任務のほとんどが行政府（政府）に課されたと考えられている。任期制と会期制により活動期間の限られた国会（→第9章第3節**2**・**3**）や、法的問題への対処に任務を限られた受動的な裁判所（→第11章第2節）と比較すると、恒常的・能動的に活動できる行政府は、多種多様で莫大な任務であっても、それが現代国家に期待された任務である限り、引き受けて対応できるだけの適性があるようにみえる。しかし、そのような任務が課された行政府の責務と権限は、憲法上、どのように規定されているのだろうか。

行政府を構成する組織は、大別して、内閣（65条）と行政各部（72条）の二つである。憲法は「行政権は、内閣に属する」（65条）と規定し、行政権帰属の主体として内閣に言及する。行政権の概念については後述するとして（→本章第3節**1**(1)）、憲法65条の規定を一瞥するだけでも、憲法上は、行政府の本体が内閣にあるとわかる。また、憲法制定時の意図からも、歴史的な経緯からも、内閣が行政府の中心に置かれていることがわかる。これに対し、行政各部（一般には行政組織と呼ばれる）は、内閣の統轄下で専門分野ごとに縦割りで組織されている（それゆえ、行政「各部」という）。それは官僚組織である。行政各部は行政事務を現場で実際に遂行する。行政府が、多種多様で莫大な任務を統一的かつ効率的に遂行するためには、少数の大臣から構成される内閣の統轄下で、多人数の官僚から構成される行政各部が、現場で実際の行政事務を担わなければならないのである。

＊　90年代後半に行われた行政改革は、「肥大化し硬直化した政府組織を改革し、重要な国家機能を有効に遂行するにふさわしく、簡素・効率的・透明な政府を実現する」というかけ声の下、「行政各部」中心の行政体制を改め、内閣機能の強化と中央省庁の再編を目指した。その過程で行政府に関

する多くの憲法論が提起されたが、当時の議論は今もなお参照に値する。その詳細は行政改革会議の記録を集めた後掲の『21世紀の日本の行政』を参照されたい。

2　内閣の特色

(1)　国会の信任を基礎とする内閣

議院内閣制における内閣は、議会の信任を基礎にして成立する（→第８章第３節１(1)）。内閣は議会に対して責任を負うことで、議会からの支持を得ると同時に、民主的正統性も確保する。日本国憲法の規定する内閣もまた、国会の信任をその存立の基礎とする。後述するとおり（→本章第４節１）、内閣の構成員はその過半数（実際にはその大半）が国会議員であり（67条１項・68条１項）、かつ、国会（とりわけ衆議院）の信任を失えば総辞職を余儀なくされる（69条・70条）。その存立は国会次第であるという意味で、内閣の統治機構上の位置づけは、国会の下位にあるとみなされる。しかし、国会の多数派の信任を得た内閣は、民主的正統性を主張できるのみならず、国会から原則的な支持を調達できるがゆえに、実際には国会に対して強い影響力を及ぼし、むしろ国政を主導する役割を演じることになる。

＊　議院内閣制の下で、内閣が国政上において現実に果たしている役割を直視し、その意義を重視することで、国会中心主義から内閣中心主義へと発想の転換を説く「国民内閣制」構想が唱えられている（高橋和之）。この構想は、選挙制度（小選挙区制）と政党制度（二大政党制）に着目し、国政上の内閣の位置づけを再考することによって、内閣こそが民主主義社会における主導的組織であると主張する。

(2)　合議体としての内閣

内閣は「その首長たる内閣総理大臣及びその他の国務大臣」によって組織される（66条１項）。詳細は「法律の定めるところに」委ねられるとされたことから、内閣法が制定されている。内閣総理大臣とその他の国務大臣の関係については後述するが（→本章第４節）、いずれにせよ、内閣の意思決定は内閣総理大臣とその他の国務大臣の合議（閣議）によってなされる。この点、アメリカの大統領制では、大統領の下に内閣が組織されているものの、大統領は内閣の意思に拘束されることなく、自らの責任により単独で意思決定できる。しかし、日本の議院内閣制においては、首長としてリーダーシップを発揮すべき立場にある内閣総理大臣といえども内閣の一員であり、内閣の意思決定（閣議決定）は、閣内の合議に基づいて行われざるをえない。

内閣の意思決定はすべて、国会による責任追及の対象になる（→第８章第３節１）。内閣が国会に対して負う政治責任は、合議体としての内閣の性格を反映して、連帯責任になる（66条３項）。閣議決定は、慣行上、全員一致で行われている。それが全員一致で行われる理由は、内閣の対国会連帯責任にあるといわれることもある。しかし、66条３項の趣旨は、全員一致であろうとなかろうと、内閣は国会に対して連帯責任を負わなければならないとされるところにあり、閣議決定は多数決によるものでも、憲法上は差し支えないとする見解もある。

さらにいえば、閣議決定のみならず、内閣のあらゆる権限行使・不行使が、国会による責任追及の対象になる。内閣の対国会責任は連帯責任なので、たとえ一大臣の政治責任の問題であっても、国会は内閣全体の政治責任を問うことができる。内閣の責任を追及する方法としては、国会議員による質問権の行使（63条、国会法74条以下）や、衆議院による内閣不信任決議（69条）および参議院による問責決議があるが（→第８章第３節１(2)）、両議院による国政調査権の行使（62条）もまた同様の機能を果たしうる（→第９章第５節３(1)）。もっとも、その責任追及は常に連帯責任の追及でなければならないわけではない。国会が各大臣の単独責任を追及することは何ら妨げられない。

国会による責任追及に対して、内閣はまず説明責任を果たさなければならない。この説明責任は、国会の外で果たすことも許されるが、国会からの要請があれば、国会のうちで果たされなければならない。そのため、内閣総理大臣その他の国務大臣は、各議院への出席権をもつと同時に、各議院から求められたときは出席義務を負う（63条）。

場合によれば、内閣総辞職という形で責任をとらざるをえないこともある。ただし、内閣総辞職は国会に対して内閣自らの意思を示すという積極的な意味もないわけではない。また、内閣は衆議院に対して解散権を行使することで（69条）、国民に信を問うこともできる（→第８章第３節**２**）。

(3)　行政各部を指揮監督する内閣

内閣は国会の信任を基礎にして成立し、かつ国会と協働する。と同時に、内閣は行政権の主体として、自らの下に行政各部を置いて統轄する。内閣は国会と行政各部の間にあって、政治の領域と行政の領域をつなぐ役割も果たす。内閣は行政府に属していながら、立法府と協働し、行政府に属しているがゆえに、行政各部を指揮監督し、行政の一体性を確保する。

内閣が行政各部を指揮監督するということは、上級機関である内閣が下級機関である行政各部に対して一方的拘束的に指示・命令し、行政各部の適法性・合目的性を担保するということを意味している。憲法は行政各部の指揮監督権を内閣総理大臣に委ねているが（72条）、そこには「内閣を代表して」という文言があり、それがゆえに、内閣の行政各部・指揮監督権を内閣総理大臣が代表して行使しているだけだと解されてきた。しかし、このような規定があって初めて内閣の行政各部・指揮監督権が基礎づけられるのではない。むしろ行政府の一体性が保持されるためには、内閣の統轄下に置かれる行政各部が、内閣の指揮監督に服さざるをえないことから、内閣には行政各部・指揮監督権が付与されていると理由づけられる。

第３節　内閣の権能

1　行政権

(1)　行政権の概念をめぐる議論

「行政権は、内閣に属する」（65条）。この規定によって、立法権、司法権と並ぶ三権の一つである行政権が、内閣の権限であることがはっきりわかる。行政権とはどのような権限なのか。この点をめぐって、従来から多様な議論が展開されている。この論点はすぐ後で詳しく論じる。

これと関連するものとして、行政権は内閣の権限そのものを指すのか、それとも内閣の権限の一つにすぎないのか、という論点もある。例えば、国会は立法権のほかに、条約締結の承認権（73条３号）や弾劾裁判所の設置権（64条1項）を有しており（→第9章第4節）、裁判所は司法権のほかに、裁判所規則制定権（77条）や司法行政権を有している（→第11章第4節）。そうであれば、内閣にも行政権以外の権限があってよさそうである。これに対する回答は、行政権の概念をいかに解するかによって異なってくる。

さらに、行政権は内閣の排他的独占的権限か、という論点もある。立法権は国会の、司法権は裁判所の排他的独占的権限であった（→第9章第2節**3(1)**、第11章第2節）。この点、国会が「唯一の立法機関」（41条）とされていることや、「すべて司法権は……裁判所に属する」（76条1項）とされているのと異なり、行政権は「内閣に属する」としか定められていないという形式的理由から、行政権は内閣の排他的独占的権限でないとする見解もあった。この論点は、とりわけ独立行政委員会の合憲性と関連して論じられてきたため、その箇所で論じることにしたい（→本章第5節**2**）。

(2)　行政権の意味内容

(ア)　伝統的な積極説

立法権や司法権の場合と同じく、実質的意味の行政権を定義することはできるか。行政権の意味内容を実質的に確定しようとする試みは積極説と呼ばれる。積極説は複数あるが、中でも、「法のもとに法の規制を受けながら、現実具体的に国家目的の積極的実現をめざして行われる全体として統一性をもった継続的な形成的国家活動」をいうとする定義（田中二郎）が有名である。しかし、従来の積極説はいずれも定義といえるほどの内容をもたない上、多様な行政活動を必ずしも捉えきることができなかったため、あまり普及しなかった。

(イ)　控除説

通説となったのは、行政権の意味内容をあえて定義せず、行政権とはすべての国家作用のうちから立法権と司法権を除いた残余の権力であるとする控除説であった。この説は、かつての君主が有していた統治権のうち、立法権が議会に、司法権が裁判所に分化帰属して、残ったものが行政権になったという歴史的経緯とも適合する上、種々雑多な行政作用を過不足なくまとめる必要もないため、今なお通説の地位を維持しているといわれる。

しかし、立法権と司法権を控除した残余の国家権力がすべて行政権であるいうのは、少なくとも日本国憲法上の議論としては、あまりにも乱雑な見解である。これでは、弾劾裁判所の設置権も裁判所規則制定権も行政権になってしまいかねない。そこで通説は、控除説に立ちながら、控除される前の国家作用を行政府と私人の間を規律する国家権力に限定する。その結果、内閣による衆議院解散権等は、内閣の権限ではあるものの、行政権ではないということになっている。内閣には行政権とは別に、その他の権限が付与されたというのである。行政権の意味内容は定義できず、その具体的内容は控除によって明らかにされる。また、内閣のその他の権限は、憲法の諸規定の解釈によって明らかにされることになる。

しかし控除説は、包括的な権力を有していた君主の地位に内閣を横滑りさせただけの見解であり、通説としての地位も、消去法で維持されているにすぎない。そのため、今もなお新しい積極説が唱えられている。控除説に代わる新しい積極説として近時注目されているのは、執政権説と法律執行説である。

㈦　執政権説

執政権説は、行政権がほかならぬ内閣の権限であるところに着目する。控除説が実際に念頭に置いていた行政権の実体は、内閣ではなく、行政各部の権力であった。しかし、行政各部と異なり、内閣は国会と並ぶ政治部門である。そこでは高度の政治的判断が行われ、国政の諸課題が総合調整され、国家の総合的・戦略的方向づけが行われている。このような内閣の政治的性格にふさわしい行政権は、執政（高度の政治的判断、国政の総合調整、国家の総合的・戦略的方向づけ）の概念で捉えるのが適切だという（石川健治、阪本昌成、佐藤幸治）。

この説によれば、行政権とは高度の統治・政治作用を指すということになる。その一部は憲法の諸規定（例えば73条各号）に明示されたものと重なる。他方で、法律の執行のような政治性のない（あるいは政治性の小さい）作用は、内閣というより行政各部の権限にふさわしいとされることになる。執政権説が、執政の役割を重視し、行政権の帰属先である内閣に着目したのは慧眼であった。しかし、同説が伝統的に行政権行使の典型とされてきた法律執行を行政権概念から排除したことは、妥当とはいえないと批判されている。

㈓　法律執行説

これに対して、行政権の行使とはむしろ法律の執行であると捉えるべきとするのが、法律執行説である（高橋和之、松井茂記、毛利透）。この説は行政府がなすべき独自の国家作用があるということを否定し、行政権の意味内容は法律に依存させればよいと主張する。そこには国家の意思を第一次的に国民に示す役割は国会にあるとの前提がある。国会が法律でもって表明した国家意思の執行が、行政権の意味内容になると考えるべきであって、それが日本国憲法の統治構造に適合的であるというのである。それゆえ、法律のないところでなされる行政指導に対しては、否定的な評価が下される。

法律執行説は、憲法65条の「行政権」を、73条１号にいう「法律を誠実に執行」することと同じであると理解し、かつ、66条３項の「行政権」の意味内容とはズレが生じることになると主張する。憲法66条３項の「行政権」は、形式的意味において理解され、行政府の権限がすべて含まれると解釈されるため、法律の執行にとどまる65条の「行政権」よりも広くなる。それゆえ、隣り合う同一の文言が異なる意味になる違和感は払拭し難いと批判されている。

㈔　総称説

そうであれば、憲法65条の「行政権」も形式的意味において理解し、およそ行政府の権限はすべて行政権であると捉えればよいということになろう。実質的意味の「行政権」の定義づけを断念し、「行政権」の意味内容は内閣の個別の権限に還元すればよい。行政権とは内閣の権限の総称にすぎないと解するのである（淺野博宣）。この見解を総称説と名づけてもよいだろう。総称説は実質的意味の行政権の概念を否定する。しかし、行政権概念の外延を画定するため、控除説とは区別される。

その場合、内閣の具体的な権限は、憲法65条以外の条文から導き出されることになる。そこから導き出せない独自の行政作用は認められない。内閣の権限を規定する日本国憲法の諸規定は限定列挙と解される。その際、執政権説が念頭に置く高度の統治・政治作用は、国務の総理（73条１号）をはじめとする諸権限に還元できるし、法律執行説が主眼とする作用も憲法73条１号が明文で規定している。あえて行政権の意味内容を積極的に定義づける必要はない。

ちなみに、「行政権」が内閣に帰属し、内閣が行政各部を統轄する以上、行政各部に憲法上独自の権限があると解することはできなくなる。行政各部の権限は、法律によって根拠づけられなければならず、かつ、内閣の明示・黙示の同意の下で行使されると考えるほかない。

2　内閣の職務

憲法73条は、１号から７号に内閣の職務を規定し、同時に本文において「他の一般行政事務」に触れる。さらに、73条以外の諸規定にも内閣の職務は明記されている。これらの「事務」が内閣の主たる職務であることは論を待たない。しかし、上記のとおり、憲法に明記されたもの以外に内閣の職務があると考える必要はない。以下では、まず73条に列挙された職務について叙述し、次に項を改め、それ以外の明記された職務について叙述する。

(1)　法律の誠実な執行（１号前半）

法律執行説による行政権理解を挙げるまでもなく、法律の執行は伝統的に内閣の職務とみなされてきた。国会が法律を制定し、それを内閣が執行するのである。ここでいう執行の中には、予算の執行も含めて考えることができる（会計法、財政法参照）。もっとも実際の法律執行は、少人数の政治家から成る内閣ではなく、多人数の専門家から成る行政各部に委ねられている。このことは法律執行が内閣の職務とされることに疑念を生じさせる。しかし、実際の法律執行が行政各部に委ねられるとしても、行政府の一体性を確保し、国会に対する責任を果たすためには、観念的には行政各部の権限もすべて一旦、内閣に帰属させる必要がある。

内閣は法律を執行する（通常は行政各部に執行させる）が、その執行は「誠実」に行わなければならない。ここでいう「誠実」は、執行主体の主観とは関係ない。その意味は、国会から意に沿わない法律の執行を委ねられても、内閣には（当然のことながら、行政各部にも）拒否する権限はないということである。また、当該法律に違憲の疑義があると感じられても、最高裁判所の違憲判決が下されたときを別として（→第12章第８節１）、自ら違憲審査を行い、法律の執行を差し控えることは許されないという意味である。

(2)　国務の総理（１号後半）

「国務」とは、立法・司法も含めた国政に関する一切の事務をいう。かつてこれを行政事務の総称とみなす見解もあったが、他の憲法条文（72条）に規定された同じ文言も含め、現在では行政事務に限定しない解釈が一般的である。「国務を総理」するということの意味は、内閣が国政に関する高度の政治的判断を行い、全体を見渡して総合調整を行うとともに、国家の総合的・戦略的な方向づけを行うことであるとされている。執政を司る内閣にふさわしい職務であり、執政権説の行政権概念は、この国務の総理の中に最もよく表れている。

もちろん、高度の政治的判断を伴う執政作用は内閣に固有の権限ではなく、同じく政治部門たる国会の権限でもあり、かつ、内閣は国会と協働して執政を行うものと想定されている（→第８章第４節１）。また、内閣の執政作用に限っても、国務の総理に限定されるわけでなく、以下で述べる外交関係の処理、条約の締結、予算の作成・提出、政令の制定、恩赦の決定といった作用も、内閣の執政に属している。

(3)　外交関係の処理（２号）

国務の総理が、主として、内政に関わる内閣の執政作用だとすると、外交関係の処理は、次の条約の締結と並んで、外政に関わる内閣の執政作用に当たる。外交事務はかつて天皇の大権に属していた。その名残りで、日本国憲法も、外交事務の多くを天皇の国事行為としている。それは、例えば、全権委任状の認証（７条５号）、大使および公使の信任状の認証（同号）、批准書および法律の定めるその他の外交文書の認証（同条８号）、外国の大使および公使の接受（同条９号）である。国事行為は天皇の形式的儀礼的行為とされるが（→第３章第３節４）、その実質的政治的決定権は内閣にある。この決定権は最終的に内閣に帰属すればよいので、実際の外交事務を行政各部が行うことに支障はない。現実に外交当局が、外交関係の日々の処理を行っている。

(4)　条約の締結（３号）

外交関係の処理の中でも、条約の締結は、国家間の国際約束を取り結ぶという極めて重要な外交事務に当たる。それゆえ、憲法はほかならぬ内閣に条約締結権を付与した。同時に、国会に条約承認権（73条３号ただし書）を与えて、両者の協働執政とした。このことは既に詳しく述べた（→第８章第４節**5**、第９章第４節**3**）。

(5)　官吏に関する事務の掌理（４号）

かつて「文武官ノ俸給ヲ定メ及文武官ヲ任免ス」（明憲10条）るのは、天皇の任官大権に属していた。さらに、官吏は「天皇ノ下ニ奉仕スル者」（美濃部達吉）とされ、法律ではなく勅令の規律下にある、いわゆる特別権力関係の中に置かれていた。これに対して日本国憲法は、官吏に関する事務の掌理を内閣の職務とし、かつ、この事務の遂行を「法律の定める基準」（73条４号）に従わせることとした。官吏は、公務員として、「全体の奉仕者」（15条２項）たる地位にある者とされ、基本権の享有主体性も認められるという（なお、公務員も「勤労者」であるとする全農林警職法事件判決〔最大判昭和48・４・25刑集27巻４号547頁〕も参照）。

官吏に関する人事行政事務を遂行するため、内閣の下に人事院が設けられている。人事院は内閣の所轄下にあるものの、人事行政の中立公正を確保するため、内閣からの独立性が保障されている。内閣の指揮監督を受けない行政組織を設けることの合憲性については後述するが（→本章第５節**2**）、人事院は一般に合憲であると解されている（福井地判昭和27・９・６行集３巻９号1823頁）。

(6)　予算案の作成・提出（５号）

財政制度の中でも予算制度はとりわけ重要である（→第13章第６節）。憲法は予算案（憲法には予算とあるが、予算案とするのが正確である）の作成・提出を内閣の権限とし、その審議・議決を国会の権限とすることによって(86条)、国会と内閣の協働執政としている（→第８章第４節**4**、第９章第４

節 **4**）。予算案の作成権は内閣の専権であるため、イニシアティブは内閣にあるものの、提出された予算案を国会が審議・議決する際、どこまで修正が認められるのかをめぐって、国会の予算修正の限界が論じられることになる（→第13章第6節 **3**(2)(イ)）。内閣の予算案作成権をないがしろにするような修正は許されないといった見解もありうるが、それは国会の予算修正の限界問題として扱われるべきではなく、議院内閣制の枠内における国会と内閣の調整問題として扱われるべきだろう。

(7)　政令の制定（6号）

政令とは内閣が制定する一般的抽象的法規範である。しかし、一般的抽象的法規範の制定は、「唯一の立法機関」（41条）である国会の排他的独占的権限であった（→第9章第2節 **3**(1)）。したがって、憲法73条6号の規定は、41条と調和させて解釈しなければならない。まず、内閣による政令の制定には法律の委任が必要である。憲法73条6号ただし書は、政令に罰則を設ける場合は法律の委任を要すると規定するが、これは罰則制定の場面に限定する趣旨ではない（→第8章第4節 **3**、第9章第2節 **3**(1)）。法律の委任なき独立の政令（独立命令）は認められない。なお、法律の委任があるのであれば、内閣による政令制定のみならず、行政各部による府省令・規則の制定も可能である。

「憲法及び法律の規定を実施するため」（73条6号）であれば、法律の委任がなくても、内閣は政令を制定できるのか。文言上は制定可能であるようにもみえるが、ここでも憲法41条との調和を考える必要がある。したがって、法律を飛び越え、憲法を直接執行する政令を制定することは許されないと解すべきである。他方、法律を執行するための政令（執行命令）制定については、それが法律執行の範囲内にとどまる限り、当該法律によって、執行のための規律を委任されたと解することができるため、特に明示の委任がなくても許されてよい。

(8)　恩赦の決定（7号）

憲法は、恩赦として、「大赦、特赦、減刑、刑の執行の免除及び復権」（73条7号）の五つを列挙する（恩赦法も参照）。これらもかつて天皇の大権事項であった（明憲16条）。それゆえ、その認証は天皇の国事行為とされたが（７条６号)、決定は内閣の権限とされた。恩赦は、元来、君主の慈悲の表れとみなされることから、日本国憲法の趣旨にそぐわない上、その決定は立法と司法をないがしろにしかねない面があるといわざるをえない。恩赦の決定には慎重さが求められる。

(9)　他の一般行政事務の遂行（73条柱書）

憲法73条は、上記の職務以外の「他の一般行政事務」を内閣の職務とする。しかしその意味は判然としない。「一般行政事務」という文言から推し量るに、明文で認められた内閣の職務に通常付随する事務（例えば、業務の遂行に必要な物品の購入）を意味すると思われる。それ以上の職務を想定すると、内閣の権限が限定列挙であることと矛盾しかねない。

3　国事行為の助言と承認

天皇の国事行為に対し、助言と承認を与える権限（３条・７条）は、内閣の権限とされる（→第３章第３節**4**)。この権限は、「国政に関する権能を有しない」（４条１項）はずの天皇が、再び政治性をもった存在にならないように注意し、儀礼的な存在にとどめるためにある。天皇の国事行為は、元々、形式的儀礼的なものとされるが、その行為に政治性が帯びないようにするのが、内閣の助言と承認の役割である。もっとも、政治部門たる内閣自身が天皇を政治利用する危険性もある。その危険をできるだけ回避したいのなら、助言と承認を与える内閣の権限から、実質的な判断作用を抜くほかないだろう。衆議院の解散等の内閣の権限は、助言と承認を与える内閣の権限から切り離して、それ単独で根拠づけるしかない（→第８章第３節**2**(2))。そうすると、助言と承認は、内閣の権限というよりも、内閣の責務になる。

4　国会に対する権能

議院内閣制下において、内閣は国会に対しさまざまな作用を及ぼす（逆もまたしかりである)。既に上記で述べた条約の承認要求や予算案の提出以外の場面でも、国会の召集（７条２号・53条）（→第８章第４節**6**、第９章第３節**3**(2))、衆議院の解散（７条３号・69条）（→第８章第３節**2**)、参議院の緊急集会の請求（54条２項）（→第９章第３節**1**(1)）、予備費の支出に対する国会の事後承諾の要求（87条２項）（→第13章第７節）、決算および決算検査報告の国会への提出（90条１項）（→第13章第８節**3**）、財政状況の国会への報告（91条）（→第13章第９節）がある。もっとも、この報告は内閣の権限とみなすより、国会に対する内閣の義務と理解する方が適切であろう（72条も参照）。

5　裁判所に対する権能

内閣は、最高裁判所の長たる裁判官を指名し（６条２項）、長たる裁判官以外の最高裁判所裁判官を任命し（79条１項）、「最高裁判所の指名した者の名簿によって」、下級裁判所の裁判官を任命する（80条１項）（→第11章第４節**2**(1)）。

6　その他の権能

上記以外にも、内閣には明文で定められたその他の権能がある。例えば、予備費の設定・支出（87条）、財政状況の国民への報告（91条）である（→第13章第７節・第９節）。もちろん、財政状況の国民への報告も、国会への報告（→本節**4**）同様、内閣の権限というより、内閣の義務と解する方がよい。

ここで悩ましいのは、明文規定のない内閣の権能を認めることができるかどうかである。内閣の権限を規定する日本国憲法の諸規定は限定列挙と解すべきだとすると、諸規定の解釈から明記されていない権能を引き出す可能性は否定できないとしても、そのような解釈は謙抑的に行われるべきだということになろう。このことは、帰属不明の国家権限の有無を問うことと直接関連しない。

問題となりうるのは、法律案提出権、憲法改正案提出権、自衛権の三つである。そのうち法律案の提出権については、国務を総理する（73条１号）内閣に必要な「議案」提出（72条）の権限とみなすべきであると述べた（→第８章第４節**2**、第９章第２節**3**(3)）。これに対して、憲法改正案提出権については、見解が分かれている。とはいえ、憲法改正の重大性と改正手続の厳格性に鑑みて、憲法上禁止されていると解するのが妥当であろう（→第９章第４節**1**）。「日本国憲法の改正手続に関する法律」も、内閣の憲法改正案の提出を認めていない。また、国家の自衛権（少なくとも個別的自衛権）は、憲法９条があるにもかかわらず、憲法上容認されるとする見解が有力とされるが（→第５章第２節**2**）、自衛権の行使主体は国家だとされるだけで、統治機構上の権限主体がどのように規定されるのか、不明確なままである。しかし、自衛権が保障されるのなら、内閣には軍事に関しても主たる役割が付与されるはずである（→第５章第２節**3**(3)、第８章第４節**7**）。この点の解明はなお課題として残っている（自衛隊法７条参照）。

第４節　内閣総理大臣と国務大臣

1　内閣の構成員

内閣の構成員は「首長たる内閣総理大臣」と「その他の国務大臣」である（66条１項）。そのうち内閣総理大臣は、「国会議員の中から国会の議決で」指名され（67条１項）、天皇によって任命される（６条１項）。また国務大臣は、内閣総理大臣によって任命され（68条１項）、天皇によって認証される（７条５号）。内閣は「法律の定めるところ」（66条１項）により組織されると規定されたことから、詳細は内閣法によって定められる。それによると、「国務大臣の数は、14人以内とする。ただし、特別に必要がある場合においては、３人を限度にその数を増加し、17人以内とすることができる」（内閣法２条２項）という。「首長」たる内閣総理大臣の数は、ほかに定めがない以上、１人と解するほかない。そうすると、内閣の構成員の数は最大で18人である。この少人数組織が、数十万人規模の行政各部を統轄し、行政府を運営する。

＊　内閣構成員は、特別法で特別の担当大臣（例えば、復興大臣やオリンピック担当大臣）が設けられることにより、増員される場合がある。そのため、内閣法が想定する最大18人の数を超えることもある（内閣法附則参照）。

内閣の構成員は、内閣総理大臣はもちろん、国務大臣の過半数（実際にはその大半）が国会議員である（67条1項・68条1項）。また、「両議院の一に議席を有すると有しないとにかかはらず、何時でも議案について発言するため議院に出席することができる。又、答弁又は説明のため出席を求められたときは、出席しなければならない」（63条）。こうして内閣は、国会と人的な結びつきを確保し、国会と協働する（→第8章第3節**1**(**1**)）。

＊　内閣総理大臣は「国会議員」であることが求められているが（67条1項）、衆参両議院のどちらの議員であってもよいのだろうか。文言上はどちらでもよいとされているようにみえる。しかし、参議院議員の中から内閣総理大臣が選出されたとき、その内閣総理大臣の率いる内閣が衆議院を解散しても、議員としての自らの地位に影響はないことに加え、参議院が内閣総理大臣である議員を除名すれば、それだけで内閣は総辞職しなければならなくなる（70条）。衆議院と違って、参議院と内閣の間には、解散等の制度がないことを考えると、内閣総理大臣は衆議院議員でなければならないと解すべきだろう。実際、歴代の内閣総理大臣は、全員、衆議院議員であった。

内閣構成員はすべて文民でなければならない（66条2項）。文民（civilian）とは軍人でない者を意味する。文民条項には、文民から成る内閣を軍人から成る軍事組織の上に位置づけ、文民が軍人を指揮監督することで、実力機関である軍事組織を民主的に統制できるとの想定がある（文民統制）。これは明治憲法時代の軍部大臣・現役武官制（→第2章第2節**3**(**3**)）の逆をいく考え方でもある。

しかし、戦力不保持を規定する憲法9条2項の下では、内閣に軍人は存在しえないことから、ここでいう文民を単に軍人でない者と解すると、文民条項は意味不明となりかねない。解釈論としては、内閣構成員が現役の自衛官であってはならないと解するのが無難である。退役の自衛官を文民とみなすかどうかについては議論があるが、一定期間、非文民として扱われるのならともかく、永遠に非文民とみなすのは行きすぎである。

2　内閣総理大臣の地位と権限

(1)　内閣総理大臣の地位

内閣総理大臣の位置づけをめぐり、かつて内閣職権の大宰相主義と内閣官制の「同輩中の首席」論の対立的見解があったことは、既に述べた（→本章第1節）。日本国憲法がどちらの見解に与しているのかは明らかでない。しかし、「首長」（66条1項）の地位は、「同輩中の首席」の域を超えている。しかも、国務大臣の任免権（68条）と訴追同意権（75条）、内閣の代表権（72条）、行政各部の指揮監督権（同条）は、むしろ内閣総理大臣の独任制的要素も含む。内閣総理大臣が死亡・失職等によって欠ける状態になれば、「内閣は、総辞職をしなければならない」（70条）とされ、内閣の存立が内閣総理大臣に完全に依存させられていることからも、内閣総理大臣は、他の国務大臣よりも上位の位置にいると解される。

なお、内閣法は内閣総理大臣に閣議主宰権（同法4条2項）、閣議発議権（同項）、行政各部の処分・命令中止権（同法8条）を認めている。さらに、内閣官房や内閣府といった重要な補助機関も内閣総理大臣の下に置かれている（同法26条1項、内閣府設置法6条1項・7条1項）。

＊　首相公選論：　内閣総理大臣の地位をさらに強化するため、同大臣を「国会議員の中から国会の議決で」選出するのではなく、端的に国民の投票によって選出すべきであるとする見解がある。これは議院内閣制から大統領制への転換を図る主張であって、大幅な統治機構改革になるため、憲法改正を経なければ、実現できないものである。

(2)　内閣総理大臣の権限

日本国憲法上、内閣総理大臣の明示の権限とされるのは、内閣代表権、議案の国会提出権、一般国務・外交関係の国会報告権（権限というより、責務とみなすべきという見解もある）、行政各部の指揮監督権である（72条）。以上は対外的権限であるが、対内的権限として、国務大臣の任免権がある（68条）。

内閣代表権とは、「内閣の行う仕事を、内閣の代表者として、外に向かって表示する」（宮沢俊義）権限であり、内閣の意思決定を前提にした権限である。憲法72条の「内閣を代表して」という文言は、議案の国会提出権にしか及んでいないようにもみえるが、一般国務・外交関係の国会報告権と行政各部の指揮監督権にも及んでいると解される。それゆえ、いずれの権限についても、内閣の意思決定がまずあって、その結果を内閣総理大臣が「内閣を代表して」外部に表示することになると解される。

そうすると、憲法72条の権限はいずれも、事実上、内閣総理大臣の内閣代表権に解消されることになる。このことは行政各部の指揮監督権が、「閣議にかけて決定した方針に基いて」行使されるとの規定（内閣法6条）とも親和する。しかし、閣議決定がないと内閣の代表者として振る舞うことができないとみなされてしまったら、内閣総理大臣がリーダーシップを発揮する際に支障が生じるのではないかと疑問視されかねない。そこで少なくとも、行政各部の指揮監督に関しては、個々具体的な閣議決定を前提にしなくてもよいとの解釈が唱えられている。最高裁も、ロッキード事件判決（最大判平成7・2・22刑集49巻2号1頁）において、「閣議にかけて決定した方針が存在しない場合においても、内閣総理大臣の……地位及び権限に照らすと、流動的で多様な行政需要に遅滞なく対応するため、内閣総理大臣は、少なくとも、内閣の明示の意思に反しない限り、行政各部に対し、随時、その所掌事務について一定の方向で処理するよう指導、助言等の指示を与える権限を有する」と判示している。

3　国務大臣の地位と権限

内閣総理大臣が「同輩中の首席」以上の存在であるとすれば、国務大臣との関係においても、閣僚平等主義ではありえない。しかしだからといって、国務大臣は内閣総理大臣の意思にただ付き従うだけの存在というわけではなく、閣議においても、内閣総理大臣と対等の発言権・表決権が認められることから、能動的・積極的に合議に加わることが期待されている。

国務大臣は、「その在任中、内閣総理大臣の同意がなければ、訴追されない」（75条）。これは、検察組織による不当な影響を防止するための特権と解されており、その本質において、会期中における国会議員の不逮捕特権（50条）と同趣旨とされる。ただし、この特権は大臣在任中に限定され、かつ、その間は公訴時効が停止するというにすぎない（75条ただし書）。

＊　内閣総理大臣にも、在任中の不訴追の特権が保障されるのだろうか。今のところ、実例はないものの、国務大臣にそれが保障される以上、内閣総理大臣にも保障されると考える方が素直である。ただ、そうなると、自分で自分の訴追に同意・不同意の意思を示すよう迫られることになる。しかし、それによって内閣総理大臣の政治責任が問われるのなら、それで十分であるとして、国務大臣と同じ不訴追特権を認める見解が有力である。

国務大臣は、国務大臣としての役割とともに、行政長官としての役割も有している。ここで行政長官とは、行政各部の長としての地位を指す。国務大臣は、国務大臣として、内閣の職務を果たさなければならない（それゆえ、例えば、法務大臣も外交や財政に関わらなければならない）が、他方で、同時に、行政長官として、行政各部の特定の行政事務を分担管理することが求められる（国務大臣・行政長官兼任制）。このことは、憲法上、「主任の国務大臣」（74条）という表現でもって明示されている（内閣法３条１項、国家行政組織法５条１項）。国務大臣が行政長官を兼任することにより、内閣と行政各部が連結され、行政府の一体性が高まる。もっとも、このことは、行政長官を兼任しない国務大臣（無任所大臣）の存在を否定するものではないし、また、国務大臣を兼任しない行政長官（例えば、宮内庁長官）の存在を否定するものでもない。

4　法律・政令の署名と連署

法律および政令は、「すべて主任の国務大臣が署名し、内閣総理大臣が連署」しなければならない（74条）。ここでいう署名や連署は、国務大臣および内閣総理大臣の権限というよりも義務である。もしこれが権限だとすると、内閣の意に沿わない法律に対して、大臣が拒否権を行使することになってしまう。それは、国会が「国の唯一の立法機関」（41条）であることや、内閣が「法律を誠実に執行」（73条１号）しなければならないことと矛盾する。それゆえ、ここでいう法律・政令への署名・連署は、法律の執行および政令の制定・執行に対する、主任の国務大臣および内閣総理大臣の執行責任を明示するものと解されている。このような解釈をすることが、内閣の対国会連帯責任（66条３項）と調和する。

第５節　行政各部

1　行政組織としての行政各部

行政府は、内閣のほか、数十万人規模の公務員から成る行政各部によって組織される。行政各部は、「内閣の統轄の下における行政機関で内閣府以外のもの」（国家行政組織法１条）と内閣府（内閣府設置法１条）から構成されるが、これは一般に行政組織と呼ばれている。いわゆる官僚組織である。内閣が政治部門であり、高度の政治的判断が要求される組織であるのに対して、行政各部は、政治的中立性が求められる組織であって、専門技術的な能力を備えることが期待されている。また、行政府の一体性を確保するため、行政各部は内閣の指揮監督に服することから、上命下達の縦割り組織になることが多い。

行政各部は内閣の行政事務を補佐する補助機関である。十数名しかいない内閣構成員が、内閣の職務を果たすことができるのも、行政各部がそれを補佐してくれるからである。とりわけ法律の実際の執行は、内閣の明示・黙示の同意の下、行政各部が行っている。行政各部の法律執行には、行政裁量の余地が与えられることもある。行政各部は、内閣と異なり、高度の政治的判断を行うことは許されていないものの、政策的判断を行うことが禁じられるわけではない。もちろん、実際にそれが許されるかどうかは、法律の規定内容と内閣の明示・黙示の同意に依存する。

内閣の補助機関をここですべて列挙することはできないが、直接的な補助機関として、内閣の重要政策に関する企画立案・総合調整を支援する内閣官房（内閣法12条）および内閣府（内閣府設置法３条）、内閣提出法律案・政令案・条約案を審査し、また、法律問題に関して内閣に意見を述べる内閣法制局（内閣法制局設置法３条）（→第２章第４節**4**）があることを指摘しておく。

2　独立行政委員会

行政各部は内閣の指揮監督下に置かれなければならない。ところが、行政各部の中には、法律によって、内閣から権限行使の独立性が保障される委員会組織がある。これを独立行政委員会と呼ぶ。具体的には、人事院、公正取引委員会、個人情報保護委員会、国家公安委員会、公害等調整委員会、原子力規制委員会、中央労働委員会等である。憲法に根拠を有する会計検査院（90条）も、厳密には行政各部ということはできないが、同様に独立性が保障されている。それゆえ、これらの組織は、内閣の指揮監督を受けない。

内閣が対国会連帯責任を果たすためには、行政各部の権限行使を含むすべての「行政権の行使について」(66条３項)、内閣の指揮監督を許す仕組みが必要となる。法律によって基礎づけられた職務執行の枠内において、内閣による指揮監督を受け容れていることが、行政各部の権力行使の民主的統制を担保しているのである。そうであるがゆえに、独立行政委員会の設置は違憲の疑義を生む。

これに対して、その合憲性を擁護する立場からは、政治的中立性がとりわけ求められる行政組織には、内閣からの独立性が保障される実際上の必要があるし、組織構成を準司法的に整え、国会による監視を導入するなどすれば、例外的に設置運営が許されると主張される。憲法65条の「属する」という文言も例外を許容すると解釈されている（→本章第３節 **1** **(1)**）。

＊　独立行政委員会とは異なるものの、それと同様に、政府からの独立性が要請される組織として、中央銀行に言及されることがある。日本の中央銀行は日本銀行である。それは日本銀行法に基づき、中央銀行として唯一認められた認可法人である。日本銀行法は、日本銀行の目的を「我が国の中央銀行として、銀行券を発行するとともに、通貨及び金融の調節を行うこと」および「銀行その他の金融機関の間で行われる資金決済の円滑の確保を図り、もって信用秩序の維持に資すること」（同法１条）にあると定め、かつ、「通貨及び金融の調節を行うに当っては、物価の安定を図ることを通じて国民経済の健全な発展に資することをもって、その理念とする」（同法２条）と定めている。

〈参考文献〉

石川健治「政府と行政」法学教室245号（2001年）74頁
上田健介『首相権限と憲法』（成文堂、2013年）
大石眞『憲法秩序への展望』（有斐閣、2008年）
行政改革会議事務局 OB 会編『21世紀の日本の行政』（行政管理研究センター、1998年）
佐藤幸治『日本国憲法と「法の支配」』（有斐閣、2002年）
手島孝＝中川剛『憲法と行政権』（法律文化社、1992年）
毛利透『統治構造の憲法論』（岩波書店、2014年）
山口二郎『内閣制度』（東京大学出版会、2007年）
「特集／国家の役割と統治構造改革」ジュリスト1133号（1998年）
「特集／行政改革の理念・現状・展望」ジュリスト1161号（1999年）

第11章　裁判所と司法権

第1節　総　説

憲法第6章は「司法」という表題をもつ。この司法と、憲法32条や82条でも使われている「裁判」という一般的な用語との関係は、大きな問題である。

近代以前の法規範がなかった時代にも、紛争の解決や刑罰の実行は必要であるため、「裁判」は行われていた。最初の法規範はそうした裁判例の集積として生成した。これに対して近代国家は、民事事件に関していうならば、社会内の暴力を独占して自力救済を禁止したことと表裏一体として、すべての国民に裁判を受ける権利を保障し、その組織上の担保として裁判所を国家機関として設置した（→憲法Ⅰ第19章第2節）。裁判所が具体的な争訟の中で、事実を認定し、それに法規範を解釈・適用する作用が「司法」であるが、日本国憲法は「司法」と「裁判」を同義で用いているようである（ただし76条2項の用例について→本章第3節**3**(**1**)）。

＊　ドイツ基本法では、抽象的違憲審査権などを有する連邦憲法裁判所（→第12章第2節**2**）をも包括する概念として、「裁判」という用語を採用している。このように「裁判」は普遍的で包括的な概念であるため、比較憲法学の観点では「裁判」概念を想定することに意味がある（樋口陽一）。これに対して日本国憲法の解釈学としては、条文上「裁判」という用語が選択されている場合を除いて、「司法」「司法権」に関わる諸問題を論ずればさしあたり足りる。

＊＊　法の支配・法治国家という理念と司法権との関係については、先に触れた（→第4章第3節）。

第2節　司法権と法律上の争訟の概念

1　概　説

憲法76条1項は、「すべて司法権は、最高裁判所及び法律の定めるところにより設置する下級裁判所に属する」と規定する。しかしこの条項および憲法のその他の条項も、司法・司法権の内容（実質的意味の司法）について何も述べていないため、それを解釈論として考察する必要が生ずる。なお、裁判所が行使する権能を形式的意味の司法と呼ぶことがあるが、本章では司法とは実質的意味でのそれを指す。

2　司法権の範囲

司法権の範囲は、各国の伝統に応じて異なる。ヨーロッパ大陸型では、司法権とは民事と刑事の裁判権だけに限られ、行政事件の裁判はそれとは別の行政裁判所の管轄とされてきた。明治憲法は、不十分な形ではあるが、この大陸型の観念を採用していた（→第2章第2節**2**(6)）。他方で英米型では、通常裁判所が民事、刑事のほか行政事件の裁判をも含む、すべての争訟の管轄権をもつ。

日本国憲法には、この点に関する明文規定がない。しかし通説は、英米型の司法観が採用されたと解している。その論拠としては、①日本国憲法の司法観・制度はアメリカ憲法の影響を強く受けていること、②行政裁判所に関する規定がないだけではなく、行政機関による終審裁判、および特別裁判所の設置を禁止していること（76条2項）、③「処分」の違憲審査権が認められていること（81条）、などが挙げられている。裁判所法が、裁判所は、「一切の」法律上の争訟を裁判すると規定するのは（同法3条1項）、その趣旨を確認するものである。これを権利論からみると、裁判所において裁判を受ける権利（32条）は、伝統的な民刑事事件だけではなく行政事件にも及ぶ、ということである。

3　法律上の争訟

憲法上の司法権概念に関する古典的な定義は、「具体的な争訟について、法を適用し、宣言することによって、これを裁定する国家の作用」（清宮四郎）、である。具体的な事件・争訟性の存在を、司法権が行使される要件とみるのは、現在でも通説的な見解である。その上で従来の学説は、「具体的な争訟」について憲法上の考察をするのではなく、それを裁判所法３条１項の「法律上の争訟」と同義と解して、言い換えれば、この規定を憲法上の司法権概念の具体化と解して、「法律上の争訟」の意味に関する解説を行ってきた。その代表は、①「当事者間の具体的な権利義務または法律関係の存否（刑罰権の存否を含む）に関する紛争であって」、かつ②「法律の適用により終局的に解決しうべきもの」だ、という（最高裁判所事務総局編『裁判所法逐条解説（上）』）。判例も同じ趣旨を繰り返し説いている（典型例として、「板まんだら」事件判決：最判昭和56・４・７民集35巻３号443頁）。本章においては、①を「具体的権利義務要件」、②を「終局的解決可能性要件」ということがある。これに対して近年の学説は、憲法上の司法権概念（＝「具体的な争訟」）を裁判所法３条１項の「法律上の争訟」と等置してきた従来の学説を批判し、憲法上の司法権概念をそれ自体として考察しようとしている。しかし、そのような試みにおいても、「法律上の争訟」（主観訴訟といわれるもの）が、憲法76条１項がいう司法権の核心領域に当たることに異論はない。したがって、「法律上の争訟」を判断する権限を、法律により裁判所から奪うことは許されない。

従来の判例によると、具体的な事件もないのに（つまり①要件〔具体的権利義務要件〕が欠けるのに）、憲法や法令の解釈に関して抽象的に判断を下すことはできない（警察予備隊違憲訴訟判決：最大判昭和27・10・８民集６巻９号783頁など）。また、単なる政治的または経済的問題や技術上または学術上の争いは、後述するように訴訟の提起の仕方、争い方にも依存するが、①②要件をともに欠く（技術士国家試験事件判決：最判昭和41・２・８民集20巻２号196頁など）。宗教上の紛争については、後述する（→本節**５⑸**㈸）。

＊　国家試験の合否判定をめぐる争いでも、手続上の瑕疵が争われる場合は、法律上の争訟となる。また、試験の合否判定において他事考慮があったかが争われる場合も（例えば、大学医学部の入試判定に際して、高齢を理由として不合格とされたと争われた場合）、法律上の争訟となる（群馬大学医学部事件判決：東京高判平成19・3・29判時1979号70頁）。

＊＊　最高裁によれば、国または地方公共団体が、財産権の主体として財産上の権利利益の保護救済を求める訴訟は法律上の訴訟に当たるが、行政権の主体として国民に対して行政上の義務の履行を求める訴訟は、自己の権利利益の保護救済を目的とするものではないため、これに当たらない（宝塚市パチンコ店規制条例事件判決：最判平成14・7・9民集56巻6号1134頁）。つまり、①要件（具体的権利義務要件）が欠けるというのであるが、行政庁が取消訴訟で被告になる場合には法律上の争訟となり、その場合には公益上の主張が許されることとの片面性など（塩野宏）、行政法学からは異論が多い。

4　「その他法律において特に定める権限」

(1)　民衆訴訟・機関訴訟・非訟事件の裁判

裁判所法3条1項は、裁判所は「一切の法律上の争訟」の裁判権だけではなく、「その他法律において特に定める権限を有する」、と規定している。その第1の例は、「国又は公共団体の機関の法規に適合しない行為の是正を求める訴訟で、選挙人たる資格その他自己の法律上の利益にかかわらない資格で提起する」民衆訴訟（行訴法5条）の裁判権である。選挙無効訴訟（公選法203条・204条）、当選無効訴訟（同法207条・208条）、名簿訴訟（同法25条）、連座制の訴訟（同法210条・211条）のような選挙関係の訴訟のほか（→第7章第5節）、地方公共団体による公金の支出の違法性を争う住民訴訟（地自法242条の2）などがそれに該当する。第2の例として、「国又は公共団体の機関相互間における権限の存否又はその行使に関する紛争についての訴訟」である機関訴訟（行訴法6条）の裁判権がある。普通地方公共団体の長などが、国または都道府県の関与の取消しまたは不作為の違法確認を求める訴訟（地自法251条の5第1項・251条の6第1項）などが、これに当たる。民衆訴訟と機関訴訟は、主観訴訟（つまり、法律上の争訟）と対比して、客観訴訟と称される。これらは、「法律に定める場合において、法律に定める者」だけが提起できる（行訴法42条）。

「特に定める権限」は、上述したような客観訴訟の裁判権だけではない。家事審判のような非訟事件の裁判権は（→憲法Ⅰ第19章第2節**5**）、その第3の例となる。

(2)　裁判所への権限付与の要件と限界

それでは、裁判所に対して法律により権限を付与することに限界はないのか。先にも触れたように、近年の学説は、憲法上の司法権概念を考察しようとする（→本節**3**）。こうした見地が学問的意義だけではなく実際上の意味をもつ典型は、この場面である。

代表的な見解は、憲法上の司法権の本質を、具体的紛争の当事者がそれぞれ自己の権利・義務をめぐって理を尽くして真剣に争うということを前提に、公平な裁判所がそれに依拠して行う法原理的決定に当事者が拘束されるという構造にみた上で、三つの領域を区別する。①事件・争訟性の要件は司法権の核心である。②核心の外側に裁判所に法律で権限を付与することが可能な領域がある。③さらにその外側には、裁判所に付与しえない権限もある。裁判所に付与される権限は、裁判による法原理的決定になじみやすいものでなければならず、その決定には終局性が保障されなければならない。現在法定されている客観訴訟などは具体的な国家行為を前提とするものであり容認できるが、例えば、抽象的違憲審査権を客観訴訟として法律上導入することは許されない。内閣総理大臣の異議の制度（→本章第3節**4**）は、終局性の保障の観点から疑問である（佐藤幸治）。

＊　上で紹介した見解に対しては、事件性を前提とする私的紛争解決型の司法観に偏しすぎる、という著名な批判がある。この立場は、現代司法には、その法創造機能・政策形成機能の重要性を明確にする新しい要件を加味すべきだ、と提唱する（芦部信喜）。この問題関心を踏まえて、憲法上の司法権と裁判所法上の「法律上の争訟」の関係について、現在では多くの見解が示されている（野坂泰司、高橋和之、長谷部恭男など）。

＊＊「その他法律において特に定める権限」に関して、立法論として提唱されている訴訟類型の代表例に、住民訴訟を国のレベルで導入しようとする国民訴訟や、団体訴訟の一つとしての環境団体訴訟がある（日弁連）。また地方分権改革の審議過程では、条例の無効確認訴訟が提案されていた。これらが裁判所に対する権限付与の限界を超えるかは、制度の内容に即して

個別的に検討しなければならない。

5　司法権の限界

(1)　概　説

裁判所は「一切の」法律上の争訟を裁判するが、限界はある。第１は、「日本国憲法に特別の定のある場合」（裁判所法３条１項）である。国会議員の資格争訟の裁判（55条）と（→第９章第５節**2**(2)）、裁判官の弾劾裁判（64条）がそれに当たる（→本章第５節**3**）。第２は、国際法上の限界である（→本節**5**(2)）。第３は、憲法の解釈として導かれる限界である（→本節**5**(3)～(6)）。

司法権の限界については、法律上の争訟に該当しないという内在的限界と、法律上の争訟ではあるが、何らかの理由で司法権が扱うべきではないという外在的な限界とが区別できる。第１と第２は外在的限界であるが、第３には両者が並存している。さらに、司法権は団体の自律的決定の存在が認められる場合には、それを受容し、前提として事案を解決するという審査手法（自律的判断受容型審査）をとることもある。ただしそれは例外的であり、自律的決定に関して、裁量の逸脱、濫用や手続の適正は審査できる場合もある（自律的判断尊重型審査）。

(2)　国際法上の限界

外交関係に関するウィーン条約で明文化されている外交特権や、日米安全保障条約６条に基づく地位協定により、駐留軍の構成員・軍属などに対する刑事裁判権には、日本の裁判権は及ばない。外交関係上の配慮によるものである。民事裁判権については、外国国家は原則として免除されるという絶対免除主義が国際慣習法だとされてきた。しかし現在では、「主権的行為」ではない「業務管理的な行為」については、特段の事情のない限り、日本の民事裁判権から免除されない（制限免除主義）、と解されている（最判平成18・７・21民集60巻６号2542頁）。この判決を受けて、「外国等に対する我が国の民事裁判権に関する法律」（平成21年法律24号）が制定された。

(3)　立法権および行政権との関係における限界

議院の定足数、表決のような議事手続や、国会議員の懲罰などは、議院の自律権を確保する観点から、司法権が及ばない。司法権の外在的限界に該当する、という趣旨である。その場合には、司法権は他の権力の自律的決定を受容し、それを前提として事案を判断すべきである、とされる。警察法改正に際して、衆議院での会期の延長の議決の有無が、警察費の支出禁止を求める住民訴訟の形で争われた事件において、最高裁も、「両院の自主性を尊重」するため議事手続の「有効無効を判断すべきでない」として、請求を棄却している（自律的判断受容型審査。警察法改正無効事件判決：最大判昭和37・３・７民集16巻３号445頁）。これに対し、議事手続に明白な憲法違反がある場合には審査可能だとする学説もある（佐藤幸治）。これは、本章がいう自律的判断尊重型審査に当たる。

内閣の閣議決定の方式についても、同様な観点から司法権は（原則として）及ばない。これに対して、解散に際する内閣の助言と承認の有無が争われた事件で、一連の事実からその存在を認め、解散の無効を理由とする議員歳費請求を棄却した裁判例がある（苫米地事件控訴審判決：東京高判昭和29・９・22行集５巻９号2181頁）。しかしこれは古い下級審判決であるため、先例性は稀薄であろう。

(4)　統治行為

統治行為とは、一般に、直接国家統治の基本に関する高度に政治性のある国家行為で、法律上の争訟として裁判所による法律的な判断が理論的には可能であるのに、事柄の性質上、司法権の対象から除外される行為をいう（芦部信喜）。これが、憲法の解釈として導かれた司法権の外在的限界の代表例である。

㈠　判　例

最高裁は、統治行為という概念を用いたことはないが、実際上はこの思考を採用したことがある、と受け止められている。その一例とされるのが、砂川事件判決（最大判昭和34・12・16刑集13巻13号3225頁）である。この判決は、旧日米安全保障条約について、「わが国の存立の基礎に極めて重大な関係をもつ高度の政治性を有するもの」であるから、その内容が違憲か否かは内閣および国会の「高度の政治的ないし自由裁量的判断と表裏をなす点がすくなくな」く、「一見極めて明白に違憲無効であると認められない限りは、裁判所の司法審査権の範囲外」だ、とした。さらにこの判決は、米軍の駐留は憲法9条などの「趣旨に適合こそすれ、これらの条章に反して違憲無効であることが一見極めて明白であるとは、到底認められない」とまで述べていることも注目される。

苫米地事件判決（最大判昭和35・6・8民集14巻7号1206頁）では、議員歳費請求の当否の前提問題として、7条を根拠とすること、および内閣の助言と承認が欠如していることを理由に、衆議院解散の違憲無効が争われた（→第8章第3節**2**）。最高裁は、「直接国家統治の基本に関する高度に政治性のある国家行為は」、「裁判所の審査権の外にあり、その判断は主権者たる国民に対して政治的責任を負うところの政府、国会等の政治部門の判断に委され、最終的には国民の政治判断に委ねられている」、と述べた。このような制約は、「司法権の憲法上の本質に内在する制約と理解すべき」ものだ、として請求を棄却した判決だった。統治行為論が正面から採用された判決であり、また自律的判断受容型審査の典型例でもある。

＊　上記二つの判決は、半年の間に言い渡されているため、関与した裁判官もほぼ共通である。「高度の政治性」をもつという観点では旧安保条約の方が上であるのに、なぜ砂川事件判決は「一見極めて明白に違憲無効であると認められない限り」という留保付きの統治行為論をとったのだろうか（小嶋和司）。砂川事件は刑事事件であるため、処罰根拠規定が「一見明白に違憲無効」ではないことを述べる必要があった、旧安保条約の合憲性について最高裁の判断を早期に示す必要があると考えた、などの推測がある。他方では、そもそも砂川事件判決による留保は当たり前のものであり、両判決の法理の内容・範囲は異ならない、とする見解もある（千葉勝美）。

＊＊　その後、下級審では、自衛隊の合憲性に関する訴訟で砂川事件判決型の統治行為論が用いられたことがある。長沼訴訟控訴審判決（札幌高判昭和51・8・5判時821号21頁）、百里基地事件第1審判決（水戸地判昭和52・2・17判時842号22頁）である。最高裁では、沖縄代理署名訴訟判決（最大判平成8・8・28民集50巻7号1952頁）が、「日米安全保障条約及び日米地位協定が違憲無効であることが一見極めて明白でない以上、裁判所としては、これが合憲であることを前提として駐留軍用地特措法の憲法適合性についての審査をすべき」と述べた。刑事事件ではないにもかかわらず、砂川事件判

決を先例としたものである（→第5章第3節1(3)）。

(イ)　学　説

かつては学説も、統治行為という概念を一般に承認していた。しかし、肯定する論拠は分かれる。①自制説は、裁判所の自制に根拠を求める。②内在的制約説は、権力分立、民主的責任原理、民主主義から由来する「司法権の憲法上の本質に内在する制約」だと理解する。苫米地事件判決がこの見解をとる（この判決は内在的制約というものの、法律上の争訟に該当しないという趣旨ではない）。さらに、③事件に応じて具体的にその論拠を明らかにする必要があるため、内在的制約説に自制の要素を加味して考えるという折衷説（機能説）が説かれ（芦部信喜）、通説化した。

この折衷説は、統治行為は憲法の明文上の根拠がなく、内容も不明確であるため、機関の自律権・自由裁量権などで説明できるものは除外すること、統治行為の根拠が民主政の理論にある以上、とりわけ精神的自由権の侵害を争点とする事件には、適用すべきでないこと、などを説く。そうなると、この学説でも統治行為と考えられるものは極めて限定される。例えば、苫米地事件判決が採用した統治行為論によらなくても、閣議の決定方式については内閣の自律権により、解散事由については裁量論により、同じ結論を導き出せる。また現在の憲法学では、折衷説をさらに進め、統治行為という包括的な概念を不要とする見解が有力化している。裁判所と政治部門との機能的な役割分担に対する配慮は当然に必要であるが（→第4章第2節3(3)）、そのために統治行為という大きすぎる概念を、解釈上の道具として用いない方がよい。

(5)　団体の内部事項

地方議会、大学、政党、宗教団体などの団体内部の紛争に対して、司法権が及ぶか、いかなる審査ができるかは、しばしば争われている。最高裁は、これらの団体を「一般市民社会とは異なる特殊な部分社会を形成している」と特徴づけて、内部紛争には基本的に司法権を及ぼさない態度を示したことがある（後掲富山大学事件判決）。しかし、団体の目的・性格・機能、紛争の性格・程度、争われている権利や侵害の程度等は、事案によって異なる。「部分社会」という包括的な概念を基礎として司法権がどこまで関わるべきかを判断しようとすることは、有害無益である。判例も、実際には包括的思考を貫いていたわけではない。

㈠　地方議会

団体の内部紛争に司法権が及ぶかに関する先駆的判例となったのは、地方議会における議員の懲罰に関する事例である。最高裁は、３日間の出席停止の決議の無効確認が当該議員により求められた事件において、「自律的な法規範をもつ社会ないしは団体に在っては、当該規範の実現を内部規律の問題として自治的措置に任せ、必ずしも、裁判にまつを適当としないものがある」とし、本件懲罰決議はそれに当たると判断した（山北村議員出席停止事件判決：最大判昭和35・10・19民集14巻12号2633頁）。これに対して先行する判決は、除名処分を「議員の身分の喪失に関する重大事項で、単なる内部規律の問題に止らない」として、司法権の対象としていた（板橋区議員除名事件判決：最大判昭和35・３・９民集14巻３号355頁）。前者にみられた「自律的な法規範をもつ社会ないしは団体に在っては」という包括的思考と、団体の内部関係と外部関係を区別する判断手法が（内部・外部関係二元説）、後の富山大学事件判決などに影響を与えた。しかし、近年、地方議会に関する事件が続出しているが、そこでは地方議会の自律権の尊重と司法的統制の可否・程度という、より具体的な形で論じられるようになっている。

＊　愛知県議会発言取消命令事件：　愛知県議会議長が、地自法129条１項に基づき、議員による議会における発言の取消しを命じたため、当該発言は配布用会議録に掲載されなかった。この命令の取消しを求めた事件において、最高裁は、取消命令の適否は「内部的な問題」として、「自律的な解決に委ねられるべき」であり却下が正当、と判断している（最判平成30・４・26判時2377号10頁）。なお、この事件で国家賠償は請求されていなかった。

＊＊　名張市議員厳重注意事件：　議会運営委員会が、市議会議員に対して厳重注意処分を決定し、議長がこれを公表したことにより名誉が毀損されたとして、当該議員が国賠法１条１項に基づき慰謝料を請求した。最高裁は法律上の争訟性を認めた上で、請求の当否の前提問題である上記の措置を「議会の内部規律の問題」と位置づけ、「議会の自律的な判断を尊重」す

ることにより、違法な公権力の行使には当たらないとして、請求を棄却した（最判平成31・２・14民集73巻２号123頁）。この判決は自律的判断受容型のようであるが、憲法上高度の自律権が認められている議院とは異なり、地方議会に関しては裁量権の逸脱・濫用や手続的公正さについては審査する余地はあったのではないか（自律的判断尊重型審査）。

＊＊＊　岩沼市議員出席停止事件：　市議会が議員に対して23日間の出席停止処分を行ったところ、当該議員が処分により減額された議員報酬などの支払とともに、処分の取消しを求めた事件がある。控訴審は、「出席停止といえども、それにより議員報酬の減額につながるような場合には」、司法権の対象となるとして、各訴えを適法と判断した（仙台高判平成30・８・29判時2395号42頁）。山北村議員出席停止事件とは訴訟形態などが異なることから、大法廷判決と直接抵触しているわけではない。この事件について、最高裁は2020年３月大法廷へ回付したため、何らかの判例変更が見込まれている。

⑴　大　学

富山大学に関する同日の二つの判決が、大学と司法権の限界に関する指導的判例である。学生が大学による単位認定に関する不作為の違法確認などを求めた事件において、最高裁は、大学は「一般市民社会とは異なる特殊な部分社会を形成して」おり、単位の授与は「一般市民法秩序と直接の関係を有するものでない」ため、「大学内部の問題として大学の自主的、自律的な判断に委ねられるべきもの」だとして、司法権の対象外と判断した。ただし、「特定の授業科目の単位の取得それ自体が一般市民法上一種の資格要件とされる場合」のような「特段の事情」がある場合は、司法権の対象性を認める。また、専攻科の修了不認定に関する事件では、「学生が一般市民として有する公の施設を利用する権利を侵害するもの」として、司法権の対象性を認めた（単位不認定事件判決：最判昭和52・３・15民集31巻２号234頁、専攻科修了不認定事件判決：同号280頁）。

大学以外をも含めたその後の判例では、「特殊な部分社会」といった包括的な思考はほとんど用いられなくなったものの、この判決による「一般市民法秩序と直接の関係を有するもの」か否かという司法権の対象性判断の手法は、現在にまで受け継がれている。

＊　富山大学単位不認定事件判決が、単位認定に関する不作為の違法確認請

求などを却下したのは、法律上の争訟性を否定したのか、その場合、前述した（→本節３）①要件（具体的権利義務要件）、②要件（終局的解決可能性要件）のいずれが欠けていたのか、あるいは法律上の争訟性を満たすが、団体の自律的判断を尊重するため、司法権が審査すべきではないとしたのかについては、判決文では明示されていない。この事情は、山北村議員出席停止事件判決でも同様である。「一切の法律上の争訟とはあらゆる法律上の係争を意味するものではない」という両判決の文言からは、法律上の争訟性が否定された判断だったのではないか。

⑺　政　党

日本共産党は、幹部であった党員Ｙを除名処分とし、それを前提にＹに利用させてきた家屋の明渡しを求めた。最高裁は、「政党の結社としての自主性にかんがみると」、党員の処分が「一般市民法秩序と直接の関係を有しない内部的な問題にとどまる限り、裁判所の審判権は及ば」ず、「一般市民としての権利利益を侵害する場合であっても、右処分の当否は、当該政党の自律的に定めた規範が公序良俗に反するなどの特段の事情のない限り右規範に照らし、右規範を有しないときは条理に基づき、適正な手続に則ってされたか否かによって決すべき」だと述べた。その上で、当該事件では除名処分の有効性を前提として、請求を認容した（共産党袴田事件判決：最判昭和63・12・20判時1307号113頁）。この判決は公的な団体について展開されてきた司法権の対象性に関する判断手法を、私的団体にも及ぼした。しかし、審判権が及ばない根拠は「政党の結社としての自主性」の尊重であり、「特殊な部分社会」といった包括的な基礎づけは消えている。この訴訟では訴訟物は建物明渡請求であり、その前提として処分の当否が争われたが、除名という外部関係に関わる事件であっても審査が手続に限定されている。処分者が訴訟を提起しているため、団体の自律的判断尊重型審査の結果、請求認容の判断がされた。この事案でＹが党員としての地位確認を求めた場合には、却下されたであろう。

＊　その後、日本新党繰上補充事件判決（最判平成７・５・25民集49巻５号1279頁）は、政党による党員の除名処分に関して、原則として政党による「自

律的な解決」に委ねるとする態度を示した。ただしこの事件は当選訴訟で争われたものであり、上記判決と事案は全く異なるため、単純な比較はできない（→第７章第４節3(1)）。

㈤　宗教団体

宗教団体の内部紛争が司法権の対象となるかについては、沢山の事件が積み重なっている。包括宗教法人（例えば日蓮正宗）や単位宗教法人（○○寺）の代表役員たる地位は、法律上の地位である。ところが包括宗教法人の代表役員たる地位は宗派の宗教上の指導者（例えば法主）の、単位宗教法人の代表役員は寺院の住職の充て職となっていることが多い。

そこでまず、宗教上の地位自体を確認する訴えは、法律上の争訟の①要件（具体的権利義務要件）を満たさないため、却下される（銀閣寺事件判決：最判昭和44・７・10民集23巻８号1423頁、種徳寺事件判決：最判昭和55・１・11民集34巻１号１頁）。これに対し、「他に具体的な権利又は法律関係をめぐる紛争があり、その当否を判定する前提問題として特定人につき住職たる地位の存否を判断する必要がある場合」については、裁判所は宗教上の教義の解釈に関わらない限り、審査できる（前掲種徳寺事件判決）。確認の対象にはならない事項がどうして前提問題としてなら判断してよいのかは、根本的な疑問点であるが、裁判を受ける権利と団体の自治の尊重との間の調整方法としてやむをえない、ということであろう。

また、宗教法人の代表役員たる地位を有することの前提として、有効に住職に選任されたかどうかが争われた事件において、最高裁は、「住職選任の手続上の準則に従って選任されたかどうか、また、右の手続上の準則が何であるか」については、「住職の地位を有するかどうかの判断に必要不可欠のものである限り」、裁判所は審理、判断できる、と述べた。さらに、住職選任に関する規則や確立された慣習がない以上は、具体的にされた手続が当該「寺に固有の特殊性に照らして条理に適合したもの」か、によって判断できる、という（本門寺事件判決：最判昭和55・４・10判時973号85頁）。請求の当否の前提問題に関して、条理まで持ち出して手続審査をしたことの背景には、本門寺が自治能力の低い単立寺院であり、裁判による紛争解決の必要性が高かったという事情がある。この判決の審査手法が、前掲共産党袴田事件判決に影響を与えた。

他方で、訴訟物自体は「具体的な権利義務ないし法律関係に関する紛争」であるが、その当否を審査するための前提問題が、ⓐ「信仰の対象の価値又は宗教上の教義に関する判断」であり、ⓑそれが「訴訟の帰すうを左右する必要不可欠のものと認められ」、かつⓒ「本件訴訟の争点及び当事者の主張立証も右の判断に関するものがその核心となっている」場合には、法律上の争訟の②要件（終局的解決可能性要件）を欠く（前掲「板まんだら」事件判決）。この審査態度は、判断放棄型（安念潤司）と呼ばれることがある。この事件は、寄付という自然債務的な性格が強く、一回的な法律行為の効力に関する争いであるため、判決の射程は狭いはずだった。

ところがその後、「板まんだら」事件判決による審査手法は、宗教団体の内部紛争に関する事件全体に拡大した。とりわけ日蓮正宗と創価学会の対立を背景とした、多くの事例がある。日蓮正宗の管長による擯斥（僧籍はく奪）処分の効力の有無を前提問題として、寺が建物明渡し、住職が代表役員＝住職たる地位の確認を求めた事件について、最高裁は、「板まんだら」事件判決と同様に、双方の請求を法律上の争訟の②要件を欠くとして、却下した（蓮華寺事件判決：最判平成元・9・8民集43巻8号889頁）。この判決には、裁判を受ける権利を軽視し、紛争解決を当事者間の期待しえない交渉に委ねるものだ、といった批判が多い。

日蓮正宗の代表役員および管長の地位にないことの確認が求められた事件においても、最高裁は、日蓮正宗では管長は法主の職にある者が充てられることになっているが、法主の地位にあるか否かを審理、判断するには、日蓮正宗の教義ないし信仰の内容に立ち入らなければならないため、法律上の争訟性の②要件を欠くとして、不適法却下した（日蓮正宗管長事件判決：最判平成5・9・7民集47巻7号4667頁）。この事件は訴訟物自体が宗教事項に深く関わっているため、裁判所としては判断しにくい事案ではあった。

(6) 小　括

これまで概観してきたように、団体の内部自治と司法権の限界については、沢山の事件がある。それらにおいては、一方では団体の自律権など、他方では国民の裁判を受ける権利との間における調整が問題となっている。判例の傾向をまとめておこう。第１に、当事者が団体内部における処分の当否やこれに関する団体内部での地位の有無等を直接的に争っている場合は、法律上の争訟性を欠くとして却下される（山北村議員出席停止事件判決、愛知県議会発言取消命令事件判決、富山大学単位不認定事件判決、銀閣寺事件判決など）。ただし、団体内部での地位や処分のあり方に一般市民法秩序と直接の関係を有する「特段の事情」がある場合には、法律上の争訟となる（板橋区議員除名事件判決、富山大学専攻科修了不認定事件判決など）。

第２に、当事者の請求自体は一般市民法秩序と関係を有するが、その前提問題として、団体内部の自律的な解決の当否を判断しなければならない場合がある。(ア)そのうち、宗教団体に関する「板まんだら」事件判決以降の判例では、前提問題ではあっても、宗教上の教義の解釈に関わり、訴訟の帰すうを左右する必要不可欠のものである場合には、法律上の争訟の②要件を満たさないとして、訴えを却下する傾向がある（「板まんだら」事件判決、蓮華寺事件判決、日蓮正宗管長事件判決など）。しかし、(イ)本案審理を行い、前提問題について自律的判断を受容した上で判決を行うものもある（名張市議員厳重注意事件判決）。さらに、(ウ)前提問題に関する本案審理において、実体については自律的判断を尊重しつつ、手続の適正などについて審査するものがある（共産党袴田事件判決など）。

第３に、訴訟を起こしている当事者に応じて、団体自治の尊重の仕方は変化する。通常は処分を受けた者がその処分の効力を争う（処分抗争型）。この型では、第１段階で法律上の争訟とし、第２段階で処分を有効とするか、あるいは第１段階で法律上の争訟としないかは、実際上の効果に大きな違いはない。これに対し、処分を行った側がその有効性を前提として建物等の明渡し等を求める事例がある（処分貫徹型）。この場合は、第１段階で事件を却下する扱いと、第２段階の審理に入って請求を認容する扱いとでは、団体の自治という観点からは全く正反対の効果をもつ（新堂幸司）。例えば、前者の型である富山大学事件判決は、原告の請求を却下することにより団体の自治を尊重した。これに対して後者の型である共産党袴田事件判決は、原告の請求を認容することにより団体の自治を尊重した。

以上は団体の内部事項に関する判例状況であるが、類似の整理は、それ以外の司法権の限界に関する事例にも及ぼすことができる。つまり、苫米地事件判決や警察法改正無効事件判決などは、議員歳費請求などの前提問題について政治部門による自律的判断を受容した上で、本案判決を行った（自律的判断受容型）。技術士国家試験事件の原告は、不合格を合格に変更することを求めたため、合否判定は実施機関の最終判断に委ねられ、法律上の争訟性を欠くとして却下された（自律的判断受容型）。しかし、この訴訟でも他事考慮や手続の瑕疵が主張されれば、本案判決に進み、自律的判断尊重型審査がされるはずである。この事件では損害賠償請求も却下された。これは後年の「板まんだら」事件判決と同じく判断放棄型といえるが、上記した原告の主張に答えた限りのものであり射程は狭い、と解しうる。

＊　司法権の限界に当たるとされる場合は、自律的判断が認められないような場合を除いて、基本的に自律的判断受容型審査がされる。本章が自律的判断尊重型審査という類型を提示しているのは、司法権の限界を狭めようという意味をもつ。

第3節　司法権の帰属と国民の司法参加

1　概　説

憲法は、司法権は裁判所に属する（76条1項）と定め、さらにその趣旨を明確化するため、特別裁判所の設置と行政機関による終審裁判を禁止する規定を置いている（同条2項）。本節ではこれらについて概説した上で、今世紀初頭の司法制度改革によって導入された裁判員制度などについても言及する。

2　特別裁判所の禁止

明治憲法60条は特別裁判所を予定し、実際にも軍法会議などが設けられていた。これに対して日本国憲法76条2項前段は、特別裁判所の設置を禁止している。ここでいう「特別裁判所」とは、特別の人間または事件について裁判するために、通常裁判所の系列から独立して設けられる裁判機関をいう（芦部信喜）。裁判所法31条の２以下で設置された家庭裁判所は、特定の種類の事件だけに管轄権をもつため特別裁判所に当たらないか、が問題となりうる。最高裁は、「司法裁判権を行うべき第１審の通常裁判所として設置されたもの」であり、特別裁判所ではないとしている（最大判昭和31・5・30刑集10巻5号756頁）。

そのため、例えば行政事件だけを扱う裁判所として単数または複数の行政裁判所を設置することも、通常裁判所の系列に属する限り（裁判官の任免、上訴など）、憲法に反しない。実際にも、2005年に東京高裁の特別の支部として知的財産高等裁判所が設置された。これは知的財産に関する事件だけを扱う裁判所であるが、通常裁判所の系列に属する下級裁判所であるため、憲法の禁ずる特別裁判所ではない。なお裁判官弾劾裁判所は、憲法自身が認めた特別裁判所である（64条）（→本章第５節**3(1)**）。

3　行政機関による終審裁判の禁止

(1)　行政審判

憲法76条２項後段は、行政機関による終審裁判を禁止している。ただしこの規定を反対解釈すると、終審ではなく前審としてであれば、行政機関が「裁判」を行うことも許容される。もっとも近代国家において、「裁判」は、少なくとも訴訟手続により、裁判所で行われる手続を指しているため、この条項における「裁判」という言葉は適切ではない（佐藤功）。法律上でも、裁判所法３条２項は、「行政機関が前審として審判することを妨げない」と規定している。講学上も、通常は「行政審判」という概念が使われている。つまり、行政委員会ないしそれに類似した行政機関が、いわゆる準司法手続によって行う審判（藤田宙靖）、がそれである。行政審判の代表的な例とされてきたのが、公正取引委員会の行う審決（2013年改正前の独禁法49条以下）であった。しかしこれに対しては、公正取引委員会が審査機関と審判機関を兼ねている点が、中立性・公正性という観点から疑問視され、取消訴訟に変更された。現在では、人事院の行う公平審査と判定手続（国公法89条以下）などがある。

(2)　実質的証拠法則

行政審判は、もともと裁判所における司法手続に代替する機能を果たすことを期待されたものであるから、行政審判の結果として行われる審決などに対する取消訴訟との関係で特別の考慮がされることがある。その代表が実質的証拠法則である。2013年改正前の独禁法は、「公正取引委員会の認定した事実は、これを立証する実質的な証拠があるときには、裁判所を拘束する」（独禁法旧80条１項）、と定めていた。このように、行政機関（行政委員会）の事実認定が裁判所を拘束することには憲法上の疑義があった。つまり、司法権の行使は係争事件に関する事実の認定を含むものであるから、その事実の認定を全く裁判所の権能の外に置くことは、裁判所の有する司法権を制限することになる、という見解である（宮沢俊義など）。しかし独禁法も、「前項に規定する実質的な証拠の有無は、裁判所がこれを判断するものとする」（同条２項）と定め、裁判所が公正取引委員会の認定に無条件に拘束されるものではなかったため、違憲ではないと考えられていた。

＊　現在、実質的証拠法則が採用されているのは、電波法に基づき総務大臣が行う処分に対する異議申立ての前置手続として行われる電波監理審議会の議決（同法99条）など、ごくわずかにすぎない。アメリカの独立規制委員会をモデルとして導入された行政審判制度は、日本の行政争訟法制度にとって異質なものであったため、定着しなかった。

4　内閣総理大臣の異議

訴訟を提起した場合の仮の救済の制度について、行訴法44条は公権力の行使に当たる行為に関して民事保全法の仮処分の適用を排除している。その代わりに行訴法25条１項は、取消訴訟の提起は、「処分の効力、処分の執行又は手続の続行を妨げない」と規定し、執行不停止原則を採用する。ただし原告の申立てにより、一定の場合には、例外的に、裁判所は執行を停止することができる（同条２項）。この例外的な執行停止について、内閣総理大臣は異議を述べることができ（同法27条１項）、裁判所はそれに拘束される（同条４項）。

裁判所の決定を行政権が覆すことができるというこの特異な制度については、学説上もかねてより賛否があった。国会周辺でのデモ行進制限について、執行停止決定がされたことに対して内閣総理大臣の異議が述べられた事例に関する判決は、かつての通説的見解に基づき、この制度を合憲と判断している。行政処分の執行停止権限は行政的作用であり、立法政策上、裁判所の権限とされているにすぎないのであるから、権限の移譲にあたりどのような態様で移譲し、どのように司法機関に行わせるかも「立法政策の問題」だ、というのである（東京地判昭和44・９・26行集20巻８・９号1141頁）。

その後の学説では、この制度によって権利救済の実効性が害され、また司法権に対する行政権の不合理な介入を認めることになる、という趣旨の違憲論が有力化した（→本章第２節**4**(2)）。その際に、執行停止権限を本来的な司法作用だとみるか、行政的作用だとしても立法により一度裁判所に付与された以上、合理的な理由がなければ侵害できないとみるかは、見解が分かれうるだろう。2004年の行訴法改正に際してはこの制度の改廃が論じられたが、緊急事態への対応に関する個別法がないため、直ちに廃止に踏み切ることはできない、とされたようである（塩野宏）。現在の学説でも、この制度が正当化されるとしたら「非常事態の法理しかない」（佐藤幸治）、「統治・執政の根幹に関わる場合」などに限定され（駒村圭吾）、かつその場合でも「一見極めて明白に違憲無効である」異議に対する裁判所の審査は認められる（宍戸常寿）、といった見解が有力である。こうした見地からは、前掲東京地判昭和44・９・26が、統治作用とは関係しない、デモ行進制限に対する執行停止への異議を認めたことは疑問とされる。

5　国民の司法への参加

(1)　司法制度改革

1990年代に行われた一連の統治機構改革の「最後のかなめ」として、司法制度改革が構想された（→第２章第４節**3**(1)）。そのマニフェストである「司法制度改革審議会意見書」(2001年）は、改革の三つの柱を挙げている。①国民の期待に応える司法制度の構築（制度的基盤の整備)、②司法制度を支える法曹のあり方（人的基盤の拡充)、③国民的基盤の確立（国民の司法参加)、である。①では民事司法について、適正・迅速かつ実効的な救済が得られるような制度の改革が必要とされ、また②として法科大学院の設置を中心とする法曹養成制度の改革や裁判官制度の改革などが提言された。①と③の観点から導入されたのが裁判員制度である。

(2)　裁判員制度

(ア)　陪審制と参審制

国民が裁判に直接参加する制度として、諸外国で採用されている制度としては、陪審制と参審制がある。陪審制は、事件ごとに市民の中から抽選で選ばれた陪審員が事実認定を担当し、裁判官は法的判断を行うものである。英米法系の諸国、特にアメリカで活用されている制度である。参審制は、職業裁判官と一定の任期で選ばれた参審員が合議体を構成して裁判を行う制度である。仕組みに違いはあるものの、ヨーロッパ大陸諸国で取り入れられている。日本では、明治憲法時代に刑事事件に陪審制が導入されたが（1928年施行、1943年施行停止)、陪審の決定には裁判官に対する法的拘束力がなく、また被告人に陪審裁判を受けることの選択権があったことなどから、十分な成果は得られなかった。第二次世界大戦後の司法改革に際しても、陪審制や参審制導入の是非は論じられたが、結局見送りとなった。ただしGHQからの要請により、「刑事について、別に法律で陪審の制度を設けることを妨げない」という規定（裁判所法３条３項）が設けられた。

(イ)　裁判員制度の導入

状況が大きく変化したのが、司法制度改革である。前述した「意見書」を踏まえて、「裁判員の参加する刑事裁判に関する法律」(平成16年法律63号。以下「裁判員法」という）が成立し、準備期間を経て2009年５月から施行された。この制度は、「国民の中から選任された裁判員が裁判官と共に刑事訴訟手続に関与することが司法に対する国民の理解の増進とその信頼の向上に資する」(裁判員法１条）ことを趣旨とする。裁判員裁判の対象となるのは一定の重罪事件であり（同法２条１項）、合議体は裁判官３名、裁判員６名により構成される（同条２項）。合議体は、事実の認定、法令の適用、刑の量定を行う（同法６条１項）。評決は、裁判官と裁判員の双方を含む合議体の過半数の意見による（同法67条１項）。

(ウ)　制度の合憲性

裁判員制度については、学説上、合憲論と違憲論があった。違憲の疑いがあるとされたのは、次の諸点である。①憲法には国民の司法参加を想定した規定はなく、むしろ憲法80条１項は下級裁判所が裁判官のみによって構成されることを定めている。したがって、②裁判員が加わった裁判所は、憲法32条・37条１項にいう「裁判所」に当たらず、その手続は司法手続とはいえないので、すべて司法権は裁判所に属すると規定する憲法76条１項、適正手続を保障した憲法31条に違反する。③裁判員制度の下では、裁判官は、裁判員の判断に影響、拘束されることになるから、憲法76条３項に違反する。④裁判員が参加する裁判体は、同条２項が禁止する特別裁判所に該当する。⑤裁判員制度は、裁判員となる国民に憲法上の根拠のない負担を課すものであるから、意に反する苦役に服させることを禁じた憲法18条後段に違反する。

これらの疑念に答えたのが、最大判平成23・11・16刑集65巻８号1285頁である。この判決は、次のように全面的に合憲という判断を行った。①'憲法上明文の規定がないことは、国民の司法参加の禁止を意味しない。「国民の司法参加と適正な刑事裁判を実現するための諸原則とは、十分調和させることが可能であり、……国民の司法参加に係る制度の合憲性は、具体的に設けられた制度が、適正な刑事裁判を実現するための諸原則に抵触するか否かによって決せられる」。②'「裁判員制度の仕組みを考慮すれば、公平な『裁判所』における法と証拠に基づく適正な裁判が行われること（憲法31条、32条、37条１項）は制度的に十分保障されている上、裁判官は刑事裁判の基本的な担い手とされている」ため、「憲法が定める刑事裁判の諸原則」は確保されており、憲法31条などには反しない。③'「憲法が一般的に国民の司法参加を許容しており、裁判員法が憲法に適合するようにこれを法制化したものである以上、裁判員法が規定する評決制度の下で、裁判官が時に自らの意見と異なる結論に従わざるを得ない場合があるとしても」、76条３項に反しない。④’裁判員裁判の判決に対しては、控訴と上告が認められているため、特別裁判所には当たらない。⑤’「裁判員の職務等は、司法権の行使に対する国民の参加という点で参政権と同様の権限を国民に付与するものであり」、「苦役」とはいえない（→第12章第４節**2**(**3**)）。

＊　なお最高裁は、その後、裁判員制度による審理裁判を受けるか否かについて被告人に選択権を認めていないことについても、上記大法廷判決に依拠しつつ、「適正な刑事裁判を実現するための諸原則が確保されている」ことから、憲法32条・37条に反しない、と判断した（最判平成24・１・13刑集66巻１号１頁）。

第４節　裁判所の組織と権能

1　概　説

(1)　裁判所の種類

司法権は、「最高裁判所」と「法律の定めるところにより設置する下級裁判所」に属する（76条１項）。このように、最高裁判所は憲法によって直接に設置が要請されている「終審裁判所」（81条）である。下級裁判所としては、高等裁判所、地方裁判所、家庭裁判所および簡易裁判所が設けられている（裁判所法２条１項）。

(2)　裁判所間の関係

㈠　審級関係

裁判所間には上下の関係があるが、下級裁判所も独立してその職権を行使し、上級裁判所による一般的な指揮監督は受けない。ただし、下級裁判所の裁判に対して、当事者が不服申立てをした場合に、上級裁判所は下級裁判所の裁判を取消しまたは変更する裁判ができる。この関係を、審級関係という。審級関係をどのように定めるかは法律に委ねられており（刑事応急措置法事件判決：最大判昭和23・３・10刑集２巻３号175頁）、現行法では原則として三審制が採用されている。

刑事訴訟については、権利としての上告の事由が、憲法違反、判例違反に制限されており（刑訴法405条）、それ以外には、法令の解釈に関する重要な事項を含むものと認められる事件に限り、上告が認められている（同法406条）。1996年の改正民事訴訟法は、最高裁の負担軽減のため、刑訴法に準じて、権利上告を原判決に憲法違反または重大な手続違反がある場合に限定し（民訴法312条１項・２項）、それ以外には、判例違反または法令の解釈に関する重要な事項を含むものと認められる事件に限定した（同法318条、裁量上告）。このような審級制度の構築も立法の裁量に委ねられたものとされているが（最判平成13・２・13判時1745号94頁）、裁判を受ける権利の観点などから枠づけは考えうる（→憲法Ⅰ第19章第２節**４**）。

⑷　上級審の拘束力

裁判所法４条は、「上級審の裁判所の裁判における判断は、その事件について下級審の裁判所を拘束する」、と規定する。これは、上級審が下級審の裁判を取り消すなどして事件を下級審に差し戻した場合に、下級審が上級審の認定判断に従わないことを許すと、いつまでも事件の決着がつかないためである。この規定は、もちろん裁判官の独立には反しない（最判昭和28・５・７民集７巻５号489頁）。下級裁判所が、別の事件において上級裁判所（とりわけ最高裁）でなされた判断に拘束されるかについては、別に触れている（→第１章第３節**３**(2)㈠）。

２　最高裁判所の構成

(1)　最高裁判所の裁判官

最高裁は、「その長たる裁判官」（最高裁判所長官）と「法律の定める員数のその他の裁判官」（最高裁判所判事）で構成される（79条１項、裁判所法５条１項）。後者は、現在は14名とされている（同条３項）。

最高裁の長たる裁判官は、内閣の指名に基づいて、天皇が任命し（６条２項、裁判所法39条１項）、その他の裁判官は、内閣が任命し（79条１項、裁判所法39条２項）、天皇が認証する（７条５号、裁判所法39条３項）。最高裁の裁判官の任命資格については憲法の定めはない。法律では、「識見の高い、法律の素養のある年齢40年以上の者」から任命され、そのうち少なくとも10人は、一定の期間所定の法律専門職の経験を有するものでなければならない、とされる（裁判所法41条）。換言すれば、5人は法律専門職の経験がなくてもよい。このことは、最高裁の判断が「化石」化したり、「政治的英知」を欠いたりしないための配慮による（宮沢俊義）。

＊　憲法の文言上は、内閣が最高裁判事を任命することとされているが、実際に自由に選任しているわけではない。現状としては、最高裁裁判官15人の出身は、人事慣行として、時により若干の変動があるものの、裁判官6人、弁護士4人、検察官2人、行政官2人、法律学者1人という割り当てになっている。具体的な人選の過程には透明性・客観性がないため、適切な措置を検討することがかねてより求められている。司法制度改革審議会意見書は、初代の最高裁裁判官を選出した際に設けられていた裁判官任命諮問委員会の制度が参考になる、と示唆する（→第12章第10節 **2 (3)**）。この委員会の判断が内閣を法的に拘束するならば憲法79条1項に反するが、諮問を行うだけならば違憲ではないだろう。

(2)　国民審査

憲法は、最高裁裁判官について、「その任命後初めて行はれる衆議院議員総選挙の際国民の審査に付し、その後10年を経過した後初めて行はれる衆議院議員総選挙の際更に審査に付し、その後も同様とする」（79条2項）、と規定する。国民審査の結果、「投票者の多数が裁判官の罷免を可とするときは、その裁判官は、罷免される」（同条3項）。この制度の趣旨は、内閣による恣意的な任命を防止し、国民による民主的統制の機会を設けることにある。アメリカのミズーリ州憲法がモデルとされるが、比較憲法的にはめずらしい仕組みである。

国民審査の法的性質については、解職の制度と解する見解（宮沢俊義）、解職と適任者への信認と解する見解（清宮四郎）、解職と任命の事後審査と解する見解（芦部信喜）などがある。最高裁は、解職の制度だと解した（最大判昭和27・2・20民集6巻2号122頁）。現在の通説も基本的にはこれを支持しているが、事実上複数の機能を有すると解されている。

憲法上、審査に関する事項は法律に委ねられ（79条4項）、それを受けて最高裁判所裁判官国民審査法（昭和22年法律136号。以下「国民審査法」という）が制定されている。これによれば、審査人は、罷免を可とする裁判官に対する記載欄に×の記号を記載し、罷免を可としない裁判官についてては何らの記載をしないで投票する（同法15条）。×の投票数がそれ以外よりも多い裁判官は罷免が可とされる（同法32条）。この方式について、棄権の自由を認めず、また何の記入もない投票に対し罷免を可としない法的効果を与えていることの憲法適合性が争われた。前掲昭和27年大法廷判決は、罷免するかどうかがわからない者は、積極的に「罷免を可とするもの」に属しないのだから、罷免を可としない法的効果を与えるのは当然である、と判断している。

＊　現行法が合憲だとしても、立法政策上、それが唯一の方式ではない。罷免可（不信任）は×、罷免不可（信任）は○、棄権は無記入とする方式に支持が多い。棄権を認めることによって、少数の者による罷免投票により適当な裁判官が罷免されるおそれ（前掲大法廷判決）を避けるためには、投票成立のための最低投票数を現行の有効投票総数の「100分の１」から（同法32条）、「５分の１」程度に引き上げることが考慮されている（市川正人）。1949年の第１回の審査から今日に至るまで、罷免された裁判官は１人もいない。そのため、多額の費用が無駄になっているとして、廃止論もある。しかし、前述したような制度の趣旨は重要であり、また罷免されるという結果だけから制度の実効性を図る必要もない。国民審査に際して配布される広報で各自の心構えを表明することは、最高裁裁判官として貴重な機会でもある。制度の活性化を図る方向を探る必要があるだろう。

＊＊　在外日本人の国民審査権：　国民審査法は、衆議院議員総選挙のための選挙人名簿を審査に用いるため（同法８条）、在外日本人は審査の投票を行うことができない。このことが憲法15条１項・79条２項・３項に反しないかが争われた訴訟に関して、東京地判令和元・５・28判時2420号35頁は、①次回の国民審査において審査権を行使することができる地位の確認請求などは、前述した②要件（終局的解決可能性要件）を満たさないため、法律上の争訟には当たらないとして却下した。しかし国賠請求に関して、②在外日本人が審査権を行使することを認めないことに「やむを得ない事由」があったとはいえないとして、立法不作為を違憲と判断し、また国家賠償も認めた。在外日本人選挙権判決（最大判平成17・９・14民集59巻７号2087頁）に依拠した、注目すべき判断である。同じ争点に関する先例である東京地判平成23・４・26判時2136号13頁が、既に当該立法の不作為を違憲状態だと認めていたことが、上記判決が国家賠償まで認めた重要な根拠となっている（→憲法Ｉ第18章第２節**３**）。控訴審判決である、東京高判令和２・６・25判時2460号37頁については、後に扱う（→第12章第３節**３**）。

(3)　大法廷と小法廷

最高裁は、大法廷または小法廷で審理および裁判をする（裁判所法9条1項）。大法廷は全員の裁判官の合議体である。小法廷は最高裁判所の定める員数の合議体であり、3人以上でなければならない（同条2項）。最高裁判所裁判事務処理規則（以下「最事規」という）は、5人構成の三つの小法廷を設けることを定めている（同規則1条・2条）。小法廷では、事件ごとに主任裁判官を定める（同規則6条）。

最高裁が受理した事件は、まず小法廷で審理する。ただし、①当事者の主張に基づいて、法令等が憲法に適合するかしないかを判断するとき（意見が前に大法廷でした裁判と同じであるときを除く）、②当事者の主張がなくても、法令等を憲法に適合しないと認めるとき、③憲法その他の法令の解釈適用について、意見が前に最高裁がした裁判に反するときは、小法廷では裁判をすることができない（裁判所法10条）。それ以外にも、小法廷の裁判官の意見が同数で二分されたときや、小法廷が大法廷で裁判をすることを相当と認めた場合は、大法廷で裁判される（最事規9条2項）。大法廷の裁判長は長官であるが（最事規8条）、小法廷の裁判長の通知によって大法廷が開かれるため（最事規9条2項）、大法廷における主任裁判官は原則として当該事件に関する小法廷における主任裁判官が務める（最事規11条）。違憲の裁判をするには、8人以上の裁判官の意見が一致しなければならない（最事規12条）。

(4)　裁判における意見の表示

最高裁による裁判の裁判書には、各裁判官の意見を表示し（裁判所法11条）、その理由も明らかにする必要がある（最事規13条）。日本では、従来、裁判における各裁判官の意見については、秘密を保持することが要求されており（〔旧〕裁判所構成法121条2項後段参照）、現行の裁判所法も、下級裁判所についてはこれを維持している（同法75条2項後段）。大陸法系の裁判では、裁判官の間に意見の不一致があると裁判の威信を傷つけることが懸念されたため、意見の表示に消極的だった。これに対して英米法系の裁判では少数意見を表示する伝統があり、これに倣って最高裁だけは、各自の意見を表示させることにした。国民審査の制度があるためだと解されている。

全員一致の意見や多数意見は、共同で表示される。個別的な意見には、「補足意見」、「意見」、「反対意見」がある。補足意見は、多数意見を補足するものである。意見は、主文には賛成するが、理由を異にするものである。反対意見は、主文に反対し、その理由を述べるものである。裁判官によって、個別意見を書く頻度は、かなり異なっている。個別的な意見が表示されることは、判決の質の向上や将来の判例変更の素地の提供などに資する（伊藤正己）。

(5)　最高裁判所調査官

最高裁判所裁判官は15人という限られた員数で、膨大な事件を扱っているため、裁判官を補佐する調査官が重要な役割を担っている（裁判所法57条）。調査官の員数や分野ごとの配置は時によって変動しているが、現在（2020年４月１日）は、首席調査官１人、民事調査官19人、行政調査官10人、刑事調査官９人（各分野に上席が１人）、合計39人となっている。一般の調査官に任ぜられているのは、任官16～22年程度で、有能と目される裁判官である。事件は原則として１人の調査官に割り振られ、主任裁判官に報告書を作成・提出する。調査官は、審理への立会い、判決原案の作成、最高裁判例集への登載判例の選択、判決要旨原案の作成、判例解説なども行っている。そのため最高裁の裁判は、「調査官裁判」だと批判されることがある。そういう側面は否定できないだろうが、裁判官が調査官の報告書を否定することもめずらしくはない、ともいわれる。

3　最高裁判所の権能

(1)　裁判権

最高裁は、「上告」および「訴訟法において特に定める抗告」について裁判権を有する（裁判所法７条）。最高裁への上告が許される場合については、前述した（→本節１(2)）。そのほか、人事院を組織する３人の特別公務員である人事官の弾劾に関する裁判について、裁判権をもつ（国公法９条）。

最高裁は、上告事件について法令の解釈を統一する役割と、違憲の疑いのある法令等について最終的な憲法判断を行う役割という、二重の地位をもつ。事件数の多い前者に重点を置かざるをえない現状とその改革案については、後述する（→第12章第10節 **2**）。

(2)　規則制定権

(ア)　趣　旨

明治憲法時代には、司法大臣が裁判所の規則を定め、大審院は事務章程を定めることができるが、その実施には司法大臣の認可を要した（〔旧〕裁判所構成法125条）。これに対して日本国憲法77条は、最高裁に規則制定権を付与している。この権限は英米法の伝統に由来するもので、司法権の自主性・自律性を確保するとともに、裁判所の専門性を尊重する趣旨である。最高裁判所規則は単なる内部規則ではなく、「訴訟に関する手続」のように国民を直接に規律するものもあるため、議院規則（58条２項）とは性格が異なる。規則制定権は広義の司法行政に含まれ、最高裁の裁判官会議で議決される（裁判所法12条）。この規則の中で主要なものとしては、民事訴訟規則、刑事訴訟規則、家事事件手続規則、少年審判規則などがある。

(イ)　法律と規則の所管事項

最高裁判所規則の所管事項は、77条１項で、①訴訟に関する手続、②弁護士、③裁判所の内部規律、④司法事務処理に関する事項、と定められている。①は、裁判所の組織・構成などを含みうるが、憲法はそれらを法律事項としているため（76条１項・79条・80条１項など）、規則で定めることができるのは技術的・細目的事項である。特に刑事手続については、基本原理・構造や国民の生命・自由に関する事項が法律事項であるため（31条）、規則事項はそれ以外となる。②も、弁護士に関する事項一般を含みうるが、資格要件などは職業選択の自由に関わるため法律事項であり、訴訟における弁護士の権利義務等に関する事項が規則事項である。

①〜④の事項を、規則だけが定めることができるとする専管事項説はごく少数である。通説は、上記の事項についても、法律で定めることができるとする競管事項説である。その論拠としては、憲法が国会を唯一の立法機関とし（41条）、また上記のように、裁判所の構成や刑事手続の基本事

項について法律で定めることを要求し、さらに法律が規則事項に介入することを禁ずる憲法規定がないこと、が挙げられる。実際にも、刑事訴訟法、民事訴訟法、行政事件訴訟法が、各訴訟手続の基本事項を定めている。これに対し、憲法が規則制定権を認める趣旨に照らし、司法府の自主独立性の確保に直截に関わる③と④については、基本的に規則の専管事項とする見解（一部専管事項説。佐藤幸治など）も有力である。判例は、競管事項説に立っているとみられる（最大決昭和25・６・24裁時61号６頁、最判昭和30・４・22刑集９巻５号911頁、最判昭和59・２・24刑集38巻４号1287頁など）。

(ウ)　法律と規則の効力関係

法律と規則が競合的に所管することを認める場合、両者が抵触するときにいずれが優越するのか、という問題が生ずる。学説では、①規則優位説、②同位説、③法律優位説、④一部規則優位説がある。競管事項説の多くは③説を採用しており、これが通説である。一部専管事項説では④説がとられる。

判例の立場は明らかではないが、一般には③説だと推測されている。もっとも最高裁は、1948年に最高裁判所裁判事務処理規則により、裁判所法10条１号かっこ書における小法廷の権限を修正するような定めを規定したことがある（後に規則にあわせて法律を改正した）。そのため、少なくともその当時は、単純に③説の立場にあったわけではない。

(3)　司法行政権

明治憲法下では、司法大臣が司法行政権をもっていた。これに対して日本国憲法には明文規定はないものの、第６章全体の趣旨などから、最高裁に司法行政権を付与していると解されている。憲法が、最高裁に下級裁判所の裁判官の名簿作成権（80条１項）、規則制定権（77条１項）、裁判官の懲戒権（78条後段）を認めていることは、最高裁が広い範囲の司法行政権を有することを前提としている。したがって、憲法73条４号の「官吏」に裁判所職員は含まれない。司法行政権として、裁判官その他の職員の人事に関する事項の処理、裁判所の経理、物的施設の管理などが行われている。この司法行政権をもつのは形式上は最高裁判所の裁判官会議であるが

（裁判所法12条）、実際には最高裁の庶務を掌る事務総局がそれを担っている（同法13条）。最高裁の司法行政権は司法権の独立の基盤であるが、裁判官の職権行使の独立を脅かすように行使されてはならない（→本章第5節**2**(3)）。

＊　事務総局には事務総長が1人置かれ、最高裁長官の監督を受けて、事務総局の事務を掌理し、職員を指揮監督する（同法53条）。その下に、秘書課、広報課、情報政策課、総務局、人事局、経理局（以上が官房局といわれる）、民事局、刑事局、行政局、家庭局（以上が事件局といわれる）がある。事務総局以外の司法行政部門としては、司法研修所、裁判所職員総合研修所、最高裁判所図書館がある（同法14条・14条の2・14条の3）。

4　下級裁判所

(1)　種類と権能

下級裁判所は、前述したように（→本節**1**(1)）、法律上4種設けられている。各高等裁判所は、高等裁判所長官および相応な員数の判事によって構成され（裁判所法15条）、原則として3人の合議体で事件を取り扱う（同法18条）。各地方裁判所および家庭裁判所は、相応な員数の判事および判事補によって構成され（同法23条・31条の2）、原則として1人の裁判官で事件を取り扱う（同法26条・31条の4）。簡易裁判所は、相応な員数の簡易裁判所判事によって構成され（同法32条）、1人の裁判官で事件を取り扱う（同法35条）。

高等裁判所の裁判権については、裁判所法16条が規定し、地方裁判所の裁判権については、同法24条が規定している。家庭裁判所は、1948年の裁判所法改正により、地方裁判所の支部だった家事審判所と法務庁の所管だった少年審判所を合体して作られた。地方裁判所とおおよそ同格とされる。その権限については、同法31条の3が規定する。簡易裁判所は、少額な訴訟事件（同法33条1項1号）と、罰金以下の刑にかかる訴訟（同条1項2号・2項）の裁判権をもつ。

(2)　裁判官の任命

下級裁判所の裁判官は、「最高裁判所の指名した者の名簿によって、内閣でこれを任命する」（80条1項1文）。任命権は内閣にあるが、指名権は最高裁にある。この趣旨は、内閣が恣意的な任命を行うことによって司法権の独立を害する危険を防止すると同時に、裁判所内部だけの任命による司法権の独善化を避けることにある。「任命」とは、高等裁判所長官、判事、判事補および簡易裁判所判事のいずれかに任ずる行為である（裁判所法40条１項）。なお高等裁判所長官の任免は、天皇が認証する（同条２項）。特定の職（○○地裁判事）に就かせる行為を「補職」という（同法47条）。これは最高裁が行う司法行政事務であり、内閣は関与しない。

内閣は名簿に記載されていない者を任命することはできない。内閣は名簿に記載されている者の任命を、明白な形式上の瑕疵がある場合には拒否できるが（通説）、これまで拒否した例はないようである。名簿の作成は司法行政事務であり、最高裁には裁量が認められる。しかし、思想・信条を理由として名簿に登載しないことは許されない。判事補は司法修習の修了者から任命されるが（同法43条）、その際、最高裁が「任官拒否」の理由を思想・信条とすることはありえないため、訴訟で争うことは実際には難しい（第46期の神坂直樹修習生に対する判事補任官拒否事件に関する、大阪高判平成15・10・10訟月50巻５号1482頁を参照）。

司法制度改革審議会意見書が、最高裁による指名過程が透明ではなく、国民の意思が及びえないと現状の見直しを求めたことを踏まえて、最高裁は2003年に、下級裁判所裁判官指名諮問委員会を設置した（下級裁判所裁判官指名諮問委員会規則１条）。

＊　下級裁判所裁判官指名諮問委員会は、最高裁の諮問に応じて、下級裁判所裁判官として任命されるべき者を指名することの適否などについて審議し、意見を述べる（同規則２条）。委員会の意見は最高裁を拘束しないが、最高裁が委員会の意見と異なる決定をした場合、決定の理由を委員会に通知する（同規則４条）。委員は11人で（同規則５条）、裁判官、検察官、弁護士および学識経験者のうちから、最高裁が任命する（同規則６条）。委員会は、次に述べる再任についても掌握事務としている。

(3)　裁判官の再任

下級裁判所の裁判官は、「任期を10年とし、再任されることができる」（80条１項２文、裁判所法40条３項）。憲法が任期制を採用したのは、英米法系諸国で一般的な法曹一元制度を想定していたためである。弁護士から裁判官が任命され、10年の任期が経過すれば弁護士に復帰するという仕組みである。しかし実際には、戦前からの職業裁判官型システムが維持され、憲法の規定と実態に齟齬が生じた。その齟齬を解消するため、上記条項の解釈が重要になる。①自由裁量説は、裁判官は10年を経過すれば当然に退官し、再任は新任と同じだとする。②羈束裁量説は、著しい成績不良などの特段の事情がない限り、再任を原則とする。③身分継続説は、憲法78条所定の例外事由に該当しない限り、10年の任期経過後も裁判官の身分は継続するという。最高裁はかつて（1971年）、①説の立場を示したことがある（衆議院法務委員会における最高裁事務総局矢口洪一人事局長）。これに対し通説は、②説である。実際には裁判官は原則として再任されており、②説的に運用されている。

＊　この問題は、1971年に起こった熊本地裁の宮本康昭判事補（当時）の再任拒否事件をめぐって、活発に議論された。この事件は、1960年代後半からの、公安・労働関係判決に対する不満に端を発した、自民党保守派による「偏向裁判」批判を受けて、最高裁が、青年法律家協会（青法協）に所属する裁判官に対する統制を強化した一環だとみられた（ブルーパージ）。この頃が、「司法の危機」の時代といわれている。後述する平賀書簡事件なども、当時の状況を物語る（→本章第５節**2**(**3**)）。

＊＊　現在でも裁判官の間に、一方で、大規模庁や最高裁調査官･事務総局、司法研修所教官などを歴任する者がおり、他方では、地裁・家裁の支部などを転々とする者がいる。この違いが、裁判官としての能力だけによるのかは、しばしば問われている。なお司法制度改革の一つとして、「裁判官の人事評価に関する規則」（平成16年最高裁判所規則１号）が定められ、人事評価書の開示、不服申立ての手続などが導入された。

＊＊＊　司法制度改革審議会意見書は、弁護士任官等を推進することを求めたが、その数はあまり増加していない。他方で、判事補に裁判官の職務以外の経験を積ませるという提言は、「判事補及び検事の弁護士職務経験に関する法律」（平成16年法律121号）などによって、かなり実現されている。

第5節　司法権の独立

1　概　説

全体としての裁判所（司法府）がその職責を果たすためには、裁判官が外部からの圧力や干渉を受けないことが必要である。この裁判官の職権行使の独立が、司法権の独立の核心である。それを確保するために、裁判官の身分保障が定められる。さらにそれらの前提として、司法権が政治部門から独立しているという司法府の独立が保障される。つまり、司法権の独立は、司法府の独立と裁判官の職権行使の独立（狭義の司法権の独立）からなる。司法権の独立に関するこうした重層的な保障は、近代立憲主義の通則として、諸外国の憲法でも広く採用されてきた。しかし明治憲法では、司法権は「天皇ノ名ニ於テ」行う（明憲57条1項）とされていたことなどから（→第2章第2節**2**(6)）、司法権の独立は不十分であった。これに対して日本国憲法は、司法権の独立の保障を強化している。

2　裁判官の職権行使の独立

(1)「良心に従ひ」の意味

憲法は、「すべて裁判官は、その良心に従ひ独立してその職権を行ひ、この憲法及び法律にのみ拘束される」（76条3項）、と規定する。この条項の中で、従来最も論じられてきたのは、「その良心に従ひ」の意味である。

この文言について判例は、「裁判官が有形無形の外部の厭迫乃至誘惑に屈しないで自己内心の良識と道徳感に従うの意味である」（最大判昭和23・11・17刑集2巻12号1565頁）、「凡て裁判官は法（有効な）の範囲内において、自ら是なりと信ずる処に従って裁判をすれば、それで憲法のいう良心に従った裁判といえる」（最大判昭和23・12・15刑集2巻13号1783頁）などと述べている。学説では、主観的良心説と客観的良心説があると説明されてきた。前者は、同項にいう「良心」を19条のいう「良心」と同じく、裁判官個人の良心、主観的良心だと解する（平野龍一など）。これに対して後者は、それを「裁判官としての良心」だと解する（清宮四郎、芦部信喜など)。後者によると、「良心に従ひ」に特別の意味はなく、裁判官は「憲法及び法律にのみ拘束される」にすぎない。しかし、主観的良心説も裁判官が法律に拘束されることを否定するわけではない。一義的な答えが見出せない法律問題に直面した際に、事実上裁判官個人の思想や人格が多かれ少なかれ入り込むことをいうにとどまる。現在の(実体的な)客観的良心説は、一義的な答えが見出せない場合でも、全法体系の客観的意味を探求し、そこから帰結されるところに従って裁判すべき、とする(佐藤幸治など)。これに対して、そうした客観的意味の探求を断念せざるをえない場合もありうる、とするのが現在の主観的良心説である(新正幸など)。その中間に、裁判官の解釈は論理の一貫性と法体系全体に対する関係での無矛盾性を説明できるものでなければならないという「ゲームのルール」に服すべきことを内容とするという、(手続的な)客観的良心説もある(樋口陽一など)。とはいえ、裁判官が判決に際してそうした見地を表立って述べるはずはなく、諸説の違いは相対的で理論的なものにとどまる。上述した最高裁の判例も、一義的なものではない。

なお、良心に従って裁判をしたかどうかは裁判官の内心の問題であるため、良心違反は独立した上告理由とはならないことに異論はない。

(2) 「この憲法及び法律にのみ拘束される」の意味

ここでいう「憲法及び法律」とは、形式的意味での憲法と法律だけではなく、命令、規則、条例などの法規範や不文法である慣習法や条理なども含む、と解されている。この文言は、裁判官は「憲法及び法律」以外の何ものにも拘束されない、という職権行使の独立を規定する趣旨である。判例の拘束力については、既に述べた(→第1章第3節3(2))。

(3) 「独立してその職権を行ひ」の意味

明治憲法時代は、行政機関である司法大臣が裁判所の司法行政に対する監督権をもっていた。この制度の下では、裁判官の職権行使の独立が歪められるおそれが大きかった。そのため日本国憲法下では、前述したように、最高裁が司法行政を担うことになった(→本章第4節3(3))。裁判官の職権行使の独立は、単に指示・命令を受けないということだけではなく、他者から事実上の干渉を受けない、という要請も含む。司法権の独立は、これまで外部からと、内部からの双方によって脅かされたことがあった。

＊　大津事件：　明治憲法時代の例として著名なものは、明治憲法施行直後の1881（明治24）年に起こった大津事件である。大津で津田三蔵巡査がロシア皇太子に傷を負わせた事件に際して、政府は外交上の考慮から、当時の大審院長・児島惟謙に対し、皇室に適用される死刑判決を下すよう働きかけたが、児島はこれに抵抗し、結局、大審院特別法廷は津田を無期徒刑に処した。これによって、政府からの干渉は排除され、司法府の独立は守られた。他方で、児島が事件を担当する裁判官に干渉していたため、司法府内部における裁判官の独立がおろそかにされたという側面がある。また明治政府が大審院の判決を受容したのは、ロシアがこの事件を問題化しないと予測できたためであり、児島の功績の評価は分かれている。

＊＊　浦和充子事件：　日本国憲法施行間もない1949年に生じた浦和充子事件は、立法府により司法権の独立が脅かされた事例である。参議院法務委員会が、ある刑事事件に関する確定判決について、国政調査権を発動し、量刑不当との決議を行った。これに対して最高裁は、そうした行為は司法権の独立を侵害し、国政調査権の限界を逸脱するものだと抗議した（→第９章第５節３(1)）。

＊＊＊　吹田黙祷事件：　いわゆる吹田騒擾事件によって騒擾罪（現在の刑法106条の騒乱罪）で起訴された裁判の公判審理にあたり、大阪地裁の佐々木哲蔵裁判長は、多数の被告人および傍聴人が行った朝鮮戦争戦死者への黙祷などを制止しなかった（1953年）。この訴訟指揮について、裁判官訴追委員会（→本節３(1)）が調査を始めることを決定した。これに対して最高裁は、裁判所に係属中の事件に関する訴訟指揮の当否を調査することは、司法権の独立を侵害するとの要望書を提出した。こうして最高裁は、司法権の独立が外部から侵害されることを防いだ。しかし他方で最高裁は、佐々木裁判長の訴訟指揮を遺憾とする「法廷の権威について」という通達を、各裁判官に出した。この通達の発出は、大津事件同様に、裁判官の職権行使の独立を脅かすおそれがあった。

＊＊＊＊　平賀書簡事件：　1969年に起こった長沼事件（→第５章第２節３(2)）に際し、平賀健太札幌地裁所長（当時）が、事件を担当する福島重雄裁判長に対して、自衛隊の違憲判断を避けるべきことを示唆する書簡を送った。札幌地裁の裁判官会議は裁判に対する干渉に当たるとして平賀所長を厳重注意処分とし、最高裁も注意処分とするなど、裁判官の職権行使の独立を擁護する姿勢を示した。他方で裁判官訴追委員会は、平賀所長を不訴追、平賀書簡の公表を阻止しなかった福島裁判官を訴追猶予とした。さらに同委員会は、青法協会員（福島裁判官もその会員だった）であることな

どを理由として、裁判官弾劾の訴追請求がなされていた213名の裁判官に対して、青法協への加入の有無を調べる照会状を発送した。こうした訴追委員会の活動を最高裁は黙認したため、吹田黙祷事件と比較すると、外部からの干渉に対する対応に違いが生じた。さらに最高裁自身も、1970年4月に「政治的色彩を帯びる団体に加入することは、慎むべきである」（岸盛一事務総長談話）という見解を示した。

3　裁判官の身分保障

(1)　裁判官の罷免

憲法は、最高裁判所裁判官が国民審査で罷免される可能性があるほかは（→本章第4節**2**(2)）、①「裁判により、心身の故障のために職務を執ることができないと決定された場合」と、②「公の弾劾によ」る場合、に裁判官の罷免事由を限定している（78条前段）。①の場合について、裁判所法48条は「別に法律で定めるところにより」とし、それを受けた裁判官分限法（以下「分限法」という）1条1項は、「回復の困難な心身の故障」と要件を厳格化ないし明確化している。

②の「公の弾劾」について、憲法64条1項は、「国会は、罷免の訴追を受けた裁判官を裁判するため、両議院の議員で組織する弾劾裁判所を設ける」、同条2項は「弾劾に関する事項は、法律でこれを定める」、と規定する。国民の公務員の選定・罷免権（15条1項）を具体化するものである。他方では、この手続によらなければ裁判官は罷免されないという身分保障の性格をもつ。国会が有するのは弾劾裁判所設置権のみであり、弾劾裁判を行うのは国会から独立した機関である弾劾裁判所である（→本章第3節**2**）。

憲法64条2項を受けて国会法および裁判官弾劾法（以下「弾劾法」という）が、当該裁判所の構成や手続などを定めている。弾劾裁判所は、各議院においてその議員の中から選出された各7名の裁判員で構成される（国会法125条1項、弾劾法16条1項）。弾劾による罷免の事由は、①「職務上の義務に著しく違反し、又は職務を甚だしく怠ったとき」、および②「その他職務の内外を問わず、裁判官としての威信を著しく失うべき非行があったとき」に限定される（弾劾法2条）。罷免の訴追を行うのが、裁判官訴追委員会である。これは、各議院においてその議員の中から選出された各10人の訴追委員によって組織される（国会法126条１項、弾劾法５条１項）。訴追委員会は、罷免の事由があると思料するときは、「調査」をすることができる（弾劾法11条１項）。罷免の訴追または訴追の猶予をするためには、出席委員の３分の２以上の同意が必要である（同法10条２項ただし書）。何人も訴追委員会に対し、罷免の訴追をすることを求めることができる（同法15条）。

訴追委員会のもつ強制的な調査権は濫用されてはならず、司法権の独立を害してはならないが、それを法的に規制することは難しく自制に委ねられている。もっとも、国民による訴追請求は多数あるようだが、実際に訴追され、罷免まで至った例はごく少ない。しかし調査権限の濫用があったと思われる事例はあった（→本節 **2 (3)** など）。

＊　罷免された例のほとんどは明白な非違行為があった場合であるが、性質が異なるものとして、裁判官弾劾裁判昭和31・４・６判時74号３頁がある。この事件における弾劾裁は、395件の略式命令事件について被告人への告知期間を徒過し、公訴提起を失効させたなどの理由で、簡裁判事を「職務上の義務に著しく違反し、又は職務を甚だしく怠った」として罷免した。

(2)　裁判官の懲戒

憲法は、「裁判官の懲戒処分は、行政機関がこれを行ふことはできない」（78条後段）、と規定する。そこで裁判所法は、懲戒は「裁判によって」行われることを規定するとともに（分限裁判）、懲戒事由を、①「職務上の義務に違反し、若しくは職務を怠り」、②「又は品位を辱める行状があったとき」、としている（同法49条）。上記した弾劾事由と懲戒事由との関係について、裁判所は量的な違いにとどまる、と解している。ただし、一方は国民の代表者が裁判官を罷免するものであり、他方は裁判所の内部的処分であるため、制度の趣旨は全く異なる。懲戒の種類は、戒告と１万円以下の過料のみである（分限法２条）。地裁、家裁、簡裁の裁判官の分限事件は、高裁が管轄権をもつ（分限法３条１項）。最高裁は、１審かつ終審として、最高裁および高裁の裁判官に関する分限事件の裁判権をもち、同法３条１項に関する抗告事件を終審として管轄する（同条２項）。

従来の分限事案は、明白な非違行為や監督不行届きがあったとされた場合がほとんどであるが、異論がある事例もある。

＊　寺西判事補事件：　仙台地裁の寺西和史判事補（当時）は、組織的犯罪対策法の制定に反対する団体のシンポジウムで、身分を明らかにした上で、自分としては仮に法案に反対の立場で発言しても、裁判所法52条１号が禁止する積極的な政治運動には当たらないと考えるが、所長から警告を受けたのでパネリストは辞退する、との発言を行った（1998年）。最大決平成10・12・１民集52巻９号1761頁は、同号を限定的に解釈した上で、猿払基準を用いて審査し、同号は憲法21条に反しないと判断した。また同判事補の行為を同号に該当するとし、さらに裁判所法49条のいう「職務上の義務」は、「私的行為においても裁判官の職にあることに伴って負っている義務をも含む」と解することにより、同条の懲戒事由にも該当するとした。これに対しては、上記言動の52条１号該当性を否定するとともに、裁判官自身の良識に基づく自律と判断を重視し、懲戒処分（戒告）を不相当とする５名の裁判官による反対意見があり、学説では支持が多い。

＊＊　古川判事事件：　福岡高裁の古川龍一判事（当時）は、福岡地検の次席検事から、妻がいたずら電話などで被害者から告訴されていることなどを告げられ、早急に示談等の措置をとることを求められた。また弁護士も紹介されたため、捜査状況の分析、疑問点等を記載した書面を交付した。この行為が裁判所法49条の懲戒事由に該当するとして、分限裁判が申し立てられた。最大決平成13・３・30判時1760号68頁は、「実質的に弁護活動に当たる行為」をすることは、「裁判官の公正、中立に対する国民の信頼を傷つけ」るとして、戒告処分を行った。この決定にも、当該行為は「他の事件に関する職務の執行の公正、中立さについて」国民の疑惑を招くおそれはない、とする３裁判官の反対意見がある。

＊＊＊　岡口判事事件：　東京高裁の岡口基一判事（当時）は、ツイッター上の実名が付された自己のアカウントで、自己の担当外の民事訴訟について、原告の感情を傷つけるような発言をしたとして、分限裁判が申し立てられた。最大決平成30・10・17民集72巻５号890頁は、全員一致で同判事を戒告とした。被申立人の行為は、「裁判官が、その職務を行うについて、表面的かつ一方的な情報や理解のみに基づき予断をもって判断をするのではないかという疑念を国民に与える」とともに、「当該原告の感情を傷つけるものであり、裁判官に対する国民の信頼を損ね、また裁判の公正を疑わせる」ため、裁判所法49条の「品位を辱める行状」に当たる、というのである。

4　裁判官の報酬

裁判官は、「すべて定期に相当額の報酬を受ける。この報酬は、在任中、これを減額することができない」（79条6項・80条2項）。この報酬の保障も、身分の安定を保障することによって、司法権の独立を裏づけようとするものである。しかし、個々の裁判官に対する報酬の減額ではなく、人事院勧告に基づく行政職の国家公務員の給与引下げに伴い、法律によって一律に全裁判官の報酬を同程度引き下げることは許容される。実際にも2002年に初めて行われて以降、2005年、2012年（東日本大震災復興）、2015年に報酬水準の引下げがあった。

5　裁判官の除斥・忌避・回避

(1)　憲法上の要請とその具体化

憲法32条は、「裁判所において裁判を受ける権利」を保障するが、これは公正・公平な裁判を受ける権利を含む。さらに37条1項は、刑事裁判について、「公平な裁判所」の裁判を受ける権利を保障する。裁判の公正（民訴法2条参照）・公平を担保する手段として、裁判官の任用資格の法定や身分保障、裁判官の独立保障などの一般的な仕組みがある。それと並んで、個別的にも、裁判官が事件を担当し処理するに際して、事件や当事者と特殊な関係がないことが望ましい。そのため、各訴訟法は裁判官の除斥、忌避、回避の制度を規定している（民訴法23条以下、民訴規則10条以下、刑訴法20条以下、刑訴規則9条以下など）。

(2)　除斥と回避

除斥とは、法定の原因に基づいて、裁判官が法律上当然に、その事件の職務執行を禁止される制度である、したがって、その裁判官が、その原因のあることを知るか否か、当事者の申立てがあるか否か、には関わりない。民訴法23条、刑訴法20条などが除斥事由を規定している。

回避とは、民事では、裁判官が自ら除斥または忌避の理由があると認めるとき、監督権を有する裁判所の許可を得て、その事件の担当から退くことである（民訴規則12条）。刑事では、当該裁判官が回避の申立てをし、裁判所が決定する（刑訴規則13条）。

(3) 忌　避

除斥原因以外にも、裁判官が不公正・不公平な裁判をするおそれがある場合に、当事者の申立てに基づく裁判によって、当該裁判官をその事件における職務執行から排除することを認めることを忌避という。忌避が申し立てられる場合としては、①具体的事件の手続の中で、当該裁判官の訴訟指揮権の行使等が忌避事由として主張される場合と、②具体的事件の手続外での当該裁判官の言動等が忌避事由として主張される場合、に大分できる。実務では①の例が圧倒的に多いが、憲法学上の問題となりうるのは②である（矢野直邦調査官）。

②の中では、まず(ア)言動等が制度として当然に予定されているものかどうか、が検討された事例がある。地裁支部を廃止する最高裁規則の一部改正の取消しを求める事件において、最高裁判事として規則改正に関与した草場良八、藤島昭、香川保一各裁判官に対して忌避が申し立てられた。最高裁は、最高裁規則を制定するという司法行政上の職務・職責を行使したからといって、最終審裁判所としての職務・職責を行使することを止めることはできないとの趣旨を述べ、申立てを却下している（最決平成3・2・25民集45巻2号117頁）。裁判員制度の合憲性が争われた事件で、裁判員制度を説明するパンフレット等を配布することを許すなどした竹崎博充最高裁長官に忌避が申し立てられた。最高裁は、上と同趣旨の理由でこれを却下した（最大決平成23・5・31刑集65巻4号373頁）。

次に、(イ)具体的事件との関係で示されたものかどうか、という観点から検討された事例がある。砂川事件において、田中耕太郎最高裁長官による年頭の辞が当該事件の検察官の主張と一致しているとして忌避が申し立てられた。最高裁は、日本国憲法の理念または日本の一部に見受けられる社会現象についてその所感を発表しても、その一事をもって事件につき不公正な裁判をするおそれがあるとはいえないとし、これを却下した（最大決昭和34・7・1刑集13巻7号1001頁）。東京都公安条例の立案過程において、立案当事者の意見照会に対し、法務府法制第1局長として意見を述べていた高辻正己裁判官に対して、同条例の合憲性が争われていた事件で忌避が申し立てられた。最高裁は、それは一般的に一定の法律問題について抽象的な法律上の見解を表明したにすぎないとして、これを却下した（最決昭和48・９・20刑集27巻８号1395頁）。

第６節　裁判の公開

１　概　説

憲法82条１項は、「裁判の対審及び判決は、公開法廷でこれを行ふ」と規定する。この趣旨は、「裁判を一般に公開して裁判が公正に行われることを制度として保障し、ひいては裁判に対する国民の信頼を確保しようとすることにある」（法廷メモ事件判決：最大判平成元・３・８民集43巻２号89頁）。「制度として保障」の意味については、既に解説されているが（→憲法Ⅰ第１章第２節**４**）、さしあたり客観法規定という趣旨だと理解しておけば足りる。裁判の公開は近代司法の基本原則であり、明治憲法59条でも保障されていた。しかし当時は秘密裁判も行われていたことへの反省から、日本国憲法は公開の例外をかなり限定的に定めている。さらに日本国憲法37条１項は、刑事被告人の権利として、「公開裁判を受ける権利」を保障している。

２　「対審」および「判決」の公開

公開を必要とするのは、裁判の重要部分である。まず「対審」とは、当事者が、裁判官の前で、口頭でそれぞれの主張を述べることである。民事訴訟における「口頭弁論」、刑事訴訟における「公判手続」がそれに当たる。判例によれば、公判の準備手続は「対審」に当たらない（最大決昭和23・11・８刑集２巻12号1498頁）。再審を開始するか否かを定める手続も、「対審」に含まれない（最大決昭和42・７・５刑集21巻６号764頁）。

「判決」とは、原告（民事・行政訴訟）または検察官（刑事訴訟）の申立てに対して、裁判所が与える判断をいう。判決は、公開法廷で、口頭で言い渡される。しかし、判決書の全部を公開の法廷で朗読する必要はない（民訴規則155条、刑訴規則35条）。他面では、合議体でする裁判において、判決に至る「評議」は非公開である（裁判所法75条）。

3　「公開」の意味

公開するとは、まず傍聴の自由を認めることを意味する。しかし傍聴席には限りがあるため、裁判長は傍聴席に相応する傍聴券を発行し、その所持者に限り傍聴を許すことができる。また、傍聴人の被服または所持品を検査して危険物の持ち込みを禁止し、それに従わない者などの入廷を認めない、などの処置をとることもできる（裁判所傍聴規則１条、裁判所法71条２項）。これらは、もとより公開の原則に反しない。

上記のような法廷警察権は、「法廷における訴訟の運営に対する傍聴人等の妨害を抑制、排除し、適正かつ迅速な裁判の実現という憲法上の要請を満たすために裁判長に付与された権限である」（前掲法廷メモ事件判決）。また「法廷等の秩序維持に関する法律」（昭和27年法律286号）には、制裁規定がある。かつての裁判所は、この法廷警察権に基づいて、傍聴人に対してメモを取る行為を禁止していたが、法廷メモ事件判決以降は改められている（→憲法Ｉ第10章第３節**１**）。

＊　法廷メモ事件判決：　アメリカ人の弁護士が、傍聴に際してメモを取ることが許されなかったことから、その措置が憲法21条・82条等に反するとして、国家賠償訴訟を提起した事件があった。最高裁は、「筆記行為の自由は、憲法21条１項の規定の精神に照らして尊重されるべき」であり、「故なく妨げられてはならない」という基本的な立場から、「傍聴人のメモを取る行為が公正かつ円滑な訴訟の運営を妨げるに至ることは、通常はあり得ないのであって、特段の事情のない限り、これを傍聴人の自由に任せるべき」だ、と判示した。さらに判決は、今後は傍聴人のメモを取る行為に配慮しなければならないとしながらも、国賠法上の違法性は否定して請求は棄却した。

＊＊　学説では、上記判決が傍聴の自由の主観的権利性を承認しなかったことを批判して、憲法21条に積極的情報収集権が抽象的権利として含まれ、82条１項はその権利を憲法レベルで具体的権利化する規定であると理解した上で、国民が傍聴し取材する活動を裁判所が制限するには必要最小限度の法理が妥当する、と説く見解もある（佐藤幸治）。

＊＊＊　訴訟記録の公開：　裁判の公開は、訴訟記録の公開を含むか。民訴法91条は訴訟記録の閲覧請求を認め、同法92条がその制限について規定する。また刑訴法53条は訴訟記録の公開を定め、同法53条の２が情報公開法等の適用除外を規定する。これを受けて刑事確定訴訟記録法４条１項が閲

覧を認めるとともに、2項が制限事由を定める。この閲覧制限は憲法21条・82条に違反しないか、が争われたことがある。最高裁は、前掲法廷メモ事件判決などを援用して、21条・82条は「刑事確定訴訟記録の閲覧を権利として要求できることまでを認めたものでない」、と判断した（最決平成2・2・16判時1340号145頁）。

＊＊＊＊　ハンセン病特別法廷：　裁判所法69条2項は、最高裁が必要と認めるときは、裁判所以外の場所で法廷を開かせることができる、と規定する。この規定に基づき、ハンセン病患者を被告人とする下級裁判所の刑事事件では、ハンセン病療養所などが法廷に指定されていた。最高裁判所事務総局が設置した「調査委員会」は、1960年以降ハンセン病は治癒する病気になっており、伝染のおそれも他の疾病と変わらなかったのであるから、裁判所外における開廷場所の指定は、指定の内部手続において相当でなく、また必要性の認定判断の運用も同条に反していた、という報告を行った。これに基づいて、最高裁判所裁判官会議は、お詫びの談話を発表した。これは画期的ではあったが、最高裁が委嘱した「有識者委員会」は、ハンセン病療養所は、それ自体が激しい隔離・差別の場であり、その中に設けられた法廷は、さらに近づき難いものであったため、そこで行われた裁判が、「憲法37条・82条1項の要請する公開原則を満たしていたかどうか、違憲の疑いは、なおぬぐいきれない」と、さらに踏み込んだ指摘をしていた（2016年4月25日）。その後、元患者らが国家賠償を求めた事件で、熊本地判令和2・2・26判時2476号44頁は、特別法廷が憲法14条1項・13条に違反し、37条1項・82条1項にも反する疑いがある、と判断した。

4　公開を要する「裁判」

判例によれば、憲法82条1項がいう「裁判」は32条でいう「裁判」と同義であり、非訟事件手続や家事事件手続は含まれない。そのため、それらの手続は、公開の法廷における対審・判決によって行われる必要はない、とされている。判例におけるこうした訴訟と非訟の峻別論とそれに対する批判論については、既に述べた（→憲法Ⅰ第19章第2節**5**）。本章で先に扱った裁判官の分限事件も非訟事件手続法が適用されるため、公開する必要はないとされている。しかし前掲寺西判事補事件決定では、それは82条1項・32条に反するとする有力な反対意見があった。

5　対審の公開停止

(1)　公開の停止

憲法82条２項本文は、「裁判所が、裁判官の全員一致で、公の秩序又は善良の風俗を害する虞があると決した場合」には、対審を非公開とすることができる旨を定める。かつては、本条にいう「公の秩序又は善良の風俗を害する虞があると決した場合」と民法90条の「公の秩序又は善良の風俗」は、趣旨は同じだが目的が異なり、本条に該当するのは、「対審」を公開することが公衆を直接に騒擾その他の犯罪の実行にあおるおそれがある場合や、わいせつその他の理由で公衆に著しく不快の念を与えるおそれがある場合だ、と限定的に解されてきた（宮沢俊儀、佐藤功）。

しかし近年、憲法が定める強すぎる公開原則が再考されつつある。とりわけ公開停止の可否が論じられているのは、当事者や証人のプライバシー保護や知的財産権保護などの要請による。既に立法による手当てがなされているものとして、2003年に制定された人事訴訟法22条１項がある。この規定により、訴訟当事者などが「自己の私生活上の重大な秘密に係るものについて尋問を受ける場合」で、「当該事項について陳述することにより社会生活を営むのに著しい支障を生ずることが明らか」な場合は、裁判官の全員一致の決定で、尋問を非公開とできる。また2004年の特許法改正により、「営業秘密に基づく当事者の事業活動に著しい支障を生ずることが明らか」な場合に、尋問を非公開とできる規定（同法105条の７、実用新案法30条などで準用）が導入された。学説上もこれらの規定は違憲とは考えられていない。ただしこれらの場合を、①憲法82条２項の「公の秩序」に含まれると拡大解釈するか（浦部法穂）、②それを例示とみて同様の重みで非公開事由たりうる場合は、非公開審理が許されると解するか（佐藤幸治）、③裁判を公開することが実効的な救済を不可能とする場合は、非公開を求める権利を主張できると解するか（松井茂記）、など理論構成は分かれている。上記立法は、論理は異なるものの結論としては①説の立場で行われた。学説上は②説が有力である。

刑事訴訟においては、趣旨からすると公開原則はより厳格に妥当するはずである。しかし2000年の刑訴法改正によって、証人尋問の際に、証人が被告人から見られていることによって圧迫を受けるなどの場合があることから、その負担を軽減するために、相当と認められるときには、裁判所が被告人と証人、傍聴人と証人の間で遮蔽措置をとることができることとなった（刑訴法157条の５）。また、性犯罪の被害者等の証人尋問について、裁判官および訴訟関係者の在席する場所において証言を求められることによって証人が受ける精神的圧迫を回避するために、「ビデオリンク方式」により尋問することができるようになった（同法157条の６）。最高裁は、これらの措置がとられても「審理が公開されていることに変わりはない」として、憲法82条１項・37条１項に反しない、と判断した（最判平成17・４・14刑集59巻３号259頁）。これは「公開」概念を緩和する解釈手法であるが、公開原則からの軽微な逸脱はあるが正当化される、という説明の方が素直だった（宍戸常寿）。その後2007年の改正で、民事訴訟でも同様の規定（民訴法203条の３・204条）が導入された。

＊　情報公開訴訟とインカメラ審理：　インカメラ審理とは、裁判所だけが文書等を直接見分する方法により行われる非公開の審理である（→憲法Ｉ第19章第２節**6 (2)**）。情報公開法に基づく行政文書の開示請求に対して、行政機関の長が行った不開示決定の取消訴訟に際しインカメラ審理が認められないと、裁判官は実際に文書を見ることなく、不開示事由該当性を判断しなければならないため、導入論は多い。最高裁は、裁判の公開原則の観点ではなく、「訴訟で用いられる証拠は当事者の吟味、弾劾の機会を経たものに限られる」という「民事訴訟の基本原則」の観点から、インカメラ審理は「明文の規定がない限り、許されない」という見解を示した（最決平成21・１・15民集63巻１号46頁）。情報公開・個人情報保護審査会における審議では、既にインカメラ審理が導入されている（情報公開・個人情報保護審査会設置法〔平成15年法律60号〕９条１項・２項）。訴訟の場面でも、立法による手当は必要であろう。

(2)　絶対的公開事由

憲法82条２項ただし書は、①「政治犯罪」、②「出版に関する犯罪」、③「憲法第３章で保障する国民の権利が問題となっている事件」の「対審」は絶対に公開することを定める。これらの事項は、不公正な裁判が行われるおそれが強いためであろう。しかし、それぞれの文言は明確ではないため、趣旨を汲んだ解釈が必要となる。

「政治犯罪」とは、内乱罪（刑法77条以下）や外患罪（同法81条以下）のような、国家の基本秩序を破壊することを目的とする確信的な犯罪行為をいう。「出版に関する犯罪」に該当するのは、出版そのものに関する犯罪および出版の方法によることが構成要件とされる犯罪、と解されている。「国民の権利が問題となっている事件」とは、①②と併記されていることから、刑事事件である。国民に保障されている憲法上の権利に対して、法律によって制限が課され、その制限に違反したことが犯罪の構成要件とされている犯罪の事件を指す。

〈参考文献〉

新正幸『憲法訴訟論（第２版）』（信山社、2010年）
市川正人＝酒巻匡＝山本和彦『裁判法（第７版）』（有斐閣、2017年）
泉徳治＝渡辺康行＝山元一＝新村とわ『一歩前に出る司法――泉徳治元最高裁判事に聞く』（日本評論社、2017年）
兼子一＝竹下守夫『裁判法（第４版）』（有斐閣、2002年）
君塚正臣『司法権・憲法訴訟論（上）』（法律文化社、2018年）
笹田栄司『司法の変容と憲法』（有斐閣、2008年）
佐藤幸治『現代国家と司法権』（有斐閣、1988年）
高橋和之『体系　憲法訴訟』（岩波書店、2017年）
渡辺康行「『裁判官の市民的自由』と『司法に対する国民の信頼』の間」山元一ほか編『辻村みよ子先生古稀記念 憲法の普遍性と歴史性』（日本評論社、2019年）735頁
渡辺康行「団体の内部自治と司法権」判例時報2446号（2020年）83頁
「特集／司法制度改革審議会意見書をめぐって」ジュリスト1208号（2001年）

第12章　違憲審査制

第1節　総　説

違憲審査制とは、裁判的機関に憲法の最終的な有権的解釈権限を与え、その機関によって解釈された憲法を基準として法律以下の規範ないし国家行為の合憲性を審査させる制度のことをいう。この制度が成立する最低限度の前提として、最高法規としての憲法（98条1項）の観念がなければならない（→第6章第3節）。しかしそこから、論理必然的に違憲審査制が導き出されるわけではない。憲法の最終的な有権的解釈権限をどの機関に付与するかは、それぞれの実定憲法の選択による。近代立憲主義の確立期においては、憲法と法律の抵触関係について立法者が最高の解釈権限を有すると考えられていた。しかしファシズムの時期などを経て、立法という形式によっても憲法によって保障された国民の権利が侵害されることが意識されるようになると（→第4章第3節1(2)）、議会以外の裁判的機関に、憲法の保障権限・最終的な有権的解釈権限を与える例が増加した。現在では、立憲主義憲法をもつほとんどの国が、違憲審査制を採用している。日本国憲法も同様であり、現在、日本でも違憲審査権は大きな役割を果たしている。

＊　違憲審査制採用に関する上述のような一般的説明は、理念的な性格のものである。ある特定の憲法がこの制度を導入した理由を歴史的・政治学的に考察することは、これとは別に行われる価値がある。

第2節　違憲審査制の類型

1　違憲審査制の歴史

近代において、裁判所が違憲審査権を行使していた例外的な国がアメリカだった。アメリカ合衆国憲法には違憲審査制を定めた規定はないが、合衆国最高裁は、1803年のマーベリ対マディソン判決以来、判例の積み重ねによって違憲審査権を確立してきた。これに対して大陸法系の諸国では、第一次世界大戦後1920年に制定されたオーストリア憲法が、ケルゼン（H. Kelsen）の構想に基づき、初めて憲法裁判所を創設した。第二次世界大戦後は、ドイツ、イタリアなど西ヨーロッパの多くの憲法で、違憲審査権をもつ憲法裁判所の制度が導入された。とりわけドイツ連邦憲法裁判所は成功例であり、その影響を受け、1989年の東西冷戦終結以降に制定された憲法の多くは、憲法裁判所を設けるようになっている。

2　アメリカ型とドイツ型

違憲審査制の２大類型は、アメリカ型とドイツ型である。アメリカ型の違憲審査制は、通常裁判所が、具体的な訴訟事件を審査するに付随して、その事件に適用すべき法令の合憲性を審査する。そのため付随的違憲審査制などと呼ばれる。合衆国最高裁だけではなく、すべての裁判所がこの権限をもつ。違憲とされた法令は当該事件において適用されないだけで、法令が廃止される効果はない。違憲審査の目的は、主に憲法上保障された権利の救済にある。

これに対してドイツでは、連邦と州、州相互の争議などを判断する権限をもつ国事裁判所の伝統があった。またワイマール時代には、一般の裁判所が連邦法律の合憲性審査権をもつかについても、学説などで議論がされていた。そうした蓄積を踏まえて、ドイツ基本法は、違憲審査権（憲法に適合しない法令を無効とする権限）をもつ連邦憲法裁判所を設置した。連邦憲法裁判所は、連邦国家的争訟に関する判断権だけではなく、法令の憲法適合性や州法の連邦法適合性審査を行う規範統制など、強大な権限をもつ。その他の裁判所は、違憲と考えるときには手続を中止して連邦憲法裁判所の判断を求めなければならない。これが具体的規範統制という手続である。アメリカ型違憲審査制と対比した場合の大きな特色は、具体的な事件を前提とせず、州政府や連邦議会議員の４分の１などの申立てに基づいて法令の憲法適合性を審査する、抽象的規範統制という手続があることである。そのため抽象的違憲審査制と呼ばれることがある。違憲判決はすべての国家機関を拘束するため、立法者は当該規定を削除することが義務づけられる。ドイツ型の趣旨は客観的な憲法秩序の保障だ、といわれる所以である。

＊　フランス第５共和制憲法で設置された憲法院は政治的機関であるが、1971年の結社の自由に関する判決以降、人権保障機関としての役割を果たしてきた。ただし、法律の成立前の審査にとどまるなど限界があったため、2008年の憲法改正により事後的違憲審査制が導入された。

3　合一化傾向

アメリカ型とドイツ型の違憲審査制は、図式的には**2**のように対置されるが、機能的には接近する傾向（合一化傾向）にある（カペレッティ〔M. Cappelletti〕）。ドイツにおいて、抽象的規範統制は、反対党が政治的闘争を裁判所で継続するために濫用されるという批判があることなどから、実際にはさほど利用されていない。連邦憲法裁判所が扱う事件のほとんどは、公権力によって基本権が侵害された場合に、各人が申し立てる憲法異議という権利保障型の手続である。また連邦憲法裁判所以外の裁判所も、憲法適合的解釈（→本章第６節**3**）などを行うことによって、実際には違憲審査権を部分的に行使している。

アメリカでも、事件・争訟性の要件や、違憲を争う適格が緩和されており、また合衆国最高裁は事件を受理することについて裁量権をもつため、それが扱う事件の多くは憲法に関わるものとなり、合衆国最高裁は憲法裁判所的に機能している。その違憲判決は先例拘束性により、実質的に一般的効力と類似する効果をもっている。これらによってアメリカ型の制度も、個別的な権利救済を超えて客観的な憲法秩序の保障の役割をも果たしている。

4　日本国憲法の下での違憲審査制

(1)　判例・学説

日本国憲法は、「最高裁判所は、一切の法律、命令、規則又は処分が憲法に適合するかしないかを決定する権限を有する終審裁判所である」（81条）と規定する。この規定は、マッカーサー総司令部案に由来するものである。他方で憲法76条１項は、司法権の帰属を定めている（→第11章第３節）。そこで、81条が認めた違憲審査権と76条の定める司法権とはいかなる関係にあるのか、が問題となる。①憲法制定当初からの通説は、違憲審査権は司法権の行使に付随して行使されるものと解してきた。ただし、81条がなくてもその他の条文（76条・98条・99条等）から違憲審査権を導き出せる、と明示的に述べる見解は少ない。他方、②81条は最高裁判所に付随的違憲審査権と並んで、司法権の行使とは独立した、憲法裁判所型の違憲審査権をも付与しているとする見解もあった（佐々木惣一）。最高裁は、刑訴応急措置法事件判決（最大判昭和23・７・７刑集２巻８号801頁）において、傍論ではあるが、「81条は、米国憲法の解釈として樹立せられた違憲審査権を、明文をもって規定した」と述べていた。さらに日本社会党を代表した鈴木茂三郎が、警察予備隊が憲法９条に違反するとして、直接最高裁に無効確認を求めた警察予備隊違憲訴訟に関して、最高裁は次のように述べて訴えを却下した。「わが現行の制度の下においては、特定の者の具体的な法律関係につき紛争の存する場合においてのみ裁判所にその判断を求めることができるのであり、裁判所がかような具体的事件を離れて抽象的に法律命令等の合憲性を判断する権限を有するとの見解には、憲法上及び法令上何等の根拠も存しない」（最大判昭和27・10・８民集６巻９号783頁）。

こうして最高裁は①説の立場を明らかにしたが、「わが現行の制度の下において」、「法令上何等の根拠も存しない」、といった文言からは、③法律などで権限や手続を定めれば最高裁に憲法裁判所の機能を果たさせることも可能だ、という見解の余地を残していた（小嶋和司）。しかし抽象的違憲審査権の重要性に鑑みると、それを認めるためには提訴要件や判決の効力などを憲法上明記することが必要だとみるのが、通説である。日本国憲法はアメリカ型の付随的違憲審査制を導入したものの、裁判所や法律学は伝統的に大陸法的な制度と思考を基礎としてきたため、日本独特の「合一化傾向」ないしアメリカ型付随的違憲審査制の日本的運用がみられる（樋口陽一、園部逸夫、佐藤幸治、新正幸など）。それをいかに評価するかは立場によって異なるが、本章は付随的違憲審査制の原型に固執しすぎず、日本型の違憲審査制を模索することには意味がある、と考えている。

＊　最高裁は、その後も警察予備隊違憲訴訟判決に依拠して、同種の訴えを却下している。1952（昭和27）年の吉田内閣による「抜き打ち解散」が違憲だとして、最高裁に直接無効確認の訴えを提起した訴訟に関する判決（最大判昭和28・４・15民集７巻４号305頁）、昭和27年の地自法改正によって特別区区長公選が廃止されたことの違憲性を、直接最高裁に訴えた特別区区長公選廃止無効確認訴訟に関する判決（最判昭和31・２・17民集10巻２号86頁）などである。

(2)　客観訴訟・非訟事件の裁判による違憲審査

主観訴訟以外の「法律において特に定める権限」（裁判所法３条１項）（→第11章第２節**4** **(1)**）である客観訴訟や非訟事件の裁判によっても重要な憲法訴訟が争われてきている。例えば、公選法における選挙無効訴訟（同法204条・205条）によって国会議員の選挙における「一票の較差」が争われ（→第７章第５節**3**）、また地自法における住民訴訟（同法242条の２）によって地方公共団体の公金支出等の政教分離規定適合性が争われてきた（→憲法Ⅰ第８章第４節**2**）。機関訴訟で争われた代表的事例は、（平成11年法87号による改正前の）地自法で定められていた職務執行命令訴訟（旧151条の２）が用いられた沖縄代理署名訴訟（最大判平成８・８・28民集50巻７号1952頁）である。家事審判手続における特別抗告を受けて、婚外子法定相続分差別規定を違憲とした事例（最大決平成25・９・４民集67巻６号1320頁）など、近年では非訟事件による違憲審査も目につくようになった。

客観訴訟や非訟事件の裁判は、本来の司法作用ではなく、法律によって特に裁判所に付与された権限であることから、客観訴訟によって違憲審査が行われることを認めるのであれば、抽象的違憲審査権を法律によって裁判所に付与することもできることにならないか、という疑問が生ずる。この点につき、代表的な学説は、裁判所を法原理機関とみることを基盤とする司法権観を採用した上で、客観訴訟も無条件に認められるわけではなく、法原理機関の権限とするにふさわしい、具体的な事件・争訟性を擬制するだけの実質を備えていなければならない、という（佐藤幸治）。これまで認められてきた客観訴訟とそれによる違憲審査は、具体的な国家行為を前提とするものであるため憲法上許容されるのに対し、純然たる抽象的違憲審査権を法律上導入することは認められない、という区分けである（→第11章第2節**4**(2)）。なお、定数訴訟は公選法204条を借用してはいるが、実態は判例により創設された客観訴訟である、とする見方もある（千葉勝美）。そうだとしても、それは例外的にしか認められないだろう。

(3)　違憲審査の主体

最高裁判所が「終審」として違憲審査権をもつことは、81条が明文で規定している。そのため、憲法問題については、最高裁の判断を求める機会が保障されていなければならない。そのことが一因となり、最高裁の負担軽減を狙って1996年に民事事件における裁量上告制度が導入されても（→第11章第4節**1**(2)(ア)）、最高裁の負担はさほど減らなかった。

下級裁判所の違憲審査権に関する規定はないが、これを否定する学説はない。下級裁判所も、実際にこの権限を行使してきた。食糧管理法違反事件に関する最大判昭和25・2・1刑集4巻2号73頁をはじめとして、最高裁もこれを承認している。さらに現行訴訟法も、それを前提とした規定を置いている（民訴法312条1項、刑訴法405条1号など）。

＊　日本国憲法および裁判所法の制定過程では、下級裁判所が法令の憲法適合性についての判断を最高裁に求める制度が構想されたことがあった。これは先に触れたドイツ連邦憲法裁判所が採用する具体的規範統制手続に相当し（→本章第2節**2**）、現在でも日本にこれを導入しようとする学説もある。具体的事件を前提とするため、この手続は抽象的違憲審査ではない、という。また、下級裁判所は憲法判断を行った上で移送するため、「終審」に対する「前審」性を読み込むこともできる、とする（畑尻剛）。アメリカ型とドイツ型の違憲審査制度を理念化して過度に対立的に捉えないことを前提に、中間的な制度を模索しようとする発想自体は注目できる。ただし、

下級裁判所の違憲判断権を否定することには憲法上の疑義がある。また立法政策的にも、移送を受ける最高裁の負担が過剰にならないために機構改革（憲法部の設置など）が必要となる。最高裁の違憲審査を活性化させるために種々提案されている最高裁の制度改革については、後述する（→本章第10節）。

第３節　違憲審査の対象

1　国内法規範とその適用行為

憲法81条は、違憲審査の対象を「一切の法律、命令、規則又は処分」と規定する。これは、違憲審査の対象となる国の作用を例示したものである。「法律」とは形式的意味の法律を指し、条例も法律に準ずるものとして、ここに含まれる。「命令」とは行政機関の制定する国法形式としての命令を指す。会計検査院規則や人事院規則などは、その性質において命令の一種であり、規則ではなく命令に当たる。「規則」とは日本国憲法が認めている規則という名の法形式である、議院規則（58条２項）、裁判所規則（77条）をいう。「処分」は、具体的・個別的な法規範を定立する法形式を総称している。裁判所の判決・決定がここにいう処分に含まれるかについては、否定説もあるものの（兼子一・竹下守夫）、通説は肯定説であり、判例も同様である（前掲刑訴応急措置法事件判決など）。さらに国家による事実行為も処分に含まれる、と解されている（→本章第７節**2**）。ただし、ある国家行為が81条の例示のいずれに当たるかは重要なことではなく、国内法規範とその適用行為が広く違憲審査の対象である。

2　条　約

憲法と条約の効力関係については、既に述べた（→第６章第３節**1**(1)(イ))。81条は、「条約」を違憲審査の対象とは明記していないだけでなく、98条２項が条約の誠実遵守義務を定めており、実質的にも条約は外国との合意によって成立するという特殊性がある。このことから、条約は違憲審査の対象ではないという立場もありうる。しかし通説は、条約に対する憲法優位説を前提に、法律よりも容易な手続で承認される条約（61条参照）

によって憲法が実質的に変更されることを防ぐ必要性などを理由として、条約にも違憲審査権が及ぶと解している。ただし、条約が違憲と判断されても、その国内法上の効力が否定されるにとどまり、国際法上の効力は維持される。その場合には、内閣は国際法上の効力を失わせるために対象国との交渉が義務づけられることになる。国内法上の効力が否定された場合、例えば、条約上の義務を履行するための予算措置がとれなくなる。

＊　最高裁は、旧日米安全保障条約に基づく米軍駐留の憲法適合性が争われた砂川事件判決（最大判昭和34・12・16刑集13巻13号3225頁）で、当該条約は「わが国の存立の基礎に極めて重大な関係をもつ高度の政治性」を有するため、「一見極めて明白に違憲無効」でない限り、「司法審査権の範囲外」だとしていた（→第11章第２節５(4)）。これは、条約に対する違憲審査権の存在を前提とした論旨である。

3　立法不作為

憲法81条による違憲審査対象の列挙は、国家の作為行為を前提としているように受け取れる。しかし立法の不作為、つまり、①立法義務が存在するにもかかわらず、立法府が憲法上の権利を具体化する立法を行わない場合、②改善義務があるにもかかわらず、立法府が憲法上の権利を制限する立法を改廃しない場合も、違憲審査の対象となる。ただし、不作為を無効とすることはできないため、違憲である場合における権利・利益救済の方法には工夫が必要となる。立法不作為を訴訟により争う方法として、従来最も利用されてきたのは、国家賠償請求訴訟である。ただし、国賠訴訟は公務員による違法行為に対して賠償を求めるものであるため（国賠法１条１項）、それを立法の内容の違憲性審査へ転用するには障害がある。

歩行困難者に対する在宅投票制度が公選法改正によって廃止され、その後も復活されなかったため、投票ができないことによる精神的損害について国家賠償が求められた事件があった。これに対して最高裁は、①立法行為と立法不作為を区別せず、②国賠法上の違法性と立法内容の違憲性を区別し、③前者について、国会議員は原則として政治的責任を負うにとどまり、「立法の内容が憲法の一義的な文言に違反しているにもかかわらず国会があえて当該立法を行うというごとき、容易に想定し難いような例外的な場合でない限り」、国賠法１条１項上違法とはならないと判断した（在宅投票制度廃止事件判決：最判昭和60・11・21民集39巻７号1512頁）。

この判決の影響は大きかったが、下級審の中には、最高裁判決から事案を区別することによって、③で示された極めて厳格な違法性要件を緩和する試みもあった（熊本地判平成13・５・11判時1748号30頁など）。それらを踏まえて在宅投票制度廃止事件判決による厳格な限定を事実上緩和し、実際にも当該立法の内容を違憲と判断し、国賠法上の違法性をも認めたのが、在外日本人選挙権判決（最大判平成17・９・14民集59巻７号2087頁）である。さらにその後、再婚禁止期間違憲判決（最大判平成27・12・16民集69巻８号2427頁）は、当該立法内容を違憲としつつも、国会議員の立法行為・立法不作為が国賠法上違法となるのは、「法律の規定が憲法上保障され又は保護されている権利利益を合理的な理由なく制約するものとして憲法の規定に違反するものであることが明白であるにもかかわらず、国会が正当な理由なく長期にわたってその改廃等の立法措置を怠る場合など」だと述べ、当該立法不作為はそれには当たらないと判断した。この新たな定式化は、在外日本人選挙権判決のそれを整理し直したものである（→憲法Ⅰ第18章第２節、第19章第３節**6**）。

2004年の行訴法改正により「公法上の法律関係に関する確認の訴え」（行訴法４条後段）が明文化されたことによって、立法の不作為の違憲性を公法上の当事者訴訟で争う可能性が拡大した。その先駆となったのも、前掲在外日本人選挙権判決である。この判決は、原告側の予備的請求を善解して、次回の選挙において「在外選挙人名簿に登録されていることに基づいて投票をすることができる地位にあることの確認」の請求を、適法な訴えとして認め、また理由もあるとして認容したものである。ただし、これはあくまで公法上の法律関係の確認の訴えであり、かつて一部の学説により提唱されていた立法不作為の違憲確認訴訟が適法と認められたわけではない。しかし、立法不作為の違憲が「公法上の法律関係に関する確認の訴え」によって争えるのであれば、実定法上の根拠に欠ける立法不作為の違憲確認訴訟（さらには立法の義務づけ訴訟）をあえて認める必要は少ない。

＊　在外日本人の国民審査権に関する東京地判令和元・5・28判時2420号35頁は、次回の国民審査において審査権を行使することができる地位の確認請求を、「法律上の争訟」の②要件（終局的解決可能性要件）を欠くとして却下した。在外日本人選挙権判決の事例では、在外選挙制度が創設されていたため、当分の間比例代表選挙に限る旨の部分を違憲無効とすることによって投票しうる地位を導くことができた（→本章第7節**1**(2)(ア)）。それに対してこの事例では、在外審査制度が全く創設されていないため、審査権を行使しうる地位を導けないとしたのである。これは在外日本人選挙権判決に関する調査官解説が既に示していた、「より著しい立法不作為の結果、在外国民の権利救済のみちがとざされるという」懸念（杉原則彦）が、現実化したものである。他方でこの判決は、当該立法不作為を違憲とし、国家賠償も認容した（→第11章第4節**2**(2)）。

＊＊　上記事件の控訴審判決である、東京高判令和2・6・25判時2460号37頁は、前掲在外日本人選挙権判決と同様、憲法判断を先行させ、在外日本人に国民審査権を認めていないことを違憲とした。地位確認の訴えについては第1審と同じく却下したものの、救済を図るために他に適切な方法がなく、即時確定の利益もあるとして、次回の国民審査において審査権の行使をさせないことの違法確認の訴えを認めた。他方で、国家賠償請求は棄却した。これらを受けた最高裁の判断は、重要なものとなるだろう。

4　国の私法上の行為

国家の活動は、公法上の行為の形式だけではなく、私法上の行為の形式をとって行われることもある。この場合に、当該行為は違憲審査の対象となるか。最高裁は百里基地事件判決（最判平成元・6・20民集43巻6号385頁）で、「私人と対等の立場で行う国の行為」は、「憲法98条1項にいう『国務に関するその他の行為』に該当しない」と述べて、違憲審査の対象性を否定した。これに対して同判決の伊藤正己裁判官の補足意見は、津地鎮祭判決（最大判昭和52・7・13民集31巻4号533頁）が、市による地鎮祭への支出という私法的行為に基づく行為の憲法適合性について判断したという先例を挙げつつ、異論を唱えていた。通説も、国家の行為はすべて違憲審査の対象となり、そうでないと、私法的形態を装うことで憲法の適用を免れることが可能となる、と考えている。百里基地事件判決は、憲法9条を「私法的な価値秩序とは本来関係のない優れて公法的な性格を有する規範」だというが、この判決の射程は上記の規範に限定されたものとして受け取りたい（長谷部恭男）。

5　憲法改正

憲法の改正が違憲審査の対象となるかについては、既に扱った（➞第６章第２節**3**）。

第４節　違憲審査の要件

1　訴訟要件

付随的違憲審査制では、裁判所による違憲審査は、通常の訴訟手続の中で、その訴訟の解決に必要な限りで行われる。そのため、民事訴訟、刑事訴訟、行政訴訟などの訴訟として訴えが成立していることが前提となる。それぞれの訴訟要件については、各法分野に委ねる。

2　違憲主張の適格

(1)　問題の所在

適法に成立している訴訟の中で、攻撃防御の方法として違憲が主張されることがある。このような訴訟が、憲法訴訟と呼ばれる。しかしその違憲の主張は無制限に認められるわけではなく、主観訴訟を基礎とする司法権概念が想定されていることから、一定の制約がある。いかなる場合にそれが認められるかが、違憲主張の適格（提起しうる争点の範囲）の問題として論じられてきた。

(2)　法令中の他の規定などの援用

訴訟当事者が、自己に適用される法令や処分等を違憲と主張することができるのは、当然である。その上で問題となるのは、自己に適用されない法規定の違憲をも主張できるかである。まず、無許可行為を処罰する規定が適用された被告人が、許可制を定める規定の違憲を主張するといった形で（小売市場事件判決：最大判昭和47・11・22刑集26巻９号586頁参照）、適用規定と密接不可分の関係にある同一の法令中の他の規定の違憲を主張することは許される。また、自衛隊法121条の防衛用器物損壊罪の適用を受けた被告人が、自衛隊法全体が憲法９条に反すると主張したように（後掲恵庭事件判決参照）、適用規定が法令全体と不可分だとしてその違憲を主張することも許されている。ただし、これは例外的な事例である。

＊　府中市議員政治倫理条例事件判決：　本件条例は、(ア)議員の二親等以内の親族が経営する企業に市の工事等の請負契約等の辞退義務を定め、また(イ)議員はその辞退届を提出するよう努める旨等を定めていた。議員が条例の(ア)にかかる規定の違憲を主張できるかは理論上問題となるが、最高裁は(ア)と(イ)が密接不可分の関係にあるため、議員に(ア)の規定についても違憲主張適格を認めた、と解される（最判平成26・５・27判時2231号９頁）。

(3)　第三者の憲法上の権利・利益侵害の援用

自己に適用される法令や処分等が、特定第三者の憲法上の権利・利益を侵害するから自己に適用すべきでない、という形の違憲の主張をすることは許されるか。代表的判例である第三者所有物没収事件判決（最大判昭和37・11・28刑集16巻11号1593頁）は、告知・弁解・防御の機会を与えることなく第三者の所有物を没収することは違憲だという憲法判断を行った上で、被告人がそのことを理由に上告することを、①没収は被告人に対する附加刑であること、②被告人としても占有権が剥奪されていること、③第三者から賠償請求される危険があること、を理由として認めた。

この結論は学説でも広く支持されているが、判旨の読み方は立場の違いを反映して分かれている。付随的違憲審査制の枠組みによる制約を意識する通説的立場は、援用者の訴訟における利益の程度、援用される権利の性格、援用者と第三者との関係、第三者が独立の訴訟で自己の権利侵害を主張することの難易性などを、主張を認めるための指針として示す（芦部信喜、渋谷秀樹、松井茂記）。そして第三者所有物没収事件判決を、第三者が独立の訴訟で自己の権利侵害を主張することが難しいという事情を加味して、肯定的に評価する。これに対して、日本では徹底した当事者主義が採用されておらず、特に憲法問題については裁判所が職権主義的な審査を行っていることを踏まえる有力説は、本案審理では違憲・違法の主張の理由に限定はない、と主張する（戸波江二、市川正人、大石和彦）。そして同判決も、被告人が利害関係を有する限り上告を認める趣旨だと読む。議論が展開されているものの、おそらくこの判決は、事案を前提としての判断であり、一般的に特定の立場を示したものではない。上述した有力説が前提とするように、違憲審査制の憲法保障機能が重視されている日本の判例状況を踏まえると（→本章第2節**4**）、後者の見解が採用されるべきだろう。ただし、訴訟当事者と第三者に一定の利益相反が認められる場合などでは、別の考慮が必要である（土井真一）。

＊　宗教法人オウム真理教に解散命令が出されたことに対して、当該教団が信者の信教の自由侵害を理由に争った事件において、東京高決平成7・12・19判時1548号26頁は、前掲第三者所有物没収事件判決を引用しながら、教団に対して、第三者である信者にかかる違憲主張の適格を認めなかった。これに対して同事件に関する最決平成8・1・30民集50巻1号199頁は、この主張適格を黙示的に肯定した上で、実体に関する判断を行った（→憲法Ⅰ第8章第2節**3**）。この決定は、信者と宗教法人の密接な関係から信者は単なる第三者ではないため、当然に違憲主張の適格を認めたものだ、と解説されている（近藤崇晴調査官）。

＊＊　裁判員制度の合憲性に関する判決（最大判平成23・11・16刑集65巻8号1285頁）では、被告人による、裁判員の負担の苦役（18条後段）該当性に関する主張について、実体的判断が行われた。この事案で、不特定の仮定的第三者の権利・利益侵害の援用が認められたのは、裁判員の負担が違憲なら、裁判体の構成およびそれにより行われた手続が違法となり、被告人の裁判を受ける権利が侵害されるため（西野吾一・矢野直邦調査官）、と解されている。不特定の仮定的第三者の権利・利益侵害の援用が認められるのは、事実上の客観訴訟化を避けるという観点から、例外的な場合であろう。

(4)　客観法原則違反の援用

自己に対する適用は合憲であっても、適用される法規定が過度に広汎または不明確のために違憲だという主張の仕方は、判例上一般に認められてきた。例えば広島市暴走族追放条例事件判決（最判平成19・9・18刑集61巻6号601頁）は、当該被告人の行為は条例が規制しようとしていた典型的な行為であり、この行為が条例に違反することは明らかであったにもかかわらず、被告人による条例の過度広汎性や明確性に関する違憲の主張適格を認めていた。この類型は、これまで不特定の仮定的第三者の権利援用の一場面として扱われることが多かった。しかし近年では、表現の自由に対する萎縮的効果の除去などを目的として客観法原則違反の主張が一般的に認められる結果、不特定第三者の権利援用が認められたかのような形になる、と位置づけ直されることがある（小山剛）。

＊　客観訴訟における違憲主張の適格：　選挙無効訴訟において、公選法11条1項2号・3号が受刑者の選挙権を制限していることなどの違憲性が、無効原因として主張された事例がある。最決平成26・7・9判時2241号20頁は、選挙人らが他者の選挙権の制限の違憲性を主張することは法律上予定されていない、と判断した（→第7章第5節**3**）。

＊＊　違憲主張の適格という問題設定は適切か、必要か、は疑う余地がある。違憲主張の適格が問題となる場面は、上告理由を示す場合とそれ以外に分かれる。当事者による違憲の主張が訴訟法上適法だったり、不適法だったりすることは一般にはなく、全く自己に関係のない違憲の論旨が、上告理由としては不適法だと解されることがあるにとどまる（安念潤司）。適格の存否を語る意味があるとすれば、裁判所として当事者の主張に応答する法的義務を負うか否か、という点にある（内野正幸）。

(5)　訴えの利益の継続性

訴訟を提起した時点では適法な訴訟であったが、その後の事情によって、事件・争訟性の要件を欠くに至った場合、訴訟は本案判断に入らず、却下される。しかし憲法訴訟に際して、そのような場合でも最高裁が例外的に憲法判断を行った例がある。

一つはメーデー皇居前広場事件判決（最大判昭和28・12・23民集7巻13号1561頁）である。メーデーのための皇居前広場使用申請が不許可とされたため、その取消しを求めた訴訟は、控訴審係属中にメーデーが過ぎてしまったため、請求が棄却された。最高裁もこれを正当としたが、かっこ書で「なお、念のため」として、不許可処分に違法はないとの本案判断を行った。もう一つは朝日訴訟最高裁判決（最大判昭和42・5・24民集21巻5号1043頁）である。生活扶助を廃止された者が扶助基準の適法性などを争った訴訟で、上告審係属中に原告が死亡したため、相続人が訴訟承継できるかが問題となった。最高裁はこれを否定しつつも、ここでもかっこ書で「なお、念のため」として、厚生大臣の認定判断に違法はないという本案判断を行っている。

付随的審査制だとしながらも、最高裁が事件・争訟性の要件から離れて上記のような本案判断をすることについては、日本独特の「合一化傾向」の一例として、学説上議論がある。一般論としては、事案と密接した内容の傍論であれば、最高裁が下級審に一定の指針を与えておきたいと考えることも許される、とするのが多数である（高橋和之、野坂泰司）。他方では、メーデー皇居前広場事件については、アメリカ法に倣い、繰り返し起こりうるという事情があるとして憲法判断を肯定しつつ、朝日訴訟にはそのような事情はなかった、と批判する見解もある（佐藤幸治）。

＊　メーデー皇居前広場事件のような事案においては、2004年の行訴法改正後は、申請拒否処分に対する義務付け訴訟（行訴法３条６項２号・37条の２）、および仮の義務付け（同法37条の５）などの手法が用いられうる。またそれとは別に、国家賠償請求を行うことも当然に可能である。

第５節　違憲審査の方法

１　文面審査と適用審査、法令審査と処分審査

文面審査は、かつては、ある法律の定める事前抑制の措置が「検閲」に当たるかなど、立法事実（後述）を特に検出し論証せずに、法律の文面を検討するだけで結論を導き出す審査手法を指す、とされていた（芦部信喜）。しかし現在では、文面審査は、当該事件の事実（司法事実）にとらわれずに、法令それ自体の合憲性を判断しようとするもので、立法事実を考慮しない文面審査だけでなく、立法事実を考慮する文面審査も含む、と解されている（市川正人）。このような審査の結果、違憲との判断に至れば、文面上違憲無効の判決が下される。他方、適用審査についても、法令の適用行為を対象とする審査と捉えるか、審査の対象は法令であるが、その審査の範囲が適用事実類型に限定されるものと捉えるかは、明確ではなかった。現在では、適用審査という語感から離れて、後者と解されつつある。

このような用語法によると、文面審査と適用審査はともに「法令審査」であり、行政機関等による適用行為や処分を審査する「処分審査」がそれ

に対置される（山本龍彦）。適用審査の結果として適用違憲の判断がなされることがあり、さらには文面審査に移行して法令の全部違憲の判断に至る場合もありうる。後掲尊属殺判決はその例である。これに対して処分審査の結果としては、処分違憲や処分違法（→本章第７節**２**）と判断される場合が生ずる。

アメリカの判例では適用審査優先の原則があるのに対して、日本の判例・学説は、違憲審査制の憲法保障機能を早くから意識し、文面審査を行った結果、法令違憲と判断されることを一般的な姿と捉えてきた。そのことが違憲審査権行使の結果の過大視を導き、緩やかな違憲審査をもたらす一因となった。この事情を踏まえて、適用審査の実施は日本の付随的違憲審査を活性化させる、という主張がされている（佐藤幸治、市川正人）。

＊　現在の憲法学では、「文面」、「適用」といったアメリカ法に由来する用語の理解についてさまざまな見解が出され、錯綜した状況にある。裁判所の実務では、おそらく適用審査と文面審査は明確には区別されず（戸松秀典）、同時並行的で（高橋和之）、両者の「視線の往還」（駒村圭吾）が行われているはずである。もっとも適用審査優先論は当為を述べているため、以上のような事実とは次元を異にしている。法廷内における合意形成の容易化や国会への敬譲という観点からも、適用審査はより重視されるべきであろうが（土井真一）、問題とされている憲法上の権利などによって別の考慮が必要であるため、「優先の原則」と定式化するよりも、両者の「適切な使い分け」が図られるべきだろう（市川正人）。

2　立法事実の審査

付随的違憲審査制は具体的事件を前提とするので、事案を判断する場合には、「誰が、何を、いつ、どこで、いかに行ったか」という、「司法事実」（判決事実）を調べることが必要である。それと対比されるのが、「立法事実」という概念である。これには二つの用法がある。第１は「法形成を支える事実」という意味であり、第２は「法律の合理性に関する事実」という意味である。民事訴訟法学では前者の意味で用いられるのに対して、憲法学では一般に後者の意味で用いられている（原竹裕）。つまり、立法事実とは、法律の立法目的および立法目的を達成する手段の合理性を裏づけ支える社会的・経済的・文化的な一般的事実だとされている。立法事実を検証しないまま、ただ憲法と法律の条文だけを概念的に比較して違憲か合憲かを決める憲法判断の手法では、実態に適合しない形式的・観念的な説得力の弱い判決となってしまう、というのである（芦部信喜）。最高裁も、例えば薬事法事件判決（最大判昭和50・４・30民集29巻４号572頁）において、薬局開設に関する距離制限規制に必要性や合理性があるかについて、立法事実を検討しつつ判断していた（→憲法Ⅰ第13章第４節**5**）。

裁判所が立法事実をどのような方法や手続で顕出するかについて、法律の定めはない。法解釈は裁判官の職責であるから、原則としては、裁判所は当事者の主張とは無関係に立法事実を認定することが可能である。裁判所が立法事実をどの程度検証する必要があるかは、制約されている憲法上の権利の性質や侵害の程度などによって異なってくる。立法事実は、法律が必要であることの説明として、法案が審議された両院の委員会および本会議の議事録に記載されているはずである。しかし、それでは必ずしも十分ではないことが多い。訴訟当事者が、とりわけ事実審の段階において、立法事実の収集や分析のために果たす役割は大きい。他方で、立法事実は当事者が最もよく知っているわけではないため、裁判所の調査能力を高めることも必要である。裁判所が立法事実を収集するために、活用できる現行法がないわけではない。例えば、調査嘱託（民訴法186条）であり、私人間の訴訟において憲法上の争点が提起された場合には、法務大臣権限法４条（国の利害または公共の福祉に重大な関係のある訴訟において、法務大臣は裁判所に意見を述べることができる）を使うことが考えられる。立法論としては、最高裁判所規則で何らかの定めを置くべきだという提案が以前からあるものの、実現していない。例えば、当事者以外から、当事者的立場に左右されない独立の専門的意見書を得る仕組み（アミカス・キューリー〔法廷の友〕）の導入案はかねてより有力である。

＊　これまで法務大臣権限法４条に基づいて、国が意見を述べた例は、後掲森林法事件判決とNHK受信料判決（最大判平成29・12・６民集71巻10号1817頁）に際しての２度のみであり、いずれも法的な見解を述べたものだった。また知財高裁がiPhone事件（知財高判平成26・５・16判タ1402号166頁①事

件）に際して意見募集を行った例は、「日本版アミカス」として知られるが、これも法的な論点に関するものだった。しかしこれらは、立法事実の収集のためにも活用できる（御幸聖樹）。インターネットの普及によって、個々の裁判官が独自に調査を行うことも容易になったものの、そこには訴訟当事者に攻守の機会が保障されないため、手続的公正という観点からの問題も潜む（武田芳樹）。

＊＊　立法事実の顕出の基準時は、法律の制定時か、事実審の口頭弁論終結時か、判決時かも、定まっていない。近年の最高裁では、立法事実の変化を根拠としながら、憲法適合性審査を行う例が目立っているため（→憲法Ⅰ第４章第２節３）、今後の検討が必要な論点である。ある調査官の解説は、権利関係の存否は事実審の口頭弁論終結時を基準とするが、最高裁が違憲立法審査権を行使する場合の判断の基準時は判決時だという（杉原則彦）。

3　違憲判断の基準

違憲判断の基準は、各憲法上の権利に即して論じられるべきものであるため、ここでは一言触れるにとどめたい。従来の学説は、アメリカの判例・学説を参考として、まず、立法の目的と手段について審査する枠組みを構想した。また、裁判所が憲法判断をする際によるべき基準として、精神的自由規制立法については厳格に、経済的自由規制立法については緩やかに審査すべきとする「二重の基準」という基本思考が提唱され、さらに中間の審査基準もあるなどと論じられてきた。さらに内容規制と内容中立規制を区別するといった実体法的な合憲性判断基準も提示された。こうした基準を設定することにより、裁判所による合憲性審査に際しての利益衡量に指針を与えることが試みられたのである。

これに対して判例は、そうした基準論からは距離を置き、「総合的判断」によって法律の合憲性を審査してきた。そうした状況の中で、近年では、ドイツの判例・学説を参考として「三段階審査」論が説かれるようになった。これは、自由権に対する規制立法について、保護領域該当性・制約の有無・正当化可能性という三つの段階を踏んで合憲性審査をする構想である。正当化審査は、法律の根拠の有無などを審査する形式的正当化審査と実質的正当化審査に分かれる。後者で働くのが比例原則審査である。これは憲法上の権利に対する制約の目的が正当であることを前提として、手段の適合性、必要性、得られる利益と失われる利益の均衡性を審査するものである。

＊　正当化審査の手法として、違憲審査基準論と比例原則の思考のいずれが理論的に優れているかが論じられることがある。しかし、判断の透明性が低い日本における憲法判例の現状を一歩でも進めるためにはどちらが手がかりとして有用かを考える、という態度がとられるべきである。また日本の判例も従来全く無基準で判断してきたわけではないであろうから（例えば、「やむ得ないと認められる事由」の基準、目的効果基準など）、それらを充実させ帰納的に整序することも、有益な試みである。それと並んで、違憲審査基準も比例原則も、主に自由権（防御権）が関わる場面を念頭に説かれてきたため、それ以外の憲法上の権利に関する審査手法を構築する必要性もある（→憲法Ⅰ第3章、第4章第2節）。

第6節　合憲判断の方法

1　憲法判断の回避

違憲の争点が適法に提出されている場合でも、裁判所はその争点に触れないで事案の解決が可能ならば、あえて憲法判断をする必要はないという考え方がある。アメリカ合衆国最高裁のある判決におけるブランダイス裁判官の補足意見（1936年）を参照することによって、この憲法判断の回避の方法を分類し、それには憲法判断そのものの回避と違憲判断の回避（合憲限定解釈）という手法がある、と説明されてきた。前者は合憲判断の手法ではないが、便宜的にここで扱う。

前者が注目を集めた初期の例として、恵庭事件判決がある（札幌地判昭和42・3・29下刑集9巻3号359頁）。自衛隊の通信線を切断したことが自衛隊法121条違反だとして起訴された事件だったが、この訴訟の中で自衛隊の合憲性が激しく争われた。しかし札幌地裁は、被告人の行為は同条の構成要件に該当せず無罪とし、その結論に達した以上、憲法判断を行う必要がないだけではなく、行うべきではない、とかなり強い憲法判断回避の原則を述べていた。しかし付随的違憲審査制からそうした強い原則が直接導き出されるわけではない。違憲審査制の憲法保障機能にも配慮して、「事件の重大性や違憲状態の程度、その及ぼす影響の範囲、事件で問題にされている権利の性質等を総合的に考慮し、十分理由があると判断した場合は、回避のルールによらず、憲法判断に踏み切ることができる」（芦部信喜）、と解する立場が学説上は有力であり、おそらくその後の判例でもある。

＊　争点の判断順序：　当時の学説の中には、構成要件該当性判断には当該規定の憲法適合性判断が論理的に先行するはずであり、恵庭事件判決はそれを回避した点で不適切だという批判論もあった（有倉遼吉）。しかし、同判決は構成要件に該当しないと判断したのであるから、法律を適用したわけではなく、また法律を適用する際に常に憲法判断を先行しなければならないとすれば、経験的素材が不十分なまま憲法判断をすることになるため、適切ではない。ちなみに恵庭事件判決と対照的な見地を示したのが、長沼訴訟第１審判決（札幌地判昭和48・９・７判時712号24頁）だった。この判決は、憲法の基本原理に対する重大な違反があり、それによって国民の権利が侵害され、憲法判断を行わなければ紛争を根本的に解決できない場合は、国家行為の憲法適合性を判断する義務がある、という。この判決が「義務」というのは強すぎるが、憲法判断を回避せず、自衛隊の違憲判断を行った理由と解することもできる（樋口陽一）。

＊＊　傍論における憲法判断：　法律上の争点に関する判断を先行させて権利救済を行い、憲法判断を回避した恵庭事件判決のような例とは異なり、憲法判断を先行させながら、法律判断の場面で権利救済を否定することは許されるか。国賠法１条１項を用いて、国家の違憲な行為（または不作為）によって損害を被ったとして損害賠償請求がされる訴訟は多い。裁判所は、同項所定の国賠認容要件のうちで「損害」がないとして退けることができる場合でも、傍論ではあるが「違法」性判断を先行させて行うことがある。その近年の代表例としては、前掲再婚禁止期間違憲判決がある。いかなる場合に裁判所はそうした判断ができるかについても、最高裁と下級審では異なる考慮が必要ではあるが（→本章第４節**2**(5)）、基本的には上で紹介した思考が当てはまるだろう（→憲法Ⅰ第19章第３節**6**）。

2　合憲判決

合憲判決には、三つの手法がある（宍戸常寿）。第１は、適用合憲判決である。その代表例である川崎民商事件判決（最大判昭和47・11・22刑集26巻９号554頁）は、収税官吏の質問検査権を定めていた事件当時の所得税法

63条が不明確だという上告趣意に対して、「本件に適用される場合に、その内容になんら不明確な点は存しない」、と応えた。

第2は、法令合憲判決である。その代表例である大阪市屋外広告物条例事件判決（最大判昭和43・12・18刑集22巻13号1549頁）は、同条例の規制が表現の自由の保障に反しないことを述べるにとどまり、当該事例への適用も合憲だという判断を背後に置きつつも、それを明確には審査していない。このような審査手法は、客観的・一般的審査だとして批判の対象とされた（佐藤幸治）。ただし、標準的な適用を前提に法令が合憲と判断されたにすぎないことにも留意したい（市川正人）。

第3は、法令・適用合憲判決である。前掲沖縄代理署名訴訟判決が、その例である。判決は、まず、駐留軍用地特措法が憲法前文・9条・13条・29条3項・31条に違反しないとする。その上で、同法の沖縄県における適用についても同様に合憲と判断した。

＊　川崎民商事件判決が適用合憲判決だったということは、別の観点からいえば、客観法原則違反の援用を認めなかった、ということでもある。この立場は、前掲広島市暴走族追放条例事件判決など、主張適格を広く認めてきたその後の最高裁判例とは方向性を異にする（柴田憲司）（→本章第4節**2**(4)）。

3　憲法適合的解釈

憲法適合的解釈とは、法令に違憲的に適用される部分がないと考えることを前提としつつ（前提としない広義の用法もある）、憲法上の要請を考慮しない通常の解釈ではなく、憲法上の要請を考慮した他の解釈を選択することである。広義の用法では、次に扱う合憲限定解釈をも含み（宍戸常寿）、①議会に対する敬譲の要請、②国法秩序はできる限り統一的であるべきだという実体的原理からの要請、③違憲判断による法的混乱回避の要請などが、その根拠とされる（土井真一）。

（狭義の）憲法適合的解釈が行われた例として、全逓東京中郵事件判決（最大判昭和41・10・26刑集20巻8号901頁）がある。この判決は、労働基本権を禁止する公共企業体等労働関係法17条1項を合憲としつつも、「憲法

28条の保障する労働基本権尊重の根本精神にのっとり、争議行為の禁止違反に対する効果または制裁は必要最小限度にとどめるべきであるとの見地」から同法を解釈し、労組法１条２項による刑事免責の可能性とその範囲を示したものだった。

近年の例としては、堀越事件判決（最判平成24・12・７刑集66巻12号1337頁）がある。この判決は、表現の自由保障の重要性から、「法令による公務員に対する政治的行為の禁止は、国民としての政治活動の自由に対する必要やむを得ない限度」にとどまるべきだという見解を示す。その上で、国公法102条１項にいう「政治的行為」を、「公務員の職務の遂行の政治的中立性を損なうおそれが、観念的なものにとどまらず、現実的に起こり得るものとして実質的に認められるものを指し、同項はそのような行為の類型の具体的な定めを人事院規則に委任した」と解釈し、当該事案の行為を構成要件に該当しないと判断した。担当調査官はこれを憲法適合的解釈だと解説する（岩崎邦生)。もっとも千葉勝美裁判官の補足意見は、「通常の法令解釈の手法」としての限定的な解釈だと位置づけている。

憲法適合的解釈を行うことによって、当該事件において最高裁がいかなる役割を果たしたかは、場合によって異なる。全逓東京中郵事件判決は、労組法１条２項の適用を排除していた原審判決を破棄・差し戻したものであり、堀越事件判決は原審による無罪判決を維持したものであるため、これらの判決では権利保障という機能が果たされている。しかし、憲法適合的解釈を行うことにより、法令を救済する判決もありうる。また多くの判決では、おそらく両側面が働いている。

＊　憲法適合的解釈か、合憲限定解釈か、通常の限定的な解釈かについて、判別が微妙な例は少なくない。(i)旧「あん摩師、はり師、きゅう師及び柔道整復師法」12条は、医業類似行為を業とすることを禁止し、処罰の対象としていた。この規定が憲法22条１項に反しないかが争点となった刑事事件において、最大判昭和35・１・27刑集14巻１号33頁は、同法が禁止処罰するのは、「人の健康に害を及ぼす虞のある業務行為に限局する趣旨」だと解して合憲だと述べた。事案については、被告人を有罪とした原審判決を破棄・差戻ししている。ここでは、憲法を意識しながら処罰対象を明確化する解釈がされているため、憲法適合的解釈だと位置づけうる。そのほか、

(ii)外務省秘密電文漏洩事件に関する最決昭和53・5・31刑集32巻3号457頁は、報道の自由や取材の自由の意義を述べた上で、国公法111条等にいう「そそのかし」に関し、「報道機関が公務員に対し根気強く執拗に説得ないし要請を続けることは、それが真に報道の目的からでたものであり、その手段・方法が法秩序全体の精神に照らし相当なものとして社会観念上是認されるものである限りは、実質的に違法性を欠き正当な業務行為」だ、と解した。また、(iii) NHK 記者事件決定（最決平成18・10・3民集60巻8号2647頁）は、証言拒否を認める民訴法197条1項3号所定の「職業の秘密」該当性判断に際して、報道の自由の意義に配慮することにより、「証人は、原則として、当該取材源に係る証言を拒絶することができる」と解した。これらも、前掲全逓東京中郵事件判決と同様に、憲法上の権利の意義を考慮することによって、違法性阻却事由や免責規定を解釈している点で、憲法適合的解釈の例と位置づけられる。なお結論としては、外務省秘密電文漏洩事件決定では正当業務行為は認められなかったが、NHK 記者事件決定では証言拒否が認められている。

＊＊　憲法適合的解釈にも限界はある。その趣旨は次に説明する合憲限定解釈の限界と同じであるため、後述するところに譲る。

4　合憲限定解釈

(1)　代表的判例

合憲限定解釈とは、通常の解釈をすれば法令に違憲的に適用される部分があると考えられる場合に、法令の適用範囲を限定する解釈を採用することによって、当該法令を合憲と判断する手法である。そのため「憲法判断の回避」と対比されて、「違憲判断の回避」とも位置づけられる。この手法が用いられた例は多い。前述した（狭義の）憲法適合的解釈との違いは相対的であるため、理解の仕方が分かれる判決は少なくない。またその根拠や、果たした機能が場合によって異なるという点も、憲法適合的解釈と同様である。

最高裁が合憲限定解釈を行った古典的な例としては、東京都教組事件判決（最大判昭和44・4・2刑集23巻5号305頁）がある。この判決は、地方公務員の争議行為を禁止し、争議行為のあおり行為等に刑事罰を科す地公法37条・61条4号が、「文字どおりに」争議行為のあおり行為等をすべて処罰する趣旨と解すべきならば、「違憲の疑を免れない」という。しかし

「法律の規定は、可能なかぎり、憲法の精神にそくし、これと調和しうるよう、合理的に解釈されるべき」だという観点から、構成要件に二重に絞りをかける解釈を行った上で、当該事案における行為を無罪とした。そのためこの判決では、合憲限定解釈が権利保障機能を果たしている。

税関検査事件判決（最大判昭和59・12・12民集38巻12号1308頁）は、当時の関税定率法21条１項３号の「『風俗を害すべき書籍、図画』等の中に猥褻物以外のものを含めて解釈するときは」、規制の範囲が広汎、不明確で違憲となるため、この文言を「猥褻な書籍、図画等を意味するもの」と限定的に解釈することによって、憲法21条１項に反しないと判断した。福岡県青少年保護育成条例事件判決（最大判昭和60・10・23刑集39巻６号413頁）も、同条例で処罰対象とされた「淫行」を「青少年に対する性行為一般を指すもの」と解すると「広きに失することが明らか」と述べつつ、この文言に限定的な解釈を施すことにより、憲法31条には反しない、と判断している。近年では、前掲広島市暴走族追放条例事件判決が、「本条例がその文言どおりに適用されることになると、……憲法21条１項及び31条との関係で問題があること」を認めた上で、条例の規制対象となっている「暴走族」を、条例で行った定義にもかかわらず限定して解釈することで、憲法21条・31条に反しないと判断している。これらの判決では、合憲限定解釈した上で、当該事案は限定した解釈に該当するという判断がされている。合憲限定解釈が法令を救済する機能を果たした例である。

上述した諸判決の中で、東京都教組事件判決は立法目的達成のためにとられた手段が広すぎるため、（実質的正当化審査に際して）限定解釈をした例である。これに対してその他の３判決は、法文の明確性や過度の広汎性のために（形式的正当化審査に際して）合憲限定解釈した例である（大石和彦）。先に憲法適合的解釈の項目で扱った堀越事件判決は、両方にまたがっていた。

＊　先にも述べたように、合憲限定解釈か、憲法適合的解釈か、通常の限定的な解釈か、区別しにくい判決は多い。例えば、(i)交通事故報告義務判決（最大判昭和37・５・２刑集16巻５号495頁）は、当時の道路交通取締法施行令67条２項が規定する「事故の内容」を、道路交通取締法の「法の目的」に

鑑みて、「発生した日時、場所、死傷者の数及び負傷の程度並に物の損壊及びその程度等、交通事故の態様に関する事項を指す」と限定解釈した上で、憲法38条1項には反しないと判断した。また、(ii)徳島市公安条例事件判決（最大判昭和50・9・10刑集29巻8号489頁）は、条例3条3号の「交通秩序を維持すること」を「殊更な交通秩序の阻害をもたらすような行為を避止すべきことを命じている」と限定解釈し、憲法31条には反しないと判断している。(iii)「政経タイムス」事件判決（最判昭和54・12・20刑集33巻7号1074頁）は、公選法235条の2第2号のいう選挙に関する「報道又は評論」を「特定の候補者の得票について有利又は不利に働くおそれがある報道・評論」と限定解釈し、憲法21条・14条に違反しないと判断した。さらに(iv)証券取引法事件判決（最大判平成14・2・13民集56巻2号331頁）は、特定有価証券等の短期売買取引による利益提供を定める同法164条1項に関して、「類型的にみて取引の態様自体から上記秘密を不当に利用することが認められない場合には、同項の規定は適用されない」と解釈することを前提として、憲法29条に反しない、と判断した。これらの判決では、その解釈の際に法令に違憲的に適用される部分があるという判断は示されていなかったようであり、また憲法上の要請を考慮した解釈の選択でもなかったようであるため、ひとまず通常の限定解釈と解しておく。いずれの判決も、主に法令を救済する機能を果たしたといえよう。

＊＊　泉佐野市民会館事件判決（最判平成7・3・7民集49巻3号687頁）は、泉佐野市民会館条例7条1号の「公の秩序をみだすおそれがある場合」を、①「本件会館における集会の自由を保障することの重要性よりも、本件会館で集会が開かれることによって、人の生命、身体又は財産が侵害され、公共の安全が損なわれる危険を回避し、防止することの必要性が優越する場合」であり、②「おそれ」については、「単に危険な事態を生ずる蓋然性があるというだけでは足りず、明らかな差し迫った危険の発生が具体的に予見されることが必要」だ、と二重に限定した解釈を行った。この解釈の前提には、条例の文言が「広義の表現を採っている」ため、そのままでは集会の自由の保障に反するという判断があったと思われるため、合憲限定解釈の例と解したい。

(2)　合憲限定解釈の限界

裁判所が違憲判断を行うと、立法府や行政府との軋轢が大きいことから、法令の違憲的に適用される部分を解釈によって除去しようと試みることを否定することはできない。合憲限定解釈によれば合憲的部分はそのまま残るのであるから、規制が欠如するという状態を避けることもできる。しかし、そこには限界もある。学説では、①違憲の疑いを除去するために限定解釈をするのであるから、条項の合憲的適用部分と違憲的適用部分を明確に切り分ける解釈となっている必要があり、②解釈には限界があるため、法令の文言や立法者の意思に明らかに反し、法令の書換えになるような合憲限定解釈は許されない、と解されている（高橋和之）。

最高裁も、全農林警職法事件判決（最大判昭和48・4・25刑集27巻4号547頁）において、先に触れた東京都教組事件判決による構成要件に二重に絞りをかける解釈を、「不明確な限定解釈は、かえって犯罪構成要件の保障的機能を失わせることとなり、その明確性を要請する憲法31条に違反する疑いすら存する」、という観点から退けている。もっともそれならば、当該規定を法令違憲とすればよいと反論する立場が学説上は多数である。

前掲税関検査事件判決は、「表現の自由を規制する法律の規定について限定解釈をすることが許される」ためには、①「その解釈により、規制の対象となるものとそうでないものとが明確に区別され」、かつ、「合憲的に規制し得るもののみが規制の対象となることが明らかにされる場合でなければならず」、また、②「一般国民の理解において、具体的場合に当該表現物が規制の対象となるかどうかの判断を可能ならしめるような基準をその規定から読みとることができるものでなければならない」、という要件を提示していた。もっとも実際になされた限定解釈に対しては、この判決の反対意見や、上述した学説の立場からは、解釈の限界を超えている、一般国民は読みとれない、といった批判がある（→憲法Ⅰ第10章第2節**3**(1)(イ)）。

*　税関検査事件判決による判示はよく知られているものではあるが、その後の最高裁判例の中で明示的にこの要件に依拠して判断した事例は、実はほとんどない。合憲限定解釈が行われる場面はさまざまであり、考慮する要素は異なる。例えば、刑罰法規の明確性や表現の自由規制にかかる場合は、法令のもつ萎縮効果を除去するために、法令を合憲限定解釈することで救済するよりは、法令自体を違憲とする方が本来は望ましい。

**　裁判所は合憲補充（拡張）解釈という手法を用いることもある。その例としての国籍法違憲判決における藤田裁判官の意見については、後述する（→本章第9節**2**(3)）。

第７節　違憲判断の方法

1　法令違憲

(1)　全部違憲

憲法98条１項は、違憲な法令の「全部又は一部は」効力を有しない、と規定する。裁判所が法令の規定を全部違憲とするのは、①法令の文言が漠然不明確などのため形式上既に違憲無効だ、と判断する場合と、②法令の内容審査によって、立法目的が違憲、あるいは立法目的を達成するための手段として必要性や合理性がないため違憲無効とする場合、がある。さらに、③適用審査の結果、法律の典型的適用部分を違憲と判断したため、規定の存在自体を無効とする場合などもありうる。最高裁による数少ない法令違憲判決のうち早期のもの、つまり、尊属殺判決（最大判昭和48・４・４刑集27巻３号265頁）、前掲薬事法事件判決、２度の衆議院議員定数不均衡違憲判決（最大判昭和51・４・14民集30巻３号223頁、最大判昭和60・７・17民集39巻５号1100頁）、森林法事件判決（最大判昭和62・４・22民集41巻３号408頁）は、いずれも全部違憲の判断だった。当時の最高裁は、この手法だけを違憲判断の形式だと考えていたのかもしれない。そうだとすれば、それは最高裁が違憲判決に過度に消極だった一因だと考えられる。

＊　もっとも、例えば前掲税関検査事件判決の伊藤正己など４裁判官の反対意見は、訴訟で争われた関税定率法21条１項３号のうち「風俗」という文言の一部違憲を述べているため、かつての最高裁においても一部違憲という手法が全く知られていなかったわけではない。ちなみにこの反対意見は、当該事案とは関わりがなかった「公安」についても付加的に違憲だと述べ、結局、同項３号すべてを違憲と考えた。

(2)　一部違憲（部分違憲）

近年の最高裁では、一部違憲という手法がしばしば用いられるようになった。この手法は、違憲となる部分を限定することにより立法府との軋轢を最小限にし、また限定を明確にすることで法的安定性を確保しつつ、当事者の救済をも図る、という意義がある（曽我部真裕）。学説上では、一部違憲には文言上と意味上の２種が区別されている。

(ア)　文言上の一部違憲

文言上の一部違憲は、法令の文言のうちで可分な一部を違憲と判断する手法である。前掲在外日本人選挙権判決が違憲だと判断したのは、①1998年改正前の公選法が在外国民の投票を全く認めていなかったことと、②1998年改正後の公選法附則８項の規定のうち、「在外選挙制度の対象となる選挙を当分の間両議院の比例代表選出議員の選挙に限定する部分」であった。②は法令の文言の可分な一部を違憲無効と判断したものである。婚外子法定相続分平成25年決定（最大決平成25・９・４民集67巻６号1320頁）は、民法旧900条４号ただし書の規定のうち「嫡出でない子の相続分は、嫡出である子の相続分の２分の１」とする部分を違憲だと判断した。これも法令の文言の可分な一部を違憲無効とした例である。

＊　衆議院の小選挙区制の下での投票価値の平等に関して、「１人別枠方式」違憲状態判決（最大判平成23・３・23民集65巻２号755頁）は、区画審設置法旧３条の定める「本件区割基準のうち１人別枠方式に係る部分」を違憲状態にあると判断した。これも、区割基準を定める同条１項と２項を可分と考え、「１人別枠方式」に関する後者だけを違憲状態としたものであり、文言上の一部違憲（状態）判決の例である。

(イ)　意味上の一部違憲

意味上の一部違憲とは、法令の規範に含まれる可分な意味の一部を違憲と判断する手法である。郵便法違憲判決（最大判平成14・９・11民集56巻７号1439頁）が憲法17条に反して違憲無効としたのは、郵便法旧68条・73条のうち、①書留郵便物について故意または重過失により損害が生じた場合に、国の損害賠償責任を免除・制限している部分、および②特別送達郵便物について軽過失により損害が生じた場合に、国の損害賠償責任を免除・制限している部分だった。これは、上記条項の中で、文言上は区別することができない意味の一部を違憲と判断したものである。前掲再婚禁止期間違憲判決は、女性に対して６カ月の再婚禁止期間を設ける民法旧733条１項の規定のうち、100日を超える再婚禁止期間の部分を違憲と判断した。

これも意味上の一部違憲の例である。

(ウ)　両者の共通点

文言上の一部違憲判決と意味上の一部違憲判決は、常に厳密に区別できるわけではない。国籍法違憲判決（最大判平成20・６・４民集62巻６号1367頁）は、同法旧３条１項が「日本国籍の取得につき合理性を欠いた過剰な要件を課するものとなっている」ことを違憲と判断した。この判決をいずれの部分違憲と理解するかは、見解が分かれる難しい問題であるし、どちらに当たるかを厳密に考察する意味もない。２種の一部違憲に共通するのは、法令の中で文言上ないし意味上「可分の部分」を違憲と判断していることである。ただし、「可分の部分」かどうかの判断も一義的ではない。また可分だと判断しても、裁判所が、合憲とされる残部だけでは独立の意味をもたないとみた場合や、表現の自由に対する萎縮効果の除去を考慮する場合には、全部違憲無効の判決をすべきである。

(3)　適用違憲（狭義の適用違憲）

かつては、適用違憲という概念は比較的広く捉えられていた。芦部信喜がこれを３類型に分類したことは、古典的な整理となった。しかし、近年では概念を絞り込み、「法令の合憲限定解釈が不可能である場合、すなわち合憲的に適用できる部分と違憲的に適用される可能性のある部分とが不可分の関係にある場合に、違憲的適用の場合をも含むような広い解釈に基づいて法令を当該事件に適用するのは違憲である、という趣旨の判決」（芦部による第１類型の説明、強調は芦部）だけを、適用違憲と呼ぶ理解が一般化しつつある。前述した合憲限定解釈は、法令の意味を憲法に適合するように限定的に解釈することによって法令を違憲とすることを避ける手法であったのに対し、適用違憲は法令が適用される事案類型に着眼して、本件事案類型に適用される限りで違憲とすることによって、法令自体が違憲と判断されることを避けようとするもの、と説明されることがあった（樋口陽一）。しかし近年では、適用違憲は法令の合憲性を当該事件の具体的事実を前提として判断しようとするものであり、法令違憲の一種だと整理されるようになっている（野坂泰司、市川正人）。いずれにしても適用違憲は、違憲的に適用される部分を個別の判断を積み重ねて徐々に画定していこうとする手法であるところに特徴がある。

適用違憲という判断手法を用いた最高裁の判決は、これまで１例もない。代表例とされてきたのは、猿払事件第１審判決（旭川地判昭和43・３・25下刑集10巻３号293頁）である。この判決は、「非管理職である現業公務員で、その職務内容が機械的労務の提供に止まるものが、勤務時間外に、国の施設を利用することなく、かつ職務を利用し、若しくはその公正を害する意図なしで行った人事院規則14−７、６項13号の行為で且つ労働組合活動の一環として行われたと認められる所為に刑事罰を加えることをその適用の範囲内に予定している国公法110条１項19号は、このような行為に適用される限度において」違憲だ、と判断した。この判決文上は「このような行為に適用される限度」とされているため当該事件の事実への適用を違憲としたようにも受け取られうるが、この判決は同号の規定を上記のような事案類型に適用することを違憲としたものと解される。

そのため上告審（最大判昭和49・11・６刑集28巻９号393頁）は、この判決手法を、「法令が当然に適用を予定している場合の一部につきその適用を違憲と判断するものであって、ひっきょう法令の一部を違憲とするにひとしし」い、と批判した。この判示が判例・学説に対しても一部違憲の法理に関する検討を停滞させる効果をもったのであるが、しかし法令の一部違憲判決がしばしば用いられるようになった現在では、合憲限定解釈、一部違憲、適用違憲といった、機能としては近似している判決手法相互の関係が、改めて問われる。

＊　合憲限定解釈と一部違憲は、法令の中の合憲的ないし違憲的部分を画定するという点で共通性と相違があるのに対して（法令を仕分ける手法）、適用違憲は本件の事案類型に適用される限りで違憲という趣旨である（事案類型を仕分ける手法）、とひとまず対比できる。しかし適用違憲の判断も同種の事案類型の限りで法令に違憲の瑕疵があることを認める趣旨であるため、一部違憲と適用違憲の区別は、相対的である。両者は、出発点が法令の規定か、具体的事案かに違いがあり、一部違憲は、裁判所により効力を否認される法令の範囲が適用事実類型を超えるという点において、適用違憲と区別されうる（土井真一）。合憲限定解釈と一部違憲は、結論は合憲と違憲と明確に分かれるため、立法者に対する非難の度合いの違いがあり、それ

に伴って判決に対応する義務が立法府に生ずるか否かにも違いがある。適用違憲も、立法者に対して法改正に関する明確な指示を与えるものではない。

2　処分違憲

「法令そのものは合憲でも、その執行者が人権を侵害するような形で解釈適用した場合に、その解釈適用行為が違憲である、という趣旨の判決」は、かつては適用違憲の一類型とされていた（上記は芦部による適用違憲の第３類型の説明、強調は芦部）。しかし近年では、この類型を処分違憲と呼ぶことが多い。ただし、処分違憲において、芦部による説明のように法令の合憲性が必ず前提とされているとは限らない。先に述べた意味での適用違憲との違いは、適用違憲は「このような行為に適用される限度」とはいえ法令を違憲とする手法であるのに対し、処分違憲はそうではないことにある。つまりこの類型の判決は、違憲をもたらした理由が立法府ではなく処分権者にあることを明確化しようという意図をもつ。第３次家永教科書訴訟判決（最判平成９・８・29民集51巻７号2921頁）が、教科書検定の合憲性を認めつつ、「検定制度の目的、趣旨を逸脱して行われるようなことがあれば、適用上の違憲の問題も生じ得る」とするのは、処分違憲の可能性を示唆したものである。

なお、違憲審査の対象となる「処分」は、行政法学上の処分概念よりも広義で用いられる（→本章第３節１）。これまで比較的多いのが、下級審の判決や決定を違憲とした事例である。その代表例として、強制調停事件決定（最大決昭和35・７・６民集14巻９号1657頁）がある。この決定は、まず、旧金銭債務臨時調停法７条の定める調停に代わる裁判を「性質上非訟事件に関するもの」だけに適用されると合憲限定解釈（あるいは憲法適合的解釈）した上で、純然たる訴訟事件に同条を適用した高裁決定などは、「同法に違反するものであるばかりでなく、同時に憲法82条、32条に照らし、違憲たるを免れない」、と判断した。先にも挙げた第三者所有物没収事件判決も、所有者に告知・弁解・防御の機会を与えることなく、第三者の所有物を没収する第１審・控訴審の判決を違憲としたものであるため、理解の仕方に異論はあるものの、処分違憲の例として挙げうる。

愛媛玉串料判決（最大判平成９・４・２民集51巻４号1673頁）は公金の支出行為を違憲とした。また空知太神社事件第１次上告審判決（最大判平成22・１・20民集64巻１号１頁）は、神社敷地の利用提供行為を違憲とした。これらの行為は、法令の適用ではない公権力による事実行為、または私法上の行為であるが、広義で「処分」を違憲とした例とされている。高田事件判決（最大判昭和47・12・20刑集26巻10号631頁）は、下級裁判所における具体的刑事事件の審理遅延を迅速な裁判の保障に反するとした。審理の著しい遅延を（不作為の）処分とみれば、この判決も処分違憲の例と位置づけられうる。

＊　憲法学でも、行政法学でも、当該処分が根拠法令の定める要件をすべて満たしているにもかかわらず違憲ということがありうるか、という疑問が提示されている（安念潤司、木村草太、中川丈久）。確かに上記した事例の中では、行政法学上の意味での行政処分を違憲とした例はない。また行政処分の中でもとりわけ懲戒処分については、判例も実際上そのような見解に立っているようである。エホバの証人剣道受講拒否事件判決（最判平成８・３・８民集50巻３号469頁）や「君が代」起立斉唱懲戒処分事件判決（最判平成24・１・16判時2147号127頁①②事件）が、懲戒処分の違憲性は問題とせず、処分の重大性や憲法上の権利に対する間接的制約の存在を考慮して懲戒処分の適法性審査を慎重に行った背景には、そうした要因もある（→憲法Ｉ第４章第３節、第７章第５節、第８章第３節）。しかし行政処分の根拠法律に違憲の疑いがあろうとなかろうと、その法律に基づいて行われた処分が直接憲法との関係で違憲と判断される場合はありうる。上の例でいえば、懲戒処分の根拠規定には違憲の疑いがないが、公務員の表現内容を理由に懲戒処分を行った場合には、その処分を違憲とすることになるだろう。それは処分違憲の例となる（高橋和之）。また上記したように、最高裁判決の中では、行政処分以外にも処分違憲の例と位置づけられうるものがあるため、処分違憲という類型自体を否定する必要はない。

＊＊　処分違法：　適用違憲を広義で把握する伝統的な立場は、上記した（狭義の）適用違憲、処分違憲と並んで、「法令の合憲限定解釈が可能であるにもかかわらず、法令の執行者が合憲的適用の場面に限定する解釈を行わず、違憲的に適用した、その適用行為は違憲である、という趣旨の判決」をも適用違憲の一つの類型としている（芦部による適用違憲の第２類型の説明、強調は芦部）。そこで例とされたのは、国家公務員に対する政治的行為の禁止規定を合憲限定解釈し、懲戒処分を「適用上」違憲とした、全逓プラカード事件第１審判決（東京地判昭和46・11・１行集22巻11・12号1755頁）である。

しかし現在の学説は、そのような事例では法令を限定解釈した上で、適用行為を違法とすれば足りる（処分違法）、と解するようになりつつある。もっとも、違憲的な適用が行われた原因は、限定解釈を加えなければ違憲となるような法令の側にもあるのだから、違法ではなく違憲という意味はある、という見方もありうる（芦部信喜、市川正人、駒村圭吾）。こうした見解の違いを背景として、例えば、教科書検定は合憲としつつ、検定不合格処分を違憲、違法だと判断した、第２次家永教科書訴訟第１審判決（東京地判昭和45・７・17行集21巻７号別冊１頁〔杉本判決〕）が適用違憲か処分違憲か処分違法か、いずれの例と解するかにつき学説上の分岐がある。

＊＊＊　運用違憲：　東京都公安条例事件判決（最大判昭和35・７・20刑集14巻９号1243頁→憲法Ｉ第11章第３節）は、都公安条例を合憲としつつも、公安委員会が権限を濫用して集団行動を抑圧するような運用をすることをいさめる判示を含んでいた。そこで日韓条約反対デモ事件第１審判決（東京地判昭和42・５・10判時482号25頁）は、「条件付許可処分に関する都公安委員会の運用は、……最少限度の域を超えており、かかる運用の一環として流出したともいうべき本件条件付許可処分」は憲法21条に反する、と判断した。これが運用違憲といわれる判断手法である。これに対して控訴審（東京高判昭和48・１・16判時706号103頁）は、「司法裁判所の違憲審査権は、一定の事件性……を前提として、これに適用される特定の法令或は具体的処分が合憲か違憲かを判断すべきものであって、法令の運用一般或はその運用の実態を憲法判断の対象とすべきではな」い、と批判している。違憲審査のあり方としては、控訴審の理解の方が通常であるため、その後運用違憲という手法は使われていない。ただし控訴審も、「特定の適用法令或は具体的処分についての憲法判断に当り、その補助事実として、法令運用の実態が考慮される」ことは否定しておらず、現在の学説でも運用違憲という手法を再評価する見解は少なくない（佐藤幸治、高橋和之）。

第８節　違憲判決の効力と違憲判決の多様化

１　「違憲判決の効力」の意味と内容

(1)　問題の所在

日本では、憲法訴訟といっても、通常の訴訟手続の中で行われ（→本章第４節１）、憲法判断は判決主文ではなく、理由の中で示されるにすぎない。そのため判決の訴訟法上の効力は、それぞれの訴訟法に委ねられている。これに対して判決理由中で示された憲法判断の効果が、「違憲判決の効力」の問題として論じられてきた。この概念は、いくつかの問題を含んでいる。①違憲とされた法令は当該事件に限って無効となるのか、あるいは一般的に無効となるのか、②違憲判決は当該事件に適用される法令を無効とするにとどまるか、あるいは立法府・行政府に対して何らかの憲法上の効果をもつか、③違憲とされた法令は遡及的に無効となるのか、といったことである。ここでは便宜上、①②を違憲判決の効力の問題として扱い、③はこれとは切り離して解説したい（→本節**2**）。

なお下級裁判所は最終的憲法判断権をもたないため、その法令違憲判決は、確定したとしても、当該事案への適用が排除されるにとどまり、それ以上の憲法上の効果はもたない。問題となるのは、最高裁判決である。まず合憲判決は、違憲の抗弁を退けたというにすぎないため、その効果は当該事件に限られる。合憲限定解釈や憲法適合的解釈が施された判決は、立法府に対する憲法上の効果をもたないものの、行政府に対しては判決によって解釈された内容に従って執行することを義務づける憲法上の効果をもつ。適用違憲および処分違憲の判決も立法府への直接的な法的効果はないとしても（前者については実は不明確なのだが）、その効果は純粋に当該事件に限定されるわけではなく、少なくとも行政府に対して同種の事案類型に際して同様な処分を行うことを禁止する効果をもつ。一部違憲の判決については、法令違憲の判決に準じて考えることができる。

(2)　学説の状況

従来の学説で「違憲判決の効力」の名の下に論じられてきたのは、最高裁による法令（全部）違憲判決に関する問題であった。

まず個別的効力説は、最高裁によって違憲とされた法令も当該事件で適用されないにとどまる（当該事件との関係においてのみ無効となる）、と解する。その根拠とされるのは、次の二つである。①日本国憲法は付随的違憲審査制を採用しているため、違憲判断の効果も当該事件に限られる。②法律を一般的に無効とすることは一種の消極的立法であり、憲法41条に抵触するおそれがある。この見解が、従来からの通説的立場である。

これに対して一般的効力説は、最高裁によって違憲と判断された法令は、当該事件についてだけではなく一般的に効力を失う、と解する。その根拠とされるのは、次の二つである。①憲法98条１項が宣言するように、日本国憲法は最高法規であり、最高裁によって違憲と判断された以上は、その法令は当然に無効である。②個別的効力しか認めないと、法律の一般性に反するばかりか、憲法14条１項が保障する法の下の平等にも反する。

第３の説として、法律委任説がある。この説は、憲法は違憲判決の効力について一義的に決定しておらず、法律の定めに委ねている、と解する。比較法的にみても、違憲判決の効力は法律事項だ、とされる。現在はそうした法律がないため、個別的効力である、という。

個別的効力説に対しては、付随的違憲審査制であるからといって判決の効力も個別的でなければならないわけではない、アメリカでも一般的効力が否定されているわけではない、法律を無効とすることは違憲な法律の効力を消極的に否認するにすぎない、最高裁が違憲と判断した法律規定を内閣が「誠実に執行」（73条１号）する義務があるとするのは不合理だ、などといった指摘がされてきた。他方、一般的効力説に対しては、個別的効力説の根拠②のほか、憲法98条１項は国法体系における憲法の最高法規性を示した原則規定であり、そこから違憲判決の一般的効力を導き出すことはできない、付随的違憲審査制を前提としつつ、出口の段階で憲法裁判的機能を認める論理が唐突だ、といった指摘がなされてきた。そして法律委任説に対しては、仮に法律事項だとしてもどのように定めるべきかを提示していないのでは意味がない、法律で何を定めてもよいのか、憲法上の限界はないのかが明確ではない、といった批判がある。この立場においても、おそらく何らかの憲法上の枠はあるのだろう。例えば、「法の支配」の理念から、最高裁による違憲判決があった法律について、内閣に「誠実に執行」する義務を免除することを認めないような法律は許されない（緩和した法律委任説〔大石眞〕）。

しかし、個別的効力説と一般的効力説は、接近する傾向にある。個別的効力説も、違憲判決があった場合、当該法律規定の合憲性推定原則が排除され、国会は当該法律規定を廃止し、行政機関は執行を差し控える政治的責務がある（礼譲期待論）、さらには違憲審査制の趣旨や公務員の憲法尊重擁護義務の規定（99条）を根拠に国会にはそうする法的義務がある、などとする。他方で一般的効力説も、一般的遡及効（後述）に関してはそれを貫かない修正を行っている。そのように接近した学説状況を、個別的効力説から出発しながら、内容としては実質的に一般的効力説に近いものを求めようとしていると評する見解もあれば（野中俊彦）、「弱い一般的効力説」と呼ぶ見解もある（佐藤幸治）。これらは説明の仕方の違いであり、趣旨はさほど異ならない。とはいえ、憲法98条1項は「その効力を有しない」としか規定していないのであるから、憲法が違憲判決の効力が個別的か一般的かを定めているわけではなく、基本的には法律の定めに委任されていると解してよいように思われる。さらに法律規定がない現状では、基本的に裁判所の実務に委ねられていることになるという見解もある（裁判所権限説〔工藤達朗〕）。ただしこの説に立った場合でも、完全に裁判所に委任されているわけではなく、緩和した法律委任説が想定すると同様に、付随的違憲審査制の趣旨など理論的には何らかの憲法上の枠はあるだろう（緩和した裁判所権限説）。

(3)　実務の状況

最高裁判所裁判事務処理規則14条は、「第12条の裁判〔法律、命令、規則または処分が憲法に適合しないとの裁判〕をしたときは、その要旨を官報に公告し、且つその裁判書の正本を内閣に送付する。その裁判が、法律が憲法に適合しないと判断したものであるときは、その裁判書の正本を国会にも送付する」、と規定している。しかしこの規定からは、最高裁が違憲判決の効力について、特定の立場をとっていることは読み取れない。

なおこれまで最高裁は、先に掲げたように、10件の法令違憲判決を出している（→本章第7節1）。法令違憲判決を受けた法改正は、比較的速やかに行われてきた。政府・国会とも、礼譲か法的義務かはともかく、改正する義務を負っていることは自覚している。その例外は、前掲尊属殺判決の後、同条項が削除されるまでに20年以上を要したという事例であるが、その事情については既に述べた（→憲法Ⅰ第6章第6節）。

2　違憲判決の遡及効

(1)　学説の状況

違憲判決の効果はいつから発生するのか（遡及効の時間的範囲）。純粋な個別的効力説では、違憲判決の効力は当該事件の発生時に遡るが、その効果は事件当事者に限定される。しかし過去の同種の事件に全く効果を及ぼさないでよいとすることには、法の平等な適用の観点などから疑問が生ずる。これに対して純粋な一般的効力説では、違憲とされた法律は成立当初に遡って無効となる。しかしそれでは法的安定性が大きく害される。

現在の学説では、このような両説の原型を貫こうという見解はない。違憲判決の遡及効の時間的範囲の問題は、憲法上決定されているわけではないため、立法府や司法府に委ねられている（高橋和之）。違憲判決の遡及効の時間的範囲についても、法律や裁判所規則による定めがない現状では、その決定は事実上裁判所の実務に委ねられている。ただし、裁判所による判断にも理論的には、何らかの憲法上の枠があるだろう（緩和した裁判所権限説）。この点について、最高裁はどのように考えているか。

(2)　衆議院議員定数不均衡違憲判決

違憲判決の遡及効について、原則的な見解を示しているのは、前掲昭和51年衆議院議員定数不均衡違憲判決である。「憲法に違反する法律は、原則としては当初から無効であり、また、これに基づいてされた行為の効力も否定されるべきものであるが、しかし、これは、このように解することが、通常は憲法に違反する結果を防止し、又はこれを是正するために最も適切であることによるのであって」、そうでない場合には、「おのずから別個の、総合的な視野に立つ合理的な解釈」を施すべきだ、というのである。

この判示は違憲とされた法律は「当初から無効」を「原則」としているため、純粋な個別的効力説とは接合しない。しかしこの「原則」理解からは、この判決に先行する尊属殺判決の後、尊属殺規定を適用して既に確定した有罪判決について、個別恩赦で個別的救済がなされたという実務を説明しにくい。そのため昭和51年衆議院議員定数不均衡違憲判決による「原則」の理解は、判決の文言から離れるが、選挙無効訴訟に関するものと解すべきであろうか。それは脇に置くとしても、この判決が「違憲」と（当初無効だけではなく、当該事件時の）「無効」を切断する可能性を開いたことにより、後述する、違憲確認判決や違憲警告判決といった多様な判決手法が出現する契機となった（→本節３）。

(3)　婚外子法定相続分平成25年決定

前掲婚外子法定相続分平成25年決定は、違憲判決の遡及効について新たな検討の素材を提供した。重要な判示であるため、詳しく紹介する。

本決定は、民法900条４号ただし書前段を、遅くとも事件当時（2001〔平成13〕年７月）において違憲と判断するものであり、先行する平成７年大法廷決定（最大決平成７・７・５民集49巻７号1789頁）などが対象とした事件について、上記規定の合憲性を肯定した判断を変更するものではない。本件規定は、「上記当時以降は無効であることとなり、また、本件規定に基づいてされた裁判や合意の効力等も否定される」。しかしながら、①「本件規定は、国民生活や身分関係の基本法である民法の一部を構成し、相続という日常的な現象を規律する規定であって」、②「平成13年７月から既に約12年もの期間が経過していることからすると、その間に、本件規定の合憲性を前提として、多くの遺産の分割が行われ、更にそれを基に新たな権利関係が形成される事態が広く生じてきている」。③とりわけ、本決定の違憲判断は、社会状況の変化によって本件規定が合理性を失ったことを理由とするものであるにもかかわらず、「既に行われた遺産の分割等の効力にも影響し、いわば解決済みの事案にも効果が及ぶとすることは、著しく法的安定性を害することになる」。④以上の観点からすると、「既に関係者間において裁判、合意等により確定的なものとなったといえる法律関係までをも現時点で覆すことは相当ではないが、関係者間の法律関係がそのような段階に至っていない事案であれば、本決定により違憲無効とされた本件規定の適用を排除した上で法律関係を確定的なものとするのが相当」である。

遡及効に関する判示を支えたと思われる２裁判官（金築誠志、千葉勝美）の補足意見によると、この決定は個別的効力説を前提とし、違憲判決は事件時に遡及して無効となることを原則としている。と同時にこの決定は、確定的となった法律関係には効力を及ぼさないという制限を行った。この制限は「最高裁判所の違憲審査権の行使に性質上内在する、あるいはこれに付随する権能ないし制度を支える原理、作用の一部であって、憲法は、これを違憲審査権行使の司法作用としてあらかじめ承認している」（千葉補足意見）、と説明されている。この補足意見は、違憲判決の遡及効に関して、本章がいう「緩和した裁判所権限説」よりも積極的に、最高裁の権能を弁証しようとするものである。

＊　この決定は「違憲判決の遡及効」の限定という問題を「先例の事実上の拘束性」の問題として論じているが、憲法学上の通説的見解は両者を概念上区別してきた（→本章第９節１）。

＊＊　この決定とはやや異なる趣旨を述べていた下級審の決定がある。前掲郵便法違憲判決のあと、類似の事件について国の責任を否定した確定判決を受けていた者が、再審の訴えを提起した。大阪高決平成16・５・10判例集未登載は、個別的効力説をとると、「違憲判断の効力として極めて不十分」としつつ、「再審制度の規定の解釈を通じた対応が可能とされるのであれば、その対応をとることが憲法81条の趣旨に敵う」として、再審の訴えを認めた。一般的効力説を前提としているようであるが、前掲婚外子法定相続分平成25年決定が示した①～③の事情に該当しない事案であるため、事案に関する判断としては最高裁決定と全く両立しないわけではない。

(4)　学説による指針

前掲婚外子法定相続分平成25年決定の示した遡及効の限定の仕方は、今後の事案解決のための重要な手がかりとなる。同決定後の学説では、「一方において、違憲とされた法規範によって侵害されている基本権の性質・侵害の程度・救済の必要性の程度、他方において、遡及的適用によって既存秩序が受忍しなければならないインパクトの程度、つまり関係人の既得的地位の覆滅、従来の判例に依拠して形成された社会的秩序の混乱、司法の運営への影響などの程度を総合的に比較衡量し、例外的に後者への配慮を優先すべき場合には、遡及的適用を制限するという基準」（竹下守夫）が提唱されている。なお、司法府による遡及効の制限の仕方が適切ではないと立法府が判断した場合は、制限の仕方を将来に向けて変更する法律を制定することが理論的には可能である。

3　違憲確認判決と違憲警告判決

(1)　違憲確認判決

違憲とされた法令は、上記のような考慮をしながら遡及的に無効となる。しかし、場合によっては、判決理由中で違憲を確認するにとどめる判決もありうる。この違憲確認判決（主文で違憲を確認する判決だけではなく、広義で用いる）は、立法不作為が違憲とされる場合、立法が憲法の要求する水準に達していないために違憲とされる場合、差別的立法が違憲とされる場合などに用いられうる。法令の違憲を認定しながら、無効とせず確認にとどめる判決方式は、憲法98条1項が違憲な法令は「効力を有しない」と規定することに反しないかが問題となりうるが、この規定は例外を許さないものではないだろう。確かに、この判決方式は司法の不当な自己抑制につながりかねない。しかし、政治過程に与える衝撃が穏やかなこの判決手法は、日本においてはかえって違憲審査制度の積極的行使をもたらす可能性もある。日本において、違憲確認判決の例といえるのは、2度にわたる衆議院議員定数不均衡違憲判決である（→本章第7節**1 (1)**）。昭和51年判決は「当初から無効」を「原則」としながらも、選挙を無効とした場合「明らかに憲法の所期しない結果を生ずる」として、行訴法31条1項が規定する事情判決を「一般的な法の基本原則」として援用することにより、議員定数配分規定を違憲としつつ、選挙自体は無効としなかった（→第7章第4節**5 (2)**）。

＊　違憲確認判決と位置づけられる手法が用いられた他の例として、国籍法違憲判決における甲斐中・堀籠裁判官の反対意見については、後述する（→本章第9節**2 (3)**）。

(2)　違憲警告判決

違憲警告判決とは、法令の合憲性に対する疑義を表明しつつ、立法者に対してその疑義を解消するための一定の措置をとることを要請する内容の判決である。法令が成立当初は憲法に適合していないわけではなく、一定期間の経過の中で徐々に憲法に適合しない状態になったという事例に適合的な判決手法である。「一票の較差」に関する訴訟において、区割基準や区割規定などが投票価値の平等の要求に反する状態に至っていたけれども、憲法上要求される合理的期間内に是正がなされなかったとはいえないため違憲ではない（つまり合憲）、と結論する判決がたびたび出されている。こうした違憲状態判決は、違憲警告判決と位置づけられる。違憲警告判決は立法者を法的に義務づけるものではなく、政治的責務を負わせるにとどまる。しかし、その意義を過小評価する必要もない。

＊　違憲状態判決の中には、できるだけ速やかに立法的措置を講ずる必要がある、といった付言がされることがあり（例えば、参議院選挙に関する最大判平成24・10・17民集66巻10号3357頁）、それらをいわば強い違憲警告判決と呼ぶこともできる。これに対して、参議院選挙に関する最大判平成29・９・27民集71巻７号1139頁は、違憲状態とは判示していないため、上記の意味での違憲警告判決とはいえないものの、平成27年公選法改正法附則が「抜本的な見直し」を定めていることを合憲判断の根拠の一つとしていることに着目すれば、弱い違憲警告の趣旨を含むといえなくもない（→第７章第４節**5**(4)）。

4　違憲判決の将来効

違憲判決の将来効とは、アメリカの判例法では、①法令の違憲・無効の効力発生時期を、将来の一定時点まで延期する、②違憲・無効となることを避けるために立法府ないし行政府がとりうる手段について、裁判所が一定の指針を示す、③裁判所がその事件について判決後も管轄権を保留すること、を内容とする。この手法に対しては、裁判所の政策的判断能力や権力分立原理に由来する正統性の限界を超えるのではないかという疑問がアメリカでも出されており、これを日本にそのまま導入しようとする見解はない。とりわけ③の管轄権の保留を認めることについては、その訴訟法上の根拠がない。

＊　しかし、「一票の較差」をめぐる訴訟では、①の要素だけをもつ将来効的判決を行う可能性が示唆されている。例えば、衆議院議員定数不均衡に関する前掲最大判昭和60・７・17における寺田治郎など４裁判官の補足意見は、将来効判決もできないわけではない、と述べていた。また近年の下級審ではその実例もある（→憲法Ｉ第６章第６節**5**）。学説でも、「一票の較差」

訴訟において、違憲判決が国会によって無視された場合には、将来効判決が例外的に許容される、とする見解が多い。別言すると、定数訴訟は公選法204条を借用した訴訟である以上、（確認訴訟ではなく）形成訴訟としての性格をもつため、どこかの段階で選挙を無効とする形成効を生じさせる判決をする必要がある（千葉勝美）。

第９節　憲法判例

1　憲法判例の拘束力と憲法判例の変更

先に述べた違憲判決の効力は、最高裁の違憲判決が立法府や行政府に対してもつ効果を念頭に置いていた。これに対して憲法判例の拘束力は、最高裁判決が先例として後の裁判に対してもつ効果のことをいう。この問題については、既に扱った（→第１章第３節３(2)）。

最高裁判決は、先例として後の裁判に対して拘束力をもつとしても、それは絶対的ではなく、判例変更は可能である。この点についても、既に扱った（→第１章第３節３(2)）。

2　憲法判例による救済の創造とその限界

(1)　問題の所在

裁判所が違憲の判断をした場合に、自由権に対する制約の事例であれば、その制約を無効とすれば、当事者の救済となる。しかしそのように簡単に解決できる事例ばかりではない。平等原則違反の場合は、その回復方法が複数ありうる。また各実定訴訟法が救済方法を規定し尽くしていない可能性も考えられる。そこでここでは、最高裁が判例による救済の創造とその限界という問題に直面した代表的な事例を取り上げて、問題の一端を示したい。なお、立法不作為が違憲である場合の救済方法については、既に簡単に触れた（→本章第３節３）。

(2)　実定訴訟法を超えた憲法的救済の創造——高田事件判決

地裁で審理が15年余りも中断し、判決まで18年を要した事案に関して、前掲高田事件判決は、次のように判断した。憲法37条１項が保障する「迅速な」「裁判」は、「審理の著しい遅延の結果、迅速な裁判をうける被告人の権利が害せられたと認められる異常な事態が生じた場合には、これに対処すべき具体的規定がなくても、もはや当該被告人に対する手続の続行を許さず、その審理を打ち切るという非常救済手段がとられるべきことをも認めている趣旨の規定」であるとして、当該事案につき免訴の判決を言い渡したのである。刑訴法337条４号の準用による免訴（本件第１審）でも、同法338条４号による公訴棄却でもなく、憲法規定から直接的に免訴という非常救済手段を創造した判決と解されている。なお最高裁がこの手法を認めたのは、この事例のみである（→憲法Ⅰ第12章第２節４）。

＊　砂川事件再審請求事件：　前掲砂川事件判決に際して、当時の田中耕太郎最高裁長官がアメリカ駐日大使らと接触し、裁判情報を伝えていたことなどが、近年、明らかになった。そこで同事件の元被告らが当該大法廷は「公平な裁判所」（37条１項）ではなく、同事件の差戻審は免訴を言い渡すべきだったとして、再審を請求した。東京高決平成29・11・15判時2364号３頁は、①刑訴法337条は免訴事由を限定列挙したものであり、本件再審請求はそれには該当しない、②高田事件判決は、「非常救済手段として憲法37条１項を直接の根拠として免訴を言い渡すことを認めたものであって」、刑訴法337条各号に定める以外の非類型的免訴事由を認めたものでも、同条を包括的免訴事由を定めたと解するものでもない、③高田事件判決は、未だ審理係属中の事件について審理を打ち切る方法として免訴を相当としたのであり、確定判決に対して免訴の言渡しを求めて再審請求をすることを認めたものではない、などとして再審請求を棄却した。高田事件判決の内容および射程の実務における受け止め方を知る上で、参考となる。

(3)　平等原則違反に関する救済方法――国籍法違憲判決

権利を制限する性格の規定が平等原則に反して違憲だと判断された場合は（例えば前掲尊属殺判決）、加重制限規定を無効として原則（通常殺人罪）に戻ればよいので、解決は比較的容易である。これに対して、制度を構築する性格の法律が平等原則に反するとされた場合には、平等を回復する手段が複数あるため、そのいずれかを裁判所が選択すると立法者の権限を簒奪することになりかねない。しかし、制度構築法律の中にも原則と例外規定があり、例外規定が平等原則違反で無効であれば、原則に戻るという判断をすることは裁判所もできる（例えば、婚外子法定相続分を婚内子の２分の１とする規定を違憲と判断すれば、均分という原則に戻りうる）。しかしその区別は、常に一義的には判別できない。

こうした問題が争われた代表的事例が、前掲国籍法違憲判決だった。（平成20年法律88号による改正前の）国籍法３条１項は、「父母の婚姻」と「認知」によって「嫡出子たる身分を取得した子」であることを、届出による国籍取得要件と規定していた。最高裁は「父母の婚姻」要件を違憲と判断し、さらに原告による国籍確認の訴えも認容した。多数意見は、「父母の婚姻により嫡出子たる身分を取得した」という部分は「過剰な要件」であり、その部分を除いた同項所定の要件が満たされる場合に、届出により国籍を取得することを認めることによって「合理的な解釈」が可能となり、差別的取扱いを受けている者に対して「直接的な救済のみちを開く」という観点からも相当だ、というのである。つまり「父母の婚姻」要件を例外（制限）規定と解し、それが違憲であれば原則（親が日本国籍を有する場合には子も日本国籍を取得するという、血統主義）に戻ると考えた（→憲法Ⅰ第６章第６節**3**）。

＊　これに対して甲斐中・堀籠裁判官の反対意見は、国籍法を「創設的・授権的法律」と理解し、また同法３条１項も「創設的・授権的規定」だと解し、同項は前記した二つの要件を満たした者に国籍を付与する規定であり憲法に反しない、とする。「違憲となるのは、非準正子に届出により国籍を付与するという規定が存在しないという立法不作為」であり、多数意見は、「結局は準正子を出生後認知された子と読み替えることとなるもので、法解釈としては限界を超えている」、とする。本件では、多数意見のような解釈により示された国籍取得要件以外にも、「他の立法上の合理的な選択肢の存在の可能性」があるのだから、違憲状態の解消は国会に委ねるべきであり、本件では立法不作為を判決理由中で違憲と確認する判決にとどめるべきだ、という趣旨である。

＊＊　藤田裁判官の意見は、違憲の結果が生じているのは、「多数意見がいうように同条が『過剰な』要件を設けているからではなく、むしろいわば『不十分な』要件しか置いていないから」だ、と上記反対意見と共通する見解をとる。しかし、「立法府が既に一定の立法政策に立った判断を下しており、また、その判断が示している基本的な方向に沿って考えるならば、未だ具体的な立法がされていない部分においても合理的な選択の余地は極めて限られていると考えられる場合において、著しく不合理な差別を受けている者を個別的な訴訟の範囲内で救済するために、立法府が既に示してい

る基本的判断に抵触しない範囲で、司法権が現行法の合理的拡張解釈により違憲状態の解消を目指すことは」許されるとして、多数意見の結論に合流する。本件が「過剰な要件」か立法不作為かの理解の仕方は判断が難しいが、後者と解した場合でも例外的な救済の必要性と重要性という観点からは、藤田意見がとられるべきであろう。

＊＊＊　この判決には、国籍法の国籍取得についての定めは、「立法政策の選択の範囲」内であり合憲だとする、横尾・津野・古田各裁判官の反対意見も付加されていた。以上のように、この判決では最高裁判事間の見解の違いが顕著に示されたとともに、対立を押し切った多数意見は、次節で扱う今世紀における最高裁の違憲審査活性化を示す代表例でもある。

第10節　違憲審査制の活性化のための制度改革

1　日本国憲法下の違憲審査制の運用

違憲審査のあり方として、司法消極主義と司法積極主義があるとされてきた。司法消極主義とは、裁判所が原則的には立法府の判断を尊重し、法律を違憲と判断するのは明らかに不合理な場合に限るとする裁判所の姿勢をいう。司法積極主義は、その反対の姿勢である。1947年に最高裁が発足してから70年余りの間に、法令を違憲と判断したのは10件のみという結果からすると、最高裁のとってきた姿勢は司法消極主義であったことは疑う余地がない。

これに対して、憲法判断の積極・消極主義と、違憲判断の積極・消極主義という二つの次元を区別すべきことが説かれた。その上で、最高裁は、違憲判断には消極的だが、憲法判断をすること自体については、全体としてむしろ積極的であり、機会を捉えて憲法判断をすることを通して、結果として、合憲判断をすることに積極的という傾向がある、換言すれば、憲法適合性が疑われている政治部門の憲法運用に裁判所が積極的に正統化を与える傾向にある、と分析された（樋口陽一）。確かに論理的には、上記の二つの次元が区別されうる。また、前掲メーデー皇居前広場事件判決や、前掲朝日訴訟最高裁判決における傍論での合憲判断のように、この分析が有効に働く場面はあった（→本章第4節**2(5)**）。しかしその後は、最高裁は両次元を通じて、総じて司法消極主義だった（高橋和之）。

＊　裁判所のあるべき姿勢として、学説上唱えられてきたのは、司法積極主義と司法消極主義のそれぞれをとるべき場面を区別しようとする見解である。これが二重の基準論である（→本章第５節**3**、憲法Ｉ第３章第３節**5**）。

2　司法消極主義の要因と最高裁判所の制度改革論

(1)　最高裁判所発足時

違憲審査制には、大別すると、付随的違憲審査制と憲法裁判所型の違憲審査制度がある（→本章第２節）。体制が大きく転換したあとに成立した憲法は、旧体制下から継続している裁判所とは切り離された機関に、違憲審査権を与える例が比較憲法的には多い。アメリカの占領下にあった当時の日本は、その例外である。初代の最高裁判事は、社会党の片山哲内閣の下に設置された裁判官任命諮問委員会が答申した30人の候補者から、内閣により任命された。最高裁は明治憲法下の最上級審であった大審院とは人的にも別の機関ではあるものの、旧大審院の判事が３人任命されているほか、戦前司法界の有力者が裁判官に任ぜられた。旧大審院判事は自動的に東京高裁判事になるなど、下級審においても、明治憲法下における裁判官との人的継続性があった。このため日本国憲法の理念が重視されにくく、戦後初期における違憲審査権行使についての消極的姿勢の一因となった。

(2)　1950年代前半

最高裁発足後、上告事件が次第に増加し、1950年代前半には未決件数が最多になった。そこで最高裁の制度改革が急務となり、1957年には、裁判所法の改正案が国会に提出された。その要旨は、①最高裁判事を９人に減員し、全員の合議体で審理・裁判する、②最高裁の下に下級審の一種として、最高裁小法廷を設置し、小法廷主席判事６人と小法廷判事24人を置く、③事件はまず小法廷で審理し、憲法問題や判例変更する場合などには、事件を最高裁に移す、などである。この「中二階案」と称された改正案は、最高裁に憲法裁判所的な役割を与え、司法裁判所の上告審という役割は小法廷に与えようとするものだった。最高裁は通常の事件の上告審と違憲審査権をもつ裁判所という、二重の性格をもつ。この改正案は、違憲審査権を最高裁の本来的任務だと考えたものであり、違憲審査の活性化のため、現在でも考慮に値する内容を含んでいる。他方で、この案に対しては、事実上の４審制になるのではないか、といった疑念も出されていた。法案は、法務委員会で結論が得られず、最高裁の努力による未決事件の減少等もあって、その後制度改革論議は下火となった。

(3)　1990年代以降

上記のように制度改革論が頓挫したため、最高裁に係属する事件の多数は通常の民事・刑事の事件であり、最高裁もかつての大審院と同様、司法裁判所の最終審だという意識が、裁判官の間で生まれた。もちろん、上告理由や趣意の中に憲法違反の主張が現れることは稀ではないが、法的にとるに足りないものであることが多く、裁判官の間で憲法的な主張を軽視する傾向も生じた。こうしたことも司法消極主義の要因となった。このことを指摘した伊藤正己元最高裁判事は、退官後の1993年に、憲法事件を最高裁とは切り離し、憲法裁判所に委ねることを提案した。伊藤が英米法研究の第一人者だったこともあり、この提案は注目されたが、憲法改正を必要とするため、実現のための障壁は高い。前述した「中二階案」は憲法改正を要しないとはいえ、近い将来に実現される見込みは薄い。

裁量上告制度の運用の工夫などによる最高裁の負担軽減策にも限界があることから（→本章第２節４(3)）、最高裁における違憲審査の活性化のために、実現のより容易な他の方策も提唱されている。例えば、ブラックボックスのうちで行われ、出身分野別の人数比率がほぼ固定化している最高裁判事の任命状況を見直し、国民の信頼感を高めるために、最高裁発足時に設けられた裁判官任命諮問委員会を再導入すること、各小法廷に１名は公法学者を配置すること、共同調査官、特に憲法問題を専門にする調査官を増強すること、個別意見を執筆しやすくするために各裁判官に専属調査官を配置することなどである（泉徳治）。これらの提言が一部でも実現されれば、状況は変わるであろう。

＊　今世紀に入り、最高裁の違憲審査が活性化してきた、といわれる。実際、10件の法令違憲判決のうち、５件は今世紀になってからのものである。そ

の背景事情としては、世界的には冷戦の終焉、国内的には55年体制の崩壊といった社会や政治の変化があり、それに伴って憲法訴訟のイデオロギー性が稀薄化して、最高裁が扱いやすくなったこと、憲法改正により憲法裁判所を設置すべきだという外圧への対応、司法制度改革により裁判所の姿勢の変化が求められたこと、最高裁判事や調査官の世代交代といった人的要因など、種々の要因が複合しているものと思われる。

〈参考文献〉

芦部信喜編『講座 憲法訴訟(1)～(3)』(有斐閣、1987年)
新正幸『憲法訴訟論（第２版）』(信山社、2010年)
石川健治＝山本龍彦＝泉徳治編『憲法訴訟の十字路』(弘文堂、2019年)
市川正人『司法審査の理論と現実』(日本評論社、2020年)
君塚正臣『司法権・憲法訴訟論（上・下）』(法律文化社、2018年)
高橋和之『体系 憲法訴訟』(有斐閣、2017年)
千葉勝美『憲法判例と裁判官の視線』(有斐閣、2019年)
土井真一編著『憲法適合的解釈の比較研究』(有斐閣、2018年)
戸松秀典『憲法訴訟（第２版）』(有斐閣、2008年)
戸松秀典＝野坂泰司編『憲法訴訟の現状分析』(有斐閣、2012年)
永田秀樹＝松井幸夫『基礎から学ぶ憲法訴訟（第２版）』(法律文化社、2015年)
野中俊彦『憲法訴訟の原理と技術』(有斐閣、1995年)
渡辺康行＝木下智史＝尾形健編『憲法学からみた最高裁判所裁判官』(日本評論社、2017年)
渡辺康行「第81条」辻村みよ子＝山元一編『概説 憲法コンメンタール』(信山社、2018年)350頁

第13章　財　政

第1節　総　説

「財政」は、憲法の中では技術的で地味な領域だと捉えられがちである。しかしながら、歴史的にみると、立憲主義も議会制度も財政問題を契機に発展したのである。例えば、イギリスでは、マグナ・カルタ（1215年）から権利章典（1689年）に至るまで、議会の課税同意権が要求されている。租税の納入に同意する以上、その租税が何のために使われているかを調べるのは当然で、議会の予算議決権が要請されるようになる。予算を議決するために、議会は毎年召集されなければならない。こうして、財政の監督と議会制度は密接に結びついて発展してきたのである。

そのイギリスからアメリカが独立するきっかけも、財政問題であった。植民地であったアメリカに本国政府が課税しようとしたところ、「代表なければ課税なし」の原則に基づいて反対運動が起こった。植民地はイギリス本国の議会に代表を送っていないので、同意のない課税はイギリス国民の固有の権利を侵害するというのである。本国と植民地の対立は独立戦争に発展し、アメリカ独立宣言（1776年）、各州（state）における憲法制定、合衆国憲法の制定（1787年）による新国家の創設へとつながった。

フランス革命もまた、財政危機の結果、課税への同意を得るために、1614年から開かれていなかった三部会を国王が召集したことから始まった。1789年のフランス人権宣言14条は、すべての市民が、公的分担金（租税）に同意し、その使い途を追跡し、かつその分担割合、標準、取立て、および存続期間を決定する権利を有すると規定している。

立憲主義の憲法であろうとすれば、財政に関する基本原則は必ず憲法に規定しなければならない。明治憲法も全76条のうち第6章「会計」に62条から72条までの11条を充てていた。日本国憲法第7章「財政」は、83条から91条までの9条である。条文数が減少したのは、明治憲法が設けていた帝国議会の権限に対する制限規定を削除した結果で、国会の権限はむしろ拡大している。

第2節　財政民主主義（83条）

国（または地方公共団体）がその任務を遂行する上で必要な財力を取得し、管理し、支出する作用を「財政」という。これは、財力を取得するために国民に命令し強制する作用と、取得した財力を管理し、支出を調整する作用に大別される。日本国憲法は、二つの作用に共通する原則として、「国の財政を処理する権限は、国会の議決に基いて、これを行使しなければならない」（83条）と定めた。民主主義国家においては、国の財政は主権者たる国民に由来し、国民の意思に基づき、国民全体の利益のために運営されるべきものであるが、憲法は、国民の代表機関たる国会が財政権の最高機関であり、唯一の議決機関であることを明らかにしたのである。このような国会中心の財政処理原則は、議会制民主主義の財政版として、財政民主主義と呼ばれる。財政立憲主義と同義で用いられることも多い。

これに対して、両者を区別する学説もある。まず、国会が財政処理の中心になる原則を財政立憲主義と呼び、国会が中心になるだけでは財政民主主義とはいえず、国民の直接的な関与が必要だとする学説がある（畠山武道など）。この学説では議会中心主義と立憲主義がほとんど同義に用いられて、かつ、真の民主主義は直接民主制であり代表民主制だけでは不十分だ、という前提があるように思われる。つまり、不完全な民主主義の意味で立憲主義の語を用いているのである。

他方で、財政民主主義への憲法上の制約の意味で財政立憲主義を用いる学説（佐藤幸治）もある。「責任政治原則を財政作用に適用し、議会又は国民による責任追及を実効的に確保することに力点を置いた」のが財政立憲主義であり、財政民主主義と区別されるとする学説（大石眞）も同じ趣旨であろう。財政立憲主義は君主の課税権に対する統制から始まったもので、歴史的には財政民主主義に先行するが、国民主権の憲法の下では民主主義を制約する原理が立憲主義であると考えるべきであるから（→第１章第２節**2**(2)＊＊＊）、この用語法が妥当だろう。民主主義も万能ではなく、憲法（立憲主義）の統制に服するのである。その場合、財政立憲主義の根拠条文は、83条ではなく、財政民主主義を制約する他の諸条文（89条のほか、14条や31条の基本権規定など）の全体から導き出されることになる。

第３節　租税法律主義（84条）

「あらたに租税を課し、又は現行の租税を変更するには、法律又は法律の定める条件によることを必要とする」（84条）。租税の賦課徴収は、必ず法律の根拠に基づき、法律に従って行われなければならない。法律の根拠に基づかなければ、国家は租税を賦課徴収することはできず、国民は租税の納付を強制されることはない（納税の義務について→憲法Ⅰ第１章第２節**5**(3)(ウ)）。そこで、「租税」とは何か（→本節**1**）、「法律」は何をどのように定めるべきか（→本節**2**(1)）、問題となる。

１　「租税」の意味

(1)　旭川市国民健康保険料条例事件（最大判平成18・３・１民集60巻２号587頁）では、国民健康保険料が憲法84条の「租税」に該当するかが問題となった。その最高裁判決は、まず、憲法84条の「租税」の意味をこう述べた。

「国又は地方公共団体が、課税権に基づき、その経費に充てるための資金を調達する目的をもって、特別の給付に対する反対給付としてでなく、一定の要件に該当するすべての者に対して課する金銭給付は、その形式のいかんにかかわらず、憲法84条に規定する租税に当たるというべきである」。

租税とは、①国または地方公共団体が、その経費に充てる目的で（国家活動の財源として）、②国民に対して一方的・強制的に賦課徴収する金銭である。③国が提供する特定の役務に対する反対給付の意味をもたない点で、施設の使用料や行政サービスに対する手数料と区別され、また、④国民に一般的に賦課される点で、罰金・科料と区別される。これを本来の意味の「租税」概念という。本判決は憲法84条の「租税」をこの意味だとしたのである（同様の定義は、既に、サラリーマン税金訴訟判決：最大判昭和60・3・27民集39巻2号247頁にもみられる）。

＊　この定義の①では、国家はその活動に必要な財産的価値を自ら作り出すことができないことが前提となっている。そこでほかから調達することになるが、②と③では、個人や企業が社会（市場）において財やサービスを購入する場合との相違が明らかである。市場では、自分自身の自由な決定に基づき、対価を支払う。それに対して、租税は自分の意思とは無関係に一方的・強制的に徴収される。租税は、財やサービスの対価ではなく、反対給付は何もない（手数料等はサービスに対する反対給付であるが、金額は一方的に定められる。そのため、サービス内容と金額がつり合っているか問題とされる）。④では、租税はすべての国民が負担すべきものとされる。それが憲法上正当化されるのは、国家の存立と活動が（それが適切である限り）国民生活に不可欠だとの前提があるからである。

なお、原告が違憲な自衛隊への税金の使用を拒否する権利を主張したのに対して、「憲法上国民の納税義務と予算及び国費支出とは、形式実質共にその法的根拠を異にし全く別個なものであり、両者は、直接的、具体的な関連性を有しない」から、「国民は、国会で議決された歳出予算及び支出の違法不当を理由に納税義務を免れたり、あるいは税金の支払停止権を取得するもので〔は〕ない」とした裁判例がある（名古屋地判昭和55・11・19判時1003号81頁）。

(2)　国民健康保険を市町村が行う場合、費用の徴収形式として保険料と保険税を選択することができる（国民健康保険法76条、地税法703条の4以下）。保険税の形式をとった場合、そこに租税法律（条例）主義が適用され、課税要件法定主義と課税要件明確主義（後述）の要求が及ぶことは、秋田市国民健康保険税条例事件において、第1審判決（秋田地判昭和54・4・27判時926号20頁）、控訴審判決（仙台高秋田支判昭和57・7・23判時1052号3頁）ともに認めた。それでは、保険料の形式をとった場合はどうか。保険料は、憲法84条の「租税」に当たるか。たしかに、保険料は、税という名称を用いていないが、①経費の３分の２が公的資金で賄われていること（したがって、保険料と保険給付の対応関係が薄くなって、税と同じく反対給付性が欠ける)、②強制加入・強制徴収制がとられている（税と同じく一方的・強制的に賦課徴収される）ところからすると、憲法84条の租税に該当するのではないか、問題とされた。最高裁判決は、保険料の「租税」該当性を次のように否定した。

「市町村が行う国民健康保険の保険料は、これ〔租税〕と異なり、被保険者において保険給付を受け得ることに対する反対給付として徴収されるものである。……〔①〕国民健康保険事業に要する経費の約３分の２は公的資金によって賄われているが、これによって、保険料と保険給付を受け得る地位とのけん連性が断ち切られるものではない。また、〔②〕国民健康保険が強制加入とされ、保険料が強制徴収されるのは、保険給付を受ける被保険者をなるべく保険事故を生ずべき者の全部とし、保険事故により生ずる個人の経済的損害を加入者相互において分担すべきであるとする社会保険としての国民健康保険の目的及び性質に由来するものというべきである」。

(3)　保険料が「租税」に当たらない以上、憲法84条の適用はない。同判決はこう述べた。

「したがって、上記保険料に憲法84条の規定が直接に適用されることはないというべきである（国民健康保険税は、前記のとおり目的税であって、上記の反対給付として徴収されるものであるが、形式が税である以上は、憲法84条の規定が適用されることになる。)」。

＊　本判決は、国民健康保険料は反対給付の性格を有するため租税ではないとしたのであるから、保険料に84条は直接適用されないとしたのは当然である。ところが、すぐに続けて（かっこ書の中で)、保険税は「反対給付として徴収される」点で84条の租税概念にあてはまらない（したがって租税ではない）にもかかわらず、84条が直接適用されるとしている。ここに矛盾があると指摘されているが（山本隆司)、最高裁は、本来の租税概念に該当すれば名称の如何にかかわらず租税法律主義の要請（課税要件法定主義・課税要件明確主義など）が及ぶのは当然として、本来の租税ではなくとも、租税の形式を用いることによって租税法律主義の要請を及ぼすことができると

いうのであろう。憲法41条の「立法」は必ず法律の形式で規定しなければならないが（必要的法律事項）、他の法形式で規定することができる事項であっても、法律で規定することができる（任意的法律事項）。租税法律主義の及ぶ範囲も同様に考えられるだろう。租税法学では、租税の定義に該当しない課徴金でも実定法上租税とされている場合は租税法規が適用されるとして、租税概念を重視していないようである（金子宏）。

＊＊　本判決は国民健康保険税を目的税であるとする。租税は、その使途を特定せず一般経費に充てられるのが原則であるが、最初から特定の経費を支弁するために賦課される税がある。前者を普通税、後者を目的税という。目的税は、当該支出の固定化を招き、財政の統一的な運用を損なうおそれがあるため、基本的に望ましくないものとされ、受益の範囲が限定される場合に例外的に認められる。受益者負担であるが、ここには租税と給付に一定の対応関係が存在することになる。

(4)　ただし、保険料は憲法84条と無関係だというわけではない。同判決は、同条の趣旨が及ぶ（趣旨適用説）とする。

「租税以外の公課であっても、賦課徴収の強制の度合い等の点において租税に類似する性質を有するものについては、憲法84条の趣旨が及ぶと解すべきである」。「市町村が行う国民健康保険は、保険料を徴収する方式のものであっても、強制加入とされ、保険料が強制徴収され、賦課徴収の強制の度合いにおいては租税に類似する性質を有するものであるから、これについても憲法84条の趣旨が及ぶと解すべきである」。

＊　明治憲法62条２項は「報償ニ属スル行政上ノ手数料及其ノ他ノ収納金」を租税法律主義の対象から除外していたが、日本国憲法にそのような例外規定はない。そこで、財政法３条が「租税を除く外、〔①〕国が国権に基いて収納する課徴金及び〔②〕法律上又は事実上国の独占に属する事業における専売価格若しくは事業料金については、すべて法律又は国会の議決に基いて定めなければならない」と規定していたため、これが憲法上の要請か否かをめぐって、学説の対立があった。学説は、憲法84条の「租税」は本来の租税概念を拡張しているので、財政法の規定は憲法上の要請を確認したものだ（租税概念拡張説）というものから、84条の「租税」は本来の租税概念を採用しており、財政法３条は立法政策上の配慮にすぎない（立法政策説。小嶋和司）というものまで分かれた。租税概念拡張説は一時有力であったが、「財政法第三条の特例に関する法律」（1948年）によって財政法３条の全面適用は停止され続けているにもかかわらず、同法の違憲説が存在し

ないことが指摘され（小嶋和司）、それ以降同説の支持者は激減した。代わって有力になったのは、財政法３条の〔①〕〔②〕は84条の「租税」に含まれないが、83条の財政民主主義の要請が及ぶとする学説（83条説。佐藤幸治、畠山武道）であった。最高裁のいわゆる趣旨適用説は、84条の要請は厳格には及ばないとしつつ、国会の緩やかなコントロールを要請するもので、83条説と大きく異なるものではない。

2 「法律又は法律の定める条件」

(1) 「法律」の意義と内容

(ア) 租税法律主義による「法原則」の厳格化——憲法84条と41条

旭川市国民健康保険料条例事件判決は、「憲法84条は、課税要件及び租税の賦課徴収の手続が法律で明確に定められるべきことを規定するものであ」ると述べて、課税要件法定主義と課税要件明確主義を明言したのに続けて、84条は「直接的には、租税について法律による規律の在り方を定めるものであるが、同条は、国民に対して義務を課し又は権利を制限するには法律の根拠を要するという法原則を租税について厳格化した形で明文化したものというべきである」とする。

この「法原則」は憲法41条から導き出される（41条の「立法」の概念について→第９章第２節３(1)）。「国民に対して義務を課し又は権利を制限する」国家行為の代表が、刑罰と租税である。刑罰については憲法31条が、租税については憲法84条が、この法原則をさらに詳しく規定している。つまり、憲法31条と84条は、「国民に対して義務を課し又は権利を制限するには法律の根拠を要するという法原則を〔刑罰と〕租税について厳格化した形で明文化したもの」なのである（この説明には批判がある。山本隆司）。そうであれば、84条も31条に対応する内容の統制を要請していると考えることができる。

(イ) 租税法律主義と適正手続の保障——憲法84条と31条

憲法31条と84条の保障内容は次のように共通性を有する。通説によれば、憲法31条は、刑罰を科すための手続が法律で定められる（A）だけではなく、その手続の内容が適正であり（B）、さらに刑罰の根拠となる実体法も法律で定められ（C）、またその内容も正当でなければならない（D）

という四つの要請を含んでいる。このうち、Cは罪刑法定主義を意味するものであり、そこから、刑罰法規はいかなる行為が犯罪となるかを明確に定めなければならず、曖昧不明確な刑罰法規はそれだけで無効であるという明確性の原則（C'）が派生する。

84条の租税法律主義は、課税要件（納税義務者、課税物件、税率など）のすべてと租税の賦課徴収の手続が法律で定められるべきことを意味する課税要件法定主義（A・Cに対応）と、それらの定めは一義的で明確でなければならないという課税要件明確主義（C' に対応）を含む（判例・通説）。また、租税の賦課徴収手続の適正（Bに対応）について、憲法上は31条の要請が行政手続へ及ぶと説明する学説もあるが、租税法学説は手続保障原則として84条に根拠を求める。ただし、実体法の内容の正当性（D）については、租税公平主義の問題として（84条ではなく）憲法14条１項の要請とする。

＊　租税法学では、租税法律主義は次の①～⑤の内容を含むとされる（金子宏）。①課税要件法定主義：課税要件のすべてと租税の賦課徴収手続の法定、②課税要件明確主義：①の法律の定めは一義的で明確でなければならない、③合法性の原則：課税要件が充足されている限り、法定の税額を必ず徴収しなければならない、④手続的保障原則：租税の賦課徴収は適正な手続で行われなければならない、⑤租税公平主義：税負担は国民の担税力に即して公平に配分される（14条１項）。

(ウ)　遡及立法の禁止

租税の賦課徴収手続を刑事手続とパラレルに考えることができるとすると、遡及処罰（事後法）が禁止されている（39条前段前半→憲法Ⅰ第12章第２節**8 (1)**）ことから、租税法（課税）についても遡及立法の禁止が憲法上要請されるか、問題となる。

最判平成23・９・22民集65巻６号2756頁は、前掲旭川市国民健康保険料条例事件判決を援用して、憲法84条の定める課税要件法定主義と課税要件明確主義は「課税関係における法的安定が保たれるべき趣旨を含む」とし、年度途中に租税法律が納税者に不利になるよう改正されても「所得税の納税義務自体が事後的に変更されることにはならない」が、「所得税の課税関係における納税者の租税法規上の地位が変更され、課税関係における法的安定に影響が及び得る」とする。その上で、「暦年途中の租税法規の変更及びその暦年当初からの適用によって納税者の租税法規上の地位が変更され、課税関係における法的安定に影響が及び得る場合」、その変更の合憲性は、国有農地売払特措法事件判決（最大判昭和53・７・12民集32巻５号946頁→憲法Ｉ第14章第３節**3**(1)）に従い、当該財産権の性質、その内容を変更する程度およびこれを変更することによって保護される公益の性質などの諸事情を総合的に勘案し、「納税者の租税法規上の地位に対する合理的な制約として容認されるべきものであるかどうかという観点から判断するのが相当」であるとした。

(2)　「条例」による課税

憲法84条によれば、租税の新設・変更は「法律」によらなければならない。地税法３条は、地方税の税目、課税客体、課税標準、税率その他賦課徴収について定めるには条例によるべきことを規定しているが、地方公共団体が「条例」で地方税を新設することは84条に違反するのではないか、問題となるようにみえる。

しかし、今日の学説は、地方公共団体の自治権の内容として、自主的に財政を処理する権限（自主財政権）が含まれるので、地方公共団体の課税権は直接憲法によって保障される、と考えている（→第14章第４節**3**）。そうであれば、地方税の賦課徴収が条例に基づくべきであり（地方税条例主義）、課税要件法定主義とパラレルに課税要件条例主義が要請されるのは、むしろ当然だと解すべきであろう。それゆえ、地税法３条は憲法上の原則を確認したにすぎない。84条の「法律」に条例も含まれると考えることも、84条は国レベルの規定であって地方レベルは対象外と考えることもできる（→第14章第４節**2**(2)(ウ)）。

判例をみると、神奈川県臨時特例企業税事件判決（最判平成25・３・21民集67巻３号438頁）は、憲法92条・94条を挙げて地方公共団体の課税権を肯定した。ただし、法律で地方税の準則を定めることが憲法上予定されており、地税法の規定は強行規定なので、条例はそれに違反することはできないとして、条例による地方税の新設に枠をはめている（→第14章第４節

3 (2))。大牟田市電気税訴訟判決（福岡地判昭和55・6・5判時966号3頁）も、憲法上は抽象的な課税権が保障されているにとどまり、具体的な課税権は法律の定めるところによるとする。

なお、地方公共団体が法定外普通税を新設・変更しようとする場合には、総務大臣と協議してその同意を得なければならない（地税法259条1項・669条1項）。地方公共団体の課税権が憲法上保障されているとすれば、総務大臣の同意はその権利の制限として、憲法92条または94条に違反するのではないか、問題となりうる。学説は分かれるが、総務大臣の同意を条例の効力要件と解した場合でも、地方自治保障の性格を制度的保障と解すれば、制度の核心部分を否定しない限り違憲とはいえず、総務大臣の同意制は課税権を一切否定するものではないので合憲となろう。これに対して、総務大臣の同意を効力要件と解すると違憲となるので、憲法に適合するように解釈して、地税法の事前協議制は、条例の効力要件ではなく、手続要件にすぎないとする学説もある。

(3)「法律の定める条件」の意味

この意味は必ずしも明確ではない。というのは、法律の委任を受けた他の法形式（命令など）によって租税の賦課徴収を定めた場合には、「法律」による賦課徴収であって、「法律の定める条件」によるという必要はないからである。ただし、関税法3条は「条約」による賦課徴収を認めている。これは委任立法ではないから、「法律の定める条件による」ものということになろう。

＊　「条例」もここで扱う学説がある（小嶋和司、大石眞）。条例に対する課税権の委任は委任立法の限界を超えているから、「法律」による課税とはいえず、「法律の定める条件」による課税と説明するしかないというのである。しかし、地方公共団体の憲法上の課税権を認め、84条は国レベルの規定であると捉えれば、このような説明は不要であろう（→本節 **2 (2)**）。

＊＊　「通達課税」の合憲性が問題となった事件がある（パチンコ球遊器課税事件判決：最判昭和33・3・28民集12巻4号624頁）。それまで非課税として扱われてきた物品が通達によって課税対象とされたことが争われた事件において、最高裁は「本件の課税がたまたま所論通達を機縁として行われたものであっても、通達の内容が法の正しい解釈に合致するものである以上、本

件課税処分は法の根拠に基く処分と解するに妨げがな」いと述べて合憲とした。学説上は実質的な「通達課税」であり、租税法律主義に反するという批判がある。

(4)　永久税主義と一年税主義

明治憲法は、62条で租税法律主義を宣言したのに続けて、63条で「現行ノ租税ハ更ニ法律ヲ以テ之ヲ改メサル限ハ旧ニ依リ之ヲ徴収ス」と定め、永久税主義をとることを明らかにしていた。日本国憲法84条も、一旦租税法が制定されれば「現行の租税を変更する」まで継続して効力を有することになるから、永久税主義が憲法上採用され、毎年国会の議決を必要とする一年税主義は許されないのか問題となる。現行の租税法は永久税主義をとっているが、一年税主義の方が国会の権限を強めることになるため、憲法は永久税主義を固定するものではなく、一年税主義をとることも可能と解されている。財政民主主義に適合した解釈である。

第４節　国費の支出および債務負担行為（85条）

1　国費の支出

「国費を支出し、又は国が債務を負担するには、国会の議決に基くことを必要とする」(85条)。これは財政民主主義（83条→本章第２節）からの当然の要請である。

まず、国費を支出するには、国会の議決に基づかなければならない。「〔国費の〕支出とは、国の各般の需要を充たすための現金の支払をいう」(財政法２条１項)。一会計年度における一切の支出が歳出である（同条４項)。「国会の議決」の形式について憲法上の定めはないが、財政法は「予算」の議決によるものとしている。すなわち、「歳入歳出は、すべて、これを予算に編入しなければならない」(同法14条)。

2　国庫債務負担行為

国が債務を負担するには、国会の議決に基づかなければならない（85条)。財政法は、「国が債務を負担する行為をなすには、予め予算を以て、国会の議決を経なければならない」（同法15条１項）と定め、ここでも予算の形式での国会の議決を要請している。ただし、①「法律に基くもの」と、②「歳出予算の金額……若しくは継続費の総額の範囲内における」債務負担行為は、例外として、重ねて国会の議決を要しない（同項）。①は、償還期が次年度以降の公債の発行である。国会の議決は法律の形式でなされる。公債とは、国や地方公共団体が財政上必要な資金を調達するために証券の発行を伴う金銭債務である。国の公債を国債、地方公共団体の公債を地方債（地自法230条）という。②は、財務省証券の発行や日本銀行からの一時借入金である（財政法７条１項）。これは当該年度の歳入で償還すべきものであるから（同条２項）、歳出予算の金額の範囲内であれば、（予算の議決に）重ねて国会の議決を要しないのである。

ほかにも、「災害復旧その他緊急の必要がある場合」には、国は毎会計年度、国会の議決を経た金額の範囲内において、債務負担行為をなすことができる（財政法15条２項）。

債務負担行為の年限は「当該会計年度以降５箇年度以内」（＝５年以内→本章第６節３(4)(ア)）が原則である（同条３項）。

3　健全財政主義

「国の歳出は、公債又は借入金以外の歳入を以て」財源とするのが原則である（財政法４条１項）。租税によって得られた収入の範囲内で支出し、借金はしないのが原則とされる。安易な財源調達により、負担を次世代に押しつけてはならないからである。

これにも例外がある。「公共事業費、出資金及び貸付金の財源については、国会の議決を経た金額の範囲内で、公債を発行し又は借入金をなすことができる」（同項ただし書）。公共的な施設の建設など、将来の世代も利益を受けるような資産を形成する場合には、借金が認められており、その返済について次の世代にも負担を求めることができる（建設公債）。世代間における受益と負担のバランスをとるためである。ただし条件があり、公債発行の限度額について国会の議決を必要とするほか（同項ただし書）、償還計画を国会に提出し（同条２項）、公共事業費の範囲につき、毎会計年度国会の議決を経なければならない（同条3項）。

公債発行に対するこのような制約にもかかわらず、1975年から財政法4条の特例法が毎年制定され、赤字公債（特例公債）が発行されてきた。特例的措置であることを明らかにし、財政規律を守るという観点から、毎年単年度の法律として制定されたのであるが、ねじれ国会（→第2章第4節3(3)）をきっかけに複数年にわたる方式がとられることになった。「財政運営に必要な財源の確保を図るための公債の発行の特例に関する法律」は、平成28年度から平成32年度までの間の財政運営に必要な財源の確保を図るため、これらの年度における公債の発行の特例に関する措置を定めるものであり（同法1条）、政府は財政法4条1項ただし書の規定により発行する公債のほか、平成28年度から32年度までの間の各年度の一般会計の歳出の財源に充てるため、当該各年度の予算をもって国会の議決を経た金額の範囲内で、公債を発行することができるとする（同法3条1項）。

＊　国家の役割が治安と防衛に限られていた自由国家の時代には、国の支出と収入は均衡すべきものとされた。社会国家の時代となって、国民が社会生活を営む上で必要なサービスも国家の任務だと解されるようになると、建設公債の発行が認められ、さらに景気のコントロールも国家に求められるようになると、不況のときに政府が需要を作り出すための借金が（景気回復のためとして）正当化される。そのため現在では、収支均衡がよいと一概にはいえなくなっている。

とはいえ、歳出の4分の1が借金の返済に充てられる現状が健全だともいえない。そこで、健全財政の原則を憲法に規定しようとする動きがあるが、そのような改正案に対しては、抽象的な原則を憲法に掲げても財政の実効的な統制に結びつかないとされる反面、統制が実効的すぎると国が上記の役割を果たすことが阻害されかねず、財政民主主義に対する行きすぎた制約だとの批判もある。

第5節　公金支出等の制限（89条）

「公金その他の公の財産は、〔①〕宗教上の組織若しくは団体の使用、便益若しくは維持のため、又は〔②〕公の支配に属しない慈善、教育若しくは博愛の事業に対し、これを支出し、又はその利用に供してはならない」

(89条)。同条前段①に関しては、国家と宗教の分離（国家の宗教的中立性）を財政面から補強するものとする点で、学説はほぼ一致している（→憲法Ⅰ第８章第４節**3 (2)**・第５節**2 (2)**。「宗教上の組織若しくは団体」の意味についても同書参照）。

これに対して、89条後段②の捉え方について学説は細かく分かれているが、次の２説に大別することができる。

89条後段の立法趣旨について、「自主性確保説」が、私的な教育団体等の自主性を確保するために公権力の介入を排除しようとするものと捉えるのに対して、「公費濫用防止説」は、慈善・教育・博愛の美名の下に公費が濫用されるのを防止しようとする趣旨であると捉える。

「公の支配」の意味についても、「厳格説」が、当該事業の人事・予算等に国が決定的影響力を有することを要求するのに対して、「緩和説」は、当該事業の公共性と国の財政面からの（濫費を防止する程度の）監督権があればよいとする。

一般に、自主性確保説は厳格説と、公費濫用防止説は緩和説と結びつく。

これらの学説は、国が私立学校に対して補助金を支出すること（いわゆる私学助成）は許されるか否かをめぐって対立してきた。私立学校法59条は、「別に法律で定めるところにより、学校法人に対し、私立学校教育に関し必要な助成をすることができる」とする。ここにいう別の法律が私立学校振興助成法である。同法は、国は研究・教育に係る経常経費の２分の１以内の補助をすることができるとし、補助金の交付（同法４条以下）や通常より有利な条件での貸付金等（同法10条）を定める。そして、助成を受ける学校法人に対し、①業務や会計状況の報告を徴し、帳簿・書類その他の物件を検査すること、②学則で定めた収容定員を著しく超えて入学させた場合に是正を命じること、③学校法人の予算が不適当であるときは予算の変更を勧告すること、④学校法人の役員が法令の規定や所轄庁の処分等に違反した場合に当該役員の解職を勧告すること、などの権限を所轄庁に認めている（同法12条）。また、補助金の交付を受ける学校法人は、文部科学大臣の定める基準に従い、会計処理を行い、貸借対照表、収支計算書その他の財務計算に関する書類を作成しなければならない（同法14条１項）。

現状の緩やかな規制・監督に服することで「公の支配」に属しているといえるのか、学説上争いがある。厳格説からは違憲、緩和説からは合憲と判断されることになろう。たしかに厳格説（違憲説）の方が憲法89条の文言に忠実な解釈であるようにもみえるが、私立学校が教育を受ける権利（26条）の重要な構成要素であること（→憲法Ｉ第16章第２節３(3)）を考慮すれば、緩和説（合憲説）が妥当であろう。多数説も憲法26条・23条・14条などの諸規定を総合的に解釈して合憲としている。ただし、緩和説を前提としつつ、89条は公金支出の使途に対する財政統制を求めた規定であり、適正な財政統制に服していれば私学助成は合憲と解することができるから、26条を持ち出して財政統制の緩和を図るのは妥当ではないとする批判（大石眞、笹川隆太郎）もある。

＊　無認可の幼児教室への公金支出は憲法に違反しないか、「無認可」の幼児教室は「公の支配に属」しているといえるのか、が問題となった事件で、東京高裁はこう述べた（幼児教室公金支出事件判決：東京高判平成２・１・29高民集43巻１号１頁、判時1351号47頁）。判決は、(i)89条後段が公金支出等を規制する趣旨について、「公の支配に属しない教育事業に公の財産が支出又は利用された場合には、教育の事業はそれを営む者の教育についての信念、主義、思想の実現であるから、教育の名の下に、公教育の趣旨、目的に合致しない教育活動に公の財産が支出されたり、利用されたりする虞れがあり、ひいては公の財産が濫費される可能性があることに基づくものである」と、立法趣旨について公費濫用防止説の立場をとり、(ii)教育事業が服すべき「公の支配」の程度についても、「国又は地方公共団体等の公の権力が当該教育事業の運営、存立に影響を及ぼすことにより、右事業が公の利益に沿わない場合にはこれを是正しうる途が確保され、公の財産が濫費されることを防止しうることをもって足り」、「当該事業の人事、予算等に公権力が直接的に関与することを要するものではない」と、緩和説をとった。

第6節　予算（86条）

1　予算の概念――予算の法的性格

予算とは、おおまかにいえば、国の歳入と歳出を前もって算定して文書にしたものであるが、この文書を国会が議決すると、この文書にはどのような効力が生じるのか、学説は次のように分かれる。

予算行政説（承認説）は、予算は国会が政府に対して1年間の行政計画を承認する意思表示であるとし、予算の法規範性を否定するのに対して、予算法形式説（予算法規範説）は、予算は予算という名称をもつ国法の一形式であるとする。予算行政説は、明治憲法時代には有力であったが、今日では支持者はほとんどおらず、予算法形式説が通説である。これに対して、予算法律説は、予算は法律である、あるいは法律の形式で議決されるべきであると主張し、有力説として注目されている。

通説である予算法形式説によれば、予算とは、一会計年度における国の財政行為、とりわけ歳入歳出の予定的見積りを内容とし、歳出に関して、支出の目的・最高限度額・時期を限定する国法の一形式である。

まず、予算は国法の一形式である。予算は、単なる見積表ではなく、法的拘束力を有する（予算に法的拘束力を認めない予算行政説の否定）。歳入に関して法的意味は稀薄だが、歳出に関しては、支出の目的・最高限度額・時期を拘束する。

しかし、予算は法律とは別個の法形式である（予算は法律であるとする予算法律説の否定）。その理由は次のとおり。

①　成立手続が法律と異なる（予算の作成・提出権が内閣に専属し、衆議院に予算先議権が認められる、など→本節3）。

②　時間的効力が限定されている（一会計年度限り→本節3(4)）。

③　国の財政行為、主として歳入歳出を規律の対象とする。したがって、一般国民の権利義務を直接規律するものではなく、国家内部的に国家機関のみを拘束する。

④　予算は法律・命令と所管事項を異にする。そのため、予算で法律・

命令を変更することも、法律・命令で予算を変更することもできない（→本節２）。

2　予算と法律

予算と法律が別個の法形式であり、成立手続も所管事項も異なるとすると、両者の内容が一致しない場合が生じる。

第１は、予算は成立したが、その支出の根拠となるべき法律が不成立の場合である。この場合、内閣は予算を執行（支出）することはできない。内閣は再度法律案を国会に提出することができるが、国会には法律を制定する義務はない。

第２は、法律は制定されたが、それを執行する裏づけとなる予算が成立しなかった場合である。この場合でも、内閣は法律を誠実に執行する義務（73条１号）を負っている。そのため、予算全体が不成立の場合は暫定予算（財政法30条→本節４）を編成し、予算成立後であれば、補正予算（同法29条→本節５）、経費の流用（同法33条２項）、予備費の支出（87条、財政法35条→本章第７節）によって対処すべきであるとされる。ただし、法律を執行するための予算を国会自身が削除・減額修正した場合には、内閣は法律の施行を自制し、国会による法律の改廃を待つのが妥当であろう（甲斐素直）。

＊　法律と予算の不一致が議員立法の場合に多く発生したため、1955（昭和30）年の国会法改正で、予算を伴う法律案の発議や修正に一定数の賛成議員を要求するとともに、内閣に意見陳述の機会を与える国会法改正が行われた（国会法56条１項ただし書・57条ただし書・57条の３参照→第９章第４節２）。

3　予算の成立過程

(1)　予算の作成

内閣は「予算を作成して国会に提出する」（73条５号）。「内閣は、毎会計年度の予算を作成し、国会に提出して、その審議を受け議決を経なければならない」（86条）。予算の作成・提出権は内閣に専属する。ただし、国費の支出を伴う法律が既に制定されている場合には、内閣はその法律を実施するために必要な経費を予算に計上する義務があると考えるべきであろう（73条1号参照）。

予算の内容について、財政法は、「予算総則、歳入歳出予算、継続費、繰越明許費及び国庫債務負担行為」の五つの部分を含むものとする（同法16条）。明治憲法が「歳入歳出」だけを予算の内容とした（明憲64条1項）のとは異なる（継続費・繰越明許費は→本節**3**(4)(イ)、国庫債務負担行為は→本章第4節**2**。本節**3**(1)〜(3)につき→第8章第4節**4**）。

(2)　予算の審議

(ア)　衆議院の先議権

「予算は、さきに衆議院に提出しなければならない」(60条1項)。比較法的にみても、一般国民に重大な負担を被らせる議案については、下院に先議権があるのが普通である。衆議院の予算先議権は、明治憲法65条も規定していた。単に順序の先後を決めるにとどまらず、衆議院の意見を重視する趣旨だとの学説もあったが、実際の運用はそうではなかった。日本国憲法は、予算の議決についても衆議院の優越を定める（→本節**3**(3)）。

(イ)　国会の予算修正権

明治憲法67条は、帝国議会による増額修正を一切認めなかったばかりでなく（議会に予算の発案権がない以上当然とされた)、①憲法上の大権に基づく既定の歳出、②法律の結果による歳出、③法律上政府の義務に属する歳出について、削除・減額修正にも「政府ノ同意」という枠をはめていた(→第2章第2節**2**(3))。日本国憲法下では、国会が財政問題についての最高決定機関である（財政民主主義）から、国会はマイナス修正（減額・項目の削除）もプラス修正（増額・項目の追加）も自由に行うことができるという学説が広く承認されている。

しかし、予算の作成・提出権が内閣に専属するところから、予算の同一性を損なうような大修正は許されないと解する学説（清宮四郎）がかつては有力であった。それに対して、予算の同一性といっても曖昧であり、国会は予算全体を否決し、国会の意見を踏まえて新しく組み替えた予算案を提出させることもできる以上、修正権に法的な限界はないという批判（佐藤功）が提起され、現在ではむしろこの修正無限界説が多数説となっている。内閣が国会の修正に納得できないときは、衆議院の解散という手段を行使できるので、それを背景に国会の自制を求めるなどの政治的な限界はあるが、法的な限界はないと解される（佐藤幸治）。

＊　国会の予算修正権を全面的に肯定する学説には、後述する予算法律説のほか、憲法上内閣が有するのは予算提出「権」ではなく、提出「義務」であるとする学説がある（甲斐素直）。

(3)　予算の議決

(ア)　衆議院の優越

予算は衆議院が先議し、議決後、参議院に送付する。「参議院で衆議院と異なった議決をした場合」は、両院協議会（→第９章第３節１(2)(ウ)）を開く。それでも意見が一致しないときは「衆議院の議決を国会の議決とする」。「参議院が、衆議院の可決した予算を受け取った後、国会休会中の期間を除いて30日以内に、議決しないとき」も「衆議院の議決を国会の議決とする」（60条２項）。法律案の場合とは異なり、出席議員３分の２以上の再議決は必要ない。衆議院で議決すれば30日後には必ず成立（自然成立）するので、衆議院の優越の度合いがそれだけ高いといえる（60条２項は、61条で条約締結の際の国会の承認に準用される）。

(イ)　議決の国法形式

予算法形式説と予算法律説の対立がある。予算法形式説（通説）は、予算は法律とは別の独自の法形式であるとするのに対して、予算法律説は次のように主張する。

明治憲法64条１項は「国家ノ歳出歳入ハ毎年予算ヲ以テ帝国議会ノ協賛ヲ経ヘシ」と規定し、国会の制定する法形式を「予算」と呼んでいるが、このような用法は比較法的にみても例外であり、日本国憲法にはこのような運用を要求する条文はない。それどころか、日本国憲法は、国会によって議決される以前の（法以前の）作成・提出段階の文書を「予算」と呼んでいる（86条・73条５号）。もし予算が法形式なら、これは予算案でなければならない。日本国憲法上「予算」という言葉は国会が議決する前の文書に対して使われているから、予算をいかなる形式で議決すべきかについて、憲法は沈黙していることになる。そこで、形式的意味の「法律」で議決すべきだとするのが、予算法律説である。

予算と法律の相違として、①効力が一会計年度限り、②国家機関だけを拘束し、国民の権利義務にかかわらない、③制定手続が異なる、といった点が挙げられるが、①有効期間が限定された法律（限時法）や、②国家機関のみを拘束する法律（○○省設置法など）は存在するし、③制定手続の相違も「この憲法に特別の定のある場合」(59条1項）と解することができるので、予算法律説の決定的な障害になるものではない、とされる。

他方で、予算法律説のメリットとして、①予算と法律の不一致という問題が発生しない、②国会の予算修正権が全面的に認められる、③法律として公布される、④予算の法的拘束力の根拠が明らかになる、といった点が挙げられるが、予算法形式説からは、①予算法律説でも予算と法律の不一致は生じる、②国会の全面的な予算修正権は予算法形式説でも認められる、と反論されている。

＊　予算法律説は、予算が法律の形式で議決されれば、法律と予算の不一致（→本節**2**）を「新法は旧法を廃す」の原則によって解消できると主張したが、たとえ同説によっても、予算法という法律と支出の根拠となる法律が別に制定される以上、両者の不一致はなくならないとされる。予算が法律でも、予算は通常の法律の特別法になるため、特別法が一般法に優先し、通常の法律で予算法を改廃することはできない。もし予算法の中に租税法も盛り込めば、両者の成立・不成立は一致するが、通常の法律の内容を法律よりも簡単な手続で成立させることは、法律制定に慎重な手続を要求する憲法規定の脱法行為だと批判される（甲斐素直）。

現在の実務では「予算」の形式で議決されている。公布はされず、官報で公示される。このような現在の運用は、予算法律説からも、不当ではあるが違憲ではないとされている（小嶋和司、大石眞）。憲法が予算議決形式を特定していない以上、このような運用も選択肢の一つだからである。

(4)　予算の時間的効力

(ア)　原　則

予算は「毎会計年度」作成される。予算の効力は一会計年度限りである。国会による定期的なコントロールを可能にするこの会計年度が、どの程度の長さなのか、86条は明示していないが（明治憲法64条１項は「毎年」と規定していた）、国会の常会が「毎年」召集され（52条）、決算は会計検査院が「毎年」検査する（90条）とされているところから、１年を予定していると解される。財政法11条は、「国の会計年度は、毎年４月１日に始まり、翌年３月31日に終るものとする」と定める。

(イ)　例　外

継続費は認められるか、問題とされた。明治憲法は明文で継続費を認めていた（明憲68条）が、日本国憲法には規定がない。予算が毎会計年度国会の議決を受けなければならないとすると、継続費は憲法上認められないようにも思われる。そのため、財政法には制定当初継続費に関する規定が存在しなかった。しかし、長期にわたる事業の必要性は否定できず、1952年の改正で14条の２が設けられた。「国は、工事、製造その他の事業で、その完成に数年度を要するものについて、特に必要がある場合においては、経費の総額及び年割額を定め、予め国会の議決を経て、その議決するところに従い、数年度にわたって支出することができる」（同条１項）。予算の時間的効力が一会計年度とされるのは原則であって、いかなる場合にも例外を許さないほど厳格なものではないと考えられたのである。もちろん例外である以上無条件ではなく、支出できるのは５年以内であり、その年限を延長するには予算をもって国会の議決を経なければならない（同条２項）。国会は、継続費成立後の予算審議で、当該継続費について重ねて審議することができる（同条４項）。

財政法はほかにも、年度内にその支出を終わらない見込みのある経費について、あらかじめ国会の議決を経て翌年度に繰り越して使用することを認める（同法14条の３第１項）。これを繰越明許費という（同条２項）。

4　予算が不成立の場合——暫定予算

会計年度の開始時に予算が成立していなかった場合、明治憲法71条は前年度の予算を施行できるとしていた。これはプロイセン憲法争議を踏まえた規定であるが、財政における国会中心主義に反する。日本国憲法には予算不成立に備えた規定が存在しない。財政法30条１項は、内閣が「一定期間に係る暫定予算を作成し、これを国会に提出することができる」とする。正規の予算が成立するまでの間、暫定的に必要な支出を可能にするのである。暫定予算さえ成立しなかったときはどうなるかの規定はない。予算が成立するまで財源を要するすべての国家活動が停止すると解することも論理的には可能であるが、通説は内閣の政治責任において支出すべきとする。国家活動は停止してはならない、ということであろう。

＊　プロイセン憲法争議：　プロイセン憲法は、国家の収入および支出のすべては、毎年予算に計上されるべきこと、予算は毎年法律で確定することを定めていた（同法99条）。法律の成立には、国王と上下両院の一致が必要である（同法62条）。1862年、軍備拡張を進めようとする国王と、それに反対する議会が対立し、予算が成立しなかった。同年首相に就任したビスマルク（O. v. Bismarck）は「欠缺理論」を主張した。ビスマルクは、「予算が成立しなかったときどうするかについて憲法典は何も規定していない。ここには『欠缺』がある。憲法の規律がない以上、国王とその政府は自由に活動することができる」として、議会の同意を得ずに予算を執行した。この状態は1866年まで続いた。

1866年の普墺戦争でプロイセンがオーストリアに圧勝した後、ビスマルクは議会との妥協を図り、議会に免責法案を提出して、議会の承諾なしに行われてきた歳出に対する議会の事後承認を求めた。議会がそれを可決し、憲法争議は終わった。

5　予算成立後の変更――補正予算

予算成立後に予算の修正・追加が必要になったときは、補正予算が認められている。経費の不足を補うほか、新たな事由に基づき特に緊急に必要となった経費を支出するために必要な予算の追加を行うこと（追加予算）、予算に追加以外の変更を加えること（修正予算）が認められている（財政法29条）。補正予算を組む時間的な余裕がないときのため、次の予備費の制度が設けられた。

第７節　予備費（87条）

「予見し難い予算の不足に充てるため、国会の議決に基いて予備費を設け、内閣の責任でこれを支出することができる」（87条１項）。「内閣は、予備費として相当と認める金額を、歳入歳出予算に計上することができる」（財政法24条）ので、国会の議決は予算の議決としてなされる。予備費を支出する場合（目的）や金額は、内閣の判断に任されている（「内閣の責任で」決定される）。

予備費の支出については、事後に国会の承諾を得なければならない（87条２項）。予備費は予算の一部として国会の議決を経ているが（財政法24条）、予算の不足に充てるためのもので、未だその支出について国会の承認を得てはいない（国会の議決は予備費を設けることの承認であって、予備費支出の承認ではない）からである。内閣は、次の常会において、予備費支出の国会の承諾を求めなければならない（同法36条３項）。

国会の承諾は、予備費支出に対する内閣の政治責任を解除する効果をもつ。国会の承諾を得られなかった場合、国会が予備費支出を不当と判断した結果であるから、内閣は政治責任を負うが、既になされた支出の法的効果に影響はない（ただし、支出が継続している場合には、それ以降の支出を停止する効果はあろう）。

第８節　決算（90条）

1　決算の意義

決算は、一会計年度における国の財政行為が終了した段階で、事後的に監督・統制するものである。国の財政行為に対する国会の監督・統制は、予算に始まり決算をもって終わる。予算は歳入歳出の予定的見積りに対する準則であるが、現実の収支がこの準則に則って適切に行われたのかを審査するのである。そうすることで、財政執行に対する内閣の責任を明らかにすると同時に、将来の財政計画や予算編成に役立てることができるのである。

決算とは、一会計年度における国の収入支出の実績を示す確定的計数書である。憲法90条１項は、「国の収入支出の決算は、すべて毎年会計検査院がこれを検査し、内閣は、次の年度に、その検査報告とともに、これを国会に提出しなければならない」と定め、決算につき、会計検査院の検査と国会の審査の２段階の統制を要求している。

2　会計検査院の検査

会計検査院は憲法上明文で定められた機関である。その「組織及び権限は、法律でこれを定める」(90条２項)。明治憲法72条２項もほぼ同文であるが、そこで「法律」をもって定めるとは、会計検査院が、天皇の官制大権（明憲10条）の憲法上の例外であること、国務大臣から独立の地位を有することを意味した。日本国憲法上、国の行政組織は法律で定めるのが原則だから、明治憲法のような意味をもたないが、会計検査院法１条は、「会計検査院は、内閣に対し独立の地位を有する」と定める。憲法72条の「行政各部」に会計検査院は含まれず、内閣総理大臣の指揮監督に服さないのである（→第10章第２節**2** (3)・第５節)。

会計検査院は、３人の検査官で構成される検査官会議と事務総局をもって組織される（会検法２条)。検査官は、両議院の同意を得て内閣が任命し、その任免は天皇が認証する（同法４条１項・４項。認証官について→第３章第３節**4** (2)⑦)。検査官の任期は７年と長く（同法５条１項)、身分保障が厚い（同法４条３項・５条３項・６～８条参照)。

会計検査院は、憲法90条の規定により国の収入支出の決算の検査を行うほか、法律に定める会計の検査を行う権限を有する（会検法20条１項)。会計検査院の検査は、正確性、合規性、経済性、効率性および有効性の観点その他会計検査上必要な観点から行われる（同条３項)。「会計検査院は、検査の結果により、国の収入支出の決算を確認する」(同法21条)。「内閣は、会計検査院の検査を経た歳入歳出決算を、翌年度開会の常会において国会に提出するのを常例とする」(財政法40条)。

３　国会の審査

日本国憲法90条は、明治憲法72条とほとんど同文である。どちらも国会に提出した後の取扱いについて触れていない。現在の実際の取扱いは、明治憲法下の慣行を踏襲している。その慣行は次のようなものである。

①　予算は先に衆議院に提出されるが、決算は両議院に同時に提出される。

②　決算の審議は両院で別々に行われ、一院で議決されても他院に送付されない。両院の議決を一致させる必要もない。

③　決算は事後審査だから、予算と異なり、両議院に修正権はない。

④　決算に会期不継続の原則の適用はない。各議院において議決に至らなかった場合、次の会期に改めて提出することなく引き続き審査される。

このような取扱いがされるのは、決算の国会への提出は、議案の提出ではなく報告案件だと解されているからである。明治憲法下では確立した慣習とされたものであるが、日本国憲法下の学説（Ａ説）も従来の慣行を是認し、各議院がそれぞれ独立に意見を決定すれば十分で、両議院の議決を一致させる必要はないとしてきた。

しかし、これに対しては、決算も通常の議案と同じく国会の議決を要するとする学説（Ｂ説）が提起される。決算に対する国会の審査は、財政民主主義の要求を具体化したものであるから、両議院交渉の議案とし、国会の議決によって承認・不承認を決し、内閣の責任を明らかにすることが憲法の趣旨に適合する（清宮四郎、佐藤功）、というのである。Ｂ説でも、決算審査は事後審査であるため、国会に修正権は認められず、不承認の決議を行っても内閣の政治責任を追及する効果をもつにとどまる。

Ｂ説に対しては、予算の議決には衆議院の優越が認められるが、決算には衆議院の優越は認められていない、両院の議決が異なった場合にはどうなるのか、とＡ説から批判される。Ｂ説は、衆議院の優越を法律で導入することで解決しようとするが、それが憲法上可能かどうか、議論がある（→第９章第３節１(2)(イ)）。最近ではＢ説が次第に有力になっているが、実務に対する影響は未だみられないようである。

第9節　財政状況の報告（91条）

国の財政に対する監督は国会で終わるわけではない。「内閣は、国会及び国民に対し、定期に、少くとも毎年一回、国の財政状況について報告しなければならない」（91条）。国会に対する財政状況の報告は、予算や決算の提出に際して当然に必要とされるところであり、そのほかにも国会が内閣に報告を要求すれば、内閣には報告の義務がある（72条のほか、62条・63条）。したがって、憲法91条の報告義務は、国民に対する報告が重要である。国の財政行為を直接国民の監視の下に置くのである。内閣は、国民の財政監視を実効的にするための資料の提出を義務づけられる。会議の公開（57条）や裁判の公開（82条）と共通する国民に対する情報公開の一環として、知る権利の憲法上の具体化と位置づける学説もある（橋本公亘）。

財政法は憲法91条をさらに具体化し、「内閣は、予算が成立したときは、直ちに予算、前前年度の歳入歳出決算並びに公債、借入金及び国有財産の現在高その他財政に関する一般の事項について、印刷物、講演その他適当な方法で国民に報告しなければならない」（財政法46条1項）とする。そのほか、「内閣は、少くとも毎四半期ごとに、予算使用の状況、国庫の状況その他財政の状況について、国会及び国民に報告しなければならない」（同条2項）。

〈参考文献〉

甲斐素直「予算の概念とその限界」同『予算・財政監督の法構造』（信山社、2001年）1頁以下
小嶋和司「予算制度」同『憲法学講話』（有斐閣、1982年）127頁以下
小嶋和司「実定財政制度について」同『憲法と財政制度』（有斐閣、1988年）326頁以下
笹川隆太郎「公金支出の制限」大石眞＝石川健治編『憲法の争点』（有斐閣、2008年）306頁以下
宍戸常寿＝曽我部真裕＝山本達彦『憲法学のゆくえ』（日本評論社、2016年）133〜199頁（ゲスト：藤谷武史）
日本財政法学会編『財政法の基本課題』（勁草書房、2005年）
畠山武道「国の財政に対する国会の権限」雄川一郎＝塩野宏＝園部逸夫編『現代行政法体系10 財政』（有斐閣、1984年）17頁以下
山本隆司「法律による行政の原理と公課」同『判例から探究する行政法』（有斐閣、2012年）2頁以下

第14章　地方自治

第1節　総　説

1　地方自治の意義

(1)　連邦制と単一国家

日本国憲法は、日本国が単一国家であることを予定している。これに対して、アメリカ合衆国やドイツのように、複数の構成国（州）が一つの主権を有する国家を構成する場合を、連邦制という。構成国（州）は対内的最高性・対外的独立性という意味での主権をもたないが（→第３章第２節１）、独自の統治権を有し、連邦の意思決定においても州の単位が考慮される。他方、単一国家は、国家主権の単一・不可分性を前提にすると説かれてきたが、それは主として対外関係を念頭に置いた説明にすぎず、単一国家であれば当然に中央集権的体制が採用されなければならないということまでは意味しない。集権と分権のバランスをどのようにとるかは、憲法および憲法以下の法令によって定められるものである。

(2)　現代国家における分権の意義

現代国家における分権には、地方自治が中央政府への権力の集中を妨げるという自由主義的な側面と、住民の民主的自治によるという民主主義的な側面がある。後者の点で、しばしば「地方自治は民主主義の学校である」といわれる。

また、中央政府が社会におけるすべての問題を自ら解決しようとすると、意思決定に要するコストが膨大なものとなるため、住民に身近な問題はそれぞれ自治体に委ねた方が効率的であることが多い。もっとも、広域的な環境問題や、地方行政の情報基盤の導入を考えればわかるとおり、地方分権には自治体相互の競争によってかえって社会問題の解決が困難になることもありうる等、便益とともにコストも伴うことに留意する必要がある（長谷部恭男）。

2　地方自治の沿革

(1)　明治憲法下の地方制度

明治憲法には地方自治に関する規定はなく、1888年に市制・町村制、1890年に府県制・郡制が敷かれる等、法律・勅令レベルで地方の政治・行政のあり方が定められていた。また、内務省の官僚が知事（府・県）・長官（都・道）を務める等、中央からのコントロールが強いため地方自治として十分なものではなかった。

(2)　日本国憲法の地方自治

日本国憲法の第８章は地方自治について定めるが、これは憲法が「中央の政治（狭義の「国政」)」と「地方（自治体）の政治」に分割する「垂直的権力分立」を採用しているものと解すべきである。日本国憲法における地方自治は、民主主義・自由主義といった憲法の基本原理に奉仕すべきものとして位置づけられる。

＊　地方自治の憲法的保障の性格については、自治権が国法に由来するものとする国法伝来説（承認説)、逆に地方自治体の自然権・固有権を保障したものとする固有権説の対立を踏まえて、「地方自治という歴史的・伝統的制度の保障」とみる制度的保障説が支配的な見解であった。しかし、このような性格づけから地方自治に関する憲法規定の解釈にとって有益な帰結が導かれるわけではない。近時では、日本国憲法の解釈上、制度的保障の概念は不要であるという見方が強まっている（→憲法Ⅰ第１章第２節**4**)。

最近では、地方自治の本旨を基本的人権や国民主権の原理から再構成して、地方自治体の固有の事務が憲法上保障されるとする見解（新固有権説)、あるいは社会契約論からの説明（渋谷秀樹）もなされている。

憲法92条は、「地方公共団体の組織及び運営に関する事項は、地方自治の本旨に基いて、法律でこれを定める」と定める。「地方自治の本旨」とは、「住民自治」と「団体自治」の二つの要素からなる、といわれてきた。住民自治とは地方自治が住民の意思に基づいて行われることであり、団体自治とは地方自治が国から独立した団体に委ねられ、団体自らの意思と責任の下でなされることを意味する。

＊　ただし、住民自治・団体自治も、任意の結論を導くことができるようなマジック・ワードではない。例えば住民自治から直ちに「直接民主制」が帰結するわけではなく、むしろ議事機関として議会を置く憲法93条は、地方の政治についても代表制を基本としていると解される（→本章第3節**1**）。条例の制定改廃等、後述する住民の直接参加に関する諸制度は、住民自治の理念を踏まえつつ、地自法が創設したものである（→本章第3節**2**）。

こうした「地方自治の本旨」の伝統的理解は、憲法92条に、地方（住民）の自治に対する国の介入を制限する防御的機能を専ら期待するものであった。しかし現代国家における分権の意義を踏まえれば、憲法は国に対して、地方（住民）の自治を積極的に尊重すべきことをも求めているものと解される。1999年地自法改正においては、「国と地方公共団体との適切な役割分担」が地方自治に関する立法の基本的原則として定められたが、これは憲法上の「地方自治の本旨」を確認したものと理解すべきである。

(3)　地方分権改革の進展

1999年改正前の地自法は、司法・刑罰・郵便といった国の専属的事務を除き、普通地方公共団体の事務として「その公共事務」（固有事務）、「法律又はこれに基く政令により普通地方公共団体に属するもの」（団体委任事務）、「その区域内におけるその他の行政事務で国の事務に属しないもの」（行政事務）の三つを挙げ、その事務の例示として「地方公共の秩序を維持し、住民及び滞在者の安全、健康及び福祉を保持すること」をはじめ、22の事務を掲げていた（旧地自法2条2項・3項）。

また、以上の「自治事務」に加えて、地方公共団体の長は「機関委任事務」を処理することとされていたが、これは、住民に身近な事務を本来的には国の事務としたまま、地方公共団体の長に委任するという形式をとることで、長を国の機関として主務大臣の指揮監督の下に置き、地方公共団体の議会等の関与を排除するという、地方自治の本旨からみて問題の多い制度であった。さらに長が機関委任事務を執行しない場合、主務大臣は職務執行を求める裁判を提起することができるとされていた。

＊　沖縄代理署名訴訟（最大判平成８・８・28民集50巻７号1952頁）では、沖縄県知事が、駐留軍用地特措法に基づき米軍基地に提供する土地の使用権原を取得するために必要な土地・物権調書に対する署名等代行事務を拒否したため、内閣総理大臣が職務執行を命じる裁判を求めた。最高裁は、「都道府県知事本来の地位の自主独立性の尊重と国の委任事務を処理する地位に対する国の指揮監督権の実効性の確保との間の調和」という制度の趣旨から、「職務執行命令訴訟においては、下命者である主務大臣の判断の優越性を前提に都道府県知事が職務執行命令に拘束されるか否かを判断すべきものと解するのは相当でなく、主務大臣が発した職務執行命令がその適法要件を充足しているか否かを客観的に審理判断すべきものと解するのが相当である」とした上で、国の主張を認めて県知事に職務執行を命令した。

このように憲法施行後も、強力な中央集権体制が維持されてきたが、1990年代に入ると地方分権推進の気運が高まり、1995年には地方分権推進法が制定され、1999年には地自法が改正された。その結果、住民に身近な行政は地方に委ね、国は外交・防衛等の国が本来果たすべき役割を重点的に担うべきである、という原則が採用され（地自法１条の２・２条11号・12号）、固有事務・団体委任事務・行政事務の区分や例示、機関委任事務が廃止されて、地方公共団体の行う事務は、「自治事務」と「法定受託事務」に整理された（→本章第４節**1**）。さらに、地方公共団体の事務処理のあり方に対する「国の関与」を制限し透明化するためのしくみが整備された（→本章第４節**4**）。

＊　このように国と地方の事務を再配分したことは第一次地方分権改革の成果であったが、その際に法令の規律密度も高められた結果、地方の自由がかえって制限されてしまったとも指摘された。そこで、2006年に、地方分権改革を推進するための理念、国の施策、推進体制の枠組みを規定する地方分権改革推進法が制定された。同法は、地方分権改革推進委員会の調査審議・勧告に基づき、国が地方分権改革推進計画を策定するものとしている。そして2020年まで、10次にわたる地方分権改革一括法によって、国から地方公共団体、都道府県から指定都市・市町村への事務・権限の移譲、義務づけ・枠づけの見直しが進められている。

第２節　地方公共団体

1　憲法上の地方公共団体

地自法１条の３は、「地方公共団体」として、普通地方公共団体（都道府県および市町村）および特別地方公共団体（特別区、地方公共団体の組合および財産区）を挙げている。このうち、憲法上の保障が及ぶものはどれか。一般には、市町村のほか、都道府県も憲法上の「地方公共団体」であると解している。

＊　地方分権改革に伴って市町村合併が推し進められた結果（平成の大合併）、1999年３月末に3232あった市町村の数は、約1700にまで減少している（2019年現在）。広域化による住民自治の空洞化を懸念する声もある。

最高裁はかつて、東京都特別区区長の公選制が廃止されていた時代、東京都特別区は憲法上の地方公共団体ではない、と判断したことがある。最高裁は、地方自治の保障の趣旨を「住民の日常生活に密接な関連をもつ公共的事務は、その地方の住民の手でその住民の団体が主体となって処理する政治形態を保障せんとする」ことにあるとした上で、憲法上の「地方公共団体」の要件として、①「事実上住民が経済的文化的に密接な共同生活を営み、共同体意識をもっているという社会的基盤」、②「地方自治の基本的権能を附与された地域団体」であることの２つを挙げた。そして実体上、第一次的な自治体は東京都であり、特別区の実体は都の内部構成団体にすぎないということから、区長公選制を廃止したことは違憲ではないとしたのである（最大判昭和38・３・27刑集17巻２号121頁）。

しかし、①の共同体意識論は時代によって変遷しうるものであり、②の基本的権能論も突き詰めれば立法により憲法上の「地方公共団体」の範囲を変更できることになってしまうという問題点が指摘されている。とはいえ、判例の示した基準に従ったとしても、1974年には区長公選制が復活し、また現在の地自法281条の２第２項は、特別区が「基礎的な地方公共団体」であることを明記していることからすれば、現在では、東京都の特別区も憲法上の「地方公共団体」であると考えられる。

＊　2012年の「大都市地域における特別区の設置に関する法律」により設置される特別区も、市町村を廃止しそれに代わるものとして設けられるものであり、憲法上の「地方公共団体」に当たると解される。

2　二層制

既に述べたとおり、都道府県も市町村と並んで憲法上の「地方公共団体」に当たるとされている。このことから、憲法は市町村と都道府県の二層制を保障していると解されている。地自法上、市町村は「基礎的な地方公共団体」であるのに対して、都道府県は「広域の地方公共団体」であり、「広域にわたるもの、市町村に関する連絡調整に関するもの及びその規模又は性質において一般の市町村が処理することが適当でないと認められるものを処理するもの」とされている（地自法２条３項・５項）。

行政の広域化のため都道府県を「道州制」に発展的に解消することは許されるか。学説では、「地方自治の本旨」を生かすために必要があるならば、二層制を維持したまま都道府県制を道州制へと再編することも許される、という見解が有力である（佐藤幸治等）。換言すれば、都道府県から移行する道州は、憲法上の地方公共団体であり、住民自治・団体自治が保障される必要がある。

＊　ここでいう道州は単一国家における広域自治体であって、連邦制において連邦から独立した統治権を有する州とは異なる。第28次地方制度調査会「道州制のあり方に関する答申」（2006年）は、道州制を導入する場合には、「広域の圏域における行政は、選挙により選ばれた長や議会を有し、民主的プロセスを通じた住民のコンセンサス形成の仕組みを備えた広域自治体たる道州が、できる限り総合的に担うこととすべきである」としている。これは憲法上の地方公共団体として道州を構想したものと捉えられる。もっとも道州制の導入には、道州の規模、住民自治の実効性、広域行政の効率性等、なお多くの検討課題が残されている。

なお、市町村合併は当該地方公共団体の同意（ないし住民投票）が必要である一方（地自法７条等）、都道府県は国の法律で一方的に廃止できるが

（地自法６条）、一般には、個々の自治体の存続までも憲法は保障するものではないと解される。

第３節　地方公共団体の機関

1　長と議会

(1)　二元代表制

憲法93条は、地方公共団体の機関として公選の長と議会を規定する。それを受けて地自法は、議員と長の兼職禁止を定める（地自法141条２項）等、「二元代表制」の仕組みを具体的に定めている。

国政の基本的な仕組みである議院内閣制では、内閣による衆議院の解散と国会による内閣の責任追及が組み込まれることによって、内閣と国会が相互に連携し反発し合う関係が生まれる（→第８章第３節）。これに対して地方政治では、執行権の担い手である長と、議決機関である議会が、それぞれ直接に住民に対して責任を負う二元代表制がとられている。長が、議会の議決に異議があるときに、再議を要求することができる（地自法176条１項）または要求しなければならない（同条４項・177条１項等）という仕組みは、アメリカ大統領制における拒否権に近いものといえよう。

もっとも地自法は、議会の特別多数決による長に対する不信任議決と、長による議会の解散という、議院内閣制的な仕組みも一部導入している（地自法178条）。

＊　長と議会が正面衝突することを予防する方法として、①長と議会の選挙を同時期に行う、②議会の構成にイデオロギー的な政党色が強くならないよう選挙制度を工夫することが考えられる（高橋和之）。①について、長と議会の任期はともに４年と法定されているが（地自法93条１項・140条１項）、現在では選挙時期にズレが生じている地方公共団体も多い。他方、現行の大選挙区単記投票制は政党色が弱い点で②に適合的であるが、むしろ地方議会の政党化を強めるとともに、過度の政党間対立を避けるために、比例代表制を導入することが望ましいという見方もある。

(2)　首長制

地自法147条・148条は、長を執行機関とする首長制を定めており、学説も、憲法93条が執行機関の首長制を保障するものと解している。他方、議会の選任するマネージャーに執行権を委ねるシティ・マネージャー制や、議会自身が執行機関を兼ねることも憲法上許容される、とする見解もある（渋谷秀樹）。多数説を出発点として長と議会の関係を理解するにしても、憲法は立法による制度形成の余地を一定程度認めており、現行の二元代表制が憲法上固定されていると考えるべきではないであろう。

＊　二元代表制においては、知事の汚職がしばしば問題とされる等、長に対する議会のコントロールが不十分になるおそれがある。この点、総務省「首長の多選問題に関する調査研究会」報告書（2007年）は、知事の多選を制限することも憲法上許されるとの見解をまとめている。被選挙権が憲法15条により保障されるものであるとすれば多選制限は違憲の疑いが強いことになろう。これに対して、被選挙権が国民の選挙（権）にとっての手段であり憲法上の権利ではないという見解もある（高橋和之）（→憲法Ⅰ第18章第3節）。

(3)　地方議会

憲法93条は、地方公共団体に議事機関として議会を設置すべきこと、議会が住民の直接選挙する議員によって構成されるべきことを定める。地自法にいう議会（同法89条）に加えて、町村における「選挙権を有する者の総会」（町村総会〔地自法94条〕）も、憲法上の議会に当たると解されている。地自法は一院制をとるが、直接公選である限り、二院制をとることも可能だと解される。

地自法は、地方議会の議決事項として、条例の制定改廃、予算の決定、決算の認定、地方税の賦課徴収または分担金等の徴収に関すること、契約を締結すること等を掲げる（同法96条）。地方議会は、立法権だけでなく、行政権の行使にも参与する機関であり、地方公共団体の事務に関する調査を行うこともできる（同法100条）。

(4)　地方議会の議員

全国民の代表である国会議員には不逮捕特権（50条）や免責特権（51

条）が認められるが（→第９章第６節**3**）、地方議会の議員にはそのような保障はない（最大判昭和42・５・24刑集21巻４号505頁）。他方、議員の出席停止処分のように、議員の身分を喪失させる除名処分に至らない議会内部の懲罰については、裁判所の審判権は及ばない（最大判昭和35・10・19民集14巻12号2633頁。→第11章第２節**5**(5)）。

地方議会の議員の選挙の方法は公職選挙法が定める。都道府県、指定都市および選挙区を設置する市町村の議会の議員選挙においては、条例により議員定数配分がなされるが、国政と同様に一票の較差が問題となる。最判昭和59・５・17民集38巻７号721頁は、衆議院中選挙区制における判例法理（最大判昭和51・４・14民集30巻３号223頁）をそのまま地方議会にも妥当させた上で、島部選挙区を除く選挙区間での最大較差１対7.45を違法と判断した。公選法271条は島部など人口が著しく少ない選挙区を条例で維持することを認めているが、判例はこの特例選挙区制度により生じる一票の較差を違法ではないとしている（最判平成５・10・22民集47巻８号5147頁等）。最判平成27・１・15判時2251号28頁が、特例選挙区を除く一票の較差の適法性について、判断過程審査の手法を導入している点が、注目される。

2　住民の政治参加

(1)　住民の範囲

地自法10条は、市町村の区域内に住所を有する者は当該市町村およびこれを包括する都道府県の住民とし、住民は法律の定めるところにより普通地方公共団体の役務の提供を等しく受ける権利を有し負担を分任する義務を負う、と定める。

公選法９条２項は、地方公共団体における選挙権について引き続き３カ月以上市町村の区域内に住所を有することを要件としているが、ここにいう住所とは「生活の本拠、すなわち、その者の生活に最も関係の深い一般的生活、全生活の中心」であり、「一定の場所がある者の住所であるか否かは、客観的に生活の本拠たる実体を具備しているか否かにより決すべきもの」とされる（最判平成９・８・25判時1616号52頁）。公園内のテントは、客観的に生活の本拠としての実体を具備しているものとはいえないとして、ホームレスが提出した転居届の不受理処分を適法とした裁判例もある（最判平成20・10・3判時2026号11頁）。

地自法11条、公選法9条2項は、日本国籍を有する住民だけが、地方選挙権を有するとしている。最判平成7・2・28民集49巻2号639頁は、当該規定を合憲としつつ、東京都特別区区長事件判決における地方自治の理解（→本章第2節**1**）を前提に、「我が国に在留する外国人のうちでも永住者等であってその居住する区域の地方公共団体と特段に緊密な関係を持つに至ったと認められるものについて、その意思を日常生活に密接な関連を有する地方公共団体の公共的事務の処理に反映させるべく、法律をもって、地方公共団体の長、その議会の議員等に対する選挙権を付与する措置を講ずること」は、憲法上禁止されないとしている（→憲法Ⅰ第2章第1節**3**）。

(2)　住民の直接参加の制度

「地方自治は民主主義の学校」という言葉が示すとおり、地方政治では国政よりも広汎に住民の直接参加を認めるべきだと考えられる。

憲法95条は、地方特別法について国会単独立法の原則を修正し、住民投票による過半数の同意を要求している（→第9章第2節**3**(3)）。その趣旨は、国会が特定の地方公共団体にのみ不利な立法を押しつけることを防止するものであり、特定の地方公共団体を優遇する立法はこれに該当しないと解される。地方公共団体の同意が、議会の議決ではなく住民投票によるべきこととした点に、住民自治の理念が反映されている。とはいえ、政府見解が地方特例法を「特定の地方公共団体の組織、運営、権能、権利、義務について特例を定める法律」に限っていることから、現実の適用例も広島平和記念都市建設法（1949年）や首都建設法（1950年。1956年首都圏整備法の成立に伴い廃止）等の憲法施行直後に限られている。

地自法は、住民自治を生かすために、次のような住民の直接参加制度を定めている。

①　条例の制定・改廃の請求（同法12条1項・74条）

②　事務の監査請求（同法12条2項・75条）

③　住民投票による議会の解散請求（同法13条１項・76条以下）

④　地方公共団体の議会議員および長の解職請求（同法13条２項・80条以下）

国会議員は全国民の代表（43条１項）であるから、選挙区の有権者が選挙した議員を任期中に解職する制度（リコール制）は許されないが、地方で③④が認められているのは住民自治の現れとみることができる。

②に加えて、住民は長から独立した機関である監査委員に、長等の職員の財務会計上の行為に対する監査を求めることができる（地自法242条）。住民は、監査結果に不服がある場合には、職員に対する損害賠償の請求を長等に求める訴えを提起することができる（同法242条の２）。最高裁は、住民訴訟も「地方自治の本旨に基づく住民参政の一環」であるとしている（最判昭和53・３・30民集32巻２号485頁）。

(3)　住民投票

原発施設や米軍基地の受入れ等、住民に身近な問題について、地方公共団体が住民投票を実施する例が増えている。

名護市住民投票条例事件（那覇地判平成12・５・９判時1746号122頁）では、米軍の海上ヘリポート基地移設についての住民投票で多数の反対の意思が示されたにもかかわらず、市長が基地建設を受け入れる旨表明したことについて、住民が損害賠償を求めた。那覇地裁は、「住民投票の結果に法的拘束力を肯定すると、間接民主制によって市政を執行しようとする現行法の制度原理と整合しない結果を招来することにもなりかねない」と述べた上で、住民投票条例の解釈としても、市長に住民投票の結果に従う法的義務があるとはいえない、とした。

学説も、法律の定める議会や長の権限を法的に侵害しない、法的拘束力のない諮問的な住民投票である限り、条例で定めることは許されるとしている（中村睦男）。それでは、法律を改正して、住民投票に法的拘束力を認めることはできるか。国政では代表民主制に反するため国民投票に拘束力を認めることはできないとされており（→第７章第２節**3**）、地方政治においても、プレビシットや世論操作・誘導のおそれが否定できず、制度内容や実施方法によほどの工夫がされない限り、住民投票の結果に法的拘束力をもたせることは憲法上困難であるとの見方がある（佐藤幸治）。他方、地方では住民自治に配慮して、法律で住民投票の結果に長・議会に対する拘束力を認めることも違憲ではない、との立場もある（赤坂正浩）。

第４節　地方公共団体の権能

1　地方公共団体の権能と事務

憲法94条は「地方公共団体は、その財産を管理し、事務を処理し、及び行政を執行する権能を有し、法律の範囲内で条例を制定することができる」と定める。この規定は、地方公共団体は総合的な統治団体であり、非権力的作用および権力的作用の両者をあわせて包括的に地方公共団体の実体的権能を保障したものと解される。

地方公共団体の権能としては、自主組織権、自主行政権、自主立法権、自主財政権、国政参加権が挙げられる。ただし、司法権は国の独占的な作用と解される。

地方公共団体は、地域における公共的な事務すべてを処理できる。1999年地自法改正は、機関委任事務制度の廃止を受けて、地方公共団体の事務を「自治事務」と「法定受託事務」に分類した（→本章第１節**2**）。自治事務は、公共事務のうち法定受託事務以外のものであり（地自法２条８項）、法律の規制を受けるもの（法定自治事務）と地方公共団体が任意に行いうる事務（随意自治事務）に分けることができる。法定受託事務とは国または都道府県が本来果たすべき役割に係るものであって、国または都道府県においてその適正な処理を特に確保する必要がある事務である（同条９項）。法定受託事務にも、条例制定権や議会の調査権（同法100条）が及ぶ。

＊　ヨーロッパ地方自治憲章（1988年）の定める「補完性（subsidiarity）の原理」を援用して、まず市町村に、次に都道府県に事務を配分し、残りを国が担うべきであるという主張もある。しかし裁判で国と地方の事務配分を定める法律の合憲性が憲法に違反すると解されるのは、立法裁量の逸脱・濫用が明白であるような例外的な場合に限られよう（大津浩）。

２　条例制定権

(1)　概　説

地方公共団体は、自主法として条例を制定することができる（94条）。条例とは地方公共団体がその自治権に基づいて制定する自主法であり、議会の議決した「条例」（地自法14条１項・96条１項１号）のほか、長の制定する「規則」（同法15条１項）、各種委員会の制定する「規則その他の規程」を含む（同法138条の４第２項）。条例は地方公共団体の事務に関する事項しか規律できないが、国の法令の委任がなくても独自に定めることができる。この点で条例は、法律の根拠があって初めて制定可能である政令・府省令とは異なる。

国民の権利を制限し義務を課すには、議会の議決した条例によらなければならない（地自法14条２項）。条例によって住民の人権を制限することも許される（最大判昭和29・11・24刑集８巻11号1866頁）。また、条例制定権の行使によって他の地域との別異取扱いが生じることは当然のことであり、そのような別異取扱いは憲法が容認するところであるから、条例による別異取扱いはそれ自体として平等原則に違反するものではない（最大判昭和33・10・15刑集12巻14号3305頁）。

＊　もっとも、規律を必要とする事情に地域差がみられないような問題は、国全体共通の事務として立法に委ねるべきであり、条例による著しく不合理な地域差は、仮に憲法14条に反しないとしても、例えば条例の解釈による解消を考える必要がある（福岡県青少年保護育成条例事件判決〔最大判昭和60・10・23刑集39巻６号413頁〕における伊藤正己裁判官反対意見参照）。

(2)　条例と法律留保事項

憲法は財産権の制限、処罰、課税については明文で法律に留保しているようにみえるが（29条・31条・84条）、いずれも条例による規律は可能であると解される。

(ｱ)　財産権の制限

奈良県ため池条例事件判決（最大判昭和38・６・26刑集17巻５号521頁）は、問題となった堤とうを使用する行為が、財産権の保護範囲外にあることを理由に条例による規制を認めたもので、条例による財産権の制限を正面から肯定したものではないと解する余地も残されている。しかし一般に学説は、条例は住民の代表機関である議会の議決によって成立するものであり、実質的には法律に準ずるものであるから、地域の特性に応じた財産権の規制は可能であると解しており、現実にも財産権の規制に関する条例は多数存在している（→憲法Ⅰ第14章第３節**2** (2)）。

(イ)　処　罰

地自法14条３項は条例により「２年以下の懲役若しくは禁錮、100万円以下の罰金、拘留、科料若しくは没収の刑又は５万円以下の過料」を科する旨の規定を設けることができる。大阪市売春取締条例事件判決（最大判昭和37・５・30刑集16巻５号577頁）は、旧地自法14条５項が条例に罰則制定権を授権しているという委任の論理を基礎にしつつ、命令と異なり民主的基盤を有する条例については「法律の授権が相当な程度に具体的であり、限定されておればたりる」として、条例による処罰が憲法31条・73条６号に反しないとした。自治事務を具体的に列挙していた当時の地自法２条に「相当な程度に具体的」な委任を求めたわけであったが、1999年地自法改正によりこの例示列挙規定が削除されたため、もはやこの判例の論理は妥当しない。

学説は、憲法94条が条例に直接刑罰権を授けたものと解して、法律による委任の論理に頼らずに条例による処罰を認める。その際の一つの考え方は、地方議会の制定した条例は法律に準じるものであるから、憲法31条にいう「法律」には条例を含むと解する。他方、国政を念頭に置いて命令・行政ではなく法律に処罰の権限を留保するのが憲法31条等の趣旨であり、したがって条例にはもともと同条等の適用がないと考える立場もある。いずれにしても、法律の授権のない自主条例による処罰は許される反面、法律のないところで地方公共団体が地方議会の条例によらずに住民を処罰することはできない（条例の留保。→憲法Ⅰ第３章第３節**1** (3)、第12章第１節**3**）。地自法14条３項は、地方公共団体の刑罰制定権の上限を設定したものと解される（高橋和之）。

＊　地方公共団体が住民の行為を禁止し、その違反に対する制裁として、過

料を用いる例が多い。この点、喫煙禁止地区内での喫煙を禁止し、違反者に過料を科す条例の規定について、結果的には適法としたものの、一般論として、路上喫煙禁止地区と認識しなかったことについて過失がない者に過料の制裁を科すことはできないとした裁判例（東京高判平成26・6・26判時2233号103頁）がある。

(ｳ)　課　税

憲法84条は租税法律主義を定めているが、同条にいう「法律」には条例も含まれ、地税法3条はこの憲法の趣旨を確認したものと解されている（地方税条例主義。→本節**3**）。憲法84条のコロラリーとして、地方税について、課税要件を条例で明確に定めるべきことが要請される（秋田市国民健康保険税条例事件判決：仙台高秋田支判昭和57・7・23判時1052号3頁）。判例は、市町村が行う国民健康保険の保険料は、保険給付を受けうることに対する反対給付であり、その強制徴収が社会保険としての国民健康保険の目的および性質に由来するものであるから、憲法84条にいう「租税」そのものではないが、同条の趣旨が及ぶとしている（旭川市国民健康保険料条例事件判決：最大判平成18・3・1民集60巻2号587頁。→第13章第3節**1**）。

(3)　法律と条例

条例制定権は「法律の範囲内で」（94条）ないし「法令に違反しない限りにおいて」（地自法14条1項）認められるが、これは〈憲法→法律→命令→条例〉といった規範の授権関係を意味するものではない。条例制定権は憲法により直接授権されたものであり、地方公共団体は法律の根拠によらず条例を制定できる。したがって、条例と法律・命令の関係は、法律と命令の関係とは異なるものである。むしろ「法律の範囲内」ないし「法令に違反しない限りにおいて」とは、法令と条例が衝突した場合に、前者が後者に優越することを定めたルールであることに、注意する必要がある。

＊　地自法14条1項は「普通地方公共団体は、法令に違反しない限りにおいて第2条第2項の事務に関し、条例を制定することができる」と定めるが、これは日本国憲法の下では行政による命令はすべて法律の授権によるものであり、法律と命令を一体とみることができるから、憲法94条には反しない。

それでは、法令と条例が矛盾抵触するとはどのような場合であろうか。法律が既に定めている事項について定める条例は当然に法律に抵触する（厳格な国法先占論）、と考えるならば、上乗せ条例（国の法令と同一の目的でより厳しい規制を定めるもの）、横出し条例（国の法令と同一の目的で法令により規制が加えられていない項目について規制するもの）は、いずれも常に無効となってしまう。このような解釈をとるならば、法律が明文で条例による別段の規律を許容する法律の明文（大気汚染防止法4条1項・32条、水質汚濁防止法3条3項・29条、騒音規制法4条2項・27条等参照）がない限り、環境保護等の地域ごとの事情に応じた規律が必要な分野において、条例制定権が保障された意義は著しく縮減されることになろう。

そこで学説では、自治事務の核心的な領域について定める条例であれば法律に優先する、あるいは、法律が自治事務の核心的な領域について定めた場合は、全国最低限の規制を定めたにすぎないと解されるから、条例が適用されるという考え方（ナショナル・ミニマム論）が説かれた。これに対して最高裁は、集団行進を行う者の遵守事項として「交通秩序を維持すること」を定めた徳島市公安条例3条3号の規定が道路交通法77条に抵触するかどうかが争われた徳島市公安条例事件判決（最大判昭和50・9・10刑集29巻8号489頁）において、次のような説示を示している。

「条例が国の法令に違反するかどうかは、両者の対象事項と規定文言を対比するのみでなく、それぞれの趣旨、目的、内容及び効果を比較し、両者の間に矛盾牴触があるかどうかによってこれを決しなければならない。例えば、ある事項について国の法令中にこれを規律する明文の規定がない場合でも、当該法令全体からみて、右規定の欠如が特に当該事項についていかなる規制をも施すことなく放置すべきものとする趣旨であると解されるときは、これについて規律を設ける条例の規定は国の法令に違反することとなりうるし、逆に、特定事項についてこれを規律する国の法令と条例とが併存する場合でも、後者が前者とは別の目的に基づく規律を意図するものであり、その適用によって前者の規定の意図する目的と効果をなんら阻害することがないときや、両者が同一の目的に出たものであっても、国の法令が必ずしもその規定によって全国的に一律に同一内容の規制を施す趣旨ではなく、それぞれの普通地方公共団体において、その地方の実情に応じて、別段の規制を施すことを容認する趣旨であると解されるときは、国の法令と条例との間にはなんらの矛盾牴触はなく、条例が国の法令に違反する問題は生じえないのである」。

判例は、法令と同じ事項を定める条例を法令が許容するように解釈できる限りにおいて、国法先占論を緩和したものとみることができる。その限りでは、条例制定権を尊重した運用を可能にするものではあるが、国の法令が自治事務に関して「義務づけ・枠づけ」を行っているような場合には、条例制定権の行使は狭められたままになる。

＊　高知市河川条例事件判決（最判昭和53・12・21民集32巻９号1723頁）は、河川法が規制の限度を定めたものと解し、条例が普通河川の管理について、河川法の適用河川等に関する定め以上に強力な定めを置くことは、同法に違反するとした。また徳島市公安条例事件判決の基準を明示的に引用した上で、地方税条例を地税法に違反して無効としたものとして、後述する神奈川県臨時特例企業税事件判決（→本節３(2)）参照。

京都府風俗案内所条例事件判決（最判平成28・12・15判時2328号24頁）は、条例による営業の自由および表現の自由の制限が公共の福祉に適合する目的を達成する手段として必要かつ合理的であるとした上で、風適法の規制を踏まえても府議会が独自の規制を行ったことが「合理的な裁量の範囲を超えるものとはいえない」としている。

現在では、法令の規定とその解釈運用が「国と地方公共団体との適切な役割分担」を踏まえるべきとされており、条例の規律を尊重するような立法が望まれ、法令において過剰なまでに細部にわたる規制を行うことは避けることが望ましい。第２次地方分権改革においては、「上書き条例」（国の法令の内容を条例で書き換えるもの）や、法令の「義務づけ・枠づけ」の見直しを通じた条例制定権の範囲拡大が検討されている。

＊　学説には、「対話型立法権分有」論の立場から、法令の趣旨のみから抵触の有無を判断すべきではなく、地方の必要性と住民・地方議会の立法意思尊重の視点から法令の趣旨・目的・内容・効果を可能な限り限定的に再解釈すべきであると説く見解もある（大津浩）。

3　自主財政権

(1)　自主財政権

地方公共団体が、憲法上の自治権の一環として課税権（課税自主権）をもち、それによって自主的にその財源を調達することができる、という原則を自主財政主義という（金子宏）。地方公共団体が自主的に財政処理を行う権限を有することは、団体自治の当然の帰結であり、憲法92条あるいは94条が、地方公共団体に自主財政権（および後述の自主課税権）を保障している、と解される。地自法は第2編第9章で「財務」について定めるほか、地方財政法は地方財政に関する準則を定めている。

実際には、地方公共団体の収入のうち地方税等の自主財源が占める割合は3割程度である（「3割自治」）。他方、国と地方の歳出の規模が概ね4対6であるが、国民が負担した税金を国と地方へそれぞれ分配する段階では6対4に逆転し、地方が国からの地方交付金・国庫支出金等に依存しなければならない状況が続いた。そこで2002年には国庫補助金の廃止・縮減、地方への税源移譲、交付税の見直しという「三位一体の改革」が決定されたが、交付税の大幅削減によりかえって地方の負担は増加したともいわれる。特に補助金のあり方は地方自治の観点から問題視する意見が強く、負担金（地財法10条以下）が自治体の超過負担を招いている、奨励的補助金については濫用により自治権の圧迫が生じうる、効率的予算運用を困難にする、等の批判がある。

(2)　自主課税権

地方公共団体の自主財源の中心は住民の租税であるから、自主課税権も認められなければならない。他方、地税法2条は、「地方団体は、この法律の定めるところによって、地方税を賦課徴収することができる」と定めている（地自法223条も参照）。学説は、地税法を「準則法」として理解するとともに、地方議会の定める条例に地方税の賦課・徴収の根拠を求める（地方税条例主義）。

＊　地税法による非課税措置のために固有の課税権が侵害されたとして、地方公共団体が国家賠償を求めた事例で、憲法上の自主課税権を肯定するが、

これは抽象的な権限であって、具体的な税源、税目等は法律による具体化が必要であるとして、地税法の規定を合憲とした裁判例がある（大牟田市電気税訴訟判決：福岡地判昭和55・6・5判時966号3頁）。

地税法は地方公共団体による自主的な法定外税の新設を認めている（同法4条・5条・734条）。1999年の地方分権改革一括法により、法定外税の新設・変更は、従来の自治大臣の許可制から総務大臣の同意を要する協議制へ改められ（地税法259条・669条・731条）、不同意をなしうるのは法定の事由の場合に限定された（同法261条・671条・733条）（→第13章第3節**2**(2)）。

最高裁は、いわゆる外形標準課税を導入した県の条例の適法性が争われた事例で、法定外普通税が地税法に反し違法と判断している（神奈川県臨時特例企業税事件判決：最判平成25・3・21民集67巻3号438頁）。同判決はまず、憲法92条・94条を挙げて、地方公共団体は、「地方自治の不可欠の要素として、……国とは別途に課税権の主体となることが憲法上予定されている」と述べた。しかし、租税の賦課について国民の税負担、財源配分の観点からの調整が必要であることから、「普通地方公共団体が課することができる租税の税目、課税客体、課税標準、税率その他の事項については、憲法上、租税法律主義（84条）の原則の下で、法律において地方自治の本旨を踏まえてその準則を定めることが予定されており、これらの事項について法律において準則が定められた場合には、普通地方公共団体の課税権は、これに従ってその範囲内で行使されなければならない」との判断を示した。そして、地税法における法定普通税についての規定は原則として強行規定であり、法定普通税に関する条例によりそれを変更することだけでなく、法定外普通税に関する条例において地税法の強行規定の内容を実質的に変更することも、「同法の規定の趣旨、目的に反し、その効果を阻害する内容のものとして許されない」とした。

4　国と地方の関係

(1)　国の関与

1999年地自法改正前は、地方の事務処理に対する国の恒常的な介入がみられ、住民自治および団体自治の観点から問題があった。これに対して1999年地自法改正により、国による地方への関与または都道府県による市町村への関与は、法定の場合に限られることになった（関与法定主義）。

国の関与の要件は、法律の根拠、目的達成のために必要最小限度であること、地方公共団体の自主性および自律性への配慮の三つである（地自法245条の２・245条の３）。国の関与は、それぞれの事務の区分に応じて、助言または勧告、資料の提出の要求、是正の要求、同意、許可・認可または承認、指示、代執行、普通地方公共団体との協議、その他一定の行政目的を実現するため普通地方公共団体に対して具体的かつ個別的に関わる行為に分かれる（同法245条）。国の関与が公正かつ適正に行われるよう、手続も法定された（同法246条以下）。

(2)　国と地方の紛争処理

国と地方の紛争処理のために、第三者機関である国地方係争処理委員会が設けられた（地自法250条の７以下）。地方公共団体の首長は国の関与の一部等について不服があるときは、同委員会に審査の申出をすることができる（同法250条の13）。同委員会は、国の関与が違法であるか、地方公共団体の自主性および自律性を尊重する観点から不当であると認めるときは、総務大臣に必要な措置を講ずべきことを勧告する（同法250条の14）。審査結果または勧告に不服がある首長は、高等裁判所に違法な国の関与の取消しの訴え等を提起することもできる（同法251条の５）。

＊　法定外普通税の新設に関する総務大臣の不同意に係る横浜市勝馬投票券発売税条例事件では、国地方係争処理委員会は、２週間以内に総務大臣が自治体との協議を再開することを勧告した（平成13・７・24）。

また、辺野古新基地建設に関連して、国土交通大臣が、沖縄県の公有水面埋立承認処分の取消処分を取り消すよう是正の指示をしたことについて、国地方係争処理委員会は、辺野古での普天間飛行場の代替施設建設という論点について、議論を深めるための共通の基盤作りが不十分なまま進められた一連の手続が「国と地方のあるべき関係からかい離している」と指摘した上で、是正の指示の適法性を判断しても「国と地方のあるべき関係を両者間に構築することに資するとは考えられない」として、国と自治体両者に真摯な協議を促し、是正の指示それ自体については判断を示さなかった（平成28・6・20）。

さらに、2019年に導入されたふるさと納税指定制度の下で、泉佐野市が指定を申し出たところ総務大臣が指定をしなかったことに対する同市の不服申立てを受けて、国地方係争処理委員会は、再度の検討を行うよう総務大臣に勧告した（令和元・9・3）。泉佐野市に対する指定がなされなかった背景には、ふるさと納税制度の趣旨に反する返礼品を送らないよう求める総務省の通知に、泉佐野市が従わなかったという背景がある。委員会は、告示の定める指定の要件が法律の委任を超える疑いがあるとともに、総務大臣が泉佐野市を指定しないことは、技術的助言にすぎない通知に違反したことを理由とする不利益取扱い（地自法247条3項）に当たるおそれがあると指摘したのである。

＊＊　総務省は、国地方係争処理委員会の勧告にもかかわらず不指定の結論を維持したが、最高裁は、ふるさと納税指定制度が導入される前の返礼品の提供態様等を理由にして地方公共団体を指定しないことができる旨を定める告示の部分は、地自法の委任の範囲を超え違法であるとした上で、泉佐野市に対する不指定を違法と判断した（最判令和2・6・30民集74巻4号800頁）。

また、総務省の「国・地方間の係争処理のあり方に関する研究会」報告書（2009年）を受けて、2012年には、国が地方公共団体の違法な行為に対して是正を要求したにもかかわらず地方公共団体が応じない場合に、国が不作為の違法確認を求めて出訴する仕組みも整備された（地自法251条の7）。なお、国と地方の間の訴訟は「法律上の争訟」（裁判所法3条）ではなく、機関訴訟（行訴法6条）に当たると考えられている（最判平成13・7・13訟月48巻8号2014頁。→第11章第2節4(1)）。

(3)　地方の国政参加

憲法92条・94条は、中央政府と地方公共団体との事務の配分の決定権を、国会に与えている。このため、国と地方の適切な役割分担を実現するためには、関係法令の制定・改廃等に自治体の意見・要望が反映されることが望ましい（佐藤幸治）。この点については、地方公共団体の機関の全国的連合組織（地方6団体）が内閣や国会に意見書を提出することができることとされた（地自法263条の3）。また個別法で自治体の意見聴取が義務づけられている場合もある（国土利用計画法５条３項等）。

＊　2011年には国と地方の協議の場に関する法律が制定され、地方自治に影響を及ぼす国の政策の企画および立案ならびに実施について、国と地方６団体の定例的な協議の場が設定された。また2014年からは、地方分権改革推進委員会の勧告に代えて地方公共団体からの「提案募集方式」が導入され、地方の発意に根差した新たな取組みが推進されている。

〈参考文献〉

新井誠ほか編『地域に学ぶ憲法演習』（日本評論社、2011年）
磯部力＝小幡純子＝斎藤誠編『地方自治判例百選（第４版）』（有斐閣、2013年）
宇賀克也『地方自治法概説（第７版）』（有斐閣、2017年）
大津浩「第94条」「第95条」芹沢斉ほか編『新基本法コメンタール憲法』（日本評論社、2011年）491頁以下
大橋洋一＝金井利之ほか「日本国憲法研究⑤道州制」ジュリスト1387号（2009年）114頁以下
工藤達朗「法律と条例」大石眞＝石川健治編『憲法の争点』（有斐閣、2008年）315頁以下
斎藤誠『現代地方自治の法的基層』（有斐閣、2012年）
宍戸常寿「地方議会における一票の較差に関する覚書」岡田信弘ほか編『高見勝利先生古稀記念 憲法の基底と憲法論』（信山社、2015年）413頁以下
渋谷秀樹「地方公共団体の組織と憲法」立教法学70号（2006年）215頁
杉原泰雄『地方自治の憲法論』（勁草書房、2008年）

事項索引

あ 行

か 行

さ　行

た　行

な　行

は　行

ま 行

や 行

ら 行

わ 行

判例索引

昭和

平成

令和

憲法《けんぽう》Ⅱ　総論《そうろん》・統治《とうち》

2020 年 9 月 25 日　第 1 版第 1 刷発行
2023 年 11 月 25 日　第 1 版第 2 刷発行

著　者——渡辺康行《わたなべやすゆき》・宍戸《ししど》 常《じょう》 寿《じ》・松本和彦《まつもとかずひこ》・工藤達朗《くどうたつろう》
発行所——株式会社　日本評論社
東京都豊島区南大塚 3-12-4
電話 03-3987-8621（販売），-8631（編集）
振替 00100-3-16
印刷所——精文堂印刷株式会社
製本所——牧製本印刷株式会社

装丁／有田睦美
ISBN 978-4-535-52479-8